100세 시대의 평생진로설계

성인진로교육

100세 시대의 **평생진로설계**

성인진로교육

변화하는 사회에 유연하게 적응하는
성인을 위한 맞춤형 진료 설계 가이드

김동일·조원환·박현진·추 양 공저

동문사

PREFACE

머리말

100세 시대를 맞이하며, 우리는 정년 이후의 삶에 대한 새로운 질문에 직면하고 있다. 더 이상 '배움에는 때가 있다'라는 말은 통용되지 않으며, 60세를 넘어서도 신체적, 정신적으로 능력을 발휘하며 사회 구성원으로서 역할을 이어갈 수 있음을 깨닫고 있다. 한 직장에서 영구적으로 머물기 어렵고, 한번 습득한 지식으로 노동 시장에서 살아남기 힘든 지금, 평생 직업의 중요성은 그 어느 때보다 강조되고 있다. 이는 곧, 생애 전반에 걸친 지속적인 배움과 학습, 그리고 평생 진로 설계를 위한 전문적인 진로 상담의 필요성을 의미한다.

급변하는 4차 산업혁명 시대는 우리에게 새로운 감각을 요구한다. 과거에 선호되던 직업들이 사라지고, 이전에는 주목받지 못했던 분야가 새롭게 떠오르는 등 산업 트렌드와 현장의 최신 이슈를 빠르게 파악하는 능력이 중요해지고 있다. 인공지능 발달, 빅데이터 등 신기술의 등장은 기존 업무 수행 방식을 변화시키고, 직무 역량의 유효 기간을 단축하는 '반감기 사회'를 만들었다. 이러한 변화 속에서 단순한 지식 습득을 넘어 이론과 실천을 겸비한 교육을 통해 창의적인 인재를 양성하는 것이 시급하며 이에 맞는 새로운 교육 방법과 혁신적인 접근이 절실하다. 따라서 성인진로교육에 대한 새로운 조명과 논의는 매우 시의적절하다고 할 수 있다.

이 교재는 이러한 시대적 요구에 부응하여, 성인학습자들이 합리적인 진로를 수립하고 능동적으로 변화에 대처할 수 있도록 돕고자 하였다. 자기 이해를 바탕으로 직업에 대한 지식과 정보를 습득하고, 미래 사회의 변화를 예측하며 자신만의 직업 가치관을 정립하는 과정을 안내하였다. 이를 통해 학습자들이 주관적인 자기탐구와 과학적인 자기분석을 통해 자신에게 적합한 직업을 선택하고, 급변하는 환경 속에서도 유연하게 적응하며 성장할 수 있도록 지원하였다. '평생교육과 생태학'으로 시작하는 이 교재는 '국가직무능력표준', '자기개발능력', '진로와 직업', '의사소통능력', '경청능력과 의사표현능력', '대인관계능력', '리더십능력', '갈등관리와 협상능력', '문제해결능력', '조직이해능력', '자원관리능력', '직업윤리', '입사지원서와 포트폴리오' 등으로 구성되어 있다.

특히, 정부가 학벌 중심 사회에서 능력 중심 사회로의 전환을 위해 추진하는 국가직무능력표준(NCS) 정책에 주목할 필요가 있다. NCS는 산업현장에서 직무수행에 요구되는 지식, 기술, 태도를 체계화한 것으로, 공공기관을 포함한 많은 기업이 NCS 기반의 직무 능력 중심으로 채용 방식을 전환하고 있다.

이처럼 폭넓은 영역을 다루는 것은 "성인진로교육"이 사회의 변화, 일자리의 변화, 사람들의 변화에 적극적으로 부응하기 위한 노력임을 보여준다. 이 교재를 통해 여러분이 이러한 변화에 압도되지 않고, 오히려 변화를 이끌어 갈 수 있는 적극적이고 미래지향적인 삶을 살아가기를 간절히 바란다. 직업기초능력을 유용하게 활용하여 자신의 진로를 구체적으로 설계하고 취업을 성공적으로 준비할 수 있기를 소망한다. 아울러 이 책의 출판을 맡아 주신 동문사와 사장님, 그리고 직원분들에게 진심으로 감사드린다.

2025년 8월
집필자 일동

CONTENTS

차례

Chapter 01

평생교육과 생태학

1. 현대사회와 평생교육
2. 평생교육의 방향

1. 현대사회와 평생교육

1) 평생교육철학

그리스 철학자 아리스토텔레스(Aristotelēs, BC 384~322년)는 인간과 동물이 서로 많은 공통점을 가지고 있는 자연적 생물이지만 본질적인 차이는 이성이라고 했다. 즉, 우리의 마음속에 생각과 관념의 형태로 존립하는 모든 것은 우리가 보고 들음으로써 우리 의식 속에 처음으로 들어온다고 생각한 것이다. 이는 일종의 지식욕이며 그것은 지식을 탐구하는 것이지 소유하는 것이 아니다. 피타고라스는 이것을 '지(知)와의 사귐'이라고 하였다(김향선, 2021). 아리스토텔레스의 행복론은 세 가지의 형상으로, 즉 쾌락과 만족을 누리는 삶, 자유를 누리며 책임지는 시민의 삶, 연구하는 철학자의 삶을 통해 균형과 절제를 통한 중용의 도(道)로 행복하고 조화로운 인간이 된다고 했다. 인간다운 삶을 위해서는 이성을 깨우치고 국가와 사회에 필요한 인재 양성을 위한 교육의 필요성을 강조하였다. 고대 그리스에서의 교육은 자유인으로서 살아가는 데 필요한 파이데이아(Paideia)는 전문직 직업교육이 아니라 교양 교육(liberal arts)인 평생학습을 의미한다(송준석, 2018). 인간이란 무엇인가라는 의문을 찾기 위해 학습하고 깊이 성찰하지 않으면 인간 존재를 알지 못한다. 따라서 누가 봐도 명백한 것에 대해 '왜'라고 묻는 것이 학습의 시작이며 자세일 것이다(김향선, 2021).

칸트(Immanuel Kant, 1724~1804)는 인간을 자연적이고 이성적이며 교육적 존재로 보고 있다. 칸트는 "인간이 신이라면 교육은 불필요하고, 인간이 동물이라면 교육은 불가능하다. 인간은 인간이기 때문에 교육이 가능하고 또 필요하다"라고 했다. 즉, 인간이 교육받아야만 인간이 될 수 있고 또 인간만이 교육받을 수 있다고 설명하고 있다. 교육은 사람들의 역사이며 문화로써(김동일, 2019), 사실이나 지적 활동의 가시적 결과물인 지식과 개인이 정보들을 완전히 내면화함으로써 통합적 능력인 판단의 결합으로 이루어진다(김승호, 2019). 즉, 문화의 지식을 받아들이는 것이 교육인 것이며 인간이 되어 가는 과정이다. 인간은 더불어 살아가는 과정을 통해 끊임없는 교육이 요구된다. 21세기는 앎(배우는 것)과 삶(행하는 것)을 실천하기에는 어려움이 있을 수밖에 없다. 그러므로 지속적인 성장을 위해서는 학교 제도 교육뿐만 아니라 모든 교육의 활동이 끊임없이 이루어져야 한다. 일생의 삶의 질 향상을 위한 교육이 평생교육이다. 더 나아가 개인이 아닌 공동체의 교육 실현에 접근하는 것이다(김동일, 2019).

교육은 인간이 '어떠한 상태로 되어 가는 과정' 속에 있다. 즉, 인간화 과정의 배경이 되는 사회가 자기 모습을 바르게 갖추도록 개입하는 것을 포함한다(김창엽, 2019). 결국, 성인학습자의 특성과 같이 누가 챙겨주는 것이 아니라 성인 스스로가 자기 주도적이고 주체적으로 하는 활동이며(김동일, 2019), 더 나은 삶과 다 함께 잘 사는 것이라고 할 수 있다. 일상적인 삶에서 '왜'라고 묻는 비판적인 태도로서의 삶이 인간화일 것이다. 또한 행복한 삶은 구체적인 일상에서 좋은 삶을 구현해야 한다는 것이라 할 수 있다. 삶의 여정 속에서 늘 고민하고, 고민을 통해 얻은 좋은 생각을 실천하면서 더 나은 삶을 향해 한 걸음 나아가는 것이 행복한 삶이며 그 과정이 '지혜를 찾아가는 것'이라 생각된다(김향선, 2021).

평생교육은 현상과 사상을 삶의 관점, 치유의 관점에서 다룬다. 한준상 교수(2014)는 치유의 문제를 '뫔(mon)'에 관한 의미를 어떻게 만들어 가느냐와 연결된다고 하였다. 몸과 마음의 합성어인 '뫔'은 각자 나름의 '본질적(本質的, substantial)'인 의미를 만들어 낼 수 있으면 된다. 본질적이라는 말은 본질과 실존은 늘 동행한다는 뜻에서 본질과 실존을 합성한 조어(造語)이다. 몸과 숨의 결합인 육체(the corporal)의 생명 유지를 통해 사람들은 다양한 의미(meaning)와 살아가는 의미를 매일 만들어 간다. 그러한 궤적이 삶의 본체이다. 사람들은 자신을 위해 어떤 의미를 만드느냐에 따라 그의 삶의 결이 달라지고 그가 영위할 생(生)과 명(命)도 달라진다. 의미는 몸을 통해 마음(mind)이 만들어 내는 변형(transforming)의 마술이다. 의미는 삶의 경로를 바꾸게 만드는 실체이다. 생과 명을 가동하는 근원이기도 하다. 의미가 만들어지지 않으면 그것은 아무런 가치도 갖지 못한다. 한 생명의 삶은 몸과 숨으로 표현되는 육체와 마음의 그 모든 총체를 다스리는 일이 배움으로 귀결된다. 그러므로 '배움'은 곧 '뫔'이며, '뫔'은 곧 '배움'이다(한준상, 2013).

치유는 자신에게 바로 자유(自由)가 어떤 것인지를 낚아챘을 때 비로소 일렁거리게 되는 정신적 힘이다. 그 누구의 삶이든 그 자유는 마치 조개껍데기와 같이 그 속에서 진주로 만들어진다. 소중한 진주를 지키기 위해 자기 껍질을 단단하게 만들어 가는 과정이 한 사람의 삶이다. 이러한 삶은 기적이며 나의 역사와 같은 궤적이다. 배움은 삶에서 자아를 찾으며 세우는 과정이다. 한 사람의 삶은 다른 사람의 삶과 중심을 잡고 지탱하는 것과 마찬가지이다. 그 누구도 중심을 잡지 못한다면 관계 속에서 와해(瓦解)되어 결국은 혼란 속으로 빠져들고 만다. 그래서 타인의 삶에 중심을 세워주고 내 삶이 타인의 삶에 받쳐 세워가는 일이 바로 나에 대한 자유이며, 나를 위한 치유이다.

영국의 극작가 겸 소설가인 버나드 쇼(George Bernard Shaw, 1856~1950)는 95세의 나이에 임종을 앞두고 직접 자신의 묘비명을 미리 써놓고 죽었다. "우물쭈물하다 내 이렇게 될 줄 알았다(I knew if I stayed around long enough, something like this would happen)." 유명한 묘비명이었다. 아차 하는 순간 세월이 흐르며 헛된 삶을 살 수도 있다. 허무하다. 그러므로 정신 바짝 차리고 삶과 공생의 공동체를 위해 말보다는 몸으로 실천하는 모습이 한층 더 지혜로울 것이다(한준상, 2013).

[그림 1-1] 영국의 극작가 겸 소설가인 버나드 쇼와 묘비명

출처: https://blog.daum.net/md114/8935503.

사람은 살아 있기에 사람이다. 살아 있는 사람만이 신이 보내는 소리에 집중할 수 있으며 신과 소통할 수 있을 때 치유가 시작된다. 사람은 몸과 마음이 함께일 때 비로소 인간의 앎을 추구하게 된다. 앎은 실천과 행동을 중시한다. 실천과 행동은 몸과 마음이 동행할 때 사회를 완성하는 작동원리이기도 하다. 동행(同行)은 일정한 곳으로 길을 같이 가거나 오거나 함을 말한다. 동행은 함께(together) 개인과 타인을 이어 주고 사회를 구성하여 하나로 만들어 놓기에 필수적이다(Richard, 2013). 그래서 사람의 한자가 '인(人)'이다. 서로 기대어 살라는 의미이다. 함께는 조화와 협력의 뜻을 담고 있다. 이처럼 함께하지 못하는 동행이 결핍되면 사람은 공감이나 소통이 결여되고 사라지기 마련이다. 의미를 만든다는 것은 어떤 말이나 글이 나타내고 있는 내용이다. 작정해야 할 마음, 사랑해야 할 마음, 살아야 할 마음, 관계를 이어가는 마음처럼, 마음을 내는 일에 의미를 만들어 내는 일이다. 그것이 삶에 대한 의미화이다. 배움은 삶에 대한 의미 만들어내기, 몸과 마음의 쓰임새와 '뫎'의 가치를 최적화시키며, 의미화시키는 일이다. 자신의 삶을 위해 '뫎'을 다스리고 '뫎'을 개조하는 일이 배움의 핵심이다. 삶의 의미를 만들어 가는 일이 배움이다. 의미가 만들어지려면 깨달음이 뒤따르게 마련이다(한준상, 2014).

2) 평생교육의 의의

현대사회의 변화로 인공지능이 등장하고 산업의 지형뿐만 아니라 우리의 삶도 변화되고 있다. 하루가 지나고 나면 새로운 정보와 지식으로 정신이 없을 정도이다. 이러한 사회환경의 변화는 새로운 지식과 기술의 습득을 요구하고 있으며, 변화하는 환경에 잘 적응하고, 그것이 잘 사는 삶으로 연계하기 위해서는 지속적인 학습이 필요하기에 평생교육이 화두가 되고 있다. 이에 21세기 사회의 변화양상에 대해 살펴보고자 한다(성기선 외, 2015).

첫째, 과학기술의 급격한 진보에 따른 지식과 정보의 폭발적 증가와 함께 지식의 급격한 노후화를 들 수 있다. 정보홍수로 표현되는 폭발적인 정보의 증가는 그 자체로 문화충격이다(송병순 외, 1999). 앨빈 토플러(Alvin Toffler)는 『제3물결(The third wave)』에서 제3의 물결로 표현되는 정보사회는 다양화, 분권화, 통합화의 특징을 가진다고 주장하였다(Toffler, 1994). 이러한 지식·정보의 사회에서는 나름의 가치판단이 중요시되며 학교교육 제도만으로는 현재 사회가 요구하는 변화를 감당하기 어렵다. 과거 학령기에 한 번 배운 지식만으로 100세까지 살아가기에 충분한 지식과 정보를 제공할 수 없기 때문이다. 역사학자 유발 하라리(Yuval Noah Harari)는 "현재 학교에서 아이들에게 가르치는 내용의 80~90%는 이 아이들이 40대가 됐을 때 전혀 쓸모없을 확률이 높다(Harari, 2015)."라고 하였다. 그리고 학습활동은 이제 학교 안에서보다는 학교 밖 삶의 현상에서 너 많이 이루어질 것이다. 정보 지식에 대한 패러다임 전이(paradigm shift), 즉 개념의 재정립이 일어나고 있다.

둘째, 기술혁신에 따른 직업구조와 산업구조의 변화이다. 미래학자 칸(H. Kahn)은 과학기술의 발달은 산업의 구조를 변화시키며 새로운 직업 창출로 직업구조를 바꾸어 놓게 될 것이라 하였다(차경수 외, 1995). 의사, 검사, 회계사 등 '사'자 돌림의 전문직을 최고라고 여겼던 사회통념은 4차 산업혁명과 함께 무너지고 있다. 10년 전에는 존재하지 않았던 앱 개발자, 드론 조종사, 소셜미디어 관리자, 우버 택시 운전자, 유튜브 콘텐츠 크리에이터, 클라우드 컴퓨팅 스페셜리스트, 빅데이터 애널리스트 등이 생겨나 유망직업으로 주목받는 현실만 봐도 쉽게 알 수 있는 일이다. 미래 일자리 변화의 속도가 빨라지고 있는 만큼, 일자리에 영향을 미치는 환경 변화를 살펴보고 인간에게 필요한 핵심역량을 찾는 일도 점점 더 중요해지고 있다.

[그림 1-2] 예상되는 미래 직업 사례

출처: 미래창조과학부 미래준비위원회, KISTEP, KAIST(2017). 10년 후 대한민국 미래 일자리의 길을 찾다: 미래전략 보고서. 서울: 진한엠앤비.

셋째, 인간의 수명연장에 따른 생애교육의 필요성이다. 유전공학, 재생의학, 나노기술 같은 분야들이 발전에 힘입어 점점 더 낙관적인 예언이 등장하고 있다. 우리는 대략 10년마다 한 번씩 병원으로 달려가 개조 시술을 받을 거라고 한다. 그 시술은 단순히 질병을 치료하는 데 그치지 않고, 노화하는 조직을 재생하고 손, 눈, 뇌의 성능을 높일 것이다. 70년대에 미국의 인기 드라마 600만 달러의 사나이(1974~1978), 캡틴 아메리카: 윈터 솔져(2014), 매드맥스: 분노의 도로(2015), 공각기동대: 고스트 인 더 쉘(2017) 등의 영화 속의 장면이 현실이 되어 좀 더 월등한 능력을 갖추고 싶은 몸의 일부를 기계로 대체하는 포스트 휴먼이 생겨날 것이다(Harari, 2020). 20세기에 기대수명이 40세에서 70세로 두 배 가까이 늘어났으니, 21세기는 적어도 그 두 배인 150세까지는 거뜬하지 않을까 생각해 볼 수 있다. 그러므로 나머지 인생에 대한 준비과정이 필요하며 바로 이런 점에서 계속 교육에 대한 요구는 불가피하다.

[그림 1-3] 현실이 된 로봇 팔

전기 기술자였던 제시 설리번(왼쪽)은 사고로 두 팔을 잃었지만, 미국 시카고 재활연구소의 도움으로 인공 팔을 갖게 됐다. 오토바이 사고를 당한 클라우디아 미첼(오른쪽)도 설리번처럼 로봇 팔을 장착했다. 팔은 뇌의 신호로 움직인다(시카고 재활연구소).

출처: 중앙일보(2018.12.13.). [윤석만의 인간혁명] 로봇 팔부터 인공두뇌까지…진화의 끝은 사이보그?.

넷째, 세계화(globalization) 현상과 함께 현대사회의 위기, 환경파괴 등을 지적할 수 있다. 교통과 정보통신의 발달로 국가 간의 교류와 협력의 범위가 확대되었으며, 세계화로 인해 생활양식 교류, 문화의 교류 등이 활성화되었다. 하지만 과학기술의 발달로 편리해진 만큼 개발로 지불해야 할 대가가 크다. 환경파괴의 문제, 지구 파멸의 위험 등은 이미 지구 전체의 문제가 되었으며 인간의 생존에 큰 위협을 느끼게 되었다. 국가 간 빈부의 격차, 지나친 경쟁 사회가 가져온 인간관계의 변질, 인간소외 현상, 더 나아가 사회병리적 현상으로 나타나고 있다(한병철, 2012).

다섯째, 세대 간 갈등을 지적할 수 있다. 노인 인구의 비율이 증가하면서 인구의 연령 구조가 변하고 있다. 인구의 고령화는 인구의 감소세와 더불어 출산율과 사망률이 감소하면서 젊은 인구의 감소로 나타나게 된다. 인구 고령화는 개인의 라이프스타일 변화는 물론이고 사회적인 변화까지 수반하게 된다. 고령사회는 젊은 인구의 감소로 노동력이 양적 · 질적으로 감소하게 된다(한우섭 외, 2019). 노령인구의 증가는 사회보장 비용의 증가를 가져왔고 이 과정에서 젊은 세대와 노인세대 간에 갈등도 서서히 드러나고 있다. 그뿐만 아니라 급격한 사회변화로 서로 간의 문화적 차이, 가치관의 차이, 그리고 이념적 갈등으로 나타나고 있다. 이러한 문제들을 해결하기 위해서는 세대 간의 차이를 극복하고자 하는 노력이 요구된다.

이러한 사회적 수요와 생애발달에 따른 다양한 교육적 요구를 학교교육 중심의 교육제도만으로는 충분히 해결해 줄 수는 없다. 따라서 이러한 미래 사회변화를 대비하기 위해서는 교육에 대한 개념적 확장과 제도적 변화가 불가피하게 되었다.

3) 평생교육의 필요성

세계 여러 나라는 학교교육의 위기에 처해 있으며, 교육개혁이 필요하다는 주장을 공통으로 제기하고 있다. 우리나라도 그동안 점수 위주의 지나친 경쟁 중심의 교육으로부터 학생들의 잠재력을 개발시킬 수 있는 방향, 즉 누구나, 언제, 어디서나 교육받을 수 있도록 하는 평생교육 진흥을 위해 노력하고 있다. 교육문제를 국제적인 차원에서 제기한 사람은 쿰즈(Coombs)다. 1968년 쿰즈는 「세계교육 위기: 체제분석(The World Educational Crisis: A Systems Analysis)」이라는 보고서를 발표하였다. 이 보고서는 교육체제의 위기상황에 대한 진단과 내용을 위한 체제 변화의 필요성을 언급하여 국제사회에 관심을 두게 하였다. 쿰즈에 의하면 교육은 선진국이나 개발도상국을 막론하고 어느 나라나 상관없이 세계적인 공통된 문제이며, 위기에 처해 있다고 하였다. 즉, "1945년 이후 세계의 모든 국가는 과학과 기술, 경제와 정치적인 사건들, 인구와 사회구조 등에 있어서 엄청나게 빠른 환경적인 변화를 경험하고 있다. 교육체제도 이전보다 빠르게 성장하고 변화해 왔지만, 다른 분야에 비해 변화의 속도가 너무 느리다. 결과적으로 교육체제와 다른 환경요인 사이에 발전 속도 차이로 인해 발생하는 큰 격차가 세계적인 교육 위기의 핵심이다." 쿰즈의 보고서는 교육 문제를 해결하기 위해 사회 전체의 결단과 노력이 필요하다고 주장함으로써 교육계에 종사하는 교사의 잘못이 아니라 사회변화에 비해 느릴 수밖에 없는 공교육의 특성 때문이라고 하였다. 시대적으로 근대화와 국가 발전을 위해 급속하게 발전하는 사회환경의 변화 기대를 충족시키지 못하는 학교와 대학 등 정규교육(formal education)의 문제점과 한계를 분명히 지적하였다(Coombs, 1968).

에드가 포르(Edgar Faure)는 1971년 유네스코 국제 교육 발전위원회에서 평생교육에 대해 연구하여 보고하도록 하였다(Faure et al., 1972). 포르의 보고서는 과학과 기술의 발전에서 비롯된 비인간화의 경험을 염려하면서 신체적 · 지적 · 정서적 · 윤리적으로 통합을 이룬 온전한 인간을 목표로 교육해야 함을 강조하고 있다. 기술 발전에 의한 비인간화를 극복하기 위해 각 개인이 자신의 문제를 해결할 수 있고, 스스로 결정하며, 결정에 대한 책임을 질 수 있도록 교육해야 한다고 보았다. 온전한 인간을 위한 교육은 일생을 통해서 해야 하며(lifelong education), 사회 전체가 이를 위해 노력해야 함을 지적하고 있다(learning society). 국제사회의 교육 문제에 접근하는 데 크게 네 가지의 기본적인 가정이 있다.

첫째, 국제사회는 하나의 공동운명체를 향한 공동의 염원, 문제, 경향, 운동 위에 존재하며 이를 반영하고 있다.

둘째, 민주주의의 정당성에 대한 확고한 신념을 가지고 있다.

셋째, 교육 발전의 목표는 온전한 인간의 실현이다.

넷째, 종합적인 평생교육은 우리 사회에서 그 필요성이 점차로 증대하고 있는 온전한 인간을 기를 수 있다. 이 네 가지는 가정이면서도 한편으로는 결론이라고 볼 수 있다.

또한 쿰즈와 포르는 학교 밖 교육, 즉 박물관, 미술관 등 지역사회의 공공 또는 민간기관과 단체가 제공하는 비정규 교육(nor-formal educational)인 사회교육의 중요성을 강조하고 있다.

쿰즈와 아메드(Coombs & Ahmed, 1973)는 학습체제가 이루고 있는 여러 유형의 교육이 가지고 있는 특성을 새롭게 정립하였다. 형식교육인 학교교육의 한계가 잘 드러나 있으며, 학교교육은 의도적, 형식적, 공식적, 장기적, 조직적, 위계적, 제도적, 타율적인 특성을 갖는다. 반면, 우리 사회에서 존재하는 많은 비의도적, 비형식적, 비공식적, 비장기적, 비조직적, 비위계적, 비제도적, 자율적인 특성을 갖는 교육은 학교교육인 형식교육(formal educational)의 범위를 넘어서는 것이다. 일반적으로 이들은 비형식교육(nor-formal educational)과 무형식학습(informal learning)으로 분류한다(Coombs & Ahmed, 1973). 쿰즈와 아메드의 교육체제 구분을 평생교육 관점에서 재구성하여 정리하였다.

〈표 1-1〉 평생교육 형식 구분

구분	형식교육	비형식교육	무형식학습
	학교교육	사회교육	가정교육
교육의 수혜자	학생	주민, 직장인, 군인, 고객 등	자녀, 영유아, 청소년
교육의 제공자	학교, 대학	회사, 공장, 군대, 교회, 박물관, 미술관, 도서관, 문화센터, 주민자치센터, 학원, 백화점, NGO, 미디어(TV, 인터넷) 등	부모형제(가정), 이웃, 친구, 동료(직장), 놀이터, 여행, 미디어(TV, 인터넷) 등
특성	의도적	의도적	비의도적(맥락적)
	형식적	형식적, 비형식적	비형식적
	공식적	비공식적	비공식적
	장기적	장기적, 단기적	장기적, 단기적
	조직적	조직적	비조직적
	위계적	비위계적	비위계적
	제도적	제도적, 비제도적	비제도적
	타율적	자율적, 타율적	자율적

출처: Coombs, P. H., & Ahmed, M. (1973). *New Paths to Learning for Rural Children and Youth*. International Council for Educational Development. 재구성.

이들은 사회 전체가 일생을 통해 교육해야 교육 위기 문제를 해소할 수 있다고 보았다. 즉, 규모와 영향력 면에서 가정교육이 가장 중요한 밑부분을 크게 차지하고 있고, 그 위에 사회교육이 있으며, 학교교육은 사회교육 위에 가장 작게 차지하고 있다. 다음과 같은 그림은 학교교육의 제한점을 분명히 하고 가정과 사회 전체가 학습사회로서 기능하며, 일생을 통해 교육해야 할 필요성이 확인되었다.

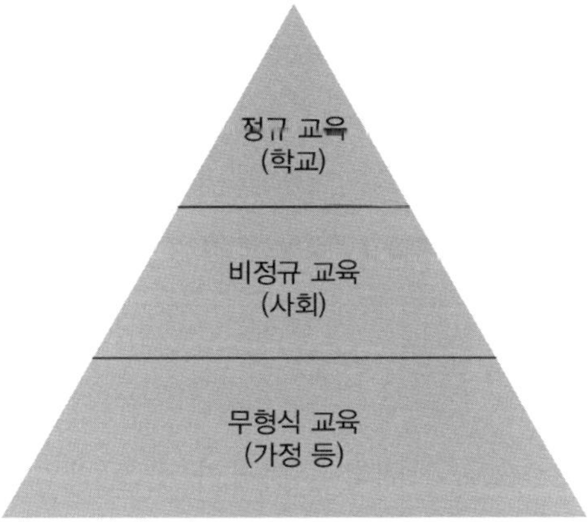

[그림 1-4] 교육체제의 특성에 따른 구분

출처: Coombs, P. H., & Ahmed, M. (1973). *New Paths to Learning for Rural Children and Youth.* International Council for Educational Development.

평생교육이 제대로 뿌리내리기 위해서는 가정과 학교, 사회 모두의 변화가 필요하다. 또한 평생교육은 교육 시기, 장소, 형식 등에서의 유연성을 강조함으로써 학교교육이 가진 시공간적 한계를 극복하고 학습 받을 권리를 확장하는 데 기여할 수 있다는 점에서 중요한 의미가 있다. 이러한 맥락에서 평생교육의 구체적인 필요성을 살펴보면 다음과 같다(임형택 외, 2013).

첫째, 자신들의 열정적인 삶을 체험함으로써 더 풍부하게 해석하고 미래의 삶에 대한 비전을 수립할 수 있다.

둘째, 건전한 여가선용의 기회를 제공할 수 있으며, 직업교육이나 사회구성원으로 살아가는 데 필요한 실용적인 지식과 정보를 제공해 줌으로써 자신의 존재가치를 인식하게 하고 자신의 삶을 주도적으로 이끌어 가는 데 도움을 주게 될 것이다.

셋째, 다양한 영역과 분야의 평생교육 프로그램을 통하여 가치관을 확립하고, 자신들의 특성에 적합한 문화와 생활양식을 구축하는 데 도움을 줄 수 있을 것이다.

2. 평생교육의 방향

1) 생태론적 패러다임의 변화

인간이 자연을 본격적으로 지배하기 시작한 것은 산업 시대를 맞이하면서부터이다. 인간은 자연을 정복하면서 자연을 상대로 산업이라는 단어와 혁명이라는 말을 합성하여 산업혁명이라고 하고 예찬하였다. 원래 산업혁명이라는 용어는 프리드리히 엥겔스(Friedrich Engels)가 1780년부터 1840년대에 걸쳐 제조업과 산업의 기계화와 공장화를 지칭하기 위해 처음 사용했으며, 아널드 토인비(Arnold Toynbee)의 「영국 산업혁명 강의(Lectures on the Industrial Revolution in England, 1884년)」에서 학술적 의미가 있게 되어 대중화가 됐다. 산업혁명 이후 자연을 지배하고 통제하는 방법과 기술은 빠른 속도로 고도화하기 시작했다. 인간은 자연을 수단화하여 정교하고 급변하게 과학의 기술을 발전시켜 왔다(유영만 외, 2018). 그러나 기술의 발전과 문명의 발달은 지금까지 아직 한 번도 있어 본 일이 없는 후유증을 남기게 되었으며, 자연 파괴의 심각성은 인간 삶의 폐해로 다가오기 시작했다. 이 문제는 한 국가만의 문제가 아니다. 갈수록 심화하는 생태계의 파괴와 환경오염, 지구 온난화의 가속화와 이에 따른 생태계의 교란, 자연 자원의 고갈과 멸종되어 가는 생물종으로 인한 먹이사슬의 붕괴, 개발지상주의로 치달은 자본주의적 소비 패러다임은 지구 전체의 위기이자 인류가 직면하고 있는 심각한 재난이다. 오늘날 인류가 직면하고 있는 환경 위기는 어느 특정 지역, 특정 국가만의 한정된 문제가 아니라 전 지구적 차원의 인류가 함께 짊어질 문제이며, 어느 한 분야의 과학적인 연구와 노력만으로 해결할 수 있는 문제가 아니다 (유영만 외, 2018). 생태계의 파괴는 자연이 끊임없이 새롭게 창조하고 유지해 가는 자기조직화(self-organization) 능력을 상실해 가고 있다는 점에서 문제가 심각하며, 우리의 환경이 회복과 갱생 또는 치유 불가능의 상태로 서서히 빠져들고 있다는 점을 상기해야 한다(유영만 외, 2018). 생태학적 문제의식은 이러한 문제점을 극복하기 위해 제기되어 왔다.

21세기는 환경의 시대이다. 지구환경 위기상황의 모든 원인 가운데 보다 근본적 원인은 현대 문명을 이루고 있는 인간중심주의(anthropocentricism)에 있으며, 이는 인간과 자연 그리고 인간과 인간의 관계를 '수평적', '공생적', '사랑의 관계'로의 변화를 회복하지 못하는 데 있다(김균진, 2007).

생태(生態)란 살아 있는 모든 것들의 생활하는 상태, 즉 어떠한 존재가 유기적이고 포괄적으로 살아가는 삶의 상태이자 존재 방식을 말하는 것으로, 이 세상에 존재하는 모든 것은 관계의 그물 안에서 각자에게 맡겨진 역할을 하면서 상호의존하고 기생하면서 더불어 살아간다는 삶의 모습을 의미한다(박영택, 2003). 생태학적이란 '살아 있는 것들의 환경 또는 살아 있는 것들과 그것들을 둘러싼 환경 사이의 관계 유형 또는 유기체들의 상호의존성에 관계하는 과학'을 지칭한다(박이문, 1997). 이러한 생태학적 개념에 비추어 보면, 생태학적 단어 속에 상호의존성이나 상호작용을 탐구하는 관계지향의 철학이 내재하여 있다. 지금의 사회환경 속에서 인간은 지나치게 인간소외 현상, 인간성 상실 등 여러 가지 문제 속에서 경영과 관리의 대상이 되어 가고 있는지 모른다.

일본의 경영학자 노나카(Nonaka) 교수는 지식이 경영과 관리 대상이 아니라

'창조의 대상'이라고 하였다. 다시 말해 사람의 몸에 체화된 지식은 조직적으로 관리하고 경영할 수 없다. 생태학적으로 사고한다는 것은 모든 사물을 서로 연관된 체계로 이해함을 의미한다. 그런 의미에서 생태적 사고는 세상과 인간의 삶 사이에 거리를 부여하는 기계주의적 세계관과 대조된다(김선일, 2010). 기계론적 패러다임은 사회를 함께 더불어 살아가면서 서로 영향을 주고받는 공존 공생의 순환체계이자 생명공동체로 파악하지 않고 하나의 착취 대상의 이용물로 삼아 남용한 결과 인류의 지속 가능한 삶 자체를 심각하게 위협하는 결과를 가져오고 있다. 이러한 문제점과 한계를 극복하기 위해 '지식(knowledge)'과 '생태학(ecology)'의 합성어인 '지식 생태학(knowledge ecology)'이라는 단어를 사용하기도 한다. 지식 생태학은 지식생태계 안에서 즐거운 학습과 건강한 지식이 창조되고 공유, 활용, 소멸하는 선순환적인 과정과 촉진 요인을 연구한다(유영만 외, 2018).

생태학(ecology)은 사전적으로 생물의 상태 및 생물과 환경과의 상호작용이나 관계를 과학적으로 연구하는 생물학의 한 부분으로 정의된다(Bramwell, 1989). 그러나 자연환경, 특히 유기체와 이를 구성하는 환경적 요소 간의 관계를 탐구하는 초기의 미시적인 협의의 생태학적 관심은 최근 환경문제가 환경과 인간 간의 관계 전반을 다루는 학문적 탐구영역으로 급부상하게 되었다. 생태학의 어원적 의미를 추적해 보면, 생태를 뜻하는 영어 에코(eco)는 그리스어 오이코스(oikos)에서 비롯되었는데 이 말은 본래 집(house) 또는 살아갈 장소(place to live)나 주거 단위, 거주지(oekos)라는 개념과 로고스(logos: study of)의 합성어로 이루어진다. 어원 그대로 옮겨보면 '사는 곳에 대한 학문'(이도원, 2002; Burnie, 2002; Bramwell, 1989)을 의미한다. 1865년에 라이터(Reither)와 헤켈(Haeckel)이 처음으로 사용한 것으로 환경 중에서 생물과 생물환경에 관한 학문을 의미한다. 생물은 인간과 같이 정교한 집이 없으며, 따라서 생물의 집은 환경이라고 할 수 있다. 그런데 생물의 집이 되는 환경은 이 집에 거주할 수 있게 해주는 모든 기능적인 과정까지 포함한다. 이 의미는 '생물과 그 환경 관계의 모든 것'이라고 되어 있다(김광렬 외, 2013). 생태학적이라는 말은 우선 오이코스에 내재되어 있는 특성, 즉 집·거처·서식지 · 보금자리와 같은 말에서 연상된 특성에 비추어 본다는 것을 뜻한다. 생태학은 살림하는 집에 불어닥친 위기의 실체와 본질을 밝혀가면서 기존 패러다임의 한계와 문제점을 극복하고 죽음과 죽임을 다시 살림 또는 살림살이의 형태로 되돌리는 학문적 결단이다. 학문은 저마다의 문제의식을 느끼며 치열하게 고민하고 실천 현장을 매개로 부단히 실험하는 가운데 이론적 실천의 정교함을 드높이고 실천적 이론의 엄밀함을 추구하는 과정으로 환경과 인간의 문제에 대한 근원적 대안을 모색하는 인식론적, 실천적 전환이다(유영만 외, 2018).

환경을 거대한 기계로 바라보는 세계관은 기계처럼 자연을 움직일 수 있으며 인간의 이성으로 의도하고 계획대로 통제하며 조정할 수 있다는 가정이 전제되어 있다(김농쌍, 1998). 기계론적 세계관에 의해 인간은 자연보다 우월함으로 인간의 이성과 합리성으로 자연을 지배하고 개발해서 인간적 목적으로 사용해야 한다. 또한 과학자들은 그의 관점에 따라 기계론적 인과성에 맞는 논리와 연구를 정당화시켜 지속해 나갔다(박동수, 1995). 하지만 지상에 존재하는 모든 생명체는 독립적으로 존재하는 별개의 객관적 실체가 아니라 전체인 관계의 그물 속에서 상호작용하며, 서로 연결되어 있고 자연과 조화를 이루며 영향을 미치는 생명공동체의 통합적 연결망이다(Capra, 1996; 2002). 따라서 인간의 인식과 가치, 생활양식 전반에서 근본적인 패러다임이 변화되어야 한다. 즉, 사회의 지배적인 기계론적 세계관의 패러다임 변혁과 인간 중심적 세계관에서 생태 중심적인 세계관으로 변화를 지향해야 한다(송명규, 1996).

2) 인간과 생태학의 상호관계

생태계(ecosystem, 生態系)는 하나의 조직으로서 작용하는 생물과 비생물적 환경을 말한다. 즉, 생물과 이를 둘러싸고 있는 환경으로 구성되며 이들 생물과 환경은 끊임없이 서로 영향을 주고받으며 유기적인 관계를 갖는 체계(system, 系)를 말한다. 생태계를 구성하는 요소들 사이에서 나타나는 유기적인 상호관계는 생태계 기능을 지속해서 유지하고 생태계 구조를 균형 있게 형성하는 데 큰 역할을 한다(한국산업인력공단, 2018).

생태학은 생명을 가진 한 개체가 환경 속에서 어떻게 생명을 유지하는가, 그리고 개체들이 모인 개체군 및 군집이 어떻게 생명을 유지하고 발달과 진화를 하는가에 대해서 연구하는 학문이다. 또한 생태학은 생물과 이를 둘러싼 환경을 함께 연구하는 것이며, 환경 속에서 같은 종(種)들의 생물 간의 관계, 한 종과 다른 종과의 관계 그리고 생물과 환경과의 관계를 연구하는 학문이라고 볼 수 있다. 이러한 의미에서 평생교육은 생태학적 평생교육이라 할 수 있다. 거대한 현대사회의 엄청난 효율성과 생산성으로 말미암아 상당한 성과를 거두기도 하지만 생태성과 인간성 측면에서는 심각한 역설을 가지고 있다(정용교, 2017). 효율은 현대 과학기술 문명이 불러온 최대의 적이 아닐 수 없다. '보다 적은' 노력과 시간을 들여 '보다 빨리', '보다 많이'를 달성하려는 인간적 욕심의 표현이 바로 효율이기 때문이다. 효율이 높아져 보다 빨리, 보다 많이, 보다 편리하게 되어서 인간적 삶도 이와 상응하게 행복해지고 있는가를 물어보면 여전히 답은 미지수이다(유영만 외, 2018). 그래서 신영복(2014)은 "기계보다는 사람을 소중하게 생각하고, 효율성보다는 깨달음을 소중하게 여기는 문화를 복원해 가야 한다"라고 하였다.

생태 평생교육 접근은 단순한 교육 기회의 평등 실현을 넘어 수요자로서 제공받는 교육적 경험에 주목한다. 또한 평생교육은 교육의 시기, 장소, 형식의 측면에서 유연성을 강조함으로써 학교교육이 갖는 시·공간적 한계를 극복하고 학습받을 권리를 확장하는 데 기여할 수 있다는 점에 중요한 의미가 있다. 이에 평생교육의 발전과제에 대해 살펴보면 다음과 같다(홍지명 외, 2018; 이복희 외, 2018; 송성숙 외, 2017).

첫째, 평생교육에 대한 생태학적 공감 형성이다. 생태계는 늘 살아 움직이면서 성장·발전하고 상태를 유지한다. 겉으로는 아무런 변화가 없는 것처럼 보이지만 생태계의 내부를 들여다보면 치열한 생존경쟁을 통한 견제가 빈번하게 일어난다(유영만 외, 2018). 경쟁은 모두가 파멸의 길로 치닫는 상쟁(相爭)이 아닌 모두가 함께 더불어 살아가는 상생(相生)이다. 경쟁은 상생의 길을 모색하기 위해 일어나는 예기치 못한 사태일 수도 있고 숲을 더욱 강건하게 만드는 예견된 기적일 수도 있다(차윤정, 2004). 사회구성원 전체가 학습자가 되는 학습사회의 환경을 만들어야 할 필요가 있다. 사회구성원 스스로 학습의 주체가 되어 지식과 기술 능력을 배우고 이를 적극적이고 효율적으로 활용할 수 있는 분위기가 국가 차원에서 활성화되어야 한다. 여전히 일류대학에 가기 위한 입시 위주의 학교교육과 좋은 직장에 입사하기 위한 스펙(Specification)을 쌓는 등의 교육만이 필요하다고 생각하고 있다. 그러나 우리의 삶이 대학에 진학했다고, 또는 회사에 입사했다고 해서 끝나는 것은 아니다. 그 이후에 더 긴 삶의 여정을 살아가야 하기 때문이다. 이에 평생교육에 대한 시민의 공감대가 형성되어 꿈과 진로, 적성, 흥미에 맞는 다양한 평생학습을 경험할 수 있는 생태계를 조성해야 할 것이다.

둘째, 창의적인 자기주도학습 교육 강화이다. 급변하는 사회 속에서 기존의 방식을 그대로 답습하기보다는 창의적이며 비판적인 사고를 토대로 사회변화에 좀 더 능동적으로 대처하고 그 변화를 가치 있게 창출해 나가는 능력을 갖추어야 한다. 즉, 미래 사회는 학습자 스스로 문제를 해결하고 창의적 사고능력을 기를 수 있어야 하므로 교수자의 행위보다는 학습자가 교사와 동료, 교육기관, 각종 네트워크 등 다양한 형태의 조력자와 협력하에 자기 주도적으로 학습할 수 있는 역량을 강화해 나가야 한다.

셋째, 평생교육 지원 및 정비에 대한 방안 마련이 필요하다. 가정, 학교, 지역사회에서 형식교육, 비형식교육, 무형식학습, 현장학습 및 실습 체험학습, 학습동아리 활동 등의 다양한 학습을 경험하고 있다. 이러한 다양한 형태의 평생학습을 인정한 제도적 기반이 부분적으로 인정되고 있지만, 아직도 해결해야 하는 부분들이 남아 있다. 다양한 대안교육을 접할 기회를 제공해 줌으로써 평생교육의 다양성을 확보할 필요가 있다. 그뿐만 아니라 시민 개개인의 평생학습 결과를 국가가 체계적으로 관리하고 인센티브를 제공함으로써 평생학습을 활성화하기 위해 도입된 평생학습계좌제도 부처 간 연동이 되지 않는 한계점을 드러내며 상용화되지 못하고 있다. 이에 다양한 학습경험을 인정하고 공식화되기 위한 제도적 기반이 강화되어야 할 것이다. 따라서 평생학습을 통해 실용적인 지식을 개발하고 피드백 과정을 거쳐 새로운 지식 창출의 원천이 될 수 있도록 평생교육에 대한 다양하고 적극적인 지원 및 지속적인 정비와 관리방안이 마련되어야 한다.

02

Chapter

국가직무능력표준

1. 국가직무능력표준
2. 직업기초능력

1. 국가직무능력표준

1) 국가직무능력표준 개념과 이해

자격기본법 제2조 2 근거에 의하면, 국가직무능력표준(NCS: National Competency Standards)은 산업현장에서 직무를 수행하기 위해 요구되는 지식 · 기술 · 소양 등의 내용을 국가가 산업부문별 · 수준별로 체계화한 것이다(자격기본법, 2023). 즉, 산업현장의 직무를 성공적으로 수행하기 위해 필요한 능력(지식, 기술, 태도)을 국가적 차원에서 표준화한 것을 의미한다. 이는 교육훈련과 자격에 NCS를 활용하여 현장 중심의 인적자원을 양성할 수 있도록 지원하는 제도이다.

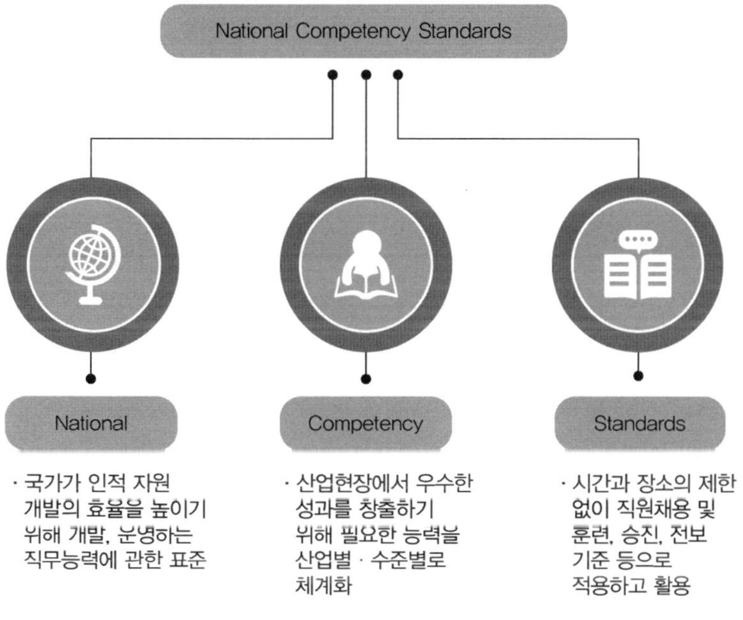

[그림 2-1] National Competency Standards 의미

출처: 한국산업인력공단(2020). 국가의 미래, 직무 역량에서 찾는다. 울산: 한국산업인력공단.

우리나라는 모든 직업인의 각종 능력을 바탕으로 직무능력 중심 사회 구현을 위한 국가직무능력표준을 2002년부터 개발하기 시작하였다. 그 이후 지속해서 NCS 개발과 개선에 이어서 이것의 활용을 위하여, 관련 부처들이 NCS 기반 직업 교육 훈련과정 개발과 보급, 자격 개편과 적용, 채용 등 인사관리와의 연계 등 NCS 활용 확산을 위한 사업이 추진되고 있다. 최근 빅데이터, 인공지능, 생명공학, 사물인터넷 등 4차 산업혁명과 저출산 고령화로 인한 사회 변동은 일자리 변화에 많은 영향을 미칠 것으로 예상된다. 이에 대응하여 평생직업능력교육 체제의 혁신이 필요한 상황이며, 평생직업능력교육 체제 혁신의 방향은 지식과 기술을 맞춤형으로 전달하는 데 지식과 기술을 활용할 수 있는 능력을 길러주는 방향으로 변화하고 있다(강순희 외, 2019). 이처럼 NCS의 지속적인 발전과 개선이 꾸준히 이루어지고 있음에도 그 범위와 이용자 및 공급자들 사이에 많은 문제점이 제기되고 있어 이에 대한 연구가 지속적으로 필요하다. 특히, 지역산업의 특성에 맞춘 직업교육으로서의 평생교육에 대한 연구가 요구된다. 2015년 교육부의 개정 교육과정과 NCS의 도입은 이러한 변화를 반영하는 것이다. 그러나 현재 NCS 체제로는 미래 사회변화에 적절히 대처하기 어려울 것으로 보임에 따라, NCS의 직업군 중심의 재구조화를 통한 유연성 확보와 평생교육의 NCS를 통한 직업매칭에 대한 관심이 필요하다(김동일 외, 2021). 한국산업인력공단 보고자료에 따르면, NCS 개발 개선의 추진은 자격기본법에 근거하고 있으며, 2013년 공단에서 본격적으로 NCS를 개발하기 시작하여 현재 NCS 개선의 비중을 높여 사업을 추진 중이다. NCS 개발 관리단위는 NCS 분류표의 세분류(직무)를 기준으로 하며, 세분류의 하위단위인 능력단위의 신설과 통합, 폐지 그리고 내용 수정에 대해 연구를 하고 있다. 능력단위는 직무분석 기법을 통해 직무요건 등을 도출하고, 능력단위 설정기준 부합 여부를 검토하여 개발한다. 능력단위는 NCS 수준체계에 따라 능력단위별로 수준을 부여하며, NCS 수준체계는 산업현장 직무의 수준을 체계화한 것으로 1~8수준으로 구분되어 있다. 교육훈련과 자격에서의 NCS 활용 현황과 성과는 현장성 강화를 추진하고자 교육과정에 개발된 NCS를 반영하고 있는데, 학교교육 측면에서는 중등 직업교육과정 총론과 각론을 NCS 기반으로 개발 및 고시하였다(강순희 외, 2019).

양성 훈련과정은 능력단위별로 제시된 훈련시간을 최대 +50%까지 조정하여 과정을 설계할 수 있으며, 향상 훈련과정은 양성 훈련과정 설계 기준과 더불어 능력단위 요소만으로 과정 설계가 가능하도록 운영되고 있다. 검정형 국가기술자격에서도 NCS를 기반으로 자격 간 분할 통합 등 종목 정비 중이며, NCS 기반 출제기준은 2014년부터 실기시험 내용을 중심으로 출제기준을 개편하며 시험문제를 보완하고 있다. 능력단위는 출제기준의 주요항목과 연계되며, 과정평가형 자격은 NCS의 직무 또는 직무 집합이 자격종목으로, NCS 능력단위 세부항목이 교육·훈련과정 편성기준 세부항목 내용으로 연계되어 NCS를 기반으로 마련되었다. 이처럼 지속적으로 수정 보완되고 있으며, 가장 중요한 것은 수요자 중심의 NCS라는 것이다. 그러므로 NCS 구성요소와 관련하여 개선과정에 나타나는 이슈는 능력단위 요소별 지식, 기술, 태도 개발 시 차별화된 내용으로 개발하는 것이 상당히 어려워 보인다.

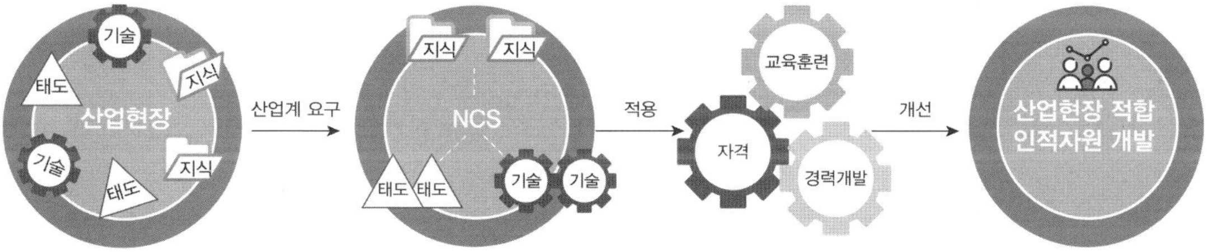

[그림 2-2] 국가직무능력표준 체계도

출처: 한국산업인력공단(2021). 2021년 국가직무능력표준(NCS) 개발·개선매뉴얼. 세종: 고용노동부.

NCS는 산업현장의 직무를 체계적으로 분석하여 제시함으로써 '기업-교육·훈련-자격-사람'을 연결하는 인적자원개발의 핵심 인프라를 구축하고 나아가 국가경쟁력을 향상하기 위한 기능을 하고 있다. 또한 교육훈련기관의 교육훈련과정,

직업능력개발 훈련기준 및 교재 개발 등에 활용되어 산업수요 맞춤형 인력양성에 기여하며, 근로자를 대상으로 경력개발경로, 직무기술서, 채용·배치·승진 체크리스트, 자가진단도구를 통해 활용하고 있다(한국산업인력공단, 2021). 한편, NCS를 기반으로 한 평생직업교육 방향이란 연구에서 NCS는 교육계와 산업계의 긴밀한 연계를 촉진하는 매개체가 되어야 하고, NCS를 기반으로 하는 다양한 제도나 인력양성체계가 산업계와 교육계의 연계를 토대로 유기적으로 구성되어야 한다고 주장하였으며, NCS 기반 평생직업교육 과정과의 연계 운영을 위한 인프라 강화 측면에서 NCS 기반 평생직업교육과정은 NCS를 매개로 평생직업교육과 산업수요 사이의 괴리를 최소화하기 위한 것으로, 이를 위해서는 교수자의 전문성 및 교수·학습 역량, 실험·실습 여건, 교육기관의 산학연계 인프라, 유연한 학사운영체계 등이 강화되어야 한다고 하였다(이영대 외, 2018).

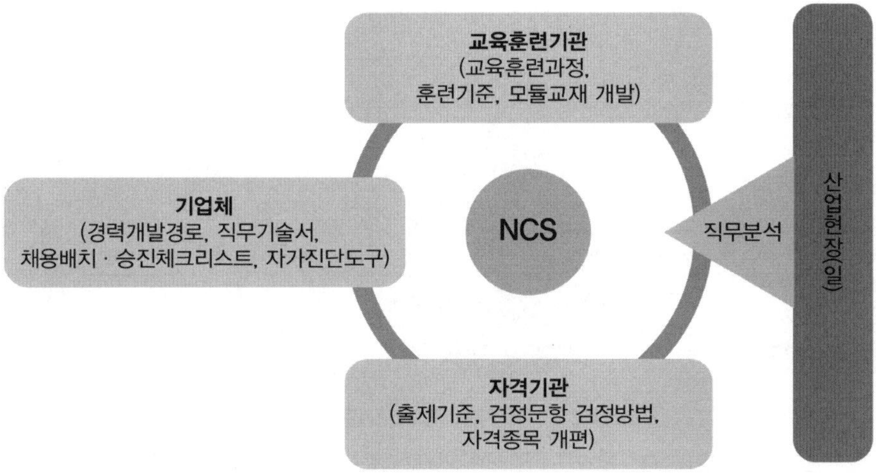

[그림 2-3] NCS의 기능

출처: 한국산업인력공단(2021). 2021년 국가직무능력표준(NCS) 개발·개선매뉴얼. 세종: 고용노동부.

2) 분류와 구성

직무능력은 크게 직무수행능력과 직업기초능력으로 구분할 수 있다. 그중 직무수행능력은 다수의 능력단위로 구성을 이루는 것으로 능력단위의 조합, 연계를 통해 훈련과 자격의 내용을 설계하는 것으로 구분한다(박선영 외, 2014).

NCS의 분류표는 직무의 유형(Type)을 중심으로 NCS의 단계적 구성을 나타내는 것으로, 한국고용직업분류(KECO: Korean Employment Classification of Occupations)를 중심으로, 한국표준직업분류, 한국표준산업분류 등을 참고하여 분류하였다(한국산업인력공단, 2021). '교육 · 자연 · 사회과학'을 예시로 제시한다.

대분류	04. 교육·자연·사회과학
중분류	02. 평생교육
소분류	02. 평생교육운영
세분류	01. 평생교육프로그램 기획·개발·평가
능력단위	0402020101_16v2 평생교육 상황분석

[그림 2-4] 교육·자연·사회과학 분류 예시

(1) 능력단위

직무는 NCS 분류의 세분류를 의미하고, 위치상 세분류 단위에서 표준이 개발된다. 능력단위는 NCS 분류의 하위단위로서 NCS의 기본 구성요소에 해당되며, 능력단위요소(수행준거: 지식·기술·태도), 적용범위 및 작업상황, 평가지침, 직업기초능력으로 구성되어 있다(한국산업인력공단, 2021).

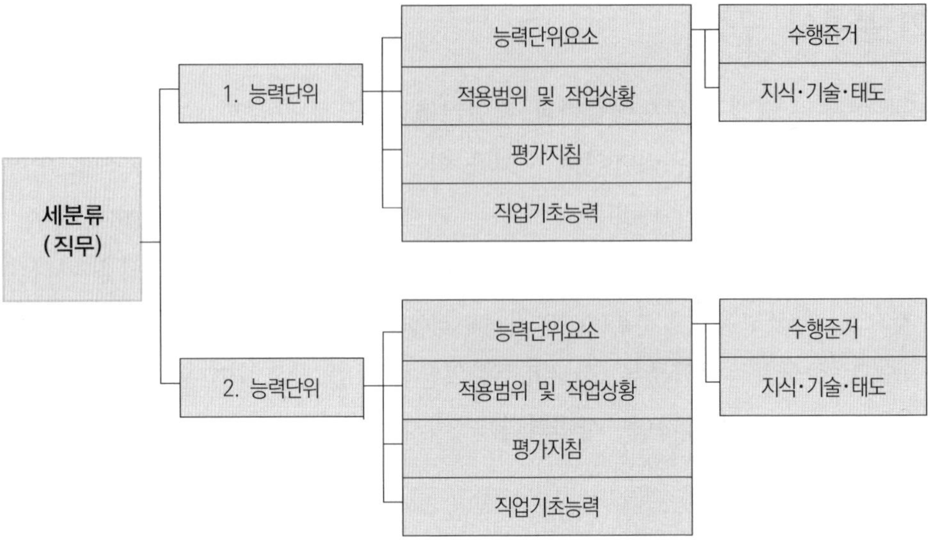

[그림 2-5] NCS 능력단위 구성

출처: 한국산업인력공단(2021). 2021년 국가직무능력표준(NCS) 개발 · 개선매뉴얼. 세종: 고용노동부.

〈표 2-1〉 NCS 능력단위 설명

구성항목	내용
능력단위 분류번호 (competency unit code)	• 능력단위를 구분하기 위하여 부여되는 일련번호로서 14자리로 표현
능력단위 명칭 (competency unit title)	• 능력단위의 명칭을 기입한 것
능력단위 정의 (competency unit description)	• 능력단위의 목적, 업무수행 및 활용범위를 개략적으로 기술
능력단위 요소 (competency unit element)	• 능력단위를 구성하는 중요한 핵심 하위능력을 기술
수행준거 (performance criteria)	• 능력단위 요소별로 성취여부를 판단하기 위하여 개인이 도달해야 하는 수행의 기준을 제시
지식·기술·태도 (KSA: knowledge, skill, attitude)	• 능력단위 요소를 수행하는 데 필요한 지식·기술·태도

구성항목	내용
적용범위 및 작업상황 (range of variable)	• 능력단위를 수행하는 데 있어 관련되는 범위와 물리적 혹은 환경적 조건 • 능력단위를 수행하는 데 있어 관련되는 자료, 서류, 장비, 도구, 재료
평가지침 (guide of assessment)	• 능력단위의 성취여부를 평가하는 방법과 평가 시 고려되어야 할 사항
직업기초능력 (key competency)	• 능력단위별로 업무 수행을 위해 기본적으로 갖추어야 할 직업능력
개발·개선이력 (improvement history)	• 해당 능력단위의 최초 개발부터 능력단위가 변경된 이력관리

출처: 한국산업인력공단(2021). 2021년 국가직무능력표준(NCS) 개발 · 개선매뉴얼. 세종: 고용노동부.

(2) 수준체계

NCS의 수준체계는 산업현장 직무의 수준을 체계화한 것으로, '산업현장 · 교육훈련 · 자격' 연계, 평생학습능력 성취단계 제시, 자격의 수준체계 구성에서 활용하고 있다. 다음과 같이 NCS 개발 시 8단계의 수준체계에 따라 능력단위 및 능력단위요소별 수준을 평정하여 제시한다.

〈표 2-2〉 NCS 수준체계

수준	내용	
8수준	적의	• 해당분야에 대한 최고도의 이론 및 지식을 활용하여 새로운 이론을 창조할 수 있고, 최고도의 숙련으로 광범위한 기술적 작업을 수행할 수 있으며 조직 및 업무 전반에 대한 권한과 책임이 부여된 수준
	지식기술	• 해당분야에 대한 최고도의 이론 및 지식을 활용하여 새로운 이론을 창조할 수 있는 수준 • 최고도의 숙련으로 광범위한 기술적 작업을 수행할 수 있는 수준
	역량	• 조직 및 업무 전반에 대한 권한과 책임이 부여된 수준
	경력	• 7수준에서 2~4년 정도의 계속 업무 후 도달 가능한 수준

수준		내용
7수준	정의	• 해당분야의 전문화된 이론 및 지식을 활용하여 고도의 숙련으로 광범위한 작업을 수행할 수 있으며 타인의 결과에 대하여 의무와 책임이 필요한 수준
	지식 기술	• 해당분야의 전문화된 이론 및 지식을 활용할 수 있으며, 근접분야의 이론 및 지식을 사용할 수 있는 수준 • 고도의 숙련으로 광범위한 작업을 수행하는 수준
	역량	• 타인의 결과에 대하여 의무와 책임이 필요한 수준
	경력	• 6수준에서 2~4년 정도의 계속 업무 후 도달 가능한 수준
6수준	정의	• 독립적인 권한 내에서 해당분야의 이론 및 지식을 자유롭게 활용하고, 일반적인 숙련으로 다양한 과업을 수행하고, 타인에게 해당분야의 지식 및 노하우를 전달할 수 있는 수준
	지식 기술	• 해당분야의 이론 및 지식을 자유롭게 활용할 수 있는 수준 • 일반적인 숙련으로 다양한 과업을 수행할 수 있는 수준
	역량	• 타인에게 해당분야의 지식 및 노하우를 전달할 수 있는 수준 • 독립적인 권한 내에서 과업을 수행할 수 있는 수준
	경력	• 5수준에서 1~3년 정도의 계속 업무 후 도달 가능한 수준
5수준	정의	• 포괄적인 권한 내에서 해당분야의 이론 및 지식을 사용하여 매우 복잡하고 비일상적인 과업을 수행하고, 타인에게 해당분야의 지식을 전달할 수 있는 수준
	지식 기술	• 해당분야의 이론 및 지식을 사용할 수 있는 수준 • 매우 복잡하고 비일상적인 과업을 수행할 수 있는 수준
	역량	• 타인에게 해당분야의 지식을 전달할 수 있는 수준 • 포괄적인 권한 내에서 과업을 수행할 수 있는 수준
	경력	• 4수준에서 1~3년 정도의 계속 업무 후 도달 가능한 수준
4수준	정의	• 일반적인 권한 내에서 해당분야의 이론 및 지식을 제한적으로 사용하여 복잡하고 다양한 과업을 수행하는 수준
	지식 기술	• 해당분야의 이론 및 지식을 제한적으로 사용할 수 있는 수준 • 복잡하고 다양한 과업을 수행할 수 있는 수준
	역량	• 일반적인 권한 내에서 과업을 수행할 수 있는 수준
	경력	• 3수준에서 1~4년 정도의 계속 업무 후 도달 가능한 수준

수준		내용
3수준	정의	• 제한된 권한 내에서 해당분야의 기초이론 및 일반지식을 사용하여 다소 복잡한 과업을 수행하는 수준
	지식 기술	• 해당분야의 기초이론 및 일반지식을 사용할 수 있는 수준 • 다소 복잡한 과업을 수행하는 수준
	역량	• 제한된 권한 내에서 과업을 수행하는 수준
	경력	• 2수준에서 1~3년 정도의 계속 업무 후 도달 가능한 수준
2수준	정의	• 일반적인 지시 및 감독하에 해당분야의 일반 지식을 사용하여 절차화되고 일상적인 과업을 수행하는 수준
	지식 기술	• 해당분야의 일반 지식을 사용할 수 있는 수준 • 절차화되고 일상적인 과업을 수행하는 수준
	역량	• 일반적인 지시 및 감독하에 과업을 수행하는 수준
	경력	• 1수준에서 6~12개월 정도의 계속 업무 후 도달 가능한 수준
1수준	정의	• 구체적인 지시 및 철저한 감독하에 문자이해, 계산능력 등 기초적인 일반지식을 사용하여 단순하고 반복적인 과업을 수행하는 수준
	지식 기술	• 문자이해, 계산능력 등 기초적인 일반 지식을 사용할 수 있는 수준 • 단순하고 반복적인 과업을 수행하는 수준
	역량	• 구체적인 지시 및 철저한 감독하에 과업을 수행하는 수준

출처: 한국산업인력공단(2021). 2021년 국가직무능력표준(NCS) 개발 · 개선매뉴얼. 세종: 고용노동부.

2. 직업기초능력

1) 직업기초능력의 이해

최근 우리 사회가 보다 발전적으로 변화하기 위해서는 학벌이 중심이 되는 사회보다는 능력이 중심이 되는 사회로 전환할 필요가 있다는 논의가 확산되면서 능력과 학벌에 대한 관심도 증가하고 있다. 능력과 학벌을 일반적인 직업상황과 연계해서 살펴보면, 능력은 단순히 지식을 획득하는 정도를 뜻하는 것이 아니라, 무언가를 할 수 있는 것을 의미한다. 능력중심사회에서의 능력은 일자리, 직업 또는 직무와의 관련성이 매우 크므로 능력에 대한 평가는 직무수행 현장에서 어느 정도 수행할 수 있는지를 평가하는 것이다. 즉, 역량을 의미한다(김진실, 2020). 과거에는 우직하게 일만 잘하면 어느 정도 성과를 보일 수 있는 시대였지만 최근에는 다양한 기초능력을 갖춘 인재상을 선호하는 시내에 도래했다. 특히 사회에서는 혼자만 일을 잘하는 사람보다는 소통과 협력을 잘하는 조직구성원을 원한다. 전문성을 갖추고 소통과 협력을 잘하는 조직구성원이 업무 성과가 좋고 이와 더불어 원칙과 신뢰를 바탕으로 일처리를 할 때 조직의 성과가 나타나는 것이다(이정아 외, 2020). 급속한 산업화, 정보화 등으로 인하여 산업 조직은 점차 거대해지고, 개인이 수행해야 하는 직무의 내용은 복잡 다양해지면서 직무 환경 또한 변화되고 있어, 이러한 환경 변화에 개인이 적응할 수 있는 능력의 중요성이 강조되고 있다. 미래 사회에서는 전문 지식뿐만 아니라 효율적인 직무수행에 필요한 의사소통능력, 문제해결능력, 자기관리능력 및 직업의식 등과 같이 개인이 급변하는 환경에 적절하게 적응하며 직무를 수행할 때 기본적으로 필요로 하는 직업기초능력이 더 필요하게 될 것이다. 21세기 지식기반사회에서 기업이 요구하는 인재상은 전문 지식과 폭넓은 교양으로 무장된 사람, 국제 감각과 외국어 구사 능력을 가진 사람, 진취적인 사람, 도전정신과 성취의식이 있는 사람, 유연한 사고와 창의력을 가진 사람, 올바른 가치관을 가진 사람, 인간미 있는 사람, 책임감이 있는 사람, 협력하는 사람, 예의 바른 사람 등으로 제시되고 있다(박동열, 2006). 이러한 맥락에서 현장 실무 중심 인력의 양성과 정규 교과과정, 자격검정 기준, 훈련기준 간의 유기적인 연계를 목적으로 한 NCS의 개발뿐만 아니라 직업기초능력의 중요성도 매우 강조되고 있다.

2) 직업기초능력 영역

직업기초능력이란 직업 생활에 필요한 기본적이고 공통적인 기초 역량을 말하며 취업 및 창업을 준비하는 학생들에게도 중요한 역량이 된다. 사회생활을 하면서 업무를 수행할 능력을 갖춤에 초점을 맞추어 직무상 맞닥뜨릴 수 있는 상황을 예상하고 직무를 성공적으로 수행하기 위한 능력을 갖추는 것이 바람직하다. 직업기초능력은 크게 10가지의 세부 하위요소를 포함하며 하위요소에는 의사소통능력, 문제해결능력, 대인관계능력, 자원관리능력, 수리능력, 자기개발능력, 정보능력, 기술능력, 조직이해능력, 직업윤리로 구성된다. 직업기초능력 영역의 개념과 하위요소에 대한 설명은 다음과 같다.

〈표 2-3〉 직업기초능력 영역의 개념

영역	개념	하위요소
의사소통능력	상대방과 대화를 나누거나 문서를 통해 의견을 교환할 때, 상호 간에 전달하고자 하는 의미를 정확하게 전달할 수 있는 능력과 글로벌 시대에서 필요한 외국어 문서이해 및 의사표현능력	문서이해능력, 문서작성능력, 경청능력, 의사표현능력, 기초외국어능력
문제해결능력	업무 수행 중 발생하는 여러 문제를 창조적, 논리적, 비판적 사고를 통해 올바르게 인식하고 적절히 해결하는 능력	사고력, 문제처리능력
대인관계능력	직업생활에서 협조적인 관계를 유지하고 조직구성원들에게 도움을 줄 수 있으며, 조직 내부 및 외부의 갈등을 원만히 해결하고, 상대방의 요구를 파악·충족시켜 줄 수 있는 능력	팀워크능력, 리더십능력, 갈등관리능력, 협상능력, 고객서비스능력
자원관리능력	직업생활에서 시간, 예산, 물적자원, 인적자원 등의 자원 가운데 무엇이 얼마나 필요한지를 확인하고, 사용할 수 있는 자원을 최대한 확보하여 실제 업무에 어떻게 활용할 것인지에 대한 계획을 수립하고, 계획에 따라 업무수행에 이를 할당하는 능력	시간관리능력, 예산관리능력, 물적자원관리능력, 인적자원관리능력

영역	개념	하위요소
수리능력	업무 상황에서 요구되는 사칙연산과 도표·자료(데이터)를 정리, 요약하여 의미를 파악하거나 도표 등을 이용해서 합리적인 의사결정을 위한 객관적인 판단근거를 효과적으로 제시하는 능력	기초연산능력, 기초통계능력, 도표분석능력, 도표작성능력
자기개발 능력	직업인으로서 자신의 능력과 적성, 특성 등을 이해하고 목표 성취를 위해 스스로를 관리하며 개발해 나가는 능력	자아인식능력, 자기관리능력, 경력개발능력
정보능력	직업생활에서 기본적인 컴퓨터를 활용하여 필요한 정보를 수집, 분석, 활용하는 능력	컴퓨터활용능력, 정보처리능력
기술능력	일상적으로 요구되는 수단, 도구, 조작 등에 관한 기술적인 요소들을 이해하고, 적절한 기술을 선택하며, 적용하는 능력	기술이해능력, 기술선택능력, 기술적용능력
조직이해 능력	일 경험을 할 때, 자신이 속한 조직의 경영과 체제, 업무를 이해하고, 일 경험에 관련된 국제감각을 가지는 능력	경영이해능력, 체제이해능력, 업무이해능력, 국제감각
직업윤리	수많은 사람들과 관계를 맺고 상호작용을 하는 것이기 때문에 직업인들은 자신의 직업활동을 수행함에 있어 사람과 사람 사이에 지켜야 할 윤리적 규범	근로윤리, 공동체윤리

출처: 한국산업인력공단(2021). 국가직무능력표준. ncs.go.kr/index.do.

3) 직업기초능력 최신화 방향

NCS 직업기초능력 최신화 방안에 대한 연구 결과를 살펴보면 다음과 같다(박철우 외, 2020). 직업기초능력 최신화 방향은 현장 요구에 부응하는 직업기초능력 최신화로 설정하는 것이 중요하고, 직업세계 및 기술의 변화를 반영하며 사용자 활용성을 강화하는 한편, 대국민 혼란을 최소화하는 방향으로 추진할 필요가 있으며, 단기적으로는 오류 최소화와 활용성 강화에 목표를 두고, 장기적으로는 변화에 대응하는 제도 및 내용 개편이 필요하다고 하였다.

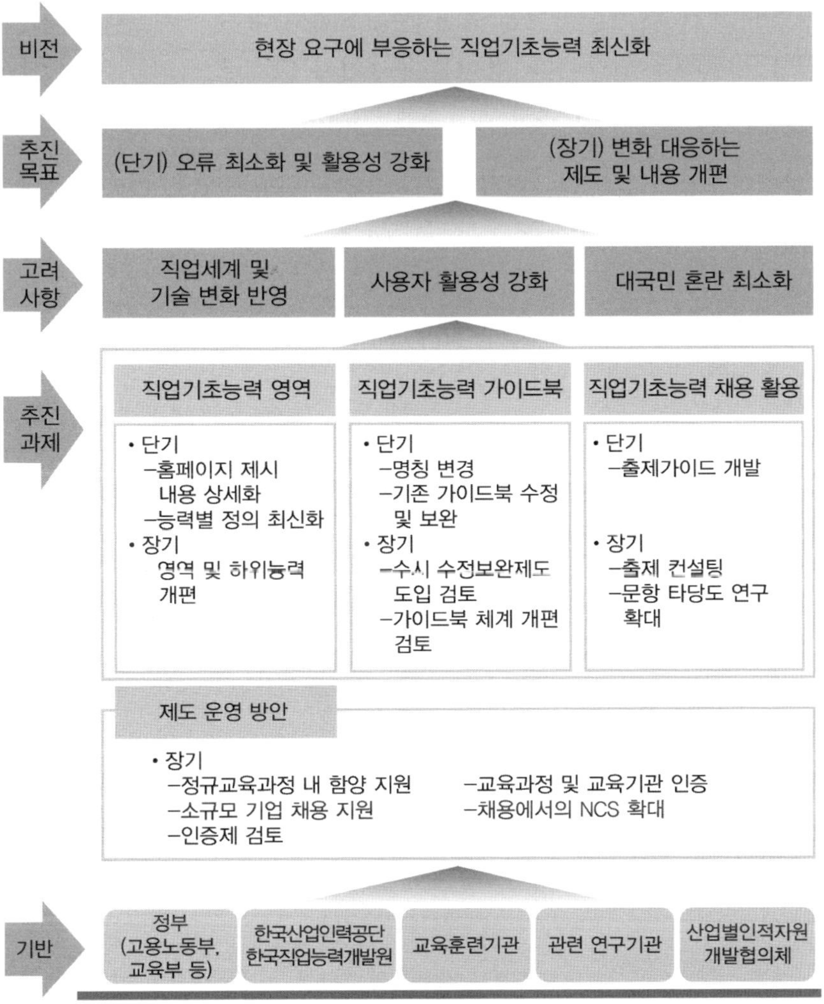

[그림 2-6] 직업기초능력 최신화 방향

출처: 박혜우 외(2020). NCS 직업 기초능력 최신화 방안. 울산: 한국산업인력공단.

한편, 직업기초능력 영역 개편 방안 중 1안은 현행 직업기초능력 영역 및 하위능력을 유지하며 온라인 제시방식을 개편하는 방안이며, 사회적 파급력을 고려할 때, 혼란을 최소화하는 동시에 제공되는 정보량을 확대할 수 있다는 장점이 있는 반면 직업세계 및 기술변화에 빠르게 대응하는 데 어려움이 예상된다.

2안은 현행 영역 및 하위능력은 유지하되, 영역별 정의를 최신화하고 온라인 제시방식을 개편하는 방안이다. 용어를 변경하지 않으나 정의를 통해 신규 직무, 기술 및 직업세계 변화에 관한 내용으로 최신화는 가능하나 본질적인 직업기초능력의 문제점을 개선하기보다는 다분히 형식적인 변화에 그칠 가능성이 높으며, 직업기초능력과 연계된 NCS 능력단위, 학습모듈 등의 업데이트가 수반되어야 하므로 사용자 혼란 및 행정 비용 증가가 예상된다. 3안은 직업기초능력의 영역 및 하위능력을 사회 수요에 맞게 최신화하는 방안이다. 직업세계 및 기술변화 등에 따라 유연한 변화가 가능하며, 교육, 평가, 채용 단계에서 직업기초능력의 현장성과 효용성을 높일 수 있으나 개편되는 영역 및 하위능력에 대한 심층연구 및 전문가 의견 수렴에 따른 비용부담과 그에 따른 사회적 합의를 도출하는 데 어려움이 예상된다고 하였다.

〈표 2-4〉 직업기초능력 영역 개편 방안

구분	내용	장점	단점	적용의견
1안	• 현행 유지 • 온라인 제시방식 개편	• 혼란 최소화 • 제공정보 확대	• 직업세계, 기술변화 등 대응 부족	• 단기적 대안으로 적용 • 직업세계 등 변화하는 가이드북으로 제시
2안	• 영역 현행 유지 • 영역별 정의 최신화 • 온라인 제시방식 개편	• 혼란 최소화 • 제공정보 확대 • 교육훈련, 채용, 평가 등 활용 가능성 증대	• 형식적인 변화에 그칠 가능성 높음 • NCS 능력단위, 학습모듈 등의 업데이트 수반 필요	• 단기적 대안으로 적용 • 직업세계 등 변화하는 가이드북으로 제시
3안	• 영역 및 하위영역 등 최신화	• 직업세계, 기술변화 등에 대한 적극적 대응 가능	• 개편되는 영역 및 하위능력에 대한 사회적 합의에 따른 소요	• 장기적 대안으로 적용 • 연구 결과 바탕 전문가 의견 수렴, 심층연구 필요

출처: 박철우 외(2020). NCS 직업 기초능력 최신화 방안. 울산: 한국산업인력공단.

따라서 직업기초능력의 최신화 및 활용성 강화를 위해 개념과 적용 수준, 직업기초능력의 제정·보급 목적을 명확히 할 필요가 있고, 직업기초능력 가이드북 활용 시 가이드북의 목적과 세부내용 제시 이유 등이 제시되어야 한다. 또한 직업기초능력 가이드북의 수시 보완체계 마련이 필요할 뿐만 아니라 직업기초능력 최신화를 위하여 장·단기적 관점에서 직업기초능력 최신화 계획을 수립할 필요가 있다. 직업기초능력 교육 강화를 위한 고용노동부와 교육부 등 관계 부처 및 관련 기관의 협업이 필요하므로 직업기초능력 활용과 관련된 추가적인 연구가 필요하다.

03

Chapter

진로와 직업

1. 직업과 직업 선택
2. 직업가치관

1. 직업과 직업 선택

1) 진로와 직업의 이해

(1) 진로

진로(進路)의 어원은 '수레가 다니는 길을 따라간다(to roll along on wheels)'라는 뜻의 'carro'에서 유래되었다. 사전적 의미로는 '앞으로 나아가는 길', '앞으로의 삶의 방향'을 의미한다. 진로(career)는 단순히 직업이나 경력을 일컫는 것 그 이상이다. 그 의미는 한 개인이 일과 관련하여 경험하고 거쳐 가는 모든 체험을 의미한다. 수퍼(Super, 1980)는 개인이 일생 동안 달성한 일련의 역할 및 그 역할의 조합으로 진로를 정의했는데, 여기서 역할이란 자녀와 학생, 여가인, 시민, 근로자, 배우자, 가정주부(home maker), 부모, 연금생활자 등과 같은 대부분 사람이 일생 동안 경험하게 되는 역할과 입장을 말한다. 시어스(Sears, 1982)는 진로를 '개인이 일생 동안 하는 일 전체'로 맥다니엘스(McDaniels, 1989)는 '일과 레저의 합'으로 정의하였고, 허와 크래머(Herr & Cramer, 1996)는 사람들이 어떤 한 가지를 선택하거나 선택하지 않도록 하는 독특성을 제공해 주는 것으로 단순히 직업만을 가르치는 것이 아니라 직업생활의 준비 기간이나 은퇴 이후까지 포함하여 일과 관련된 자신의 역할 및 사회와의 상호작용, 여가활동까지 포함하는 것으로 진로를 정의하였다(박윤희, 2012). 즉, 좁은 의미에서는 진로는 직업을 의미하지만 넓은 의미에서는 일생을 통해 행해지는 모든 행동을 포함한 보편적인 생활 형태로, 생애와 동일한 의미를 가진다. 영어표현인 커리어(career)는 접근방법에 따라 여러 의미로 다양하게 사용되고 있다. 경영학의 관점에서 커리어는 경력이라고 번역하며, 심리학 또는 상담학에서는 주로 '진로'라 번역된다. 진로에 대한 의미를 사전적으로 살펴보면 '한 개인의 생애의 전 과정'이라고 정의하고 있다(조혜영 외, 2019). 진로는 임금을 받는 직업에만 국한되지 않으며, 유년기에서 시작하여 노년기로 접어들어 직장에서 은퇴한 후에도 계속되는 모든 일의 활동을 포함하고 있다. 진로(career)라는 용어는 직업(vocation)이라는 용어보다 폭넓은 개념으로 생애 전체를 말한다. 진로는 사람의 일생을 거쳐 평생 동안 진행되지만 생애 발달 단계별로 각각 독특한 내용과 방법으로 이루어지고 있으며 직업의 분야에 따라서도 크게 다른 내용과 방법으로 수행되고 있다.

진로상담(career counseling)은 진로지도(career guidance)와 동의어로 많이 사용하고 있으나, 의미를 자세히 보면 그 방법이나 차이가 나타난다. 진로에 대한 진로상담을 미국상담협회에서는, 그 인생 전반에 걸친 진로선택과 연관된 모든 상담활동을 의미하며, 그 대상은 어린아이부터 은퇴한 70세 이상의 노인까지 포함한다고 정의하였다. 개인의 진로발달을 촉진시키거나 진로계획, 진로 및 직업의 선택, 결정, 실천, 직업적응, 진로변경 등의 과정을 돕기 위한 활동으로 산업상담을 포함하고 있다. 또한 산업상담은 직업생활을 하고 있는 근로자를 대상으로 한다. 가장 포괄적인 진로상담은 전 생애적 과정이라고 할 수 있지만 특성상 주로 중 · 고 · 대학의 학교현장 · 사회복지시설 · 사회단체 등에서 실시하고 있다. 직업상담은 주로 개인의 최종학력이 끝나는 학교의 졸업 시기부터 시작되는데 주로 학교현장 · 직업훈련기관 · 직업안정기관 · 취업알선기관 · 사회 관련 기관 등에서 실시되고 있으며, 산업상담은 산업현장인 기업체에서 주로 실시되고 있다(주석진, 2017).

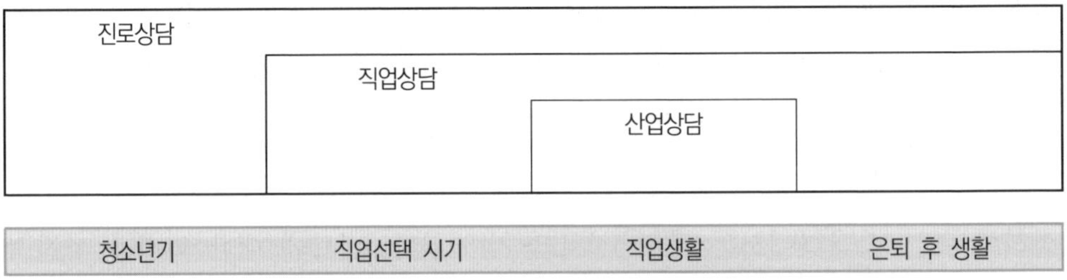

[그림 3-1] 인간발달과정에서 진로상담·직업상담·산업상담의 영역 비교

출처: 주석진(2017). 직업상담사 2급 기본서 직업상담과 직업정보(2판). 고양: 공동체.

이를 위해 진로지도는 사람들이 활동하는 생애 동안 그들의 진로발달을 자극하고 촉진하기 위해 교육단체, 직업소개, 직업알선 등 상담과 진로 관련 교육프로그램을 제공하는 타 기관들에게 서비스와 활동에 대한 모든 구성요소를 포함한다. 즉, 진로발달은 전문상담자나 교사 등과 같은 전문인이 여러 다양한 곳에서 수행하는 활동을 의미한다. 진로상담이나 직업상담에 비해 더욱 포괄적인 의미를 지닌 것으로서 진로계획, 의사결정, 적응문제 등에 조력하는 등 다양한 방법들이 존재한다. 따라서 진로발달(career development)은 각 개인이 자기가 설정한 진로목표에 접근해 가고 그 목표를 달성해 가는 과정을 의미한다. 신체적·정신적 발달과 마찬가지로 직업에 대한 지식, 태도, 기능이 어려서부터 발달하기 시작하여 죽을 때까지 계속된다는 의미를 포함한다.

대학 시절 진로의 가장 큰 수행과제는 직업을 선택하고 그 직업인이 되기 위한 역량을 기르는 것이다. 진로교육의 기본 전제는 개인의 직업적 잠재능력을 개발하고 사회와 환경 속에서 그 잠재능력을 발휘할 수 있는 기회를 최대한 확보해 갈 수 있도록 하는 것이다. 진로교육은 주어진 기회를 최대한 활용하도록 안내하는 것이 중요하다. 대학생 시기는 발달단계에서 청소년 후기에 속하며 자아정체감을 확립해 심리적 독립을 이루는 시기이다. 또한 현실적으로 직업을 결정하고 구체적으로 준비하는 시기이며, 직업을 선택할 때 직업의 현실적 요인을 고려하게 된다. 긴즈버그(Ginzberg, 1951)는 18세부터 성인 초기 시기를 진로발달단계에서 '현실기'로 구분했다. 현실기에 청소년들은 이전 단계와 달리 직업의 '가능성'을 중요하게 고려하게 된다(정보현, 2021).

〈표 3-1〉 긴즈버그 진로발달단계

진로발달단계	연령	특성
환상기 (fantasy phase)	11세 전	직업선택에서 현실적 여건보다는 자신의 능력과 가능성을 우선적으로 고려함
잠정기 (tentative phase)	11~18세	직업에서 요구하는 조건에 대해 점차적으로 인식하게 됨
현실기 (realistic phase)	18세~성인 초기	개인적 요인(흥미, 능력, 가치)과 현실적 요인 간의 타협을 통해 현실적으로 직업을 선택

출처: 정보현(2021). 4차산업혁명시대 스마트 취업과 진로. 서울: 동문사.

또한 현실기는 다음의 세 가지 하위 단계를 거친다(김봉환 외, 2018).

〈표 3-2〉 긴즈버그 진로발달단계의 현실기

진로발달단계	현실기 특성
탐색 (exploration)	자신이 이전 시기에 행했던 잠정적인 진로선택을 좁히기 위해 관심 직업들을 탐색하기 시작함 예를 들어, 장래희망을 과학자로 잠정적으로 결정했던 이들은, 이 시기에는 과학 분야 내에서도 보다 구체적인 직업들을 탐색함
결정화 (crystallization)	구체적인 진로 분야에 보다 헌신하면서 자신의 진로결정과 관련된 내적 및 외적 요소를 종합함
구체화 (specification)	자신의 진로결정을 보다 구체화하고 세밀한 계획을 세움

출처: 김봉환 외(2018). 진로상담. 서울: 학지사.

이때 목표했던 직업이 개인의 역량과 비교해 현실적인 가능성이 있는지를 검토하고, 개인과 직업 요건이 일치하지 않을 때는 '타협(compromise)'을 통해 차선의 대안을 찾아간다. 이처럼 현실적 검증과 노력을 통해 취업에 한 걸음 더 나아가게 된다.

(2) 직업

진로와 가장 관련 있는 단어는 직업이다. 직업은 개인의 재능과 능력에 따라 업에 종사하며 정신적, 육체적 에너지의 소모에 따른 대가로 경제적 급부를 받아 생활을 지속해 나가는 활동양식이다. 직업이 지속적으로 유지하기 위해서는 개인의 능력, 적성, 개성 등이 합치되어야 한다. 또 직업은 합법적인 것이어야 하고 사회적 역할을 수행할 수 있어야 한다(박윤희, 2012). 직업(職業, vocation)은 일반적으로 일정한 보수를 받는 것을 전제로 하며, 어떤 시점에서 행해지는 특정한 일을 지칭하므로, 직업생활 준비에서부터 은퇴까지를 말한다. 사전적 의미의 직업은 '개인이 사회에서 생활을 영위하고 수입을 얻을 목적으로 한 가지 일에 종사하는 지속적인 사회 활동, 즉 사회적 역할 분담 또는 사회적 역할의 계속적인 수행'이라고 말한다(이규은, 2020).

직업(職業)의 한자어 뜻을 살펴보면 職(직)은 '벼슬 직', '맡을 직', '임무 직', '직분 직'의 의미로 다음과 같은 뜻을 지니고 있다(이규은, 2020).

첫째, 국가의 관료로서 서민을 다스려 지도하는 공무(公務)를 말한다.

둘째, 집단적 존재로서 개인이 완수해야 하는 사회적 역할을 의미한다.

셋째, 하늘에 의해 예정된 일, 즉 천직(天職)의 의미를 지니고 있다.

業(업)은 '일할 업', '생계 업', '직업 업'의 의미로 일로서의 생계유지나 살림살이를 의미하는 생업(生業)을 말한다.

직업의 의미는 무엇일까요?

넓은 의미로는 모든 일, 즉 보수나 시간에 관계없이 한 인간이 평생 동안 하는 일을 말합니다.

직업이란 경제적 소득을 얻거나 사회적 가치를 이루기 위해 참여하는 계속적인 활동을 말합니다.

좁은 의미로는 생계를 위하여 반드시 보수가 지급되는 일상적으로 하는 일을 말합니다.

[그림 3-2] 직업의 의미

출처: 어린이 · 청소년고용노동부(2021). 직업세상맛보기. http://www.moel.go.kr.

직업이란 생계의 유지와 사회적 역할분담 및 자기실현을 목표로 하는 어느 정도의 계속적 노동이나 일을 일컫는 말로 두 가지 의미로 구분된다. 좁은 의미의 직업은 자활(occupation)의 한 수단으로 혹은 생활을 위한 개인의 계속적인 일이나 사업으로서 일의 대가에 따른 경제적 보수가 반드시 고려되는 일이다. 이러한 직업의 정의에 대해 우리나라 통계청에서는 경제성, 계속성, 사회성, 윤리성이 수반되는 활동을 직업이라 정의하고 있다.

이에 비해 넓은 의미의 직업은 소명(calling) 받은, 즉 어떠한 일을 하든지 자기가 하는 일에 전력을 다하는 것으로 하늘의 뜻을 따르는 천직관에 그 의미를 둔다. 우리나라 통계청에서 발행하는 한국표준직업분류에서 직업은 '유사한 직무(job)의 집합'으로 정의 내리며 직업의 성립요건에는 경제성, 계속 사회성, 윤리성이 포함되어야 한다. 또한 직업은 연령적인 측면에서는 특수한 경우를 제외하고는 어린 시기[1]에서는 선택할 수 없고 청소년기에 탐색을 통하여 수입이 있는 일

1) 근로기준법의 목적은 헌법에 따라 근로조건의 기준을 정함으로써 근로자의 기본적 생활을 보장 향상시키며 균형 있는 국민경제의 발전을 꾀하는 것을 목적으로 한다. 따라서 청소년의 근로보호와 최저 근로연령

에 종사할 수 있다. 이렇듯 직업과 관련된 문제를 해결하는 활동이 바로 직업상담(vocational counseling)이다.

〈표 3-3〉 직업에 대한 용어의 의미

용어	의미
Occupation	생계유지를 위하여 하는 노동
Vocation	신으로부터 소명을 받아 행하는 일
Business	금전적 이윤을 추구하기 위해 행하는 일
Profession	전문기술과 이를 달성하기 위한 훈련과 재능

출처: 정보현(2021). 4차산업혁명시대 스마트 직업과 경력개발. 서울: 동문사.

직업상담(vocational counseling)은 진로상담에 비해 좁은 의미를 내포하는 것으로서, 직업 선택과 준비, 직업생활, 은퇴기 등에 제공되는 상담을 말한다. 선택 가능한 직업의 결정, 각 직업의 조건들, 취업에 필요한 조건, 취업절차 등 보다 구체적인 수준에서 취업을 돕는 활동이다.

직업지도(vocational guidance)는 자신에 대한 이해(개인의 흥미, 적성, 가치 등의 특성을 파악)와 직업에 대한 이해(직업의 장·단점, 보상, 기회 등), 그리고 이 두 가지에 대한 분석결과를 토대로 합리적 추론(연결)을 강조하였다(Parsons, 1909). 즉, 아동·청년이 적극적인 이해와 흥미를 가지고 스스로 적합한 직업을 선택하여 종사할 수 있도록 능력을 기르는 동시에 적합한 안내와 조언을 함으로써 복잡 다양한 직업생활에 올바르게 적응시키는 지도를 말한다. 직업의 선택과 원활한 적응을 기하기 위해 학교나 직업소개 기관을 중심으로 실시되는 신규취업자 등에 대한 교육활동을 의미한다.

직업은 생계유지의 수단과 더불어 개인이 자신의 적성과 재능을 발현하면서

을 정하여, 청소년인 연소자의 근로에 대하여 특별히 규정하고 있다. 최저 근로연령과 취직 인허증의 경우 15세 미만인 자는 근로자로 사용하지 못하나 고용노동부장관이 발급하는 취직인허증을 지닌 자(13세 이상 15세 미만)는 근로자로 사용할 수 있다고 규정한다.

사회적 직무를 수행한다는 다중의 의미를 가지고 있다. 그러므로 직업을 고려해야 할 때는 경제, 사회, 심리적으로 다양한 의미를 검토해야 한다. 직업의 다차원적 의미는 다음과 같다(정보현, 2021).

첫째, 경제적 의미에서 직업은 가장 필수적이며 기본적인 요소이다.

둘째, 사회적 의미로 사람은 직업을 통해 사회에 기여하고 소속감을 가진다.

셋째, 한국직업능력개발원 연구에 따르면 직장인 약 69%가 적성과 흥미가 맞지 않아 이직을 고려하는 것으로 나타났다. 이는 직업의 유지와 만족에서 직업의 심리적 의미가 중요하다는 것을 보여준다.

〈표 3-4〉 직업의 다차원적 의미

구분	의미
경제	생계유지, 생활 및 복지의 토대
사회	사회적 직분을 수행, 공동체에 기여
심리	유능감, 정체성, 사회적 안정, 존경과 사랑 충족

출처: 정보현(2021). 4차산업혁명시대 스마트 취업과 진로. 서울: 동문사.

한국표준직업분류(KSCO)에서는 직업이 되기 위한 조건을 경제적인 보상, 본인의 의사에 의한 자발성, 비교적 장기간 동안 계속되는 지속성, 윤리성과 사회성을 제시하고 있다. 이러한 조건에서 본다면 자산수입(이자, 임대 등)이나 무보수활동(봉사, 취미), 비윤리적 활동(도박, 사기 등) 등은 직업으로 인정되지 않는다. 이처럼 직업은 개인과 사회의 발전을 함께 도모하는 신성한 것이다(정보현, 2021).

활동 자신의 흥미 정도를 알아보자.

문항	흥미 정도(점수)	총점	관련 직업
1. 기계나 컴퓨터를 조작한다.	① ② ③ ④ ⑤		기술/기능적 직업
2. 기계 부품을 조립하거나 분해한다.	① ② ③ ④ ⑤		
3. 플라스틱 모형을 만들거나 목공예를 한다.	① ② ③ ④ ⑤		
4. 실험/조사/연구를 한다.	① ② ③ ④ ⑤		
5. 물건을 연구하여 만든다.	① ② ③ ④ ⑤		
6. 기록하거나 문장을 쓴다.	① ② ③ ④ ⑤		사무적 직업
7. 계산하거나 도표를 그린다.	① ② ③ ④ ⑤		
8. 경제/법률/통계에 관한 책을 읽는다.	① ② ③ ④ ⑤		
9. 타자기나 컴퓨터를 다룬다.	① ② ③ ④ ⑤		
10. 공책을 알기 쉽게 정리한다.	① ② ③ ④ ⑤		
11. 많은 사람과 접촉한다.	① ② ③ ④ ⑤		상업/판매적 직업
12. 상품을 선전한다.	① ② ③ ④ ⑤		
13. 모르는 사람과 대화를 한다.	① ② ③ ④ ⑤		
14. 남에게 봉사한다.	① ② ③ ④ ⑤		
15. 상품을 잘 판다.	① ② ③ ④ ⑤		
16. 어려운 사람을 돕는다.	① ② ③ ④ ⑤		교육/복지적 직업
17. 남을 지도하거나 가르친다.	① ② ③ ④ ⑤		
18. 아이들과 놀거나 이야기를 나눈다.	① ② ③ ④ ⑤		
19. 노인이나 복지 시설 사람들을 보살핀다.	① ② ③ ④ ⑤		
20. 교육이나 복지 관련 책을 읽는다.	① ② ③ ④ ⑤		
21. 그림을 그리거나 조각을 한다.	① ② ③ ④ ⑤		문화/예술적 직업
22. 패션 잡지를 본다.	① ② ③ ④ ⑤		
23. 시나 소설을 읽고 쓴다.	① ② ③ ④ ⑤		
24. 문화재를 아끼고 발표회 등을 기획한다.	① ② ③ ④ ⑤		
25. 음악을 듣거나 연주를 한다.	① ② ③ ④ ⑤		

문항	흥미 정도(점수)	총점	관련 직업
26. 환자나 동물을 잘 돌봐준다.	① ② ③ ④ ⑤		의료적 직업
27. 다른 사람을 잘 돌봐준다.	① ② ③ ④ ⑤		
28. 사람이나 동물의 병을 치료해 준다.	① ② ③ ④ ⑤		
29. 신체 구조에 대해 조사한다.	① ② ③ ④ ⑤		
30. 남에게 감사받을 일을 한다.	① ② ③ ④ ⑤		
31. 여행 기획을 한다.	① ② ③ ④ ⑤		기획적 직업
32. 어떤 일의 실태를 조사한다.	① ② ③ ④ ⑤		
33. 광고용 포스터를 그린다.	① ② ③ ④ ⑤		
34. 행사나 회의를 기획하고 추진한다.	① ② ③ ④ ⑤		
35. 기획한 것을 남에게 설명한다.	① ② ③ ④ ⑤		
36. 파티에서 사회를 본다.	① ② ③ ④ ⑤		예능적 직업
37. 영화/연극을 자주 보러 간다.	① ② ③ ④ ⑤		
38. 대중 앞에서 연기를 한다.	① ② ③ ④ ⑤		
39. 악기 연주나 노래를 한다.	① ② ③ ④ ⑤		
40. 시/동화/전래동요 등을 낭독한다.	① ② ③ ④ ⑤		
41. 전차/선박/비행기 구조에 관심이 많다.	① ② ③ ④ ⑤		운수/통신적 직업
42. 복잡하고 정교한 기계를 조작하고 싶다.	① ② ③ ④ ⑤		
43. 자동차를 정비하고 점검한다.	① ② ③ ④ ⑤		
44. 컴퓨터 기기를 조작한다.	① ② ③ ④ ⑤		
45. 무선 기술을 익힌다.	① ② ③ ④ ⑤		
46. 남을 위해서라면 위험한 일도 한다.	① ② ③ ④ ⑤		보안/공안적 직업
47. 범인 체포나 안전 활동을 한다.	① ② ③ ④ ⑤		
48. 소방 활동을 한다.	① ② ③ ④ ⑤		
49. 교통안전 지도나 정리를 한다.	① ② ③ ④ ⑤		
50. 법률책을 읽는다.	① ② ③ ④ ⑤		

문항	흥미 정도(점수)	총점	관련 직업
51. 여행안내 등의 일을 하고 싶다.	① ② ③ ④ ⑤		서비스 직업
52. 미용이나 미화에 관한 일을 한다.	① ② ③ ④ ⑤		
53. 남을 도와주는 일을 하고 싶다.	① ② ③ ④ ⑤		
54. 호텔 등 서비스업을 하고 싶다.	① ② ③ ④ ⑤		
55. 유원지나 극장 안내 등에 관심이 있다.	① ② ③ ④ ⑤		

출처: 서울시교육청(2020). 고등학교 직업윤리. 서울: 성림출판.

2) 직업의 세 가지 측면

누구에게나 똑같이 주어진 24시간의 삶에서 적어도 8시간 이상은 일을 하며 살아간다. 평균수명을 80세로 가정하고 한다면 약 26~27년의 시간 동안 일을 하며 보내게 된다. 직업은 한 사람의 인생에 있어서 1/3이 소요되는 시간으로 많은 비중을 차지하게 된다. 단순하게 생계를 유지하는 수단을 넘어 한 사람을 대표하는 또 다른 자신의 표현이라고 설명해도 과언은 아니다(박선영 외, 2014). 대부분의 많은 사람은 기본적인 의식주의 욕구를 해결하기 위해 직업에 종사하며 생계를 유지하기 위한 수단으로 직업을 생각한다. 그러나 직업에 대한 의미는 다양하다. 일반적으로 세 가지 수준에서 그 의미를 부여하는데, 첫째는 경제적 의미로서의 직업이고 둘째는 사회적 역할 분담으로서의 직업이며, 셋째는 자아실현으로서의 직업이다. 이러한 직업의 세 가지 측면을 보다 구체적으로 살펴보면 다음과 같다(박선영 외, 2014).

첫째, 경제적 측면이다. 의식주의 기본 생계를 유지하고, 가족을 부양하며 다양한 문화 및 복지생활을 유지하기 위한 것으로 수입을 얻기 위한 것이다. 가장 대표적인 직업적 의미로 설명될 수 있다.

둘째, 사회적 측면이다. 직업이 주는 역할 중 하나는 개인이 직업을 통해 사회적으로 영향력을 행사하고 사회의 한 구성원으로서 사회 유지·발전에 기여하는 것이다. 자신의 적성과 능력을 고려하여 얻은 직업을 통해 사회적 도움이 되는 것 또한 직업에 있어 중요한 의미이다.

셋째, 심리적 측면이다. 개인이 타고난 적성과 소질을 통해 자신에게 맞는 직업을 선택하고 수행함으로써 자아실현에 이르고자 하는 것이다. 직업 그 이상으로 자아를 실천하며 일을 통해 보람과 성취감을 느끼고 자신의 존재 의미를 되새기는 과정으로 설명할 수 있다.

〈표 3-5〉 직업의 세 가지 조건

구분	조건
경제적 측면	돈을 벌어서 경제적인 생활 유지하는 생계적인 의미로서의 직업
사회적 측면	사회를 유지하고 발전하는 데 기여하는 사회적 역할 분담으로서의 직업
심리적 측면	개인의 타고난 적성과 소질을 통해 자아실현으로서의 직업

출처: 조혜영 외(2019). 진로와 직업 워크북. 파주: 정민사. 재구성.

이처럼 직업은 개인적으로나 사회적으로 여러 가지 중요한 의미를 가지며 경제적·사회적·심리적 측면을 고려하여 선택하는 것이 바람직하다. 이런 세 가지 측면을 충족시킨다면, 직업에 대한 애착뿐만 아니라 삶에 있어서도 '중요한 의미'를 가질 것이다(박선영 외, 2014). 따라서 우리가 살아갈 인생의 중요한 부분을 차지하는 직업의 선택은 결국 우리 스스로 자신의 인생을 소중히 살아간다는 의미와 같은 뜻이다. 자신의 인생을 소중하게 생각한다면 직업의 의미와 중요성에 대해서 깊이 생각하고 심사숙고해야 한다(이규은, 2020).

2. 직업가치관

1) 직업가치관의 의미

사람들은 각자가 좋아하든 좋아하지 않든 직업을 가지고 살아간다. 왜냐하면 생계를 유지하고 삶의 질을 높이기 위해서는 직업이 필요하기 때문이다. 따라서 모든 사람은 직업생활이 필수적이라고 할 수 있다. 하지만 직업을 가지고 있는 대부분의 사람들은 어떤 특수한 영역의 직업을 제외하고는 모두 비슷하거나 동일한 직업을 가지고 있다. 비슷하거나 동일한 직업을 가지고 있으면서도 사람에 따라 그 직업의 가치를 다르게 평가하기 때문에 결국 자신의 직업에 대해 불만족하고 또한 자랑스럽게 생각하지 못하고 있다.

[그림 3-3] 영화 '울지마 톤즈'와 영화 '울지마 톤즈 2: 슈크란 바바'

출처: movie.daum.net/moviedb/contents?movieId=58808#.,
movie.daum.net/moviedb/contents?movieId=136584#.

故 이태석 신부의 실제 이야기를 그린 영화 2010년 작품인 「울지마 톤즈」에 이어 2020년에 10주년 기념작으로 「울지마 톤즈 2: 슈크란 바바」를 개봉하였다. 이태석 신부가 어려운 가정환경에서 의대를 졸업한 뒤 의사로서의 유망한 삶보다는 사제, 교육자, 의사, 음악가 그리고 건축가로서 아프리카 오지에서 진실하게 자신을 다 바쳐 사랑을 전하는 뜨거운 감동적인 인생을 들여다볼 수 있었다. 암 투병생활 속에서도 마지막까지 아프리카 오지에서 자신의 삶을 바치는 그의 발자취는 직업 선택이나 삶의 방식에서 직업가치관이 얼마나 중요한 영향을 미치고 있는지를 보여주는 실제 사례라고 할 수 있다. 직업가치관은 직업에 대한 가치를 평가하는 기준, 직업을 선택하는 기준, 그리고 직업에 대한 만족도에 영향을 미칠 수 있기 때문이다. 자신이 하고 있는 일에 대해 자부심을 가지고 가치있게 생각하는 직업가치관은 자신의 직업생활에 높은 동기부여를 제공하여 더욱 열정적으로 일할 뿐만 아니라 더 높은 성과를 얻는 데 매우 중요한 역할을 한다(조혜영 외, 2019).

그럼 직업가치관은 무엇일까? 사회질서를 혼란스럽게 하고 해를 끼치는 일은 직업이라고 할 수 없다. 한 사회의 구성원으로서 바람직한 사회적 역할을 수행하고 구성원이 되는 것 또한 중요한 역할이다. 자신이 하고 싶은 일을 선택하는 데 있어 고려되는 것 중 하나는 직업가치관이다. 직업가치관은 직업에 대한 인식이나 가치를 보는 관점이다. 직업가치관은 자신이 직업을 선택할 때 중요하게 여기는 '가치'들을 살펴보는 것으로 의사결정에 큰 영향을 주며 사람들은 다양한 직업가치관 중에서 자신이 우선을 두는 가치들을 고려하여 직업선택을 돕는다(박신영 외, 2014).

직업에 대한 관점을 어떤 측면에 중점을 두고 바라볼 것인가에 따라 직업에 대한 사회적 인식이나 직업의 변화 형태가 다르게 나타날 수 있다. 즉, 자신의 직업에 대해 어떻게 생각하느냐에 따라 자신이 가지고 있는 직업에 대한 태도와 생각, 그리고 직업에 대한 가치관이 다르다는 점이다. 또한 오늘날과 같이 급격하게 변화하는 사회에서는 명확한 가치관을 갖는 것이 필요하다. 가치관의 유형에 대해 살펴보면 독일의 심리학자 슈프랑거(E. Spranger)는 인간의 가치 기준을 다음과 같이 여섯 단계로 구분하고 있다(이규은, 2020).

첫째, 이론가형이다. 이론가형은 인간의 가치를 학문이나 연구, 진리 탐구, 명예에 두고 이를 성취하기 위해 노력하는 유형이다. 교사나 연구원, 교수, 이론가 등이 이 유형에 속한다.

둘째, 권력형이다. 권력형은 인간의 가치를 정치나 권력에 의한 지배에 두고 있는 유형이다. 군인, 정치가, 정당 요원 등이 이 유형에 속한다.

셋째, 경제형이다. 경제형은 인간의 가치를 경제적 이익을 추구하는 것에 두고 있는 유형이다. 주로 사업가, 경제인, 상인 등이 이 유형에 속한다.

넷째, 심미형이다. 심미형은 인간의 가치를 심미적 가치 추구에 두고 있는 사람들로 예술가, 미술가, 음악가 등이 이 유형에 속한다.

다섯째, 사회사업형이다. 사회사업형은 인간의 가치를 다른 사람을 사랑하고 남을 위해 봉사하는 일에 보람을 느끼는 사람으로, 주로 사회사업가, 자선사업가, 사회복지사 등이 이 유형에 포함된다.

여섯째, 종교형이다. 종교형은 성스러운 것을 추구하는 것에 두고 있는 사람들로서 신의 뜻대로 삶의 가치를 추구하고 충실한 신앙생활을 하는 사람이다. 목사나 전도사, 신부, 승려 등 종교인들이 이 유형에 속한다.

〈표 3-6〉 가치관의 유형과 특성 및 관련 직업

유형	특성	관련 직업
이론형	학문연구나 진리 탐구를 위해 노력하는 유형	교사, 학자, 교수, 연구원
권력형	권력이나 정치에 대한 지배에 흥미를 가진 유형	정치가, 군인
심미형	음악, 미술 등 예술에 심취하고 흥미를 가진 유형	예술가, 화가, 미술가
경제형	돈 버는 것을 최고의 가치로 여기고 관심이 많은 유형	사업가, 경영인, 상인
사회사업형	남을 사랑하고 봉사하는 일에 관심이 많은 유형	교사, 종교인, 사회사업가
종교형	종교적 가치를 추구하는 유형	목사, 승려, 신부

출처: 최화숙(2018). 대학생활설계. 서울: 동문사.

이와 같이 개인의 가치 유형은 개개인의 사회적 역할에서 개인이 추구하는 삶의 목적이나 방향을 결정해 주는 것과 더불어 개인의 인격을 이해하는 데 도움이 된다. 가치관 형성은 그 사람의 생활 유형에 근거하여 개인이 직업을 선택할 때, 먼저 자신의 가치를 어디에 두고 무엇을 중요한 가치로 볼 것인가를 이해하고, 이를 바탕으로 자신의 확고한 가치관을 확립해야 한다(이규은, 2020).

2) 직업가치관검사

직업의식에 관한 세계가치관조사(World Values Survey 2010~2014)는 삶의 영역에서 가족, 일, 친구, 여가시간, 종교, 정치 등에 대해 그 중요도를 조사하여 발표하였다. 이에 따르면 한국은 미국, 독일, 중국, 일본에서의 조사결과와 비교했을 때, 삶의 영역에서 가족의 중요도(91.3%)와 일의 중요도(60.8%)를 5개국 중 가장 높게 평가하고 있었다. 이와 같은 결과는 한국인에게 일이 삶의 중요한 영역으로 인식되고 있음을 알려 준다. 삶의 중요한 영역이 되는 일의 영역에서 느끼는 만족감은 삶에 대한 만족감으로 이어질 것이고 이는 곧 행복한 삶으로 연결될 것이다.

〈표 3-7〉 직업을 갖는 이유(순위 변화)

순위	항목	
	1998년(평균)	2018년(평균)
1위	가족을 위해(3.27)	가족을 위해(3.40)
2위	경제적 자립을 위해(3.19)	노후대책을 위해(3.31)
3위	노후대책을 위해(3.06)	경제적 자립을 위해(3.25)
4위	삶의 의미를 느끼려고(2.98)	삶의 의미를 느끼려고(3.08)
5위	자아실현을 위하여(2.83)	사회적 지위 확보(2.94)
6위	사회구성원으로서 의무(2.77)	자아실현을 위하여(2.92)
7위	사람들과의 교제(2.66)	사회구성원으로서 의무(2.87)
7위	일 자체가 좋아서(2.66)	인정받기 위해(2.79)
9위	사회적 지위 확보(2.55)	사람들과의 교제(2.66)
10위	인정받기 위해(2.53)	일 자체가 좋아서(2.59)

출처: 한상근 외(2018). 한국인의 직업의식 및 직업윤리. 세종: 한국직업능력개발원.

이 활동은 한국고용정보원 워크넷(www.work.go.kr)에서 직업을 선택하는 데 개인이 중요하게 생각하는 가치가 무엇인지 파악하도록 '직업가치관검사'를 제공하고 있다. 제공하는 직업가치관 검사는 성취, 봉사, 개별 활동, 직업 안정, 변화 지향, 몸과 마음의 여유, 영향력 발휘, 지식 추구, 애국, 자율성, 금전적 보상, 인정, 실내 활동 등 13가지 가치관을 측정할 수 있다. 이 직업가치관검사는 직업가치관을 내적 가치와 외적 가치로 구분하였는데, 고용노동부 직업가치관검사의 경우 성취, 봉사, 개별 활동, 변화 지향, 지식 추구, 직업 안정, 심신의 여유, 자율, 실내 활동 등은 내적 가치로 구분이 되며 성취, 영향력 발휘, 지식 추구, 금전적 보상, 인정, 애국 등은 외적 가치로 볼 수 있겠다.

〈표 3-8〉 직업가치관의 요인

직업가치 요인	직업가치 설명	관련 직업
1. 성취	스스로 달성하기 어려운 목표를 세우고 이를 달성하여 성취감을 맛보는 것을 중시하는 가치	대학교수, 연구원, 프로 운동선수, 연구가, 관리자 등
2. 봉사	자신의 이익보다는 사회의 이익을 고려하며, 어려운 사람을 돕고, 남을 위해 봉사하는 것을 중시하는 가치	판사, 소방관, 성직자, 경찰관, 사회복지사 등
3. 개별 활동	여러 사람과 어울려 일하기보다 자신만의 시간과 공간을 가지고 혼자 일하는 것을 중시하는 가치	디자이너, 화가, 운전기사, 대학교수, 연주가 등
4. 직업 안정	해고나 조기 퇴직의 걱정 없이 오랫동안 안정적으로 일하며 안정적인 수입을 중시하는 가치	연주가, 미용사, 교사, 약사, 변호사, 기술자 등
5. 변화 지향	일이 반복적이거나 정형화되어 있지 않으며 다양하고 새로운 것을 경험할 수 있는지를 중시하는 가치	연구원, 컨설턴트, 소프트웨어 개발자, 광고 및 홍보전문가, 메이크업 아티스트 등
6. 심신의 여유	건강을 유지할 수 있으며 스트레스를 적게 받고 마음과 몸의 여유를 가질 수 있는 업무나 직업을 중시하는 가치	레크리에이션 강사, 교사, 대학교수, 화가, 조경기술자 등
7. 영향력 발휘	타인에게 영향력을 행사하고 일을 자신의 뜻대로 진행할 수 있는지를 중시하는 가치	감독 또는 코치, 관리자, 성직자, 변호사 등
8. 지식 추구	일에서 새로운 지식과 기술을 얻을 수 있고 새로운 지식을 발견할 수 있는지를 중시하는 가치	판사, 연구원, 경영 컨설턴트, 소프트웨어 개발사, 디자이너 등
9. 애국	국가의 장래나 발전을 위하여 기여하는 것을 중시하는 가치	군인, 경찰관, 검사, 소방관, 사회단체활동가 등
10. 자율	다른 사람들에게 지시나 통제를 받지 않고 자율적으로 업무를 해 나가는 것을 중시하는 가치	연구원, 자동차 영업원, 레크리에이션 진행자, 광고 전문가, 예술가 등

직업가치 요인	직업가치 설명	관련 직업
11. 금전적 보상	생활하는 데 경제적인 어려움이 없고 돈을 많이 벌 수 있는지를 중시하는 가치	프로 운동선수, 증권 및 투자 중개인, 공인회계사, 금융자산 운용가, 기업 고위 임원 등
12. 인정	자신의 일이 다른 사람들로부터 인정받고 존경받을 수 있는지를 중시하는 가치	항공기 조종사, 판사, 대학교수, 운동선수, 연주가 등
13. 실내 활동	주로 사무실에서 일할 수 있으며 신체활동을 적게 요구하는 업무나 직업을 중시하는 가치	번역사, 관리자, 상담원, 연구원, 법무사 등

출처: 박선영 외(2014). 진로상담과 직업. 파주: 정민사. 재인용.

본 직업가치관검사는 개인이 직업선택 시 중요하게 생각하는 가치요인이 무엇인지를 파악하여 해당 가치요인이 충족 가능한 직업에 대한 정보를 제공하고 있다. 그러나 직업을 선택할 때 직업가치만을 고려해서는 안 된다. 자신의 가치와 맞는다 하더라도 직업에서 요구되는 업무를 수행할 수 있는 능력이 있어야 하고, 해당 분야에 대한 흥미가 있어야 한다. 또한 학력수준, 직업의 전망, 경제적 여건 등의 외적 요인도 고려해야 한다(고용노동부 워크넷, 2023).

직업인의 기본자세

① 소명의식과 천직의식을 가져야 한다.

일을 통해 자신의 존재를 실현하고 사회적 역할을 담당하므로 자기의 직업을 사랑하며, 긍지와 자부심을 갖고 성실하게 임하는 마음가짐이 있어야 한다.

② 봉사정신과 협동정신이 있어야 한다.

사람은 일정한 직업을 통하여 다른 사람에게 도움을 주고 사회적으로 기여하는 것이므로 나의 일을 필요로 하는 사람에게 봉사한다는 마음 자세가 필요하다. 또한 일은 반드시 다른 사람과의 긴밀한 협력이 필요하므로 직무를 수행하는 과정에서 협동정신이 요구된다. 관계된 사람과 상호신뢰하고 협력하며 원만한 관계를 유지해야 한다.

③ 책임의식과 전문의식이 있어야 한다.

협력체제에서 각자의 책임을 충실히 수행할 때 전체 시스템을 원만하게 가동할 수 있으며, 다른 사람에게 피해를 주지 않는다. 이러한 책임을 완벽하게 수행하기 위하여 자신이 맡은 분야에 대한 전문적인 능력과 역량을 갖추고 지속적인 자기계발을 해 나가야 한다.

④ 공평무사한 자세가 필요하다.

모든 일은 사회적 공공성을 갖는다. 법규를 준수하고 직무상 요구되는 윤리기준을 준수해야 하며, 공정하고 투명하게 업무를 처리해야 한다.

활동 자신의 삶에 직업이 갖는 의미

이 활동은 각자 자신의 직업에 대한 가치관을 생각해 보는 것이므로 정답이 있을 수는 없다. 올바른 직업의식을 위해서는 자신이 희망하는 직업 또는 자신의 직업을 통해 이루려는 삶의 목적과 추구하고자 하는 가치가 무엇인지를 스스로 깨닫고 확립하는 과정이 필요하다. 다음 질문에 따라 빈칸을 작성하고, 직업이 자신의 삶에 어떠한 의미가 있는지 생각해 보자.

다음 각 항목이 당신의 삶에서 얼마나 중요한지 표시하시오. (전혀 중요하지 않다: 1점, 보통이다: 4점, 매우 중요하다: 7점)	
1. _______ 가족생활	4. _______ 일
2. _______ 사회생활	5. _______ 종교
3. _______ 여가생활	6. _______ 학업 또는 능력개발

당신은 왜 직업을 갖는다고 생각하시나요? (전혀 그렇지 않다: 1점, 그렇지 않다: 2점, 그렇다: 3점, 매우 그렇다: 4점)
1. _______ 돈을 벌어서 경제적으로 자립하기 위해서
2. _______ 일 자체가 좋아서
3. _______ 자아실현을 위하여
4. _______ 남에게 인정받기 위하여
5. _______ 사회적인 지위를 확보하기 위하여
6. _______ 삶의 의미를 느끼기 위하여
7. _______ 자신의 가족을 위하여
8. _______ 사회구성원으로서 의무를 다하기 위하여
9. _______ 다양한 사람들과 사귀기 위하여
10. _______ 노후대책을 위하여

위 답변에서 높은 점수순으로 5개를 골라 보고, 이것이 현재 자신이 속한 직업에 어떻게 연결되고 있는지 또는 앞으로 자신이 어떤 직업을 선택하고자 하는지에 대해 생각해 보자.
1순위
2순위
3순위
4순위
5순위

출처: 한국산업인력공단(2021). NCS 직업기초능력 가이드북 직업윤리. 울산: 한국산업인력공단.

Chapter 04

자기개발능력

1. 자기관리의 정의
2. 자기개발 방법
3. 자기개발 계획 수립과 설계

1. 자기관리의 정의

1) 자기관리와 개발

인생에 있어서 결정적으로 중요한 것은 선천성이 아니라 이미 주어진 조건을 관리하는 것으로, 이는 자기 한계에 대한 명확한 인식에서 시작된다(이명선 외, 2019). 즉, 각 개인마다 생각의 차이와 선택의 순간에 결정을 내리는 힘이기도 하다. 노올타리우스와 마크맨(Nortarious & Markman)의 연구에 의하면 부부생활의 행복은 누구와 결혼하느냐와 관계없으며 진직으로 부부갈등을 어떻게 해결하느냐에 달려 있다고 하여 보통 상식의 생각을 뒤엎는 충격적인 연구결과가 나왔다. 결국 '관리의 중요성'을 다시 한번 각인하게 된다(이명선 외, 2019). 자기관리능력은 자신을 이해하고, 목표를 성취하기 위해 자신의 행동 및 업무수행을 관리하고 조정하는 것이며, 이러한 자기관리를 잘할 수 있는 능력을 의미한다. 자기관리를 잘하는 것은 보다 나은 미래를 영위할 수 있는 추진력이 되며, 자신의 비전과 목표를 잘 알고, 이에 따라 자신이 수행해야 할 과제를 알고 효과적으로 수행하는 사람이다(김경진 외, 2020).

오늘날 우리는 자기관리를 위해 꾸준히 계발하여 가치를 높여야 한다는 압력을 받고 있다. 또한 4차 산업혁명 사회의 특징으로 AI, IoT, 로보틱스, VR 등의 첨단기술로 대표되는 새로운 방식의 일자리가 생성되고 기존 방식의 직업은 소멸하고 있다. 2016년 세계경제포럼(World Economic Forum)에서는 2020년까지의 산업 분야별로 사무, 행정, 제조, 생산, 건설, 채굴, 예술, 디자인, 엔터테인먼트, 스포츠, 미디어, 법률 등의 일자리가 감소하고 비즈니스, 금융 운영, 경영, 컴퓨터, 수학, 건축, 엔지니어링, 영업, 관계 등이 증가한다고 하였다(임종헌 외, 2017). 그만큼 변화하는 시대에 맞춰 자기개발을 하지 않는 직업인은 첨단기술로 대체되기 쉽다.

자기개발이라는 용어는 이제 우리 주변에서 쉽게 들을 수 있다. 자기개발은 자신의 능력, 적성 및 특성 등에 있어서 강점과 약점을 찾고 확인하여 강점을 강화시키고, 약점을 관리하여 성장을 위한 기회로 활용하는 것이며, 직업인으로서 자신의 능력, 적성, 특성 등의 이해를 기초로 자기 발전 목표를 스스로 수립하고 성취해 나가는 능력이다.

한편 나의 성장을 위한 자기관리에는 '개발(開發)'이나 '계발(啓發)'이 있다. 둘 다 사용하기도 하지만 약간의 의미가 다르다. 자기개발은 토지나 천연자원 따위를 유용하게 만드는 것으로서 신제품 개발과 같이 새로운 물건을 만들거나 핵무기 개발 또는 프로그램 개발 등을 말한다. 즉, 이미 자신의 능력이 무엇인지 알고 있는 상태이며, 능력을 훨씬 강하고 크게 만들어 가는 것을 개발이라 한다. 또한 자기계발은 잠재되어 있는 자신의 슬기나 재능, 사상 따위를 일깨워 주는 것으로서 자신의 적성이나 잠재능력을 찾아 활성화시키는 외국어능력 계발 등을 말한다. 사람들은 자신의 전공과 업무에 집중하다 보면 자신의 취미와 특기가 무엇인지도 모르고 살다가 나중에 자신의 적성에 맞는 일을 찾아 행복한 삶을 사는 사람들을 종종 볼 수 있다.

2) 자기개발의 필요성

대부분의 사람들은 현재 하고 있는 일에 안주하거나 보상을 받는 만큼만 행하려 한다. 아니면 남들이 자기개발을 한다고 하니까 나도 해야 한다는 강박감을 느끼기도 한다. 남들과 다른 길을 간다는 것은 쉽지 않다. 스칸디나비아반도에는 '레밍(나그네쥐, Lemming)'이라는 쥣과의 설치류가 산다. 맹목적으로 선두를 따라가다가 많은 레밍이 바다나 호수에 빠져 죽기도 한다. 앞선 개체를 무작정 따라가다 집단으로 물에 빠져 죽게 되는 극적인 모습 때문에 맹목적인 집단 심리를 설명할 때 레밍의 예시를 들곤 한다. 이처럼 특별한 이유 없이 다른 사람들의 선택을 따라가는 '편승 효과'를 '레밍 신드롬(Lemming syndrome)'이라 부른다. 즉, 자기 자신의 삶을 스스로 결정하는 주도적인 삶을 사는 것이 아니라 주로 타인에 의해 결정되는 삶을 살게 된다. 그런 사람들은 언제나 남의 발자국을 밟으며 수동적인 삶을 살기 때문에 자신의 발자국은 남기지 못한다. 다른 사람들이 행한 것을 따라 하면 안전할지는 모르지만 그 속에는 고유한 내 것이 없는 것이다.

[그림 4-1] 레밍 신드롬(Lemming syndrome)

출처: 김경진 외(2020). NCS 직업기초 UP 자기개발능력. 파주: 양성원.

우리는 낡은 습관을 버리고 끊임없이 새롭고 좋은 습관으로 바꾸는 것으로 변화할 때 성공하는 삶을 살 수 있다. 우리를 둘러싸고 있는 환경은 끊임없이 변화하고 있으며, 그 변화의 속도는 점점 빨라지고 있다. 우리가 가지고 있는 지식이나 기술이 과거의 것이 되지 않도록 환경변화에 따라 지속적인 자기개발 노력이 요구된다. 그뿐만 아니라 직업생활에서 효과적으로 업무의 성과를 향상하기 위하여 이루어져야 하며, 자신이 달성하고자 하는 목표를 성취하기 위해서 노력해야 한다. 그러기 위해서는 자신의 비전을 발견하고 장단기 목표를 설정해야 한다. 또한 가장 중요한 요소인 긍정적인 인간관계를 형성하기 위해서도 우선적으로 필요하다. 즉, 자신의 내면과 시간, 생산성을 관리하는 등의 자기관리는 좋은 인간관계의 형성과 유지의 기반이 되기 때문이다. 따라서 개인의 보람된 삶을 살기 위해서 자기개발에 대한 재인식과 더불어 자신의 목표를 달성하기 위해 자기개발을 해야 한다(박일순, 2017). 자기개발을 하게 되면 자신감을 얻게 되고, 삶의 질이 향상되어 보다 보람된 삶을 살 수 있다.

자기개발 및 자기개발능력을 이해하기 위하여 이와 관련한 몇 가지 특징을 정리하면 다음과 같다(한국산업인력공단, 2021).

첫째, 자기개발에서 개발의 주체는 타인이 아니라 자기 자신이다. 자기를 개발한다고 하는 것은 스스로 계획하고 실행한다는 의미이다. 이와 더불어 자기개발의 객체도 자기 자신이므로 자신의 능력, 적성, 특성 등을 이해하고, 목표성취를 위해 스스로를 관리하며 개발하는 것으로 이해될 수 있다. 따라서 자기개발에서는 자신을 이해하는 것이 첫걸음이라고 할 수 있다.

둘째, 자기개발은 개별적인 과정으로서 사람마다 자기개발을 통해 지향하는 바와 선호하는 방법 등이 다르다. 따라서 개인은 자신의 이해를 바탕으로, 자신에게 앞으로 닥칠 환경변화를 예측하고 적합한 목표를 설정하며 알맞은 자기개발 전략이나 방법을 선정하여야 한다.

셋째, 자기개발은 평생에 걸쳐서 이루어지는 과정이다. 사람들은 흔히 자기개발을 학교교육과정에서 이루어진다고 생각하거나, 어떤 특정한 사건이나 요구가 있을 때 일시적으로 이루어지는 과정이라고 생각하기도 한다. 그러나 우리의 직업 생활을 둘러싸고 있는 환경은 끊임없이 변화하고 있으며 우리에게 지속적으로 학습할 것을 요구한다. 우리는 날마다 조금씩 다른 상황에 처하게 되며, 학교교육에서는 원리, 원칙에 대한 교육이 이루어질 뿐이므로 실생활에서 적응하기 위해서는 지속적인 자기개발이 필요하다.

넷째, 자기개발은 일과 관련하여 이루어지는 활동이다. 우리의 인생은 일과 밀접한 관련이 있으며, 현재 직업을 가지고 있지 않더라도 직업을 탐색하고 이를 준비하는 과정을 거친다. 우리는 대부분 일과 관련하여 인간관계를 맺으며, 우리의 능력을 발휘하고 개발하고자 한다.

다섯째, 자기개발은 생활 가운데 이루어져야 한다. 자기개발을 위해 특정 교육훈련기관에서 교육프로그램을 이수할 수도 있다. 하지만 자신이 현재 하고 있는 직무 혹은 지향하는 직업세계와 관련하여 자신의 역할 및 능력을 점검하고 개발계획을 수립하며 시간을 관리하고 대인관계를 맺고 감정을 관리하고 의사소통을 하는 것도 자기개발이라 할 수 있다.

여섯째, 자기개발은 모든 사람이 해야 하는 것이다. 사람들은 흔히 자기개발이 특정한 사람만이 하는 것이라고 생각하거나 매우 어려운 일이라고 생각한다. 그러나 자기개발은 자신을 개발하여 효과적으로 업무를 수행하고, 현대사회와 같이 급속하게 변화하는 환경에 적응하며, 자신이 설정한 목표를 달성하여 보다 보람되고 나은 삶을 영위하고자 노력하는 사람이라면 누구나 해야 하는 것이다.

2. 자기개발 방법

자기개발은 자신의 능력, 적성 및 특성 등의 객관적 이해에 기초하여 자기개발 목표를 스스로 수립하고 성취해 나가는 것으로 자기인식, 자기관리, 경력개발로 이루어진다(한국산업인력공단, 2021).

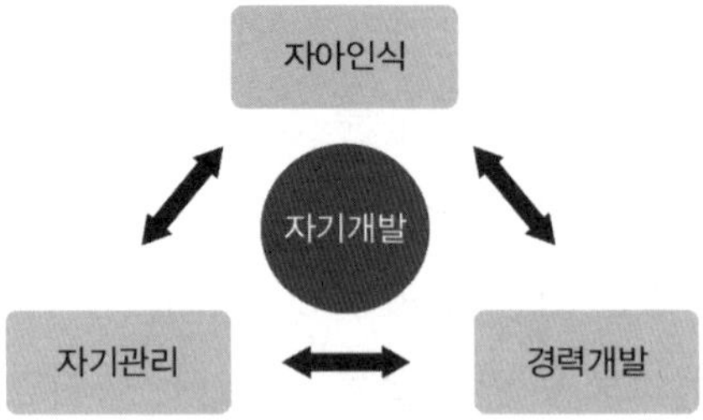

[그림 4-2] 자기개발 구성

출처: 한국산업인력공단(2021). NCS 직업기초능력 가이드북 자기개발능력. 울산: 한국산업인력공단.

〈표 4-1〉 직업기초능력으로서의 자기개발능력

하위능력	하위능력 개념
자아인식	자신의 가치, 신념, 흥미, 적성, 성격 등 자신이 누구인지 파악하는 능력
자기관리	업무에 필요한 자질을 지닐 수 있도록 스스로를 관리하는 능력
경력개발	끊임없는 자기 개발을 위해서 동기를 갖고 습관화하는 능력

출처: 한국산업인력공단(2021). NCS 직업기초능력 가이드북 자기개발능력. 울산: 한국산업인력공단.

1) 자아인식

자아(自我)는 자신에 대한 인식과 신념의 체계적이고 일관된 집합이다. 자아는 내면적인 성격이며, 정신이라고 할 수 있으며, 자신의 삶에서 갖고 있는 경험과 경험에 대한 해석에 영향을 받는다. 그리고 자아를 인식한다는 것은 자신의 가치, 신념, 흥미, 적성, 성격 등 자신이 누구인지 파악하는 것이다. 즉, 나를 안다는 것은 자신의 가치, 신념, 태도 등을 아는 것을 넘어서 이것들이 자신의 행동에 어떻게 영향을 미치는가를 아는 것이다. 자아인식은 자기개발의 첫 단계가 되며 자신이 어떠한 특성을 가지고 있는지를 바르게 인식할 수 있어야 적절한 자기개발이 이루어질 수 있다. 자신을 알아가는 방법으로는 내가 아는 나를 확인하는 방법, 다른 사람과의 대화를 통해 알아가는 방법, 표준화된 검사 척도를 이용하는 방법 등이 있다(김경진 외, 2020).

한 사람이 직업인으로서 자신이 원하는 직업을 갖고 그 일을 효과적으로 수행하기 위해서는 장기간에 걸친 치밀한 준비와 노력이 필요하며, 자신을 분명하게 아는 것이 선행되어야만 이루어질 수 있다. 다시 말하면 직업인으로서 자아인식이란 다양한 방법을 활용하여 자신이 어떤 분야에 흥미가 있고, 어떤 능력의 소유자이며, 어떤 행동을 좋아하는지를 종합적으로 분석하여 이해해야 한다. 자기를 지각하고 그 지각된 내용을 체계화시킴으로써, 자신을 존중하고 자신을 가치 있다고 여기는 동시에 자신의 한계를 인식하고 이를 더 보완해야겠다는 욕구를 가질 수 있다. 이러한 자아인식 노력은 자아존중감을 확인시켜 주며 동시에 자기개발의 토대가 된다. 직업인으로서 자아인식은 직업 생활에서 자신의 요구를 파악하고 자신의 능력 및 기술을 이해하여 자신의 가치를 확신하는 것으로 개인과 팀의 성과를 높이는 데도 필수적으로 요구된다(한국산업인력공단, 2021).

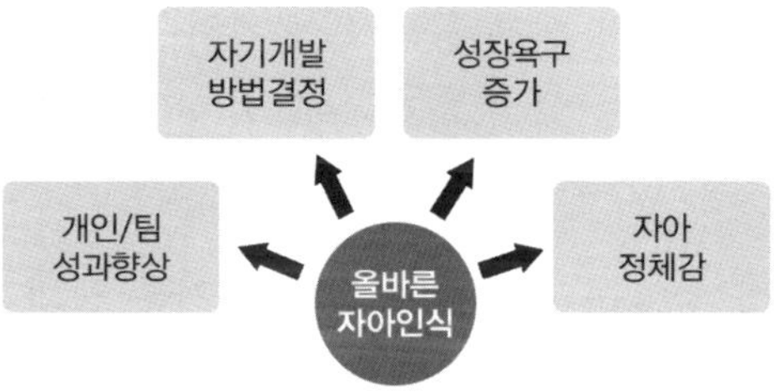

[그림 4-3] 올바른 자아인식을 통한 효과

출처: 한국산업인력공단(2021). NCS 직업기초능력 가이드북 자기개발능력. 울산: 한국산업인력공단. 재구성.

대다수 심리학자는 건전한 자아인식에 있어서 자아존중감 대 열등감의 비율이 70 : 30 상태가 가장 이상적이라는 것에 동의한다. 이 상태의 비율이 인간의 정서 및 지력에 있어서 최고의 능력을 실현할 수 있는 상태라는 것이다. 행복에 관한 최근 심리학에 대한 연구는 행복은 학습될 수 있다는 것을 밝혀내었다. '학습된 낙관주의(learned optimism)'가 그것이다. 진정한 행복은 선천적 기질이나 삶의 조건에 대한 반응으로 얻어지는 것이 아니라 주어진 조건에 대한 긍정적 해석에 의해 획득될 수 있는 것이다. 위축된 자아인식 역시 고착된 것이 아니라 학습과 노력으로 개선될 수 있다. 그것은 자신에 대한 근본에서부터의 재조명과 재평가가 선행되어야 하고(이명선 외, 2019), 자신을 받아들이는 작업이 되었을 때 가능하다. 하지만 마지막까지 자기를 받아들이지 않는 것은 어쩌면 자기 자신일지 모른다. 진정한 자아인식은 자기 자신에 대한 용서와 수용이 선행되어야 하며, 자기와의 화해(Accept, you are accepted!)를 통해서만이 진정한 자아인식이 가능하다.

미국의 철학자이자 심리학자인 제임스(W. James)는 자아의 구성요소를 물질적 자아, 사회적 자아, 심리적 영적 자아라고 주장하였다(박일순, 2017).

첫째, 물질적 자아는 나를 둘러싸고 있는 가시적인 물질적 측면, 즉 외모나 신체적 특성, 주택이나 자동차 등과 같은 물질적 소유물 등을 말한다.

둘째, 사회적 자아는 타인과의 관계 속에서 나타나는 자신의 신분과 위치를 말한다. 사회적 관계나 역할을 통해 드러나는 인간의 사회적 측면의 자아, 즉 가족, 친구, 교육, 이성, 사회적 신분 등의 관계에서 나타나는 것을 말한다. 그러나 중요한 것은 이런 것들이 곧 자기 삶의 전부가 아니라 일부분일 뿐이라는 것을 잊어서는 안 된다.

셋째, 심리적·영적 자아는 가치관이나 도덕 기준 등과 관련된 내면적 특성을 말하는 것으로 성격, 능력, 적성 등을 말한다.

(1) 자아인식능력

내가 어떠한 사람인지 알아내는 방법은 여러 가지가 있다. 우선 스스로 질문을 통해 알아내는 방법이 있으며, 다른 사람의 의견이나 표준화된 검사도구를 활용하여 알아낼 수도 있다. 일과 관련하여 다른 사람이 알 수 없는 나를 알기 위해서 다음과 같은 질문을 해보는 것도 좋다.

〈표 4-2〉 스스로 질문하는 나

- 일할 때 나의 성격의 장단점은 무엇인가?
- 현재 일과 관련된 나의 부족한 부분은 무엇인가?
- 일과 관련한 나의 목표는 무엇인가?
- 그것은 나에게 어떠한 의미가 있는가?
- 지금 현재 내가 하고 있는 일이 정말로 내가 원했던 일을 하고 있는가?

출처: 한국산업인력공단(2021). NCS 직업기초능력 가이드북 자기개발능력. 울산: 한국산업인력공단.

다른 사람과의 대화를 통해 자신이 어떠한 사람인지 생각해 볼 수 있다. 다른 사람과 대화를 하다 보면 내가 무심코 지나쳤던 부분들을 알게 되고, 다른 사람들은 나에 대하여 어떻게 판단하고 있는지를 객관적으로 알 수 있다. 다음과 같은 질문을 통해서 다른 사람이 생각하는 나를 확인할 수 있다.

〈표 4-3〉 타인이 파악하는 나

- 나의 장단점은 무엇인가?
- 내가 무엇을 하고 있을 때 가장 재미있어 보이는가?
- 어려움이나 문제 상황에 처했을 때 나는 어떠한 행동을 하는가?

출처: 한국산업인력공단(2021). NCS 직업기초능력 가이드북 자기개발능력. 울산: 한국산업인력공단.

자신을 알아가는 또 다른 방법으로는 표준화된 검사도구를 활용하는 것이다. 표준화된 검사도구는 자신을 다른 사람과 객관적으로 비교할 수 있는 척도를 제공한다. 여러 가지 검사도구를 활용하여 자신의 특성을 객관적으로 파악하면 이후 진로를 계획하거나 직업을 탐색하고 결정하는 데 도움을 받을 수 있다.

〈표 4-4〉 직업 관련 웹사이트

검사제공기관	검사명
한국직업능력개발원 커리어넷 (www.career.go.kr)	• 진로개발준비도 검사 • 주요 능력 효능감 검사 • 이공계 전공적합도 검사
한국고용정보원 워크넷 (www.work.go.kr)	• 직업가치관검사 • 직업선호도검사(L형) • 직업적성검사
KPTI 온라인 심리검사센터 (www.career4u.net)	• MBTI성격유형검사 • Strong 직업흥미검사
한국행동과학연구소 (www.kirbs.re.kr)	• 적성검사 • 인성검사 • 직무지향성검사
한국심리검사연구소 (www.kpti.com)	• MBTI • STRONG 진로탐색검사 • 직업흥미검사 • AMI 성취동기검사
중앙적성연구소 (www.cyber-test.co.kr)	• 생애진로검사 • 학과와 직업 적성검사 • GATB적성검사 • 적성진단검사
한국사회적성개발원 (www.qtest.co.kr)	• KAD(Korean Aptitude Development) 검사 • 인성검사 • 인적성검사

출처: 김경진 외(2020). NCS 직업기초 UP 자기개발능력. 파주: 양성원.

(2) 직업흥미검사

직업흥미(vocational interest)란 직업 내지는 직업군에 대한 반응 정도와 그 직업군에서의 주된 활동을 취하려는 선택적 경향을 의미한다. 즉, 직업흥미는 일반적인 흥미와는 달리 특정 직종에 대하여 가지는 호의적이고 수용적인 관심을 말한다. 홀랜드(Holland, 1997)는 직업흥미를 연구한 대표적인 학자로 그가 제시한 직업흥미이론은 사람들의 직업흥미를 이해하고 측정하는 데 유용하게 활용되고 있다. 홀랜드는 직업흥미이론에 근거하여 RIASEC(Realistic, Investigative, Artistic, Social, Enterprising, Conventional)라는 육각형 모델을 개발하였으며, 이를 통해 한 개인의 성공적인 진로결정을 위한 효과적인 체계방법을 제시하고 있다. 직업흥미 유형인 RIASEC 육각형 모델은 현실형(Realistic), 탐구형(Investigative), 예술형(Artistic), 사회형(Social), 기업형(Enterprising), 관습형(Conventional)의 여섯 가지로 분류한다.

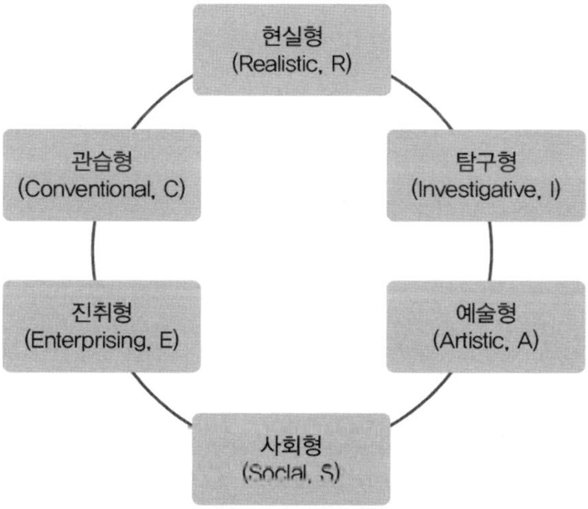

[그림 4-4] 홀랜드의 RIASEC 육각형 모델

〈표 4-5〉 홀랜드의 직업흥미 유형별 특징과 직업

유형	특징	직업
R 현실형 (실재형)	• 판단이나 의사결정을 하기 위해서 지식과 추리능력을 사용하기도 하며, 세밀한 것과 과제 완성하기를 좋아함 • 말이 적고 운동을 좋아함 • 신체적 활동을 좋아하고 소박하며 솔직함 • 성실하며 기계적 적성이 높음	항공기정비사 및 조종사, 비파괴검사원, 조리사, 제과제빵사, 칵테일 조주기능사, 소믈리에, 바리스타, 경찰관, 소방관, 안경사, 응급구조사, 연극영화 및 방송기술감독, 자동차기술자, 전기기술자, 치과기공사, 통신기술자
I 탐구형	• 분석적이며 독립적이고 호기심이 많고 합리적이며 정확한 반면, 말이 별로 없는 편이고 소극적이며 복잡한 경향이 있음 • 자료를 수집하여 문제에 적용하는 데 흥미를 느끼며, 자료와 사물을 계획하고 처리, 통제, 지시, 평가하기를 좋아함 • 탐구심이 많고 수학적·화학적 적성이 높음	미래직업트렌드 연구원, 비파괴검사원, 경영컨설턴트, 경제학연구원, 마케팅 및 여론조사전문가, 물리학연구원, 생물학연구원, 심리학연구원, 언어치료사, 의사, 치과의사, 컴퓨터프로그래머, 통역가, 화학연구원
A 예술형	• 모호하고 자유스러우며 독립적인 활동 선호 • 체계적이고 질서정연하며 실제적이고 순서적인 활동은 좋아하지 않음 • 상상력이 풍부하고 감수성 강함 • 자유분방하며 개방적임 • 예술적 소질이 있으며, 창의성이 높음	헤어디자이너, 피부관리사, 건축설계사, 게임 그래픽 디자이너, 만화가, 메이크업 아티스트, 방송연출가, 번역가, 사진기자, 안무가, 영화배우 및 탤런트, 인테리어디자이너, 일러스트레이터, 카피라이터
S 사회형	• 다른 사람들을 가르치고 개발시키고 보호하는 활동을 선호 • 체계적이고 질서정연하며 분명한 활동에는 적극적으로 참여하지 않는 행동경향 • 다른 사람에게 친절하고 이해심 많음 • 남을 도와주고 봉사적임 • 인간관계능력이 높으며 사람을 좋아함	항공기 객실승무원, 이미지컨설턴트, 간호사, 레크리에이션 강사, 물리치료사, 미용사, 사회복지사, 상담전문가, 영양사, 유치원교사, 중고등학교교사, 직업능력개발훈련교사

유형	특징	직업
E 진취형 (리더형, 기업형)	• 조직적, 경제적인 차원에서 뛰어난 언어구사력으로 사람들을 끌어나가는 활동 선호 • 과학적인 능력을 발휘하는 활동을 꺼림 • 지도력과 설득력이 있음 • 열성적이고 경쟁적이며 이성적임 • 외향적이고 통솔력이 있으며 언어적성이 높음	검사, 광고기획자, 기업 고위 임원(CEO), 방송기자, 변호사, 부동산중개인, 선박항해사, 세무사, 아나운서, 연예인 매니저, 행사기획자, 호텔관리자
C 관습형 (사무형)	• 사물이나 일을 체계적으로 순서에 따라 조작하는 일 선호 • 비체계적이며 탐구적이고 추상적인 관념과 관련된 활동에는 호기심을 잘 발휘하지 않으며 애매모호하고 불규칙하며 직관력이 부족한 점도 있음 • 책임감이 있고 빈틈이 없음 • 조심성이 있고 변화를 좋아하지 않음 • 계획성 있으며 사무능력과 계산능력 높음	공무원, 경리사무원, 공인회계사, 관세사, 보험계리사, 비서, 사서, 손해사정사, 안전관리사, 증권분석가, 출납창구사무원, 출판편집자, 컴퓨터보안전문가, 텔레마케터

출처: 김경진 외(2020). NCS 직업기초 UP 자기개발능력. 파주: 양성원.

(3) 자기성찰

대부분 사람들이 어떤 실수를 저지르면 '다음에는 이렇게 하지 말아야지' 생각하고서는 또다시 실수를 반복하곤 한다. 이는 어떤 문제가 발생했을 때 깊이 있는 성찰 없이 지나치기 때문이다. 성찰은 어떤 일을 마친 후에 자신이 잘한 일은 무엇이고, 개선할 점은 무엇인지 깊이 생각해 보는 것으로 앞으로 다른 일을 해결해 나가는 경험을 축적할 수 있게 해준다. 그리고 지속적인 성장 기회 제공과 신뢰감 형성의 원천 제공, 창의적인 사고능력이 나오게 된다. 성찰은 어느 날 갑자기 되는 것이 아니라 지속적인 연습과 습관에 의해 몸에 익히게 되는 것이다. 성찰은 숙련되는 것과 같이 배우는 과정이다. 그 과정은 반드시 먼저 그 일에 숙련된 사람들의 가르침이 개입되는데 자기 자신이 주체가 되어 스스로 알아가야 하는 힘겨운 과정을 거쳐야만 가능하다. 그러므로 성공적인 미래를 향해 계속된 성찰과 수많은 연습 그리고 시행착오가 필요한 것이다. 성찰을 연습하는 방법은 종이와 펜을 항상 가까이 두고 성찰 노트를 작성한다. 그리고 어떠한 일이 발생하면 끊임없이 질문하는 습관을 갖는다.

활동 직업흥미 검사도구

※ 다음의 문항들을 읽어보고, 자신이 평소에 하고 싶고, 좋아하는 활동이면 '좋다', 싫어하는 활동이면 '싫다', 관심 없는 활동이면 '무관심'에 ✓표를 하십시오.

문항	좋다	싫다	무관심
1. 그림을 그린다.	①	②	③
2. 갈등을 겪고 있는 사람을 화합하도록 돕는다.	①	②	③
3. 회계장부를 정리한다.	①	②	③
4. 기계를 가지고 일한다.	①	②	③
5. 디자인 과정을 이수한다.	①	②	③
6. 바다에서 고기를 잡는다.	①	②	③
7. 시나 소설을 쓴다.	①	②	③
8. 트럭이나 버스를 운전한다.	①	②	③
9. 훌륭한 교육자나 봉사자의 강연을 듣는다.	①	②	③
10. 리더십 세미나에 참석한다.	①	②	③
11. 현미경을 사용하여 연구한다.	①	②	③
12. 연극이나 뮤지컬을 공연한다.	①	②	③
13. 연구소에서 화학실험을 한다.	①	②	③
14. 공급물품의 목록을 정리한다.	①	②	③
15. 프로젝트나 집단의 리더가 된다.	①	②	③
16. 학생들을 가르치거나 선도한다.	①	②	③
17. 보고서나 공문을 타이프한다.	①	②	③
18. 성인이나 아동을 교육시킨다.	①	②	③
19. 다른 사람에게 해야 할 일을 지시한다.	①	②	③

20. 희귀 암석의 화학 구조를 분석한다.	①	②	③
21. 화석으로부터 원시 바이러스를 채취한다.	①	②	③
22. 자동화 공정에서 기계장치를 조작하고 관리한다.	①	②	③
23. 예술 작품을 감상한다.	①	②	③
24. 회사의 중역이나 대표들을 만난다.	①	②	③
25. 자동차를 정비한다.	①	②	③
26. 경비/지출 내역을 꼼꼼하게 기록한다.	①	②	③
27. 별이나 행성의 움직임을 관찰한다.	①	②	③
28. 권력을 가지고 사람들을 거느린다.	①	②	③
29. 작품 사진을 찍는다.	①	②	③
30. 사람들이 자신의 문제를 해결하도록 돕는다.	①	②	③
31. 사무실에서 일한다.	①	②	③
32. 우주 생성에 관하여 공부한다.	①	②	③
33. 다른 사람들에게 영향력을 행사한다.	①	②	③
34. 목장에서 일한다.	①	②	③
35. 기상의 흐름을 분석한다.	①	②	③
36. 영화 시나리오를 구상한다.	①	②	③
37. 서식에 맞게 서류를 정확히 작성한다.	①	②	③
38. 다른 사람의 고민을 듣고 충고해 준다.	①	②	③
39. 중장비를 운전한다.	①	②	③
40. 사람들이 자신의 적성에 맞는 직업을 찾도록 돕는다.	①	②	③
41. 문서를 확인하고 교정한다.	①	②	③
42. 집단의 중요한 결정을 내린다.	①	②	③

출처: 한국산업인력공단(2021). NCS 직업기초능력 가이드북 자기개발능력. 울산: 한국산업인력공단.

〈표 4-6〉 활동 영역 및 문항 구성

활동 영역	문항 구성
현실형(Realistic, R)	4, 6, 8, 22, 25, 34, 39번의 7문항
탐구형(Investigative, I)	11, 13, 20, 21, 27, 32, 35번의 7문항
예술형(Artistic, A)	1, 5, 7, 12, 23, 29, 36번의 7문항
사회형(Social, S)	2, 9, 16, 18, 30, 38, 40번의 7문항
진취형(Enterprising, E)	10, 15, 19, 24, 28, 33, 42번의 7문항
관습형(Conventional, C)	3, 14, 17, 26, 31, 37, 41번의 7문항

참고: 활동, 유능성, 직업, 선호분야, 일반성향의 5개 하위척도로 구성, 흥미검사 도구는 Holland의 6각형 모형을 기초로 개발.

출처: 고려대학교 행동과학연구소(2001). 직업선호도검사의 S형(흥미검사) 도구. 노동연구원.

2) 자기관리

자기관리란 자신을 이해하고, 목표를 성취하기 위하여 자신의 행동 및 업무수행을 관리하고 조정하는 것이다. 자기관리는 자신에 대한 이해를 바탕으로 비전과 목표를 수립하며, 이에 대한 과제를 발견하고, 자신의 일정을 수립한 후 조정하여 자기관리를 수행하고, 이를 반성하여 피드백하는 과정으로 이루어진다(김경진 외, 2020).

단계	내용	질문
1단계 비전 및 목적 정립	• 자신에게 가장 중요한 것 파악 • 가치관, 원칙, 삶의 목적 정립 • 삶의 의미 파악	• 나에게 가장 중요한 것은 무엇인가? • 나의 가치관은? • 내가 생각하는 의미 있는 삶은? • 내가 살아가는 원칙은? • 내 삶의 목적은 어디에 있는가?
2단계 과제 발견	• 현재 주어진 역할 및 능력 • 역할에 따른 활동목표 • 우선순위 설정	• 자신이 현재 수행하고 있는 역할과 능력은 무엇인가? • 역할들 간에 상충되는 것은 없는가? • 현재 변화되어야 할 것은 없는가?
3단계 일정 수립	• 하루, 주간, 월간 계획 수립	
4단계 수행	• 수행과 관련된 요소분석 • 수행방법 찾기	
5단계 반성 및 피드백	• 수행결과 분석 • 피드백	• 어떤 목표를 성취하였는가? • 일을 수행하는 동안 어떤 문제에 직면했는가? • 어떻게 결정을 내리고 행동했는가? • 우선순위, 일정에 따라 계획적으로 수행하였는가?

[그림 4-5] 자기관리 5단계

출처: 한국산업인력공단(2021). NCS 직업기초능력 가이드북 자기개발능력. 울산: 한국산업인력공단. 재구성.

3) 경력개발

경력은 일생에 걸쳐서 지속적으로 이루어지는 일과 관련된 경험이며, 경력개발은 개인의 경력목표와 전략을 수립하고 실행하며 피드백하는 과정이다. 직업인은 한 조직의 구성원으로서 자신의 조직과 함께 상호작용하며 자신의 경력을 개발해 나가는 노력을 해야 한다. 경력개발은 자신과 상황을 인식하고 경력 관련 목표를 설정하여 그 목표를 달성하기 위한 과정으로 경력 계획을 준비하고 실행하며 피드백하는 경력관리로 이루어진다(김경진 외, 2020).

과거에는 한 사람이 조직에 입사하면 평생직장의 개념을 강하게 인식하였고, 한 직업을 정하면 그 직업을 평생 동안 바꾸지 않았다. 전통적인 직선적 경력으로 한 직업, 한 직장에서의 수직적인 승진을 강조하였던 반면에, 최근에는 경력관리에 대한 새로운 이슈들이 등장하여 나선형 경력으로 지속적인 주요 경력의 변화가 이루어지며 단기적으로 경력의 변화가 빈번하게 이루어지고 있다. 또한 조직 내 승진의 개념으로 이해되던 수직적 경력개발의 개념이 변화무쌍한 모습으로 변화하고 있다. 그리고 창업은 전혀 다른 직종으로의 전환, 독립근로자나 프리랜서 등과 같은 비전통적인 노동방식으로 변화하고 있다.

우리나라는 최근 청년실업의 증가와 함께 직업을 가지고 있어도 고용이 불안정하여 평생에 걸쳐 경력개발을 하지 않으면 안 되는 시대가 되었다. 이와 관련하여 최근 경력개발과 관련된 이슈를 알아보면, 4차 산업혁명시대에 지식과 정보의 폭발적인 증가로 새로운 기술개발에 따라 직업에서 요구되는 능력도 변화하고 있으며, 지속적인 능력개발이 필요한 평생학습 시대가 되었다. 또한 지속적인 경기불황에 따라 2개 혹은 그 이상의 직업을 가지는 사람이 늘고 있다. 특히 주 5일제가 시행되면서 이러한 투잡스(two-jobs)는 더욱 확대되고 있다. 그리고 외환위기 이후 우리나라 노동시장에서 청년실업은 매우 큰 문제로 부각되고 있다. 청년 노동시장은 경기 침체 시 대부분의 기업들은 우선적으로 신규채용을 억제하기 때문에 경기변동에 매우 민감하다. 그러다 보니 청년실업문제와 새로운 일자리 만들기 이슈와 맞물려 각급 단위 학교에서도 창업교육이 활발하게 이루어지고 있다. 한편 컨설팅 기업인 타워스 페린은 최근 16개 국가 직장인 8만 6000여 명을 대상으로 인재를 끌어들이는 주요인에 대해 조사했다. 우리나라의 경우 경쟁력 있는 복리후생 제도가 1위, 일과 삶의 균형이 2위로 나타나 일과 생활의 균형에 대한 관심이 증가하고 있음을 알 수 있다. 그러나 선진국에서는 이미 WLB 프로그램이 보편화된 데 비해 우리나라에서는 일부 대기업이나 사정이 나은 중소기업 정도가 이를 도입했거나 검토 중이다. 경영적 측면에서 적지 않은 비용이 들어가지만, 긍정적 효과는 당장 가시화되지 않기 때문이다.

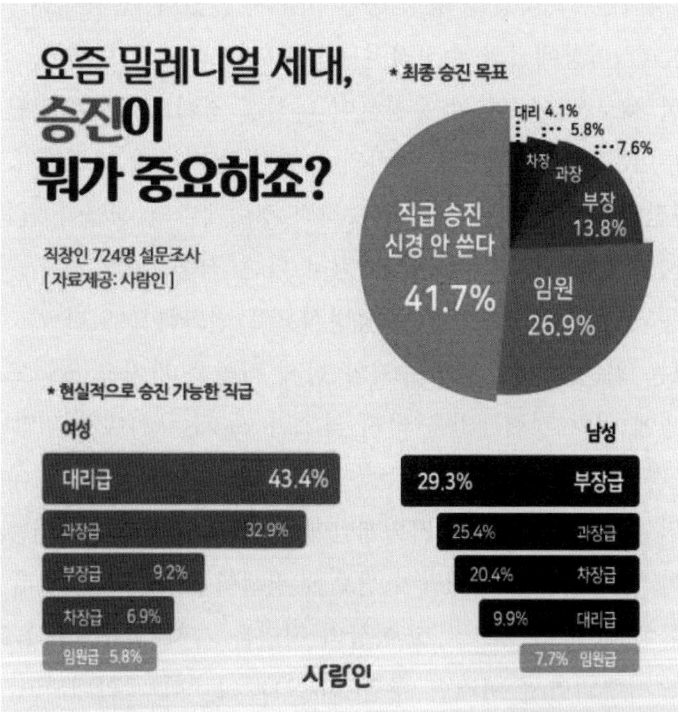

[그림 4-6] '워라밸' 중요한 2030 직장인 42% "직급·승진 신경 안 쓴다."

출처: 파이낸셜 뉴스(2019.10.30). https://www.fnnews.com/news/201910301040227787

3. 자기개발 계획 수립과 설계

1) 자기개발 설계 전략

직업인들은 매일의 반복적인 업무 속에서 자신의 미래에 대한 아무런 소망이나 계획 없이 살아가는 경우가 있다. 그러나 미래에 대한 명확한 청사진이 있는 사람은 자신을 개발하기 위해 부단히 노력하게 된다. 자기개발에 대한 계획을 수립한다고 해서 모든 목표를 달성할 수 있는 것은 아니다. 자기개발 목표를 성취하기 위해서는 다음과 같은 전략을 고려하여 목표를 수립하고 방법을 선성하여야 한다(한국산업인력공단, 2021).

(1) 장단기 목표 수립

장단기를 구분하는 기준은 결혼, 취직, 이직 등의 생애전환기에 따라 바뀔 수도 있으나 보통 장기목표는 5~20년 뒤를 설계하며, 단기목표는 1~3년 정도의 목표를 의미한다. 장기목표는 자신의 욕구, 가치, 흥미, 적성 및 기대를 고려하여 수립하며 직장에서의 일과 관련하여 직무의 특성, 타인과의 관계 등을 고려해야 한다. 단기목표는 장기목표를 이룩하기 위한 기본단계가 되며, 이를 위해 필요한 직무 관련 경험, 개발해야 할 능력 혹은 자격증, 쌓아두어야 할 인간관계 등을 고려하여 수립한다.

(2) 인간관계

우리는 가족, 친구, 직장동료, 부하직원, 상사, 고객 등 많은 인간관계를 맺고 살아가고 있으므로 이러한 관계를 고려하지 않고 자기개발 계획을 수립한다면 계획을 실행하는 데 어려움을 겪게 된다. 또한 다른 사람과의 관계를 발전시키는 것도 하나의 자기개발 목표가 될 수 있다.

(3) 현재 직무 고려

직업인이라면 현재의 직무와 관계된 일을 계속하든, 전혀 새로운 일을 탐색하여 수행하든 현재의 직무상황과 이에 대한 만족도가 자기개발 계획을 수립하는 데 중요한 역할을 담당하게 된다. 따라서 현 직무를 담당하는 데 필요한 능력과 이에 대한 자신의 수준, 개발해야 할 능력, 관련된 적성 등을 고려해야 한다.

(4) 구체적인 방법 계획

모호한 방법으로 계획을 세우면 어떻게 해야 하는지 명확하게 알 수가 없어서 중간에 적당히 하게 되거나 효율적이지 못해 노력을 낭비하게 된다. 자신이 수행해야 할 자기개발 방법을 명확하고 구체적으로 수립하면 집중적이고 효율성 있게 노력할 수 있고, 이에 대한 진행과정도 손쉽게 파악할 수 있다. '영어 공부하기'라는 추상적인 방법보다 '1시간 일찍 출근해서 매일 영어 공부하기'처럼 구체적인 방법으로 계획하는 게 좋다. 다만 장기목표는 경우에 따라 구체적인 방법을 계획하는 것이 어렵거나 바람직하지 않을 수 있다.

(5) 자신의 브랜드화

나를 브랜드화하는 방법은 단순히 자신을 알리는 것을 넘어 자신을 다른 사람과 차별화하는 특징을 밝혀내고 이를 부각하기 위해 지속적인 자기개발을 하며 알리는 것(PR: Public Relations)을 말한다. 자신을 브랜드화하기 위해서는 남들과는 다른 자신만의 차별성을 강조해야 한다. 자신을 알리는(PR) 구체적인 방법으로는 소셜네트워크와 인적네트워크 활용, 경력 포트폴리오 구성 등이 있다.

활동 자기개발 계획

지금의 자기를 점검하여 자기개발 계획을 구체적으로 세워야 한다. 부족한 부분을 보완하는 방법에 집중하여 보다 효과적으로 자신을 개발할 수 있게 된다. 이렇게 하면 궁극적으로 인생에서의 성공을 기대할 수 있게 된다.

○ 작성일시: 20 년 월 일 ○ 작성자:

경과년도	내가 바라는 모습 (목표)	구체적인 자기개발 방법
1년 후		
5년 후		
• 나의 주변에서 성공적인 사람들을 찾아보고 참고해 보자. • 그들이 갖고 있는 자기개발 방법은 어떠한 것들이 있으며, 나와의 차이점은 무엇일까?		

출처: 한국산업인력공단(2021). NCS 직업기초능력 가이드북 자기개발능력. 울산: 한국산업인력공단.

2) 자기개발 계획수립 장해요인

학생이나 직업인 모두 자기개발 계획을 수립하는 전략을 알고 있다고 하더라도 자기개발 계획을 구체적으로 설계하는 일은 어려운 일이다. 이는 자기개발 계획을 수립하는 데 많은 장애요인이 있기 때문이다. 장애요인으로는 다음과 같이 자신이나 작업에 대한 정보 부족, 의사결정에 대한 자신감의 부족, 주변 환경의 문제가 있을 수 있다(한국산업인력공단, 2021).

① 자기정보의 부족: 자신의 흥미, 장점, 가치, 라이프스타일을 충분히 이해하지 못함

② 내부 작업정보 부족: 회사 내의 경력기회 및 직무 가능성에 대해 충분히 알지 못함

③ 외부 작업정보 부족: 다른 직업이나 회사 밖의 기회에 대해 충분히 알지 못함

④ 의사결정 시 자신감의 부족: 자기개발과 관련된 결정을 내릴 때 자신감 부족

⑤ 일상생활의 요구사항: 개인의 자기개발 목표와 가정과 같은 일상생활 간 갈등

⑥ 주변 상황의 제약: 재정적 문제, 연령, 시간 등

활동 자아인식, 자기관리, 경력개발 및 방해요인을 알아보자.

자신에 대한 자아인식, 자기관리, 경력개발과 관련해서 해야 할 일과 이를 실행하는 데 방해가 되는 요인이 무엇인지 자유롭게 작성해 보자.

자아인식	직업생활과 관련하여 자신의 가치, 신념, 흥미, 적성, 성격 등 자신이 누구인지 파악하는 것

○ 나의 장점은 무엇일까?
-
-
-

⬇

자기관리	자신을 이해하고, 목표를 성취하기 위하여 자신의 행동 및 업무수행을 관리하고 조정하는 것

○ 업무의 생산성을 높이기 위해서는 어떻게 해야 할까?
-
-
-

⬇

경력개발	개인의 일과 관련된 경험에서 목표와 전략을 수립하고 실행하며 피드백하는 과정

○ 경력개발과 관련된 최근의 이슈는 어떤 것이 있을까?
-
-
-

⬇

방해요인	자기개발계획을 수립하고 이를 실현하는 데 방해가 되는 요소

○ 자기개발계획을 수립하는 데 방해가 되는 요소들은 무엇이 있을까?

○ 내재적 요인 예: 게으름, 소극적 태도, 방법을 몰라서

○ 외재적 요인 예: 금전적인 이유, 거리가 멀어서, 직장환경 등

•

•

•

•

•

출처: 한국산업인력공단(2021). NCS 직업기초능력 가이드북 자기개발능력. 울산: 한국산업인력공단.

05

Chapter

의사소통능력

1. 의사소통 의의와 목적
2. 문서이해능력과 문서작성능력

1. 의사소통 의의와 목적

1) 의의

의사소통능력이란 직업인이 일과 관련된 경험에서 우리말로 된 문서를 읽고 이해하거나, 상대방의 말을 듣고 의미를 파악하며, 자기 의사를 정확하게 표현하는 능력을 의미한다. 또한 국제화 시대에 간단한 외국어 자료를 읽고 이해하며, 외국인의 간단한 의사표시를 이해하는 능력까지 포함한다. 직업기초능력으로서 모든 직업인이 공통으로 가져야 할 의사소통능력을 의미하는 것이기 때문에 경쟁력 있는 직업인이 될 수 있다는 측면에서 매우 중요하다고 할 수 있다.

최근 정보통신기술(ICT)의 융합으로 이루어지는 4차 산업기술의 발달로 자신의 의견을 표현하고 전달해야 하는 환경이 끊임없이 변화, 발전하고 있으며 그 속도가 점점 더 빨라지고 있다. 따라서 자신이 가지고 있는 정보가 최신의 것인지 끊임없이 파악하는 것이 직업인으로서 중요한 부분이 되었으며, 우리는 이러한 변화를 다른 사람과의 의사소통을 통해 쉽고 편리하게 적응할 수 있다(장진영, 2020). 또한 직업인은 업무를 수행하는 과정에서 문서를 읽거나 동료나 상사, 고객 등 다른 사람의 말을 듣고 의미를 파악하여 업무를 추진하며, 그에 따라 자신의 의견을 표현해야 한다. 그리고 국제화 시대를 살아가는 우리의 업무 영역은 더 이상 국내에만 한정되어 있지 않으며 외국인과 의사소통을 해야 하는 경우가 빈번하다. 이때 원활한 의사소통이 이뤄지지 못한다면 자신의 의도를 잘 표현하지 못하고 직업생활에서 높은 업무수행 성과를 내기 어려울 것이므로 의사소통능력을 개발하는 것은 필수이다(장진영, 2020).

2) 개념

의사소통은 상징적 매개물을 사용하여 정보와 의사를 교환하고 서로의 행동에 영향을 미치는 상호교류의 과정을 의미한다. 또한 송신자가 수신자에게 어떠한 의미를 전달하는 과정이며 정보를 사람들 사이에 전달하는 과정을 말한다. 이는 서로의 정보와 생각, 감정을 공유하는 행위로 일방적으로 이루어지지 않는다는 점에서 의사소통의 가장 중요한 개념은 '과정'이라고 할 수 있다(최화숙, 2018). 인간은 캔터베리 효과(Canterbury effect)처럼 본질적으로 누군가 이야기를 하면 이어서 다른 사람이 이야기를 받아 전달하고 싶어 하는 자연스러운 의사소통 과정이라고 할 수 있다. 또는 호모나랜스(Homonarrans)[1]와 같이 사람은 끊임없이 소통한다는 점에서 의사소통은 상호작용이 중요하다. 의사소통(communication)의 어원은 '공유하다', '함께 나눈다'라는 뜻을 가진 라틴어 커뮤니스(communis)에서 유래된 것으로 공통 또는 공유라는 뜻이다(김주환, 2014). 커뮤니스는 공통성을 만들어 내기 위해 서로 간의 의사교환으로 공통의 경험과 지식을 넓히는 것을 의미하며, com + munis의 합성어로 '하나로(with one)'를 의미한다(민혜영 외, 2018). 의사소통은 개인 또는 집단 간에 생각, 의견, 신념, 감정, 태도, 정보 등을 전달하고 받아들이는 상호교류하는 행위로 볼 수 있다. 의사소통은 다음의 특성을 가진다(최애경 외, 2018).

첫째, 의사소통은 최소한 두 사람이 필요하다. 의사소통은 두 사람 혹은 그 이상으로 이루어진 집단이나 조직 속에서 이루어진다.

둘째, 의사소통에서 우리는 화자임과 동시에 청자이다. 의사소통이 이루어질 때 우리는 말도 하고 동시에 듣는 역할도 한다.

셋째, 의사소통은 대부분 얼굴을 보고 이루어진다. 편지와 문서, 이메일이나 메신저 등을 통해서도 의사소통이 이루어지지만 얼굴을 마주 보며 서로 생각을

---

1) 디지털 공간에서 말하기 좋아하는 소비자를 말한다. 이들은 적극적으로 이야기를 찾아다니며 자신과 같은 소비자의 이야기(We Media)를 신뢰하고 기존 콘텐츠의 재구성을 즐기며 이야기 중심에 항상 '나'를 둔다는 특성이 있다(매일경제 경제용어사전, 2023).

주고받는 면대면으로 이루어지는 것이 원칙이다.

넷째, 의사소통은 같은 맥락에서 이루어지고 영향을 받는다. 의사소통이 이루어지는 상황 속에서 의사소통은 의도적이거나 비의도적으로도 이루어질 수 있다. 의사소통이 이루어지는 시간과 분위기, 상대에 따라서 때로는 생각지도 못한 방향으로 의사소통이 진행될 수 있다.

다섯째, 한 번 이루어진 의사소통은 되돌릴 수 없다. 이미 말한 것이나 행동한 것은 취소할 수가 없다.

3) 목적과 기능

(1) 목적

일과 관련된 경험에서 의사소통이란 공식적인 조직 안에서의 의사소통을 의미한다. 조직과 팀의 생산성 증진을 목적으로 구성원 간 정보와 지식을 전달하는 과정이다. 또한 공통의 목표를 추구해야 하는 조직 특성상 의사소통은 집단 내의 기본적 존재 기반이자 성과를 결정하는 핵심 기능이라 할 수 있다. 일 경험에서 발생하는 의사소통의 목적은 다음과 같다(한국산업인력공단, 2021).

첫째, 원활한 의사소통을 통해 조직의 생산성을 높인다.

둘째, 조직 내 구성원들의 사기를 진작시킨다.

셋째, 조직 생활을 위해 필요한 정보를 전달한다.

넷째, 구성원 간 의견이 다를 경우 설득한다.

한편, 효과적인 의사소통을 위해 다운즈(Downs)는 다음과 같은 세 가지 기순의 복합물이어야 한다고 설명한다(Downs, 1985).

첫째, 전언(message)의 질과 그 표현이 중요하다.

둘째, 바라던 결과가 성취되는 것을 들 수 있다.

셋째, 의사소통의 효과는 시간적 관점에서 고려되어야 한다.

의사소통이 효과적으로 이루어지려면 이 세 가지 기준을 통합하여야 한다.

(2) 기능

의사소통은 통제, 동기부여, 감정표현, 정보제공의 네 가지 주요한 기능을 수행한다. 의사소통의 네 가지 주요 기능은 다음과 같다(조경덕 외, 2012).

가. 통제

통제는 의사소통을 통해 구성원들의 활동을 통합하고 조정하는 것을 의미한다. 직무와 관련하여 구성원들의 책임과 권한을 명확히 규정하는 것과 관련된다. 즉, 통제를 통해 의사소통 과정에서 해야 할 행동을 규정하고, 하지 말아야 할 행동을 제한한다.

나. 동기부여

동기부여는 구성원들을 자극하고 격려하며 집단목표 달성에 몰입할 수 있도록 한다. 즉, 다른 사람에게 자기 생각을 표현함으로써 상대방의 가치관과 생활방식 등에 영향을 미칠 수 있다. 의사소통을 통해 구성원들에게 행해져야 할 것이 무엇이고, 그것을 어떻게 잘 행해질 수 있으며, 또 성과를 높이기 위해서 무엇을 행해질 수 있는지를 분명히 하는 것을 의미한다.

다. 감정표현

의사소통을 통해 구성원들의 욕구불만과 만족감이 표출됨을 의미한다. 집단은 사회적 상호작용이 일어나는 일차적인 장이며, 집단 내에서 이루어지는 의사소통은 감정 분출과 사회적 욕구 충족의 수단이 된다. 즉, 의사소통을 통해 자신이 가지고 있는 감정을 상대방에게 표현함으로써 공감하고 자신의 감정도 이해한다.

라. 정보제공

구성원들이 의사소통을 통해 의사결정 과정에 참여하고, 필요한 정보와 자료를 교환하는 것을 의미한다. 즉, 자기 생각과 감정을 상대방에게 표현하면서 상대방이 모르고 있던 정보를 제공하는 것이다.

일과 관련된 경험에서 의사소통은 구성원들 사이에서 서로에 대한 지각의 차이를 좁혀 주며, 선입견을 줄이거나 제거해 주는 수단이다. 직장에서 상사나 동료 혹은 부하와의 의사소통이 원활하게 이루어지면 구성원 간 공감이 증가하고, 조직 내 팀워크가 향상된다. 향상된 팀워크는 직원들의 사기 진작과 능률 향상으로 이어지게 될 것이다. 따라서 어떤 일이건 일과 관련된 경험 중 의사소통은 반드시 필요하다. 그러나 조직이란 다양한 사회적 경험과 지위를 가진 구성원들의 집단이므로 같은 내용의 메시지를 전달하더라도 각각 다르게 받아들일 수 있다. 메시지는 주고받는 화자와 청자 간의 상호작용에 따라 다양하게 변형될 수 있다는 사실을 기억해야 한다(한국산업인력공단, 2021).

4) 바람직한 의사소통을 저해하는 요인

평소 대인관계나 직장생활에서 효과적인 의사소통은 필수요인이다. 하지만 우리는 의사소통의 중요성을 알고는 있지만, 자신도 알지 못하는 사이에 원만한 의사소통을 저해하는 행동을 하기도 한다. 의사소통을 방해하는 습관이 없더라도 자신의 의사소통능력을 개발하는 것은 쉬운 일이 아니다(한국산업인력공단, 2021).

(1) '일방적으로 말하고', '일방적으로 듣는' 무책임한 마음

의사소통 과정에서의 상호작용 부족으로 생긴다. '일방적으로 말하고', '일방적으로 듣는' 무책임한 마음의 의사소통은 미숙, 표현능력의 부족, 이해능력의 부족으로 인한 상황이다. 누구나 실질적인 업무를 맡으면 '실수를 범하지 않도록' 주의를 기울이는 법이다. '정확히 전달되었는지', '정확히 이해했는지'를 확인하지 않고 그 순간을 넘겨버린다면 서로 '엇갈린 정보'를 가지게 된다(한국산업인력공단, 2021). 이런 '엇갈린 정보'에 대한 책임은 듣는 사람에게도 있으며 듣는 사람은 자신이 들은 정보를 확인해야 하는 책임을 가진다.

(2) '전달했는데', '아는 줄 알았는데'라고 착각하는 마음

사소한 것이라도 '엇갈린 정보'를 바로잡지 않은 채 의사소통이 이루어지면 업무상 문제가 발생한다. 하지만 자신은 '전달했는데', '아는 줄 알았는데' 하는 착각을 하기에 업무상의 문제가 정보공유의 부족에서 온다고 생각하지 못한다. '~는데'에서 오는 착각은 서로에게 '엇갈린 정보'만 갖게 할 뿐이다.

(3) '말하지 않아도 아는 문화'에 안주하는 마음

의사소통에 대한 선입견이 있다. '말하지 않아도 안다.', '호흡이 척척 맞는다.', '일은 눈치로 배워라.' 등과 같이 직접적인 대화를 통해서 관계하는 것보다, 과거의 경험이나 선입견과 고정관념으로 인해 오히려 '눈치'를 중요하게 생각하는 의사소통을 미덕이라고 생각하는 경향이 있다(한국산업인력공단, 2021). 말하지 않아도 마음이 통하는 관계는 '최고의 관계'이지만, 비즈니스 현장에서 필요한 것은 마음으로 아는 눈치의 미덕보다는 정확한 업무처리임을 명심해야 한다.

(4) '그래서 하고 싶은 말이 정확히 뭐야?' 분명하지 않은 메시지

복잡한 메시지, 경쟁적인 메시지 때문이다. 업무를 위한 의사소통은 많은 정보를 담아야 하는 경우가 종종 있다. 그러나 말하는 사람은 지나치게 많은 정보를 한 번에 담거나, 서로 경쟁하는 메시지를 듣는 사람에게 전달하지 않도록 주의해야 한다. 듣는 사람이 이해하기에 너무 복잡한 메시지, 서로 모순되는 내용을 가진 경쟁적인 메시지를 전달하는 것은 '잘못된' 의사소통으로 가는 지름길이다.

(5) 그 밖의 저해 요인

그 밖의 저해 요인으로는 정보의 과다, 서로 다른 직위와 과업 지향성, 신뢰의 부족, 의사소통을 위한 구조상의 권한, 잘못된 의사소통 매체의 선택, 폐쇄적인 의사소통 분위기 등이 있다.

의사소통능력을 개발하기 위해서는 원활한 의사소통을 하지 못하게 하는 저해요인을 분명히 알고 이를 제거하기 위한 훈련을 해야 한다. 그러기 위해서는 무엇보다도 스스로가 의사소통의 중요한 주체임을 인지하고, 자신의 문제점을 객관적으로 분석할 수 있어야 한다. 또한 타인을 이해하려는 노력과 조직의 구성원으로서 조직의 분위기를 개선하도록 노력하는 것도 필요하다.

5) 의사소통 유형

의사소통은 다양한 방법으로 이루어진다. 보통 사람들은 의사소통을 매우 어려운 것이며 고도의 능력이 있어야 하는 것으로 생각한다. 하지만 의사소통능력은 상대방의 말을 잘 들어주고, 내가 상대방의 말을 잘 듣고 있다는 표현을 하고, 상대방이 원하는 바를 잘 이해하여 업무나 일상생활에서 필요한 부분(문서, 공문, 메일, 대화 등)에 충분히 반영하는 것이다(한국산업인력공단, 2021). 일과 관련된 경험에는 사람들과 다양한 의사소통 방법을 통해 업무가 이루어진다. 기획서나 보고서, 공문서 등을 작성하는 능력이 필요하고 이미 작성된 문서를 이해할 수 있어야 한다. 또한 일 경험 중 만나게 되는 다양한 관계의 사람들과 원활한 소통을 이루기 위해 적절하게 본인의 의사를 표현하고 경청하는 태도가 필요하다. 이처럼 일 경험을 하는 동안 다양한 의사소통능력이 요구되는데, 이러한 의사소통능력은 문서적 의사소통능력과 언어적 의사소통능력으로 구분할 수 있다. 또한 세계화 시대에 맞춰 외국인 회사와 업무 협력을 하기 위해 기초적인 외국어 능력 역시 필수적인 의사소통능력이다.

(1) 언어적 의사소통

언어적 의사소통은 음성이나 부호를 상징화하여 언어나 문자로 정보를 전달하는 것이다. 언어를 통한 의사소통은 말, 대화, 토론, 이야기 같은 구어적 방법과 문서, 글, 편지 같은 문서적 방법이 있다. 언어적 의사소통은 대화를 통해 상대방의 반응이나 감정을 살필 수 있고 상황에 따라 상대방을 설득할 수 있으므로 융통성이 있다.

(2) 비언어적 의사소통

몸동작, 표정, 자세 등의 신체적인 동작을 표현하는 것으로 자기 의사나 감정을 전달하고 타인의 의사도 확인할 수 있다. 이러한 비언어적인 의사소통의 유형으로는 직접적인 소통 수단인 몸짓, 손짓, 표정, 시선 처리, 자세, 신체적 접촉뿐만 아니라 웃음, 울음, 하품 등을 포함한 모든 신체적인 표현 외에 그림, 사진, 도형이나 기호, 만화까지 폭넓게 포함된다. 일상생활에서 의사소통이 이루어질 때, 언어적 요인은 7%에 국한된다. 말의 속도, 높낮이, 크기와 같은 음성 요인은 38%, 자세나 태도가 20%, 표정이 35%라고 한다. 사람의 인상을 연구한 미국의 유명한 심리학자인 앨버트 메라비언(Albert Mehrabian)에 따르면 시각적 요인은 55%의 영향력을 가진다. 의사소통 과정에서 전체의 93%가 비언어적인 요인으로 이루어진다는 것을 볼 수 있다.

6) 직장에서 의사표현능력

의사표현이란 한마디로 말하기이다. 즉, 말하는 이가 자기 생각과 감정을 듣는 이에게 음성언어나 신체언어로 표현하는 행위이다. 의사표현에는 '입말'로 표현하는 구어적인 음성언어와 표정, 손짓, 발짓, 몸짓 따위로 표현하는 '몸말'을 의미하는 신체언어가 있다.

말하기는 말하는 사람의 이미지를 결정한다. 자신이 자주 하는 말로 인해 자신의 이미지가 결정될 수 있기에, 말을 입 밖으로 내뱉을 때 항상 신중해야 한다(최애경 외, 2016).

직장은 이윤 창출을 목적으로 하는 집단이다. 직장 구성원들은 조직의 생산성을 높이고, 정보를 전달하고, 설득하고, 팀의 결속력을 높이는 등의 목적으로 의사소통한다. 직장인에게 의사소통의 목적은 다음과 같다.

첫째, 목표 달성을 이루고 효율성을 높이기 위한 목적이 크다. 조직 내의 성과 창출을 효과적으로 달성하는 수단이 바로 의사소통이다. 직장생활을 원활히 하기 위한 필수적인 전제조건이다.

둘째, 공식적인 조직 안에서 생산성을 높이고, 사기를 진작시키고, 정보를 전달하고, 설득하려는 목적을 가진다.

셋째, 조직과 팀의 효율성을 이루기 위한 목적으로 구성원 간의 정보전달 과정이다. 자기 생각과 느낌을 효과적으로 표현하는 것과 타인의 생각과 느낌, 사고를 이해하는 노력은 개인뿐만 아니라 조직이나 팀의 핵심 요소이다. 즉, 인간관계에서 의사소통은 직장생활에서 필수이며 대인관계의 기본이다.

이러한 특성 때문에 직장생활에서의 의사소통은 가족이나 친구 간의 의사소통보다 어려울 수 있다. 직장생활에서의 의사소통이 중요한 이유는 의사소통을 통해 직장 내 인간관계가 이루어지기 때문이다. 원만한 직장생활에서는 업무수행만큼이나 직장동료나 상사 등 조직원들 간에 원만한 인간관계도 중요하다.

7) 직장에서 말하기

(1) 회의

회의는 의사결정을 위해 여러 사람이 모이는 자리이다. 회의안건을 보고하든, 참석자로서 토론하든, 회의를 주재하든 기본적으로 지켜야 하는 회의 기술이 있다. 회의 기술을 소개하면 다음과 같다(최애경 외, 2018).

첫째, 말은 적게 할수록 좋다. 필요한 말만 하는 것이 낫다. 필요할 때만 말하는 것이 말 잘하는 사람이다.

둘째, 준비 없는 발언은 안 하는 것이 낫다. 꼭 할 말이 있거나 말해야 할 내용이 있을 때는 미리 발언할 내용의 요점을 잘 정리해서 준비해야 한다. 신중하게 판단해서 말을 가려서 해야 한다.

셋째, 집중해서 잘 들어야 한다. 회의가 흘러가는 맥락을 놓치지 않고 집중해서 잘 들어야 한다.

넷째, 회의에 참석하는 사람 모두 알 수 있게 말한다. 회의에서 전문용어나 몇 사람만 알아들을 수 있는 용어로 말하는 것은 곤란하다. 모두가 알기 쉬운 용어로 말한다.

다섯째, 한심한 의견이라도 남을 비하하는 것은 잘못이다. 직설적으로 말해서 적을 만들 필요가 없다.

(2) 보고

직장에서 제일 많이 사용되는 기본적인 의사소통 유형이 보고이다. 보고는 직장 상사와 부하직원을 이어 주는 중요한 연결고리이다. 보고에는 대면보고와 비대면보고가 있다. 우선, 대면보고는 업무보고를 위해 보고서나 자료 없이 대면보고를 할 경우가 생길 수 있다. 보고할 내용을 정리해서 간단하게 메모하여 준비하는 것이 낫다. 메모를 보면서 보고하는 것이 실수를 줄이는 방법이다. 만약 지시받아 수행한 결과라면, 꼭 보고해야 한다. 지시를 동료에게 미루어서도 안 되고, 업무를 맡은 자신이 직접 업무보고를 해야 한다. 보고할 때는 결론부터 말하고 과정은 나중에 말하는 것이 낫다. 그리고 보고하려고 할 때 지시한 사람이 자리에 없을 때는 반드시 메모해서 책상 위에 두고 나온다. 다른 직원이 알아서는 안 될 내용이라면, 다른 직원 앞에서 말하지 말고 메모해서 전달하는 것이 상사에 대한 예의이다. 보고할 타이밍을 적절히 잘 잡아 보고하는 것도 중요하다(이정숙, 2015).

비대면보고는 급하게 의사결정을 하거나 처리할 일이 있을 때는 전화나 이메일, 서면으로 보고할 경우가 있다. 전화 보고의 경우 전화 받을 직장 상사나 동료가 어떤 장소, 어떤 상황에 있는지 모를 때는 더 난감할 수밖에 없다. 얼굴이 보이지 않기 때문에 건성으로 말하는 어투나 음성, 억양으로 반감을 살 수도 있다.

(3) 행사

행사는 특정한 목적과 계획이 있다. 정해진 순서에 따라 조직적으로 진행하는 일을 의미한다. 예상치 못한 상황에서 행사 도중에 즉석에서 말할 경우나 행사 진행 시나리오를 준비해서 진행자로서 말할 때 연습을 하는 것이 바람직하다.

(4) 전화 통화

가. 전화를 받는 요령

- 전화기 벨이 두 번 울릴 때 수화기를 든다.
- 자기 소속과 이름을 밝힌다(감사합니다. ○○평생교육원 ○○○입니다).
- 상대방을 확인 후 인사한다(○○회사의 ○과장님이시라구요? 안녕하세요).
- 메모를 준비하고 경청한다.
- 용건이 끝났음을 확인 후 통화내용을 요약하고 복창한다.
- 마무리 인사 후 상대방이 수화기를 내려놓은 다음 조용히 수화기를 내려놓는다(감사합니다. 안녕히 계십시오).

나. 전화를 거는 요령

- 용건을 육하원칙으로 정리하여 메모한다(언제, 어디서, 누가, 무엇을, 어떻게, 왜).
- 전화번호를 확인 후 왼손으로 수화기를 들고 오른손 검지로 다이얼을 누른다.
- 상대방이 나오면 자신을 밝힌 후 상대방을 확인한다(감사합니다. ○○평생교육원 ○○○입니다. 실례지만 ○○○씨 아닙니까?).
- 간단한 인사말을 한 후 시간, 장소, 상황을 고려하여 용건을 말한다(바쁘신데 죄송합니다만).
- 용건이 끝났음을 확인한 후 마무리 인사를 한다(감사합니다.).

• 상대방이 수화기를 내려놓은 다음 수화기를 조심스럽게 내려놓는다.

다. 잘못된 전화 응대

• 전화 응대 태도가 불손한 경우(거참 모르겠는데 왜 그래요?)
• 전화를 건 사람의 용건을 무시하는 경우(바빠 죽겠는데, 그런 일로 전화한 겁니까?)
• 고객 앞에서 개인적인 일로 전화를 길게 하는 경우(그래. 그 옷 너한테 어울리더라. 그래, 다음에 또 같이 쇼핑하러 가자.)
• 용건이 끝나자마자 전화를 탁 끊는 경우
• 성의 없는 응대를 하는 경우(다른 부서에 문의하세요.)
• 윗사람에게 전화할 때 본인이 직접 걸지 않는 경우(○○씨, 김 부장님께 전화 좀 대신해 줘요.)
• 턱과 어깨에 걸치고 통화를 하는 경우(전화 받을 때 흐트러진 자세로 음… 그게)

라. 전화 통화 시 활용할 수 있는 대화기술

전화 통화 시 활용할 수 있는 대화기술은 다음과 같다(천호림, 2014).

① 상대를 기분 좋게 하는 쿠션의 언어 활용

• 괜찮으시다면~ 잠시만 기다려 주시겠습니까?
• 죄송합니다만~ 다시 걸어주시겠습니까?

② 부정형에서 긍정형으로 전환하기

• 잘 모르겠는데요? → 확인 후에 연락드려도 될까요?
• 안 됩니다. → 곤란합니다만, 방법을 한 번 찾아보도록 하겠습니다.
• 그런 식으로 안 됩니다. → 다른 방법으로는 가능합니다.

③ 명령형을 청유형으로

• 연락드리겠습니다. → 다시 연락드려도 괜찮으시겠습니까?

• 기다리세요/잠시만요. → 잠시만 기다려 주시겠습니까?
• ○○하셔야 합니다. → 괜찮으시다면 ○○해 주시겠습니까?

④ 좀 더 정중한 표현
• 지금 안 계시거든요. → 죄송하지만 지금 부재중이십니다.
• 알고 계시죠? → 실례지만 알고 계시는지요?

⑤ 이럴 때 이렇게
• 누구세요? → 실례지만 누구신지 여쭤봐도 될까요?
• 여보세요? 여보세요? → 죄송하지만, 전화 상태가 좋지 않습니다. 다시 걸어 주시겠습니까?
• 네? 네? → 죄송합니다만, 다시 말씀해 주시겠습니까?
• 무슨 일인데요? → 무엇을 도와드리면 좋을까요?
• 모르셨어요? → 아, 그 부분에 대한 설명을 듣지 못하셨군요. 다시 자세히 말씀드릴게요.
• 다시 전화해 주세요. → 제가 잠시 후 편하신 시간에 전화를 다시 드려도 될까요?

2. 문서이해능력과 문서작성능력

1) 문서를 통한 의사소통능력의 의미와 특징

문서를 보고 그 내용을 이해하고 요점을 판단하며, 이를 바탕으로 목적과 상황에 적합한 정보를 효과적으로 전달하기 위해 문서를 작성하는 능력을 말한다. 일 경험 중 갖춰야 할 문서적인 의사소통능력은 결국 일 경험의 대부분에서 필요한 능력이며, 전화 메모부터 고객을 위한 예산서나 주문서, 직장 내에 의견 전달을 위한 기획서나 다른 회사와의 협력을 위한 공문에 이르기까지 다양한 상황에서 요구된다. 문서적인 측면의 의사소통 구분은 문서이해능력과 문서작성능력으로, 문서이해능력은 업무와 관련된 다양한 문서를 읽고 문서의 핵심을 이해하며 구체적인 정보를 획득하고 수집·종합하는 능력을 말하는데 반면, 문서작성능력은 업무 관련 상황과 목적에 적합한 문서를 시각적이고 효과적으로 작성하는 능력을 말한다.

문서적인 측면으로서 의사소통의 특징은 언어적인 의사소통에 비해 권위가 있고 정확성을 기하기 쉬우며 전달성이 높고 보존성도 크다. 문서적 의사소통은 언어적인 의사소통의 한계를 극복하기 위해 문자를 수단으로 하는 방법이지만 이 또한 그리 쉬운 것은 아니다. 문서적인 방법은 때로는 필수불가결한 것이기는 하지만 때로는 혼란과 곡해를 일으키는 경우도 얼마든지 있기 때문이다(한국산업인력공단, 2021).

2) 문서이해능력의 개념과 절차

(1) 개념

문서를 통해 상대방에게 본인의 의사를 전달하기도 하고 상대방을 설득하기도 한다. 이때 문서에 포함된 핵심 내용을 정확히 이해하고, 자신이 해야 할 일을 파악하는 능력이 문서이해능력이다. 문서이해능력은 직업 현장에서 자신의 업무와 관련된 인쇄물이나 기호화된 정보 등 필요한 문서를 확인해서 문서를 읽고, 내용을 이해하고 요점을 파악하는 능력이다. 즉, 문서에서 주어진 문장이나 정보를 읽고 이해하고 자신에게 필요한 행동이 무엇인지 추론할 수 있어야 하며, 도표, 수, 기호 등도 이해하고 표현할 수 있는 능력이다(한국산업인력공단, 2021). 이처럼 문서이해능력은 모든 직업인에게 기본적으로 요구되고 갖추어야 할 경쟁력이다. 문서이해능력에 대한 정의를 간단히 정리하면 다음과 같다.

첫째, 문서를 읽고 이해할 수 있는 능력이다.

둘째, 각종 문서나 자료에 수록된 정보를 확인하여 알맞은 정보를 구별하고 비교하여 통합할 수 있는 능력이다.

셋째, 문서에 나타난 타인의 의견을 이해하여 요약하고 정리할 수 있는 능력이다.

(2) 절차

우리는 일상생활이나 직장생활에서 다양한 활동을 하면서 수많은 문서를 읽어야 한다. 하지만 주어진 문서를 빠르고 정확하게 이해하기 위해서는 각 문서에서 꼭 알아야 하는 중요한 내용만을 골라 필요한 정보를 수집해서 종합하는 능력이 필요하다. 즉, 다양한 종류의 문서를 읽고 구체적인 절차에 따라 문서를 이해해야 한다.

1. 문서의 목적을 이해하기

↓

2. 이러한 문서가 작성되게 된 배경과 주제를 파악하기

↓

3. 문서에 쓰인 정보를 밝혀내고, 문서가 제시하고 있는 현안을 파악하기

↓

4. 문서를 통해 상대방의 욕구와 의도 및 내게 요구되는 행동에 관한 내용을 분석하기

↓

5. 문서에서 이해한 목적달성을 위해 취해야 할 행동을 생각하고 결정하기

↓

6. 상대방의 의도를 도표나 그림 등으로 메모하여 요약, 정리해 보기

[그림 5-1] 문서이해의 구체적인 절차

출처: 한국산업인력공단(2021). NCS 직업기초능력 가이드북 의사소통능력. 울산: 한국산업인력공단.

3) 문서작성능력

(1) 의미

일과 관련된 경험을 하면서 글을 쓰는 행위는 의사소통의 또 다른 방법이다. 이때 주로 작성하는 문서는 일 경험과 관련된 것이 대부분이다. 공문서, 기획서, 보고서는 기본이며, 이메일을 통한 업무보고가 당연한 시대가 되면서 원활한 업무수행을 위해 자기의 생각을 구체적이고 논리정연하게 표현해야 하는 문서작성이 더욱 절실하게 되었다. 사람들은 일상생활에서나 일과 관련된 경험에서도 다양한 문서를 자주 사용한다. 일상생활에서의 문서작성이 개인과 관련된 일이라면 일 경험에서의 문서작성은 업무와 관련하여 조직의 비전을 실현시키는 과정으로, 조직의 생존을 위한 필수 행위라 할 수 있다. 따라서 직업인의 주 업무로

서 문서작성은 개인의 의사표현이나 의사소통을 위한 과정일 수도 있지만 이를 넘어 조직의 사활이 걸린 중요한 업무이기도 하다.

문서작성 시 유의사항은 문서를 작성하는 목표, 즉 문서를 작성하는 이유와 문서를 통해 전달하려는 것을 명확히 한 후에 작성해야 한다. 문서작성은 개인의 사고력과 표현력을 총동원해야 하는 능력의 결정체이다. 그러므로 문서를 작성할 때는 문서의 대상, 목적, 시기가 포함되어야 하며, 기획서나 제안서 등 다양한 상황에서 기대효과 등이 포함되어야 한다.

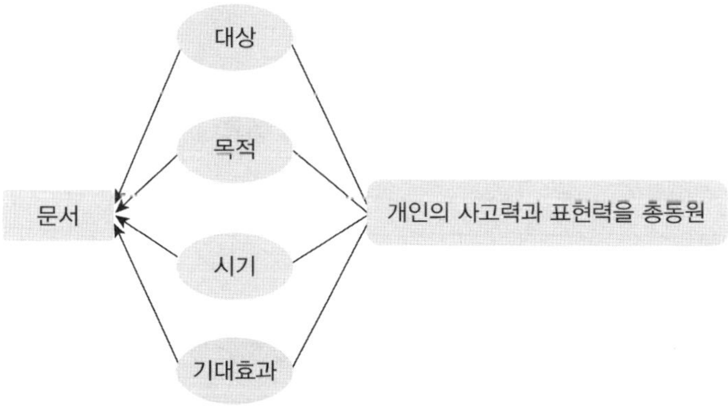

[그림 5-2] 문서작성 시 유의사항

출처: 한국산업인력공단(2021). NCS 직업기초능력 가이드북 의사소통능력. 울산: 한국산업인력공단.

(2) 종류

주위를 둘러보면 수없이 많은 직업이 있고, 그에 따라 잘 이해해야 하는 문서의 종류도 다양하다. 이러한 문서를 얼마나 빨리 이해하고 능숙하게 업무를 처리하느냐가 업무의 성과에 상당한 영향을 미치며, 문서이해가 빠른 사람은 그렇지 못한 사람에 비해 업무처리 속도가 현저히 높은 것이 사실이다. 우리가 직업생활에서 접하는 수많은 문서는 그 종류가 매우 다양하며 각 문서에 따라 용도가 다르다. 문서의 종류는 공문서, 기획서, 기안서, 보고서, 설명서, 보도자료, 자기소개서, 비즈니스 서신, 비즈니스 메모 등이 있다.

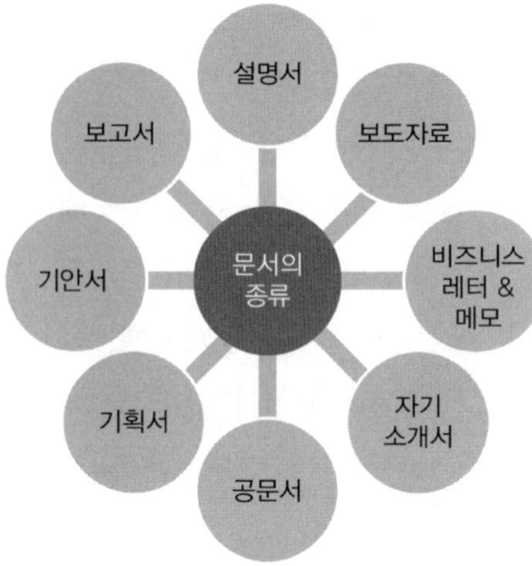

[그림 5-3] 문서의 종류

(3) 기능

〈표 5-1〉 문서의 기능

종류	내용
공문서	• 정부 행정기관에서 대내적, 혹은 대외적 공무를 집행하기 위해 작성하는 문서(도면, 사진, 디스크, 테이프, 필름, 슬라이드, 전자문서 등의 특수매체를 포함)를 의미하며, 정부 기관이 일반회사 또는 단체로부터 접수하는 문서 및 일반회사에서 정부 기관을 상대로 사업을 진행하려고 할 때 작성하는 문서도 포함 • 엄격한 규격과 양식에 따라 정당한 권리를 가진 사람이 작성해야 하며 최종 결재권자의 결재가 있어야 문서의 기능이 성립
기획서	• 적극적으로 아이디어를 내고 기획한 하나의 프로젝트를 문서 형태로 만들어, 상대방에게 그 내용을 전달하여 기획을 시행하도록 설득하는 문서
기안서	• 회사의 업무에 대한 협조를 구하거나 의견을 전달할 때 작성하며 흔히 사내에서 사용하는 공문서
보고서	• 특정한 일에 관한 현황이나 그 진행 상황 또는 연구·검토 결과 등을 보고하고자 할 때 작성하는 문서 • 보고서의 종류는 영업보고서, 결산보고서, 일일 업무보고서, 주간 업무보고서, 출장보고서, 회의보고서 등

종류	내용
설명서	• 대개 상품의 특성이나 사물의 성질과 가치, 작동 방법이나 과정을 소비자에게 설명하는 것을 목적으로 작성한 문서 • 상품설명서, 제품설명서 등
보도 자료	• 정부 기관이나 기업체, 각종 단체 등이 언론을 상대로 자신들의 정보가 기사로 보도가 이루어질 수 있도록 보내는 자료
자기 소개서	• 개인의 가정환경과 성장 과정, 입사 동기와 근무 자세 등을 구체적으로 기술하여 자신을 소개하는 문서
비즈니스 서신	• 사업상의 이유로 고객이나 단체에 편지를 쓰는 것이며, 직장업무나 개인 간의 연락, 직접 방문하기 어려운 고객관리 등을 위해 사용되는 비공식적 문서이나, 제안서나 보고서 등 공식 문서를 전달할 때도 사용
비즈니스 메모	• 업무상 필요한 중요한 일이나 앞으로 체크해야 할 일이 있을 때 필요한 내용을 메모 형식으로 작성하여 전달하는 글 • 전화 메모, 회의 메모, 업무 메모 등이 있음

출처: 한국산업인력공단(2021). NCS 직업기초능력 가이드북 의사소통능력. 울산: 한국산업인력공단.

메모의 기술

메모란 잊어버리지 않기 위해 하는 것이 아니라 기록한 후 잊기 위해 하는 것이다. 현대는 정보와 지식이 생활의 필수 에너지로 작용하는 사회이다. 그만큼 우리는 매일 수많은 정보와 지식을 입력하고 처리하면서 의사를 결정하고 그에 따라 행동한다. 기록하고 잊어라. 안심하고 잊을 수 있는 기쁨을 만끽하면서 항상 머리를 창의적으로 쓰는 사람이 성공한다. 그 비결은 바로 '메모 습관'이다. 메모의 기술 7가지를 살펴보자.

① 언제 어디서든 메모하라.
② 주위 사람들을 관찰하라.
③ 기호와 암호를 활용하라.
④ 중요 사항은 한눈에 띄게 하라.
⑤ 메모하는 시간을 따로 마련하라.
⑥ 메모를 데이터베이스로 구축하라.
⑦ 메모를 재활용하라.

4) 문서작성의 기준

(1) 숫자 등의 표시

숫자는 아라비아 숫자로 쓴다. 날짜는 숫자로 표기하되 연, 월, 일의 글자는 생략하고 그 자리에 온점을 찍어 표시한다(예: 2022.12.12.). 시간은 시·분은 24시간제에 따라 숫자로 표기하되, 시·분의 글자는 생략하고, 그 사이에 쌍점(:)을 찍어 구분한다(예: 오후 5시 10분(×) → 17:10(○)). 금액을 표시할 때는 아라비아 숫자로 쓰되, 숫자 다음에 괄호를 하고 한글로 기재한다(금153,650원(금 일십오만삼천육백오십 원)).

(2) 문서의 쪽 번호 등 표시

가. 쪽 번호 등의 개념

2장 이상으로 이루어진 중요 문서의 앞장과 뒷장의 순서를 분명히 하기 위하여 매기는 번호를 말한다.

나. 쪽 번호 등의 표시 대상 문서

- 문서의 순서 또는 연결 관계를 분명히 할 필요가 있는 문서
- 사실관계나 법률관계의 증명에 관계되는 문서
- 허가, 인가 및 등록 등에 관계되는 문서

(3) 발의자 및 보고자의 표시

가. 발의자 및 보고자의 개념

발의자란 기안하도록 지시하거나 스스로 기안한 사람을 말하는데, 지시 여부는 기안 내용의 구체성 여부를 감안하여 판단한다. 또한 보고자란 결재권자에게 직접 보고하는 자를 말한다.

나. 표시 기호 및 표시 방법

발의자는 '★'로, 보고자는 '◉'로 표시하고, 발의자와 보고자가 같은 경우에는 '★', '◉'를 함께 표시한다. 기호는 기안문의 해당 직위나 직급의 앞 또는 위에 표시한다. 업무관리시스템 또는 전자문서시스템을 이용하여 보고하거나 결재권자에게 직접 보고하지 않을 때는 보고자 표시를 생략한다.

(4) 항목의 구분

가. 항목의 표시

문서의 내용을 둘 이상의 항목으로 구분할 필요가 있다면 다음 구분에 따라 그 항목을 순서대로 표시하되, 필요한 경우에는 □, ○, -, • 등과 같은 특수한 기호로 표시할 수 있다.

〈표 5-2〉 항목 구분 및 기호체계

구분	항목 기호	비고
첫째 항목	1., 2., 3., 4., …	둘째, 넷째, 여섯째, 여덟째 항목의 경우, 하, 하), (하), ㉻ 이상 계속되는 때에는 거., 거), (거), ㉮, 너., 너), (너), ㉯… 등 단모음 순으로 표시
둘째 항목	가., 나., 다., 라., …	
셋째 항목	1), 2), 3), 4), …	
넷째 항목	가), 나), 다), 라), …	
다섯째 항목	(1), (2), (3), (4), …	
여섯째 항목	(가), (나), (다), (라), …	
일곱째 항목	①, ②, ③, ④, …	
여덟째 항목	㉮, ㉯, ㉰, ㉱, …	

나. 표시 위치 및 띄우기

- 첫째 항목 기호는 제목의 첫 글자와 같은 위치에서 시작한다.
- 둘째 항목부터는 상위 항목 위치에서 오른쪽으로 2타씩 옮겨 시작한다.
- 항목 기호와 그 항목의 내용 사이에는 1타를 띄운다.

• 하나의 항목만 있는 경우에는 항목 기호를 부여하지 아니한다.

수신∨∨○○○○장(○○○과장)
(경유)
제목∨∨○○○○○○○○

1.∨○○○○○○○○○○○○○
∨∨가.∨○○○○○○○○○○○○○
∨∨1)∨○○○○○○○○○○○○○
∨∨가)∨○○○○○○○○○○○○○
∨∨(1)∨○○○○○○○○○○○○○
∨∨(가)∨○○○○○○○○○○○○○
2.∨○○○○○○○○○○○○○

[그림 5-4] 문서항목기호 작성법

(5) 기안문의 작성 시 고려사항

가. 작성 전 고려사항

기안자는 안건에 관계된 문제를 파악하고 그 관계 규정 및 과거 행정절차를 숙지하고 있어야 한다. 또한, 기안하는 목적과 필요성을 파악하고 자료를 수집·분석하며 필요한 경우에는 설문조사, 실태조사, 회의 등을 통하여 의견을 청취한다. 복잡한 기안의 경우에는 초안을 작성하여 논리의 일관성을 해치는 내용이나 빠지는 사항이 없도록 검토한 다음 작성한다. 기안자는 담당 업무에 대한 책임의식을 가져야 하며 해당 기관과 수신자와의 관계 및 입장 등을 고려하여 기안하여야 한다.

나. 작성 시 유의사항

올바른 문서작성은 정확한 의사소통을 위하여 필요할 뿐만 아니라 문서 자체의 품격을 높이고, 그 기관의 대외적인 권위와 신뢰도를 높여준다. 문서의 올바른 작성을 위하여 정확성(바른 글), 용이성(쉬운 글), 성실성(호감 가는 글), 경제성(효율적으로 작성하는 글)을 참고로 다음과 같은 사항에 유의할 필요가 있다.

- 일반적으로 육하원칙에 따라 작성하고 오·탈자나 계수 착오가 없도록 한다.
- 필요한 내용을 빠뜨리지 않고, 잘못된 표현이 없도록 문서를 작성한다.
- 의미 전달에 혼동을 일으키지 않도록 정확한 용어를 사용하고 문법에 맞게 문장을 구성한다.
- 애매모호하거나 과장된 표현으로 사실이 왜곡되지 않도록 한다.
- 상대방의 시각에서 이해하기 쉽게 작성한다.
- 문장은 최대한 짧게 끊어서 항목별로 표현한다.
- 복잡한 내용일 때는 먼저 결론을 내린 후 이유를 설명하는 것이 좋다.
- 추상적이고 일반적인 용어보다는 구체적이고 개별적인 용어를 쓴다.
- 읽기 쉽고 알기 쉬운 용어를 사용하고, 한자나 어려운 전문용어 또는 일반화되지 않는 약어는 사용하지 않는다. 한자나 전문용어를 쓸 필요가 있을 때는 ( )에 한자를 쓰거나 용어의 해설을 붙인다.
- 문서는 성의 있고 진실하게 작성한다.
- 상대방에게 불쾌감을 주거나 상대방을 무시하는 듯한 표현은 피하고 정중한 표현을 사용한다.
- 감성적이고 위압적인 표현을 쓰지 않는다. 상급 기관이 하급 기관에 보내는 문서에 "… 할 것", "… 하기 바람" 등과 같이 위압감을 주는 문구를 쓰게 되면 조직 관계를 경직시켜 원활한 의사소통에 지장을 초래할 수 있기에 바람직하지 않다. 조직구조상 지휘·감독 관계에 있더라도 상호 존중하는 의미에서 "… 하시기 바랍니다."와 같은 표현을 사용하는 것이 좋다.
- 일상의 반복적인 업무는 표준 기안문을 활용한다.
- 용지의 규격·지질을 표준화한다. 규격이나 지질이 다른 경우, 표준화되어

있는 경우에 비하여 많은 시간과 노력이 요구된다.

- 서식을 통일하여 규정된 서식을 사용하는 것이 경제적이다.
- 한눈에 내용을 파악할 수 있고 다루기 쉽게 1건 1매 주의로 하는 것이 효율적이다.

다. 문장 구성 시 주의사항

- 간단한 표제를 붙인다. 문서의 내용을 바로 파악할 수 있도록 간단한 표제를 붙이면 문서 내용을 이해하는 데 도움이 된다.
- 문서의 주요 내용을 먼저 쓴다. 업무와 관련된 문서작성의 핵심은 결론을 먼저 제시하는 것이다.
- 문장을 짧고, 간결하게 작성하며 불필요한 한자 사용은 배제한다. 문서 내용의 이해를 돕기 위해 문장은 육하원칙에 맞추어 짧고 간결하게 작성하고 행과 단락을 적절하게 배분하여 문서가 체계적으로 되도록 한다. 고려하지 않아도 되는 경우 한자 사용 등은 자제한다.
- 긍정문으로 작성한다. 공문서에서 부정문이나 의문문의 형식은 피한다.

라. 문서작성 시 주의사항

- 문서는 작성 시기를 정확하게 적는다.
- 문서작성 후 반드시 내용을 재검토해야 한다.
- 문서의 첨부 자료는 필요한 자료 외에는 첨부하지 않는다.
- 문서 내용 중 금액, 수량, 일자 등은 정확하게 기재하여야 한다.

(6) 일반기안문 작성 방법

- **행정기관명**

그 문서를 기안한 부서가 속한 행정기관명을 기재한다. 행정기관명이 다른 행정기관과 동일한 경우 바로 위 상급 행정기관명을 함께 표시할 수 있다.

• **수신**

수신자명을 표시하고 이어서 괄호 안에 업무를 처리할 보조·보좌기관의 직위를 표시하되, 그 직위가 분명하지 않으면 ○○업무담당과장 등으로 쓸 수 있다. 다만, 수신자가 많은 경우에는 두문의 수신란에 '수신자 참조'라고 표시하고 결문의 발신 명의 다음 줄의 왼쪽 한계선에 맞추어 수신자란을 따로 설치하여 수신자명을 표시한다.

• **경유**

경유문서인 경우에 '이 문서의 경유기관의 장은 ○○○(또는 제1차 경유기관의 장은 ○○○, 제2차 경유기관의 장은 ○○○)이고, 최종 수신기관의 장은 ○○○입니다.'라고 표시하고, 경유기관의 장은 제목란에 '경유문서의 이송'이라고 표시하여 순차적으로 이송하여야 한다.

• **제목**

그 문서의 내용을 쉽게 알 수 있도록 간단하고, 명확하게 기재한다.

• **발신 명의**

합의체 또는 독임제 행정기관의 장의 명의를 기재하고, 보조기관 또는 보좌기관 상호 간에 발신하는 문서는 그 보조기관 또는 보좌기관의 명의를 기재한다. 시행할 필요가 없는 내부결재 문서는 발신 명의를 표시하지 않는다.

• **기안자·검토자·협조자·결재권자의 직위/직급**

직위가 있는 경우에는 직위를, 직위가 없는 경우에는 직급을 온전하게 쓴다. 다만, 기관장과 부기관장의 직위는 간략하게 쓴다.

• **시행 처리과명-연도별 일련번호(시행일), 접수 처리과명-연도별 일련번호(접수일)**

처리과명(처리과가 없는 행정기관은 10자 이내의 행정기관명의 약칭)을 기재하고, 시행일과 접수일란에는 연월일을 각각 온점(.)을 찍어 숫자로 기재한다. 다만, 민원 문서인 경우에는 시행일과 접수일란에 시 · 분까지 기재한다.

• **우 도로명주소**

우편번호를 기재한 다음, 행정기관이 위치한 도로명 및 건물번호 등을 기재하고 괄호 안에 건물 명칭과 사무실이 위치한 층수와 호수를 기재한다.

• **작성법**

그 문서를 기안한 부서가 속한 행정기관명을 기재한다. 행정기관명이 다른 행정기관과 동일한 경우에는 바로 위 상급 행정기관명을 함께 표시할 수 있다.

• **전화번호( ), 팩스번호( )**

전화번호와 팩스번호를 각각 기재하되, ( )안에는 지역번호를 기재한다. 기관 내부 문서의 경우는 구내 전화번호를 기재할 수 있다.

• **공무원의 전자우편주소**

행정기관에서 공무원에게 부여한 전자우편주소를 기재한다.

• **공개 구분**

공개, 부분 공개, 비공개로 구분하여 표시한다. 부분 공개 또는 비공개일 경우에는 「공공기록물 관리에 관한 법률 시행규칙」 제18조에 따라 '부분 공개( )' 또는 '비공개( )'로 표시하고, 「공공기관의 정보공개에 관한 법률」 제9조 제1항 각 호의 번호 중 해당 번호를 괄호 안에 표시한다.

• **관인 생략 등 표시**

발신 명의의 오른쪽에 관인 생략 또는 서명 생략을 표시한다.

• **기안자 · 검토자 및 결재권자(직위/직급) 서명**

'기안자' · '검토자' · '결재권자' 및 '직위(직급)'의 용어는 표시하지 아니하고, 기안자 · 검토자 및 결재권자의 직위/직급을 쓰고 서명하되, 직위/직급 및 서명란의 수와 크기는 필요에 따라 조정하여 사용할 수 있다.

• **협조자(직위/직급)**

'협조자'의 용어를 표시한 다음, 이어서 직위/직급을 쓰고 서명한다.

• **전결 및 서명 표시 위치**

「행정업무의 효율적 운영에 관한 규정」 제10조 제2항 및 동 시행규칙 제7조 제2항에 따라 결재권이 위임된 사항을 전결하는 경우 전결하는 사람의 서명란에 '전결' 표시를 한 후 서명하되, 서명하지 아니하는 사람의 서명란은 설치하지 아니한다.

• **대결 및 서명 표시 위치**

「행정업무의 효율적 운영에 관한 규정」 제10조 제3항 및 동 시행규칙 제7조 제3항에 따라 대결하는 경우, 대결하는 사람의 서명란에 '대결' 표시하고 서명하며, 위임 전결사항을 대결하는 경우 전결권자의 서명란에 '전결' 표시를 한 후 대결하는 사람의 서명란에 '대결' 표시하고 서명한다. 이때 서명하지 아니하거나 '전결' 표시하지 아니하는 사람의 서명란은 설치하지 아니한다.

• **발의자(★), 보고자(◉) 표시**

해당 직위/직급의 앞 또는 위에 하되, 보고자의 표시는 직접 결재권자에게 보고하는 경우에만 표시한다.

행 정 기 관 명

수신
(경유)
제목

발 신 명 의 직인

기안자 직위(직급) 서명 검토자 직위(직급) 서명 결재권자 직위(직급) 서명
협조자
시행 처리과명-연도별 일련번호(시행일) 접수 처리과명-연도별 일련번호(접수일)
우 도로명주소 / 홈페이지 주소
전화번호( ) 팩스번호( ) / 공무원의 전자우편주소 / 공개 구분

[그림 5-5] 일반기안문 서식

(7) 간이기안문 작성방법

• 생산등록번호

처리과명(처리과가 없는 행정기관은 10자 이내의 행정기관명 약칭)과 연도별 일련번호를 붙임표(-)로 이어 적는다.

• 공개 구분

공개, 부분 공개, 비공개로 구분하여 표시한다. 부분 공개 또는 비공개인 경우 「공공기록물 관리에 관한 법률 시행규칙」 제18조에 따라 '부분 공개( )' 또는 '비공개( )'로 표시하고, 「공공기관의 정보공개에 관한 법률」 제9조 제1항 각호의 번호 중 해당 번호를 괄호 안에 표시한다.

• 기안자 · 검토자 · 협조자 · 결재권자의 직위/직급

직위가 있는 경우에는 직위를, 직위가 없는 경우에는 직급을 온전하게 쓴다. 다만, 기관장과 부기관장의 직위는 간략하게 쓴다.

• 발의자(★), 보고자(◉) 표시

해당 직위/직급의 앞 또는 위에 하되, 보고자의 표시는 직접 결재권자에게 보고하는 경우에만 표시한다.

• 전결 및 서명 표시 위치

「행정업무의 효율적 운영에 관한 규정」 제10조 제2항 및 동 시행규칙 제7조 제2항에 따라 결재권이 위임된 사항을 전결하는 경우 전결하는 사람의 서명란에 '전결' 표시를 한 후 서명하되, 서명하지 아니하는 사람의 서명란은 설치하지 아니한다.

• 대결 및 서명 표시 위치

「행정업무의 효율적 운영에 관한 규정」 제10조 제3항 및 동 시행규칙 제7조 제3항에 따라 대결하는 경우 대결하는 사람의 서명란에 '대결' 표시를 하고 서명하며, 위임 전결사항을 대결하는 경우 전결권자의 서명란에 '전결' 표시를 한 후 대결하는 사람의 서명란에 '대결' 표시하고 서명한다. 이때 서명하지 아니하거나 '전결' 표시하지 아니하는 사람의 서명란은 설치하지 아니한다.

- 직위/직급 및 서명란의 수와 크기는 필요에 따라 조정하여 사용할 수 있다.

생 산 등 록 번 호	
등 록 일	
결 재 일	
공 개 구 분	

협조자			

(제 목)

※ 필요한 경우 보고근거 및 보고내용을 요약하여 적을 수 있음

2024. 12. 12.

○○○○부(처 · 청 또는 위원회 등)
○○○○국

또는

○○○○부(처 · 청 또는 위원회 등)
○○○○과

[그림 5-6] 간이기안문

활동 주어진 문서를 제대로 이해하지 못한 나의 사례

보통의 사람들이 우리나라가 문맹률이 낮은 것으로 알고 있지만 실제로는 책 읽기의 기피 등 여러 가지 이유로 문서이해능력이 떨어진다. 자기의 경험을 돌이켜 자신에게 주어진 문서를 제대로 이해하지 못한 경험이 있었는지 점검해 보고, 문서를 제대로 이해하지 못한 일 때문에 불편이나 오해는 없었는지 알아보자. 그리고 왜 이해하지 못했었는지 원인을 찾아 작성 후 발표해 봄으로써 다른 사람과의 공통점과 차이점을 알아보자.

주어진 문서를 제대로 이해하지 못한 나의 사례		원인이 무엇일까?
1		
2		
3		
4		
5		
6		
7		
8		
9		
10		

출처: 한국산업인력공단(2021). NCS 직업기초능력 가이드북 의사소통능력. 울산: 한국산업인력공단.

활동 지금 상황에 필요한 문서는 무엇인지 작성해 보자.

일 경험을 하는 상황에서는 많은 문서를 작성하게 되지만 주로 자신의 업무와 관련한 기획서나 보고서, 제안서나 회의록 등을 작성하게 된다. 지금부터 자신의 업무와 관련하여 어떠한 상황에 문서작성이 필요한지 생각해 보고, 그 상황에 필요한 문서는 어떤 것이 있는지 알아보자.

내가 하는 일은 어떤 일인가?	
내가 문서를 작성해야 하는 상황은?	
그 상황에 필요한 문서는 어떤 것인가?	

출처: 한국산업인력공단(2021). NCS 직업기초능력 가이드북 의사소통능력. 울산: 한국산업인력공단.

06

Chapter

경청능력과 의사표현능력

1. 경청능력
2. 의사표현능력
3. 기초외국어능력

1. 경청능력

1) 의미

상대와의 의사소통에서 말하는 것보다 듣기는 우리가 생각하는 것보다 더 많은 뜻이 있다. 듣기는 다른 사람이 전달하는 메시지를 이해하는 과정으로, 좋은 청자는 다른 사람의 음성만 듣는 게 아니라 목소리 톤, 강조, 빠르기, 얼굴 표정, 자세 등 비언어적 단서에까지 주의를 기울인다. 이와 같이 경청은 상대방이 보내는 메시지 내용에 주의를 기울이고 이해를 위해 노력하는 행동을 의미한다. 따라서 경청은 대화의 과정에서 신뢰를 쌓을 수 있는 최고의 방법 중 하나이다. 경청은 우리가 상대의 말에만 귀를 기울이는 것만이 아니라 상대방 역시 나의 말에 귀를 기울이게 되므로 상대방으로 하여금 개방적이고 솔직한 의사소통을 하도록 촉진하는 기능을 가진다. 의사소통은 내가 상대방에게 메시지를 전달하는 과정이 아니라 상대방과의 상호작용을 통해 메시지를 다루는 과정이다. 따라서 성공적인 의사소통을 위해서는 내가 가진 정보를 상대방이 이해하기 쉽게 표현하는 것도 중요하지만, 상대방이 어떻게 받아들일 것인가에 대한 고려가 바탕이 되어야 한다. 경청은 상대방을 인간적으로 존중함은 물론 그의 느낌, 감정, 사고, 가치, 행동 등의 선입견이나 편견을 가지고 상대방을 평가하거나 비판 또는 판단하지 않고 자신을 이해받고 있다는 느낌을 있는 그대로 받아들이는 태도이다. 이러한 감정의 표현은 상대방과의 솔직한 의사 및 감정의 교류를 가능하도록 도와준다(한국산업인력공단, 2021). 또한 상대방에 대한 믿음이 생겨 신뢰감이 형성된다.

대화와 의사소통에 있어 '듣기(hearing)'는 '말하기(speaking)'와 함께 매우 중요한 기능을 한다. 우리가 흔히 말하는 듣는다(hearing)는 것은 듣는 사람(정보의 수신자)의 기준으로 사실이나 정보를 듣는 것으로 상대방이 하는 말에만 초점을 두면

되는 것이다. 그러다 보니 상대방이 전하려는 의미가 왜곡될 가능성이 항상 존재한다. 듣기는 그저 열심히 듣는 것(hearing)이 아니라, 상대의 입장에서 그와 공감하면서 듣는 경청(listening)을 뜻한다(조성진, 2015).

탈무드에 '사람은 입이 하나, 귀가 둘인데 이것은 듣기를 배로 하라는 것이다'라는 말이 있다. 이는 다른 사람의 말에 귀를 기울이는 것이 그만큼 중요함을 강조한다. 경청의 태도는 첫째, 말하는 사람의 눈을 쳐다보고 잘 집중하여 듣는 것이다. 둘째, 말하는 사람의 속마음이 무엇인지 생각하면서 듣는 것이다. 셋째, 상대방의 말이 무엇을 뜻하는지 바르게 듣고 반응하며 질문하는 것이다. 듣는 것도 하나의 기술이다. 경청은 타인에게 자신이 매우 중요한 존재라는 느낌을 주는 것이고 상대방을 존중하는 방법으로는 어떤 가치비용 없이도 좋은 인간관계를 형성해 낼 수 있다. 경청에는 언어적인 방법과 비언어적인 방법이 있다. 먼저 언어적으로는 "그렇군요.", "아, 네.", "저런!" 등 상대방의 말에 장단을 맞춰 주는 것이다. 비언어적인 방법은 말하지 않아도 상대방이 경청하고 있음을 느끼게 해 주는 것이다. 상대의 눈을 쳐다보고, 고개를 끄떡이면서 몸을 개방적인 태도로 상대방에게 열어 주면서 웃음으로 지지하며 대하는 것이다. 경청의 자세로 자신을 집중해 주는 그 사람을 소중하게 생각하게 되는 것은 당연한 이치이다. 그러므로 세상을 경청하는 사람은 숨겨져 있는 막힌 담도 무너뜨리는 능력을 갖추게 되는 것이다(이영숙, 2015).

2) 개념

경청이란 단어에는 '듣다. 관찰하다. 초점을 맞추다. 집중하다. 주의하다. 귀를 기울여서 듣는다.'는 의미가 모두 포함되어 있다. 의사소통에서 문제가 발생하는 데는 여러 가지 이유가 있지만, 대개 대화에 참여하는 사람들이 상대방의 이야기를 그저 듣기만 하기 때문에 그런 경우가 많다(조성진, 2015). 경청은 다른 사람의 말을 주의 깊게 듣고 공감하는 능력으로 '귀를 기울이다'의 의미이다. 경청의 한자를 풀어보면 경청의 의미가 더 명확해진다. 경청(傾聽)의 경(傾)은 '기울일 경'으로, 상대방의 말을 들을 때에 몸을 기울여 잘 들어야 한다는 의미이다. 청은 들을 청(聽)으로 귀 이(耳), 임금 왕(王), 열 십(十), 눈 목(目), 한 일(一), 마음 심(心)으로 이루어졌다. 왕처럼 귀를 열고, 열 개의 눈과 하나의 마음으로 상대방의 이야기를 들어주라는 의미이다. 이처럼 경청에는 상대방의 이야기를 들을 때 몸과 마음을 기울여 '귀'로 듣고, '눈'으로 보고, '마음'으로 공감하라는 의미가 숨어 있다(최애경 외, 2018).

활동 경청능력 평가 체크리스트

경청능력은 일 경험에서 상당히 중요하다. 자신의 경청 정도가 어느 정도인지 점검해 보고, 의사소통에 실패한 사례를 떠올려 보자. 그리고 이를 바탕으로 올바른 경청을 위하여 자신에게 필요한 능력은 무엇이 있는지도 생각해 보자.

내용	전혀	가끔	거의	항상
1. 나는 화자를 방해하지 않고 자신의 생각을 표현하도록 한다.	1	2	3	4
2. 나는 상대방이 말하는 모든 것을 듣기를 원한다.	1	2	3	4
3. 나는 중요한 사실을 기억하는 능력을 가지고 있다.	1	2	3	4
4. 나는 메시지의 가장 중요한 세부 사항을 기록한다.	1	2	3	4
5. 나는 비록 따분하기는 하지만 화자의 말을 듣는다.	1	2	3	4
6. 나는 듣고 있을 때는 주위의 산만한 분위기를 무시한다.	1	2	3	4
7. 나는 화자의 말을 진심으로 듣고 있음을 표현한다.	1	2	3	4
8. 나는 다른 사람의 말에 동의하지 않더라도 들어준다.	1	2	3	4
9. 나는 화자의 다음 말을 예측하면서 공상을 피한다.	1	2	3	4
합계				

출처: 한국산업인력공단(2021). NCS 직업기초능력 가이드북 의사소통능력. 울산: 한국산업인력공단.

① 30~36점 : 상대방의 말을 효과적으로 듣는 사람이다.
② 20~29점 : 좋은 청취자이기는 하지만 앞으로 더 개선할 점이 있다.
③ 10~19점 : 개선이 필요하다. 경청 기술을 개발하기 위한 기법을 적극 학습해야 한다.

3) 경청의 중요성

올바른 경청을 방해하는 요인에는 짐작하기, 대답할 말 준비하기, 걸러내기, 판단하기, 다른 생각하기, 조언하기, 언쟁하기, 옳아야만 하기, 슬쩍 넘어가기, 비위 맞추기 등의 10가지 요인들이 있다. 자세한 내용은 다음과 같다(한국산업인력공단, 2021).

〈표 6-1〉 올바른 경청을 방해하는 요인

요인	내용
짐작하기	상대방이 말을 믿고 받아들이기보다 자신의 생각에 들어맞는 단서들을 찾아 자신의 생각을 확인하는 것
대답할 말 준비하기	처음에는 상대방의 말을 듣고 곧 자신이 다음에 할 말을 생각하기에 바빠서 상대방이 말하는 것을 잘 듣지 않는 것
걸러내기	상대의 말을 듣기는 하지만 상대방의 메시지를 온전하게 듣는 것이 아닌 경우
판단하기	상대방에 대한 부정적인 판단 때문에, 또는 상대방을 비판하기 위해 상대방의 말을 듣지 않는 것
다른 생각하기	상대방에게 관심을 기울이는 것이 점차 더 힘들어지고 상대방이 말을 할 때 자꾸 다른 생각을 하게 된다면, 이는 현실이 불만족스럽지만 이러한 상황을 회피하고 있다는 위험한 신호
조언하기	지나치게 다른 사람의 문제를 본인이 해결해 주고자 하는 것
언쟁하기	단지 반대하고 논쟁하기 위해서만 상대방의 말에 귀를 기울이는 것
옳아야만 하기	자존심이 강한 사람은 자존심에 관한 것을 전부 막아버리려 하기 때문에 자신의 부족한 점에 대한 상대방의 말을 들을 수 없게 하는 것
슬쩍 넘어가기	대화가 너무 사적이거나 위협적이면 주제를 바꾸거나 농담으로 넘기려는 것
비위 맞추기	상대방을 위로하기 위해서 혹은 비위를 맞추기 위해서 너무 빨리 동의하는 것

출처: 한국산업인력공단(2021). NCS 직업기초능력 가이드북 의사소통능력. 울산: 한국산업인력공단.

한편, 경청의 올바른 자세를 살펴보면 다음과 같이 제시하였다(한국산업인력공단, 2021).

첫째, 상대를 정면으로 마주하는 자세는 그와 함께 의논할 준비가 되었음을 알리는 자세이다.

둘째, 손이나 다리를 꼬지 않는 소위 개방적 자세를 취하는 것은 상대에게 마음을 열어놓고 있다는 표시이다.

셋째, 상대방을 향하여 상체를 기울여 다가앉은 자세는 자신이 열심히 듣고 있다는 사실을 강조하는 것이다.

넷째, 우호적인 눈의 접촉을 통해 자신이 관심을 가지고 있다는 사실을 알리게 된다.

다섯째, 비교적 편안한 자세를 취하는 것은 전문가다운 자신만만함과 아울러 편안한 마음을 상대방에게 전하는 것이다.

어떤 사람은 경청에 대해서 말하는 것보다 듣는 것을 더욱 중요시하고, 듣기에 많은 시간을 할애하라고 강조한다. 바로 YF & 6 : 4 원칙이 있다. YF는 'YOU First'를 의미하는 것으로, 상대에게 먼저 말할 기회를 충분히 주는 것이고, 6 : 4 원칙은 상대가 60% 또는 그 이상을 말하게 하고, 자신은 30~40%만 말하는 것이다(윌리엄 장, 2009). 삶의 지혜는 종종 듣는 데서 비롯되고 삶의 후회는 대개 말하는 데서 비롯된다(이기주, 2017). 한편, 다른 사람을 경청할 때 신체적인 자세 또한 매우 중요하다. 미국 로욜라 대학교 시카고 캠퍼스 명예교수인 이건 제럴드(Egan Gerard)가 제시한, 'SOLER' 기법은 상담학에서 가장 기초적인 경청의 태도에 관한 기술이다. 똑바로 마주 보기(Squarely), 열린 자세(Open posture), 기울이기(Lean), 아이콘택트(Eye contact), 편안한(Relaxed)의 앞글자를 따서 SOLER기법이라고 한다. 상대방이 내게 관심을 기울일 때 사용할 수 있는 기술은 다음과 같다(Egan, 2002).

첫째, S: 상대를 바로(Squarely) 바라본다. 상대방에게 관여하고 있다는 자세를 취하는 것으로 '나는 당신과 함께 있다. 당신과 함께 나누고 싶다.'라는 뜻을 전달한다. 바로(Squarely)라는 말은 문자 그대로 상대방에게 관심이 있다는 사실을 전해 준다.

둘째, O: 개방적인(Open) 자세를 취한다. 상대방과 상대방의 말에 마음을 열고 있다는 증거로서, '내가 지금 취하고 있는 자세는 내가 개방적이고 만나고 싶은 태도를 갖추고 있다는 사실을 상대방에게 얼마나 잘 전달하고 있는가?' 하고 자문해 볼 필요가 있다.

셋째, L: 이따금 상대방 쪽으로 몸을 기울인다(Lean). 상대방 쪽으로 몸을 기울이는 것은 의사소통을 촉진하는 일종의 신체적 유연성 또는 반응성을 가리킨다.

넷째, E: 좋은 시선의 접촉(Eye contact)을 유지한다. 상대방과의 좋은 시선의 접촉은 '당신과 함께 있다. 당신에게 관심을 느끼고 있다. 당신이 하는 말을 듣고 싶다.'는 뜻을 전달해 준다.

다섯째, R: 편안하고(Relaxed) 자연스러운 자세를 취한다. 편안한 자세는 두 가지 사실을 뜻하는데, 조바심 내거나 주의를 흩뜨리는 표정을 짓지 않는 것이며 개인적인 접촉과 표현의 도구인 몸짓을 편안하고 자연스럽게 하는 것이다.

활동 나의 의견에 대해 상대방의 반응에 대한 느낌

경청은 대화 시 가져야 하는 마음가짐이라기보다 훈련이 필요한 기술이다. 대화를 할 때 나의 의견에 대해 상대방이 다음과 같은 반응을 보일 때 어떠한 느낌이 드는지 작성해 보자.

상황	예	느낌 작성
상대방의 흠을 잡는 단어를 쓴다.	"순전히 노력 부족이야, 어린애 같은 유치한 행동이야, 전혀 도움이 되지 않아. 도대체가 생각이 없어, 머리를 써라, 도대체 제대로 하는 게 없어." 등	
상대방의 행동 자체가 아니라 인간성에 초점을 맞춘다.	"어리석다, 미쳤다, 이기적이다, 게으르다, 쓸모없다, 너는 구제불능이야, 돌대가리, 병신, 바보, 멍청이" 등	
비난하고 판단하는 식으로 말한다.	"당신은 꼭 늦게 들어와 저녁 시간을 망치는군요."	
과거의 일을 들춘다.	"예전에 그때도 지금처럼 너 혼자만을 생각했잖아. 항상 그래."	
부정적인 비교를 한다.	"너는 누구를 닮았니? 피는 못 속여." 등	
위협을 한다.	"당신이 잘못했으니까 내가 당신을 처벌할 거야."	
감정으로 공격한다.	목소리가 커지고 비꼬기도 하고 차갑게 적대적인 억양으로 "그럼 그렇지."	
폐쇄적이고 배타적인 신체 언어를 사용한다.	눈도 쳐다보지 않고, 듣는 동안 한눈팔며, 팔짱을 끼고 있고, 뒤에 물러서 있다.	
의사를 표현할 때, 전체를 전달하지 않고, 일부만 이야기한다.	"당신은 일하는 데 너무 많은 시간을 보내는 것 같아요." 라고 말할 때 아내는 남편의 건강을 염려하는 것인데, 남편은 아내가 함께 있어 주지 않는 것에 대한 불만을 표시하는 것이라고 오해하여 아내가 자신의 입장을 이해 못한다고 짜증을 부리게 된다.	

상황	예	느낌 작성
분명하게 말하지 않는다.	"당신은 언제나 그렇듯이 말이 없군요." 하는 대신 "당신 오늘도 말이 별로 없군요. 나한테 관심이 없나 보다 생각이 돼서 속상해요. 당신이 무슨 생각을 하고 있는지 말을 해 주었으면 좋겠어요."라고 말해야 한다. "왜 나를 그런 식으로 쳐다봐?" 이것은 실제로 그 이유가 궁금하다는 것이 아니라 그런 식으로 쳐다보는 게 기분 나쁘다는 뜻이다. 그러므로 "당신이 나를 그렇게 쳐다보니까 내가 무엇을 잘못하지는 않았나 하는 불안한 느낌이 들어요."라고 해야 한다.	

출처: 한국산업인력공단(2021). NCS 직업기초능력 가이드북 의사소통능력. 울산: 한국산업인력공단.

경청운동

경청을 실천하기 위한 다섯 가지 행동 가이드

1. **공감을 준비하자.**

대화를 시작할 때는 먼저 나의 마음속에 있는 판단과 선입견, 충고하고 싶은 생각들을 모두 다 비워내자. 그냥 들어주자. 사운드박스가 텅 비어 있듯, 텅 빈 마음을 준비하여 상대방과 나 사이에 아름다운 공명이 생기도록 준비하자.

2. **상대를 인정하자.**

상대방의 말과 행동에 잘 집중하여 상대방이 얼마나 소중한 존재인지를 인정하자. 상대를 완전한 인격체로 인정해야 진정한 마음의 소리가 들린다. 자녀든 부하 직원이든 상사든 한 인격체로 상대방을 인정하고 대화를 시작하자.

3. **말하기를 절제하자.**

말을 배우는 데는 2년 걸리지만, 침묵을 배우는 데는 60년이 걸린다고 한다. 누구나 듣기보다 말하기를 좋아하는 이유는 상대를 이해하기 전에 내가 먼저 이해받고 싶은 욕구가 앞서기 때문이다. 이해받으려면 내가 먼저 상대에게 귀 기울여야 한다. 먼저 이해하고 다음에 이해받으라. 말하기를 절제하고, 먼저 상대에게 귀 기울여 주자.

4. **겸손하게 이해하자.**

겸손하면 들을 수 있고, 교만하면 들을 수 없다. 상대가 내 생각과 다른 말을 해도 들어줄 줄 아는 자세가 가장 중요하다. 경청의 대가는 상대의 감정에 겸손하게 공감하며 듣는 사람이다. 사람들이 원하는 것은 자기 말을 진정으로 들어주고 자기를 존중해 주며 이해해 주는 것이다. 항상 겸손한 자세로 상대를 이해하자.

5. **온몸으로 응답하자.**

경청은 귀로만 하는 것이 아니다. 눈으로도 하고, 입으로도 하고, 손으로도 하는 것이다. 상대의 말에 귀 기울이고 있음을 계속 표현하라. 몸짓과 눈빛으로 반응을 보여라. 상대에게 진정으로 귀 기울이고 있다는 신호를 온몸으로 보내자.

출처: 조신영 외(2007). 경청: 마음을 얻는 지혜. 서울: 위즈덤하우스.

2. 의사표현능력

1) 의미

취업포털 인크루트가 직장인 회원 585명을 대상으로 2015년 실시한 설문조사에서 "가장 비호감 동료는 누구입니까"란 질문에 1위는 '말이 잘 안 통하는 동료'(25.7%)가 꼽혔다. 이처럼 의사소통이 회사생활을 좌지우지하다 보니 많은 이들이 시간과 노력을 들여 의사소통을 공부하고 있다(한겨레, 2020). 이는 직장에서의 의사표현의 중요성을 보여준다. 실제 기사에서 많은 직업인들은 업무 내용과는 무관해 보이는 '말하기'를 위해 시간과 돈을 투자하고 있다. 그것은 결국 동료들과의 소통이 업무의 가장 기본이기 때문이다. 이처럼 우리는 많은 사람과 의사소통을 해야 하는 상황에 처해 있고, 특히 직장에서는 남들 앞에서 자신의 능력을 표현해야 하는 경우가 종종 발생된다. 피터 드러커(Peter Drucker)는 "인간에게 가장 중요한 능력은 자기표현이며, 현대는 의사소통에 의해 좌우된다."라고 언급했다. 해야 할 말을 자신 있게 말하는 사람이야말로 진정 용기 있는 사람이다. 오늘날은 의사표현의 시대이므로 표현을 못하면 자신의 능력을 충분히 표출하기 어렵다. 반면에 의사표현을 잘하면 인생의 목적을 쉽게 달성할 수 있다(한국산업인력공단, 2021).

의사표현이란 말하는 이가 자신의 감정, 사고, 욕구, 바람 등을 상대방에게 효과적으로 전달하는 중요한 기술이며 음성언어와 신체언어로 구분할 수 있다. 음성언어는 입말로 표현하는 구어이며, 신체언어는 신체의 한 부분인 표정, 손짓, 발짓, 몸짓, 목소리 톤 따위로 표현하는 몸말을 의미이다. 의사표현은 의사소통의 중요한 수단으로 특히, 말하는 이의 의도 또는 목적을 가지고 그 목적을 달성하는 데 효과가 있다고 생각하는 말하기를 의미한다. 의사소통의 중요한 수단인 말하기는 다음과 같은 경우에 주로 사용된다. 첫 번째는 말하는 이가 듣는 이의 생각이나 태도를 변화시키려는 의도로 주장하는 것이다. 즉, 설득을 주목적으로 한다. 두 번째는 말하는 이가 자신에게 필요한 정보를 제공받기 위하여 청자에게 질문하는 것이다. 세 번째는 말하는 이가 청자에게 자신에게 필요한 일을 하도록 요청하는 것이다(한국산업인력공단, 2021).

2) 의사표현 종류

의사표현의 종류는 상황에 따라 공식적 말하기, 의례적 말하기, 친교적 말하기로 구분하며 구체적으로 대화, 토론, 보고, 연설, 인터뷰, 낭독, 구연, 소개하기, 전화로 말하기, 안내하는 말하기 등이 있다(김종두, 2019).

첫째, 공식적 말하기는 사전에 준비된 내용을 대중에게 말하는 것으로 연설, 토의, 토론 등이 있다. 연설은 말하는 사람 혼자서 여러 사람을 대상으로 자신의 생각이나 감정에 관하여 일방적으로 말하는 방식이고, 토의는 여러 사람이 모여서 공통의 문제에 대하여 가장 좋은 해답을 얻기 위해 협의하는 말하기이다. 토론은 어떤 논제에 관하여 찬성자와 반대자가 각기 논리적인 근거를 발표하고, 상대방의 논거가 부당하다는 것을 명백하게 하는 말하기이다.

둘째, 의례적 말하기는 정치적, 문화적 행사와 같이 의례적인 절차에 따라 하는 말하기로서 주례, 회의 등이 있다.

셋째, 친교적 말하기는 매우 친근한 사람들 사이에 가장 자연스러운 상태에서 떠오르는 대로 주고받는 말하기이다.

3) 의사표현의 필요와 중요성

의사표현이 중요한 이유는 말이 그 사람의 이미지를 결정하기 때문이다. 한마디로 '말하기'이므로 어떠한 언어를 사용하는가가 매우 중요하다. 의사표현에 사용되는 언어는 말하는 순간 듣는 사람이 바로 알아들을 수 있어야 한다(한국산업인력공단, 2021). 또한 적절한 자기 의사표현은 인간관계를 유지하고 발전시키는 데 활력을 주는 반면, 자기를 표현하지 않고 감정을 차단하여 생각이나 감정을 표현하지 않고 상대와의 직접적인 만남을 피하면 오해를 야기하는 원인이 되며 사회적 관계 형성을 어렵게 한다. 그리고 피상적인 만남은 인간관계에서 불신을 초래하고 상호 간에 이해 부족을 야기한다. 하지만 이러한 자기표현은 학습 또는 훈련을 통해 향상될 수 있다(이주희 외, 2021).

4) 효과적인 의사표현 방법

의사표현을 가로막는 태도나 올바르지 않은 언어 사용은 소통에 서해요인이 된다. 거친 언어를 사용하거나 욕설, 은어를 사용하는 사람과 대면할 때 우리는 불쾌감을 느낀다. 또 천박하거나 저속한 단어 사용으로 상대로 하여금 거부반응을 일으켜 그 공간을 벗어나고 싶게 만든다. 친구 사이에도, 가족들 사이에도, 어떠한 조직에서도, 자주 분쟁이 일어나고 갈등이 생기는 원인은 언어 사용으로 인한 말다툼에서 시작된다. 소통을 하면서 상대방에게 신체적 콤플렉스가 되거나 약점으로 보이는 언어를 사용하여 상대의 자존심을 상하게 하면 안 된다(은예린 외, 2019). 이러한 소통을 가로막는 7가지의 태도를 보면, 냉소적인 태도, 집착하는 태도, 방어적인 태도, 과시하는 태도, 우유부단한 태도, 통제하려는 태도, 감정적인 태도로서 다음과 같다(이현주, 2018).

첫째, 냉소적인 태도이다. 자신의 생각과 다른 관점의 이야기를 할 때, 그것이 어떤 문제가 있고 어떤 부정적 측면과 결과를 만들어 낼 가능성이 있는지를 먼저 언급하는 사람들이 있다. 부정적이고 냉소적인 반응은 말하는 사람의 소통하고자 하는 의지를 약화시킨다. 부정적이거나 냉소적인 태도를 보이는 사람들이 의식적으로 상대방의 이야기를 막으려는 의도가 있어서 그러한 태도를 보이는 것은 아니다. 상대방이 미처 보지 못하는 측면을 알려주고, 혹시라도 발생할지 모르는 염려되는 부분을 짚어주는 방식으로 도움을 주고 대화를 건설적인 방향으로 이끌어 가려는 것이다. 하지만 그들의 의도와는 다르게 말하는 사람의 입장은 자신의 이야기를 반박하거나 공격하는 것으로 받아들인다.

둘째, 세부사항에 지나치게 집착하는 태도이다. 우리는 사소한 것이라도 가볍게 넘기지 말고 분명하고 명료하게 짚고 나가야 한다고 생각한다. 물론 맞는 말이지만, 전반적인 흐름을 놓치고 세부 사항에 집착해 적절한 균형을 잃게 되면 부드러운 소통의 흐름도 막힐 수 있다. 우리가 경계해야 할 것은 지나치게 세부 사항에 집착해 쓸데없는 시간 낭비를 한 것 같아 유쾌하지 않은 경험으로 기억되는 일이다.

셋째, 자신의 의견을 고수하려는 방어적인 태도이다. 상대방의 견해를 자신에 대한 비난이나 공격으로 받아들여서 방어적 태세를 취하게 된다. 내가 틀리지 않았거나 정당하다고 증명하기 위해서 본인 생각에 몰두하다 보면, 상대방의 의견에 귀를 기울이지 못하게 되고 일방적으로 자신의 이야기만 하게 된다. 방어적 태도를 가진 사람들은 개인적 성향이 아니라 역할이 주는 책임감으로 빈틈이 드러나게 되면 민감하게 반응하기도 한다. 리더가 존경받고자 한다면 오히려 부족한 부분을 그대로 인정하는 자세가 필요하다. 자신과 다른 견해를 공격이 아니라 보완과 발전을 위한 자원으로 받아들여야 한다.

넷째, 과시하는 태도이다. 관심을 받고 인정받으려는 욕구가 지나칠 때, 우리는 상호 소통에 관심을 두는 것이 아니라 자신의 우월함을 과시하는 데 몰두할 수 있다. 대화의 목적은 정보 수집에 한정되지 않는다. 단순히 정보 수집만이 목적이라면 대화보다는 인터넷 검색이 더 유용할 것이다. 그런데도 사람들이 검색을 하지 않고, 또는 검색을 거친 후에도 주변 사람들에게 의견을 물어보고 자신의 생각을 나누는 것은 기계가 전할 수 없는 무언가를 원하기 때문이다. 대화는 기계와 달리 쌍방향의 소통이 가능하다. 상대방의 요구에 적합한 정보를 제공하기 위해서 이야기를 시작했다고 하지만, 상대방의 반응을 경청하지 않고 본인의 이야기에 몰입하게 된다면 더 이상 양방향의 소통이 되지 않기 때문에 인터넷 검색과 크게 다를 바 없다.

다섯째, 모호하고 우유부단한 태도이다. 상대방의 마음을 알아주고 맞추어 가는 것만큼 자신의 의견을 분명하게 표현하고 전달하려는 노력이 함께 수반되어야 일방적이지 않은 양방향의 교류가 일어날 수 있다. 효율적인 시간의 활용은 의사표현을 전혀 하지 않는 것이 아니라 본인의 의견을 간단명료하게 전달해도 충분히 가능하다. 긴장감을 피하기 위해서 자신의 생각이나 감정을 개방하고 드러내는 것을 피하면 깊이 있는 교류의 기회도 줄어들게 된다.

여섯째, 소통을 저해하는 것으로 상대방을 통제하려는 태도이다. 상대방의 생각이나 감정에 대해서 지나치게 개입하고 통제하려는 태도는 버려야 한다. 본인의 신념이 뚜렷해 상대방을 설득하려는 의지가 강하거나 상대방에 대한 관심이나 도움을 주려는 의지가 적절한 선을 넘어서는 경우라면 상대방에 대한 존중을 해치게 되고 소통의 흐름이 막히게 되는 결과를 낳을 수 있다. 다른 사람을 본인 마음대로 하려는 태도는 상대방을 존중하지 않는다는 뜻이다. 이러한 태도가 소통은 물론이고 관계까지 해친다는 것은 누구나 짐작할 수 있다. 그럼에도 우리가 상대방의 세세한 부분까지 개입하고 자신의 의견을 따를 것을 강하게 요구하는 이유는 상대방을 도와주려는 의도에서 비롯된다고 의식하고 있기 때문이다. 의도가 긍정적일지라도 그 방식은 의도를 실현시키지 못해 오히려 역효과를 낼 수 있다.

일곱째, 감정적인 태도이다. 감정 폭발이란 감정이 격양되어 극단적이며 공격적인 언어가 마구 튀어나오고, 자신의 행동을 조절하지 못하는 것을 의미한다. 감정 폭발은 조절되지 않은 언행으로 상대방에게 심리적 상처를 줄 뿐만 아니라 당사자에게도 후회가 되는 행동이다. 관계는 손상되고 자책감만 남는 경우가 대부분이다. 격양된 감정에 사로잡히면 원만한 소통이 이루어지는 것도 어려워진다. 분노를 터트리면 당장은 속이 시원할지 모르지만, 잠깐의 속 시원한 기분 하나만 얻을 수 있을 뿐임을 기억해야 한다.

따라서 올바른 의사소통을 위해서는 자신의 의도, 생각, 감정을 효과적으로 상대방에게 전달하는 동시에 상대방의 메시지를 정확하게 전달받는 것이 중요하다. 이 중에서 의사표현은 자신의 메시지를 상대방에게 전달하는 중요한 능력이다. 이와 같은 메시지를 효과적으로 전달하는 방법은 다음과 같다(한국산업인력공단, 2021).

첫째, 말하는 이는 자신이 전달하고 싶은 의도, 생각, 감정이 무엇인지 분명하게 인식해야 한다.

둘째, 전달하고자 하는 내용을 적절한 메시지로 바꾸어야 한다. 메시지에 전달하려는 내용이 충분히 그리고 명료하게 담겨야 듣는 이가 이해하기 쉽다.

셋째, 메시지를 전달하는 매체와 경로를 신중하게 선택해야 한다. 같은 내용의 메시지라도 직접 얼굴을 보고 이야기하는 것과 전화나 이메일로 간접 표현하는 경우 듣는 이에게 다른 의미로 전달될 수 있다.

넷째, 듣는 이가 자신의 메시지를 어떻게 받아들였는지 피드백을 받는 것이 중요하다. 즉, 전달한 내용이 듣는 이에게 어떻게 해석되었는가를 확인해야 한다.

다섯째, 효과적인 의사표현을 위해서는 비언어적 방식을 활용하는 것이 좋다. 말하는 이의 표정, 음성적 특성, 몸짓 등을 통해 메시지의 내용을 더욱 강력하게 전달할 수 있다.

여섯째, 확실한 의사표현을 위해서는 반복적 전달이 필요하다. 한 번의 의사표현으로 자신의 의도가 충분히 듣는 이에게 전달되는 경우는 드물다.

하지만 의사표현을 하다 보면 상대방에게 하기 어려운 곤란한 말을 해야 할 때도 있고, 불쾌한 감정을 타인에게 전해야 할 때도 있다. 여러 상황과 대상에 따른 의사표현법을 살펴보면 다음과 같다(한국산업인력공단, 2021).

첫째, 상대방의 잘못을 질책하는 경우에 샌드위치 화법을 사용하면 듣는 사람이 반발하지 않고 부드럽게 받아들일 수 있다. 샌드위치 화법이란 '칭찬의 말', '질책의 말', '격려의 말' 순서대로 질책을 가운데 두고 칭찬을 먼저 한 다음 끝에 격려의 말을 하는 것이다. 충고하는 경우는 예를 들거나 비유법을 사용하면 효과적이다.

둘째, 칭찬은 상대방을 기분 좋게 만드는 전략으로 상대에게 중요한 내용을 칭찬하거나 대화 서두에 분위기 전환을 위해 간단한 칭찬을 사용한다.

셋째, 상대방에게 부탁할 때는 상대방의 사정을 듣고, 상대방이 가능한 상황인지 확인한 후, 응하기 쉽게 구체적으로 부탁한다. 명령해야 할 때는 강압적 표현보다 요청하는 유형으로 부드럽게 하는 것이 효과적이다.

넷째, 상대방의 요구를 거절해야 할 때는 먼저 거절에 대한 사과를 한 후, 응할 수 없는 이유를 분명하게 설명하는 것이 좋다.

다섯째, 설득은 상대방에게 나의 태도와 의견을 받아들이게 하는 과정으로 문안에 한 발 들여놓기 기법(foot-in-the-door technique)과 얼굴 부딪히기 기법(door-in-the-face technique)이 있다.

〈표 6-2〉 의사표현 기법

기법	내용
문 안에 한 발 들여놓기	말하는 이가 요청하고 싶은 도움이 100이라면, 처음에는 상대방이 'Yes'라고 할 수 있도록 50, 60 정도로 부탁을 하고 점차 도움의 내용을 늘려서 상대방의 허락을 유도하는 방법이다.
얼굴 부딪히기	말하는 이가 원하는 도움의 크기가 50이라면 처음에 100을 상대방에게 요청하고 거절을 유도하는 것이다. 이후 이미 한 번 도움을 거절한 듣는 이는 말하는 이에게 미안한 마음을 가지게 되고, 좀 더 작은 도움을 요청받으면 미안한 마음을 보상하기 위해 100보다 작은 요청을 들어줄 수 있다.

출처: 한국산업인력공단(2021). NCS 직업기초능력 가이드북 의사소통능력. 울산: 한국산업인력공단.

'죄송합니다', '괜찮습니다', '감사합니다', '사랑합니다'는 우리가 일상에서 가장 많이 쓰는 말이지만, 입에서 자연스럽게 나오지 않는 말들이 있다. 형식적으로 그런 말을 할 경우가 많지만 때로는 기적을 일으키는 말이 되기도 한다. '죄송합니다', '괜찮습니다' 하며 서로 말문을 열면 얼마든지 해결방법이 나온다. 항상 웃으며 '감사합니다', '사랑합니다'라고 발하는 사람에게는 누구도 시비를 걸 수 없다. 고마움, 용서, 관용, 사랑, 배려가 담긴 이 짧지만 어려운 말을 많이 사용하자. 그러면 모든 것이 잘 풀리고 기쁜 일, 행복한 일이 일어날 것이다(윤치영, 2013).

활동 자신의 의사표현 습관을 체크해 보자.

원활한 의사표현을 방해하는 요소는 여러 가지가 있다. 자신의 의사표현 습관을 체크하고 원활한 의사표현을 하기 위해서 현재 나는 어떠한 노력을 하고 있는지 작성해 보자.

1. 나는 분명하고 정확하게 발음하고, 알맞은 속도로 말한다.

2. 나는 자연스럽고 듣기 좋은 목소리로 말한다.

3. 나는 상대나 상황에 맞는 어휘를 골라 표준어로 품위 있게 쓴다.

4. 나는 어법에 맞고 상대에 알맞게 예사말과 높임말을 가려 쓴다

5. 나는 말하는 상황에서 필요한 만큼의 정보를 제공한다.

6. 나는 말할 내용을 차례로 순서 있고 조리 있게 말한다.

7. 나는 내용의 요점을 빠뜨리지 않고 말한다.

8. 나는 상대나 상황에 맞는 화제를 골라 말한다.

9. 나는 상대를 존중하면서 상대편의 입장과 처지를 생각하면서 말한다.

10. 나는 알기 쉽게 말한다.

11. 나는 미리 계획하지 않고 순발력 있게 즉흥적으로 대응한다.

12. 나는 활발하고 침착하고 협조적으로 말한다.

13. 나는 상황에 어울리는 효과적인 동작과 표정으로 말한다.

14. 나는 예의를 지키며 부드럽고 상냥하게 말한다.

출처: 한국산업인력공단(2021). NCS 직업기초능력 가이드북 의사소통능력. 울산: 한국산업인력공단.

활동 각 상황에서 자신의 생각 기록지

다음은 일 경험 중 발생하는 다양한 상황을 제시하고 있다. 각 상황에서 자신의 생각을 어떻게 표현할지 생각해 보자.

1. 회사의 신제품 판로를 찾기 위해 잠재적 고객이 될 수 있는 상대 업체와 만나는 첫 미팅 자리이다. 제품의 장점을 소개하기 전, 부드러운 분위기를 유도하기 위해서 어떤 식으로 대화를 시작하면 좋을지 생각해 보시오.

2. M씨는 동료 N씨의 불성실한 근무태도 때문에 몇 번 곤혹스러운 일을 경험했다. 자료 정리를 맡은 N씨가 약속 기한까지 이를 지키지 않아서 M씨가 대신하거나, 자신에게 전달해야 할 중요 서류를 제대로 전달하지 않아 곤란을 경험하기도 했다. M씨는 본인의 자유라고 넘기기에는 힘든 N씨의 근무태도에 대해 어떤 말이건 충고가 필요하다고 생각한다. 당신이 M씨라면 어떻게 얘기를 진행할지 생각해 보시오.

3. 지난주 금요일 퇴근을 준비하던 Q씨는 동료 S씨에게 한 가지 부탁을 받았다. S씨가 갑작스럽게 잡힌 가족 행사 때문에 Q씨와 여름휴가 날짜를 바꾸기를 바라는 것이다. 평소 서로 도움을 주고받던 Q씨와 S씨지만 Q씨는 이미 휴가 날짜에 맞춰 여행 계획을 세워 놓은 상황이다. 이런 상황에서 S씨에게 어떻게 이야기할지 생각해 보시오.

출처: 한국산업인력공단(2021). NCS 직업기초능력 가이드북 의사소통능력. 울산: 한국산업인력공단.

3. 기초외국어능력

기초외국어능력이란 일 경험을 하는 우리의 무대가 세계로 넓어지면서 한국어만 아닌 다른 나라의 언어로 의사소통을 하는 능력을 말한다. 즉, 일 경험 중에 필요한 문서이해나 문서작성, 의사표현, 경청 등 의사소통을 기초 외국어로 가능하게 하는 능력이다. 국제화, 세계화 시대에 국가 간 국경과 장벽이 허물어지고 있으며, 직업생활에서 나라 간 물적, 인적자원의 이동이 더욱 자유로워지고 있다. 따라서 이제 산업현장은 국내뿐만 아니라 국제 정세 변화에 따른 영향을 받고 있다. 이런 상황에서 기초외국어능력은 원활한 업무를 위해서 더욱 필요하다. 직업인으로서 자신에게 기초외국어능력이 필요한 상황을 잘 생각해 보았다면, 지금 나에게 어떤 외국어가 필요한지, 주로 어떤 내용의 대화나 문서가 오고 가는지, 그러한 내용에 적절하게 응답하기 위해서는 외국어에서 어떤 표현이 필요한지 알 수 있을 것이다. 무엇보다 중요한 것은 자신이 왜 의사소통을 하려고 하는지 상대방과 목적을 공유하는 것이다. 그러기 위해서는 자신이 전달하고 싶은 것을 먼저 생각하는 사고력이 필요하고, 생각한 내용을 어떤 형태로 표현할 것인가를 결정하는 표현력이 중요하다(한국산업인력공단, 2021).

업무를 수행하다 보면 외국인과 의사소통을 하게 되는 경우가 많지만 누구나 외국어실력이 뛰어난 것은 아니다. 하지만 기초외국어실력이 부족하다고 하여도 그들의 문화를 이해하고 표정이나 몸짓 등에서 알 수 있는 비언어적 의사표현을 이해한다면 어느 정도 기초적인 의사소통은 가능하다. 즉, 일 경험 중 외국인과 성공적으로 협력하기 위해서는 기초외국어능력을 키우는 것뿐만 아니라 그들의 보디랭귀지를 포함한 비언어적 의사소통과 관련된 문화를 이해하려는 노력도 중요하다(한국산업인력공단, 2021).

〈표 6-3〉 나라마다 다른 보디랭귀지

Body Language	나라	의미
“O”	영어권	좋다, Great
	프랑스	제로, 무(無)
	일본	돈
	지중해	동성연애(끝)
	브라질	외설적 표현
엄지 세우기	공통	권력, 우월, 지배, 최고
	영국, 호주, 뉴질랜드	자동차 세우기
	그리스	저리 가, 꺼져
	유럽	비웃기
가운뎃손가락	공통	외설
“V”	안쪽 보이게	윈스턴 처칠의 승리
	바깥쪽 보이게	경멸, 외설
머리 긁기	서양	비듬, 가려움
	동양	미안함, 답답함
입 가리기	서양	거짓말
	동양	창피
귀 움직이기	인도	후회
	브라질	칭찬
고개 끄덕	불가리아, 그리스	No
	기타	Yes
옆으로 고개 흔들기	네팔	Yes
	기타	No
손가락 교차	유럽	경멸
	브라질	행운
손바닥 아래·위로 흔들기	유럽	No
	그리스	모욕

출처: 한국산업인력공단(2021). NCS 직업기초능력 가이드북 의사소통능력. 울산: 한국산업인력공단.

〈표 6-4〉 나라마다 다른 인사법

인사	나라
악수	• 미국: 손을 힘 있게 쥐고 흔들며 손윗사람일 경우 격려의 뜻으로 손아랫사람의 어깨를 두드리기도 한다. • 독일: 언제나 강하고 짧게 흔든다. • 프랑스: 손에 힘을 많이 주지 않는다. • 중남미: 여성과 악수를 할 때 손등에 입을 맞추는 경우가 많다. 껴안고 키스를 한 후 친근감의 표시로 어깨를 몇 번 두드린다.
목례	• 중국을 비롯한 아시아의 유교 영향권 나라에서 하는 인사로 연하자일수록 먼저 더 낮추어 고개를 숙인다.
입맞춤	• 러시아: 키스하고 포옹한다. • 프랑스, 이탈리아, 스페인, 포르투갈 그 외 지중해 연안의 나라: 주로 양쪽 빰에 키스한다. • 사우디아라비아: 박수를 한 후 양쪽 빰에 키스한다.
합장인사	• 와이(Wai): 태국의 전통적 인사법으로 생활 최고의 규범, 존경 또는 고마움의 표시이다. 두 손을 모으고 팔과 팔꿈치를 몸에 붙인 채로 "와이"라고 말하면서 고개를 숙인다. 상위자가 하위자의 와이에 응할 때에는 양손을 합장하되 머리를 숙이지 않는다. • 나마스테(Namaste): 인도의 전통 인사로 "와이"와 비슷한 합장인사이며 상대에 대한 존경의 표시를 나타내며, 산스크리트어로 '당신 앞에 절합니다.'라는 뜻이 있다. • 네팔: 양손을 이마에 붙이고 "나마스테!"라고 하면서 양손을 이마 높이에서 앞으로 쭉 내밀어 상대방과 손뼉을 세 번 친다.
살람	• 싱가포르의 전통인사로 손을 잡지 않고 인사는 하는 것을 말하며 한 손을 펴서 서로의 손에 가볍게 댄 후 그 손을 가슴 위에 올려놓는다.
아브라쏘	• 멕시코, 아르헨티나, 콜롬비아 등 중남미 나라: 서로 껴안고 키스를 한 후 친근감의 표시로 어깨를 두드리는 행위로 키스보다 훨씬 신체접촉이 많으며 시간도 길게 걸린다.
코 비비기	• 폴리네시아: 코를 서로 비벼 대는 인사를 한다. • 뉴질랜드 북섬 마오리족: 반가운 남녀가 만나면 코를 서로 두 번씩 비빈다("홍기"라고 한다).

인사	나라
침 뱉기	• 아프리카 탄자니아의 마사이 부족: 만나거나 헤어질 때 상대방에 대한 존경과 친근감의 표시로 얼굴에 침을 뱉는다. 갓 태어난 아이에게도 축복과 행운의 의미로 침을 뱉고 상거래 시 장사꾼 상호 간에 흥정을 위해서도 침을 뱉는다.
기타	• 이누이트(에스키모): 서로의 뺨을 치는 것이 반갑다는 인사 • 티베트인: 자신의 귀를 잡아당기며 혓바닥을 길게 내밀어 친근감을 표시한다. • 이스라엘: "샬롬! 샬롬!" 하면서 상대방의 어깨를 주물러 준다.

출처: 長新太. (1989). 世界のあいさつ. 東京: 福音館書店. 김창원 역. (2015). 세계의 인사법. 서울: 진선아이(진선출판사).; 오성환 외(2005). 직장예절: 글로벌 시대의 비즈니스 경쟁력. 서울: 형성출판사.

〈표 6-5〉 나라마다 다른 선물의 의미

나라	선물	의미	비고
중국	괘종시계	끝내다 또는 죽음을 의미	끝을 의미하는 종(終) 발음이 비슷
	배	이별의 의미	이별의 리(離)와 발음이 같음
	거북	발음이 욕설과 비슷	
	우산	이별을 뜻함	흩어진다는 의미의 산(散)과 발음이 비슷
	꽃다발	생명의 짧음을 의미, 장례용	
	현금	축의금은 짝수로, 부의금은 홀수로	
일본	칼	단절	
	포장	반짝거리는 재질 회피, 리본 달지 않음	
	식품, 도자기류	좋은 의미	
말레이시아	개 관련 선물	개는 부정함을 의미	
	돼지고기, 술	금지 품목	인구의 90%가 이슬람교도
미국	백합	죽음	영국, 캐나다 동일

나라	선물	의미	비고
브라질	검은색, 갈색	나쁜 이미지	
	칼	인간관계의 단절	
독일	포장지 및 리본	흰색, 검정, 갈색 회피	
	꽃	짝수 아닌 홀수, 포장하지 않아야 함	열세 송이 피함
프랑스	꽃	빨간 장미 - 구애 카네이션 - 장례용	
	향수	기호품으로 선물용 아님	
	와인	우리나라 막걸리를 포장 선물함과 같음	
중동	누드화, 애완동물	품격 낮은 선물	
	손수건	이별의 상징	

출처: 도영태 외(2005). 직장예절. 서울: 영진미디어.

07

Chapter

대인관계능력

1. 대인관계

1) 삶과 인간관계

관계란 사건이며 그 사건은 너를 인식하면서부터 시작되고 발전한다. 나와 대칭되는 너를 만나면서부터 비로소 인간이 된다. 생물학적 한계에 제한된 인간이 아니라 사회적, 도덕적 차원에서의 인간으로 거듭난다. 그래서 인간은 두 번 태어난다. 너를 알고 난 후가 두 번째의 탄생이며 그것이 곧 관계의 시작이다. 너를 안다는 것은 너를 통해서만이 나의 존재 의미가 드러나고, 나로 인하여서만이 네가 의미를 부여받을 수 있다는 것을 의미한다. 지금 나와 관계 맺고 있는 이들을 보면 지금의 '나'의 모습을 알 수 있다. 인간은 관계를 통해 자신을 형성하고 드러내는 법이기 때문이다(이명선 외, 2019).

인간은 태어나면서부터 죽음에 이르기까지 다른 사람들과의 사회적 관계 속에서 대인관계를 유지하면서 살아간다(김은영 외, 2014). 가장 가까운 가정에서부터 학교, 직장, 각종 모임 등 사람들과 다양한 관계를 유지하며 때로는 행복감을 느끼고 때로는 불행감을 느끼게 된다. 일반적으로 대인관계는 사람과 사람 사이의 심리적 관계, 인간관계, 상호관계 등을 의미하며, 사람과 사람 사이의 만남을 통해서 얻게 되는 다양한 정보, 상대방의 개성, 언행, 태도, 행동양식 등에 따라 큰 영향을 받게 된다.

인간관계는 삶 속에 행복을 창출하고 실천하는 것이다. 인간관계 개선을 위한 몇 가지 방법을 살펴보자(서울시교육청, 2020).

첫째, 좋은 인간관계는 감사하는 마음에서 시작된다. 진정한 마음으로 대접할 때는 인간의 고마움을 결코 잊지 않을 것이고, 잘못이 있다 하더라도 용서할 수 있는 마음이 좋은 인간관계를 유지할 수 있다.

둘째, 성실하고 유능함이 인간관계에 큰 역할을 한다. 인간관계는 성실성에서 시작한다. 작은 일을 맡아서 잘 수행하는 자의 결과를 보고, 다음에 좀 더 큰일도 맡게 하는 것이다. 성실은 자신의 말을 성취하는 것이며 성실이 쌓이면 유능한 인물을 창출하는 것이다.

셋째, 겸손은 인간관계를 아름답게 한다. 자신을 낮춘다는 것이 쉬운 일이 아니다. 남을 먼저 앞세우고 자신은 소리 없이 도울 수 있는 자는 진정 훌륭한 자이다.

넷째, 첫 대면은 인간관계에 큰 영향을 미친다. 인간은 감정을 가지고 있으며 이 감정이 상대방을 개념화하는 데 중요한 역할을 한다는 점이다.

다섯째, 개성 존중은 친근한 인간관계를 형성한다. 타인의 개성을 무시해서는 안 된다. 특징을 발견하면 칭찬하고 좋은 점을 배우려는 자세가 중요하다. 모든 점에서 존중하는 기풍은 곧 다른 사람을 기쁘게 함과 동시에 서로 간의 벽이 없어지는 것이다.

여섯째, 칭찬은 인간관계의 활력소이다. 칭찬은 칭찬하는 측에서는 대수롭지는 않지만 받는 사람 측에서 커다란 의미를 가진다.

일곱째, 미소와 친절은 인간관계를 아름답게 한다. 미소는 인간관계의 향기이다. 향기가 있는 인간관계는 누구에게나 기쁨과 매력을 줄 수 있을 것이다.

여덟째, 요령 있는 대화는 우호적 인간관계의 교량이다. 대화는 짤막하고 요령 있게 해야 하며 대화 사이에 다른 사람들도 말할 수 있는 기회를 주어야 한다. 언어는 대화의 도구성을 충분히 지니고 있어야 하며, 위트나 유머가 있고 활발하며 흥미가 있어야 한다.

인간은 사회적으로 홀로 떨어져서 살기 어려운 개체이다. 그러므로 나에게 무엇을 해 주기를 바라는 것보다 남을 먼저 생각하는 자세, 즉 은혜를 베풀면 은혜를 되돌려 받기를 원하지 않고 남에게 구제를 하였으면 후회하지 않는 자세를 가진 인간관계가 이루어져야 한다.

2) 대인관계의 의미

근세 이전에 대인관계는 개인의 다양한 역량을 지님으로 본인만 잘하면 되는 상황이었지만 급변하는 현대사회에서는 복잡하고 거대한 사회구조와 치열한 경쟁구조로 다양한 경력과 지식을 지닌 구성원들을 규합한 형태로 일함으로써 대인관계의 필요성이 더욱 커졌다(서울시교육청, 2020).

대인관계능력이란 직장생활에서 협조적인 관계를 유지하고, 조직구성원들에게 도움을 줄 수 있으며, 조직 내부 및 외부의 갈등을 원만히 해결하고 고객의 요구를 충족시켜 줄 수 있는 능력을 의미한다(한국산업인력공단, 2021). 직장은 다른 사람들과 함께 공동목표를 이루어 가는 조직체이다. 개인의 능력이 뛰어나다 하더라도 조직에 함께 일하는 사람들과 잘 융화되지 못하면 능력을 발휘할 수 없다. 직장생활을 하다 보면 많은 사람들을 만나고, 또 함께 일하게 된다. 그리고 요즘 같이 일의 규모가 커진 실정에 혼자서 어떤 일을 하기란 매우 힘들다. 그러므로 대인관계를 원활히 유지하고, 개발하는 능력은 매우 중요하게 여겨지고 있다. 우리가 인생에서 성공하고 출세하기 위해서는 많은 것이 중요하지만, 특히 대인관계능력이 중요하다는 것을 강조한다. 대인관계는 직장생활뿐만 아니라 사회생활을 하다 보면 많은 사람들을 만나고, 또 함께 일을 하게 된다. 대인관계능력은 우리가 사회생활을 하는 데 있어 가장 핵심이 되는 능력이다.

대인관계에 대한 광의의 개념은 두 사람 이상의 사람들 사이에서 일어나는 모든 상호작용을 의미하며, 협의의 개념은 다른 사람과의 원만한 관계로 서로 화합을 이루고 있는지에 대한 여부의 상황이나 상태를 말한다(최화숙, 2018). 사전적 의미로 대인관계란 사람을 대하고 사귀는 일을 말하며, 더 넓은 의미로 자신과 다른 사람과의 관계를 말한다. 유사한 의미로 인간관계(人間關係)란 둘 이상의 사람이 빚어내는 개인적이고 정서적인 관계를 가리킨다(은예린 외, 2019). 즉, 사람을 대하고 사귀는 일로서 집단 속의 구성원 상호 간의 심리적 관계를 의미한다. 인간관계는 누가 만들어 주는 것이 아니라 스스로 만들어 가는 것이며, 인간의 다양한 외모만큼이나 인간관계를 만들어 가는 모습 또한 다양하다(하정연 외, 2020).

'보스턴 40년 연구'를 살펴보면, 헬즈만이라는 보스턴대학 교수는 사회경제적 지위에 영향을 끼치는 요인을 알아보기 위해 7살짜리 아이 450명을 선정한 후 40년 뒤 그들의 사회경제적 지위를 조사했다. 그 결과, 40년 후 이들의 출세 및 성공을 가장 잘 설명해 준 변수는 좌절을 극복하는 태도, 감정통제능력, 타인과 어울리는 능력 등으로 나타났다(Grant, 2013). 미국 카네기 공과대학에서도 유사한 결과가 나타났다. 1만 명을 대상으로 '성공에 직접 영향을 주는 것이 무엇인가?'라는 설문 결과 두뇌의 명석함, 기술, 숙련이 중요하다는 답변은 15%였고, 85%가 뛰어난 인간관계능력이 중요하다고 답하였다. 하버드대학 직업지도부 조사에 의하면 직장에서 해고당한 수천 명의 사람 중 업무수행의 실패나 실수가 원인으로 해고당한 사람보다 서툰 대인관계로 해고당한 사람이 두 배나 많았다고 한다(이영희 외, 2010). 이는 지식, 능력 이상으로 인간관계의 중요성을 시사하고 있다. 흔히 사람들은 한 사람의 출세와 성공에 가장 큰 영향을 주는 것은 학교성적, 즉 공부를 잘하는 것이라고 생각한다. 그러나 실제로 미국의 연구 결과는 대인관계능력이 높은 사람이 성공하는 경우가 더 많았다는 것을 말해 준다. 특히, 이타적인 사람들의 사회적 성공 사례를 통해 출세와 성공에 대인관계능력이 미치는 영향은 매우 크다는 것을 알 수 있다. 4차 산업혁명시대 인재상으로 제시된 4C[1)]에서도 이 시대 인재상 중 하나도 통합과 다양한 문화에 대한 이해 및 교류능력, 여러 사람과 협력할 수 있는 사회적 능력인 '협업능력'을 제시하고 있다(정보현, 2021).

중앙일보(2018)가 사회 각 분야의 전문가 100인에게 "미래의 인간은 어떤 역량을 갖춰야 할까?"라고 물어보았다. 가장 중요한 핵심역량은 창의력이었다. 그리고 다음 순으로 인성, 융복합능력, 협업능력, 커뮤니케이션 등이었다. 4차 산업

1) 4차 산업혁명, 요구되는 대표적인 인재상은 협력(Collaboration), 의사소통(Communication), 비판적 사고(Critical Thinking), 창의성(Creativity)을 갖춘 4C 인재이다. 4C는 P21(21세기 역량 파트너십, Partnership for 21st Century Skill, 2002)에서 21세기 핵심 역량으로 제시된 이후 미국 직업정보네트워크 오넷(O-NET), 세계경제포럼(WEF) 등에서 4차 산업혁명의 인재상으로 널리 적용되고 있다(정보현, 2021).

혁명시대는 상호 연결이 심화되어 융복합능력과 협업이 중요해진다. 미래의 기술은 모든 삶이 연결된다. 그리고 다양한 분야를 접목해 문제를 해결하고 협업을 통해 필요한 인재가 주목받을 것이다. 이러한 핵심기술, 즉 역량은 창의적, 융합, 협업의 역량을 연결하는 능력이며 소통과 협업능력만으로도 중요한 의미가 있다(김동일 외, 2020).

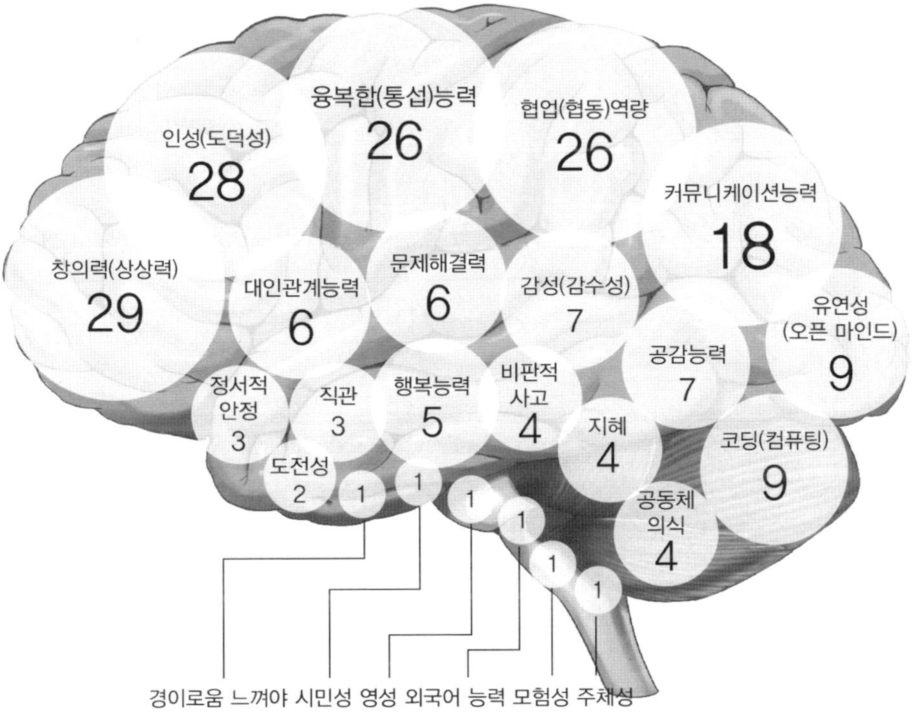

[그림 7-1] 명사 100인이 꼽은 미래 역량

출처: 중앙일보(2018.01.03.). https://www.joongang.co.kr/article/22293003.

활동 나의 인간관계는 어떠한가?

1. 본인은 직업생활에서 필요한 대인관계능력이 무엇이라고 생각하는가?

2. 자신과 관계있는 사람들 중에서 친하게 지내는 사람과 불편하게 지내는 사람을 구분해 보고, 그런 관계가 된 이유를 써 보자.

사람		관계 이유
친한 사람		
불편한 사람		

3. 현재 자신의 대인관계능력 중 장점과 단점을 기술하시오.

장점	단점

출처: 한국산업인력공단(2021). NCS 직업기초능력 가이드북 대인관계능력. 울산: 한국산업인력공단

3) 대인관계의 중요성

성장기 대인관계는 매우 중요한 역할을 하는데, 만족스럽고 원만한 대인관계를 경험하게 되면 건전한 인격 발달에 긍정적인 영향을 미치지만, 불만족스럽고 대립적인 대인관계를 경험하게 되면 정신적 스트레스를 유발하여 정상적인 성장과 발달에 부정적인 영향을 미친다. 특히 청소년기의 대인관계는 자아정체성 형성에 영향을 줄 뿐만 아니라 성인이 되어서도 대인관계에 영향을 미치게 됨으로써 매우 중요하다. 이처럼 인간은 혼자서 존재할 수 없으며 다른 사람들과 관계를 맺고 접촉하면서 살아간다. 따라서 마르크스(K. Marx)는 "인간은 사회 속에 있을 때만 비로소 인간이 된다"라고 하였다(이규은, 2020).

일반적인 대인관계의 특성은 다음과 같다(최화숙, 2018).

첫째, 대인관계는 하나의 단순한 개념이나 사상이 아니라 일상생활 중에 일어나는 모두 관찰 가능한 현실적 상황이다.

둘째, 대인관계는 기본적으로 타인과의 상호작용 과정이다.

셋째, 대인관계는 인간에게 만족과 행복을 가져다주는 원천이다.

넷째, 대인관계는 개인이나 조직의 성과를 좌우하며 목표달성을 용이하게 한다.

사회가 급속도로 변화하고 빠르게 정보화가 이루어지면서도 대인관계의 중요성을 강조하는 것은 다른 사람들과 관계를 맺고 사회적 관계를 유지하면서 살아가는 것은 단순히 의사소통이라는 의미를 넘어 다음과 같은 의미를 갖는다(이태연 외, 2009).

첫째, 인간은 근본적으로 약한 존재이다. 폴트만은 인간은 모두 미숙아로 태어난다고 했다. 이처럼 인간은 어머니의 자궁에서 벗어나는 순간 누군가의 도움이 없다면 생명을 유지하기 어려운 존재이며, 어머니나 보호자의 보살핌을 받아야만 스스로 생존할 수 있는 개체로 성장하게 된다. 자신의 생명유지에 절대적인 위치를 차지하는 어머니와의 관계는 아기의 정신과 육체에 엄청난 영향을 미치게 된다. 어머니로부터 부드럽고 따뜻한 보살핌을 받은 아기는 낯선 환경에서도 쉽게 적응하며 타인과도 따뜻한 대인관계를 지속할 수 있지만, 그렇지 못했던 아기는 주변 사람들을 비롯한 모든 대상에 대해 두려움을 느끼게 된다. 어릴 때 어머니에게 의존하여 성장을 한 인간은 성인이 되어서도 타인으로부터 사랑과 인정을 받으려는 욕구를 갖게 되고, 이러한 욕구를 만족시키기 위해 친구나 애인을 찾게 된다.

둘째, 인간은 대인관계를 통해 자신을 발견한다. 사람은 대인관계를 통해 자신의 생각이나 감정이 일반적으로 수용될 수 있는지를 알게 된다. 어린아이들은 부모나 친구들과의 대인관계를 통해 우리 사회에 보편적으로 존재하는 규범뿐 아니라 대인관계의 원리를 배우며 사회의 한 구성원으로 성장한다. 즉, 왜 남의 물건을 함부로 가져서는 안 되며, 다른 사람이 말할 때 관심을 기울여 줘야 하는지에 대해 알게 된다. 이렇게 다양한 사람들과의 대인관계 경험을 통해 다른 사람의 입장을 이해하는 방법을 배운다.

셋째, 대인관계는 인간의 기본적인 욕구이다. 매슬로우(Maslow)에 의하면 인간은 생리적 욕구부터 시작하여 안전욕구, 사회적 욕구, 존경욕구, 자아실현의 욕구로 발전한다. 인간은 가장 하위에 있는 생리적 욕구에서 가장 상위에 있는 자아실현의 욕구에 이르기까지 기본적인 욕구위계(need hieracrhy)를 가지고 태어난다. 이 욕구위계에서 상위에 있는 욕구는 하위에 있는 욕구가 충족되어야만 충족될 수 있으며, 인간은 성장하면서 더 상위에 있는 욕구들을 추구하는 경향을 보인다. 대인관계는 생리적 욕구로부터 자아실현 욕구에 이르기까지 기본적으로 요구되는 욕구이다.

이러한 대인관계는 다음과 같은 이유 때문에 중요하다고 할 수 있다(최화숙, 2018).

첫째, 인간은 대인관계를 벗어나서 살 수 없으며, 대인관계는 삶을 살아가는 자본이다.

둘째, 원만한 대인관계의 형성은 건전한 성격발달에 도움이 된다.

셋째, 생산적인 대인관계는 개인의 생존과 발달뿐만 아니라 가정과 사회생활에 대한 적응력을 높여주는 중요한 역할을 한다.

넷째, 자율적 대인관계 형성의 능력은 자아실현과 삶의 질에 깊이 관련되어 있다.

이처럼 대인관계는 피할 수 없는 필수적인 요소이며 중요한 삶의 영역이다. 그러므로 우리가 상처받지 않고 스스로 편안하면서 상대에게 반감을 주지 않는 대인관계를 만들기 위해서는 자신의 인성을 가다듬고 실천하는 훈련이 필요한 것이다.

4) 원만한 대인관계 방법

직업인들은 직업생활에서 대인관계능력이 매우 중요하다는 것을 인식하고 있으면서도 정작 대인관계능력을 향상시키기 위해서는 어떻게 하여야 하는지 모르는 경우가 많다. 우리 모두는 은행계좌가 무엇인지 잘 알고 있다. 우리는 은행에 계좌를 만들고 이를 통해 입금을 하며 필요할 때 인출할 수 있도록 잔고를 남긴다. '감정은행계좌'란 인간관계에서 구축하는 신뢰의 정도를 은유적으로 표현한 것이다(한국산업인력공단, 2021).

사람들은 같은 행동이더라도, 누가 했느냐에 따라 그 행동에 대한 원인을 다르게 판단하는 귀인편향을 가지고 있다. 예를 들어, 내가 회사에 지각을 한 이유에 대해서는 그날따라 차가 막혀서 늦었다고 생각한다. 즉, 늦은 이유에 대해서 외부(상황) 귀인을 한다. 그에 비해 다른 사람이 지각을 하면 평소 시간 약속을 잘 지키지 않는 사람, 성실하지 않은 사람으로 생각한다. 늦은 이유에 대해 내부 귀인을 하는 것이다. 중요한 것은 이러한 귀인편향은 우리 모두가 가지고 있으며 평소 잘 알고 지내는 사람에게는 내부 귀인이 아닌 외부 귀인을 한다는 것이다. 이때 위에서 설명한 것과 마찬가지로 평소 감정은행계좌를 통해 서로 신뢰를 구축한다면 회사 생활을 할 때 불필요한 오해와 편견을 예방할 수 있다. 평소 감정은행계좌의 저축이 두둑한 사람은 회사 생활 중 실수가 있더라도, 주변인들은 원래 저런 사람이라고 평가하지 않고 분명 어떤 이유가 있을 거라 생각하고 그 실수에 대해 이해하고 용서할 가능성이 높다. 감정계좌에 신뢰를 저축하기 위한 주요 방법 다섯 가지는 다음과 같다(한국산업인력공단, 2021).

(1) 상대방에 대한 이해와 배려

사람들의 모습이 다양한 만큼 사람들의 생각도 다양하다. 따라서 상대방의 의견이 나와 다르다고 해서 잘못된 것으로 판단해서는 안 된다. 대인관계에서 중요한 것은 유연한 사고를 하는 것이다. 대학 생활 중 만나는 친구, 선·후배, 교수님들이 나와 의견이 다를 수 있다는 것을 받아들이는 유연한 자세가 필요하다(하정연, 오정희, 2020). 이러한 유연한 자세는 바로 이해와 양보의 미덕을 기반으로 이루어지며, 이러한 심성이 주변 사람들을 편안하게 해주고 조직을 부드럽게 하는 윤활유 같은 역할을 한다. 상대방의 입장에서 양보하고 배려하는 노력은 타인의 마음속에 저축하는 가장 중요한 방법이 되며, 시간이 갈수록 이자가 늘어 세월이 지나면 큰 가치로 되돌아온다. 감정은행계좌에 저축을 하기 위해서는 나보다 상대방의 입장을 먼저 이해하고 배려하는 노력이 있어야 한다. 다른 사람들에 대한 이해와 양보는 그들과의 유대관계를 강화하고 당신에 대한 인격과 신뢰를 쌓게 되는 것이다. 나의 작은 희생과 양보가 계속 쌓여 나중에는 큰 이익으로 돌아올 수 있는 것이다(한국산업인력공단, 2021).

(2) 사소한 일에 대한 관심

약간의 친절과 공손함은 매우 중요하다. 이와 반대로 작은 불손, 작은 불친절, 하찮은 무례 등은 막대한 인출을 가져온다. 인간관계에서의 커다란 손실은 사소한 것으로부터 비롯된다. 내 자신의 상황과 내 자신이 좋아하는 것만 고집하고 내 의견만 옳다고 대응하는 자세는 바람직하지 않다. 혼자 살아가는 세상이 아닌 만큼, 상대방의 입장을 존중하고 그 상황에 알맞게 양보하고 배려할 줄 알아야 한다. 상대방이 좋아하는 장소, 상대방이 편하게 생각하는 시간, 상대방이 처한 환경 등을 고려해 약속을 정해 만나고, 일을 진행하고, 상대방 취향에 맞는 음식, 옷차림, 분위기 등을 파악해 대응하는 것도 좋은 방법이다. 사람들은 매우 상처받기 쉽고 내적으로 민감하다. 이 점은 나이나 경험과는 별 상관이 없으며, 비록 외적으로 대단히 거칠고 냉담하게 보이는 사람도 내적으로는 민감한 느낌과 감정을 갖고 있다.

(3) 약속 이행 및 언행일치

대인관계에서 일을 진행하면서 가장 신뢰할 수 없는 사람이 입으로만 일을 진행하는 사람이다. 입으로 자신의 능력을 과대평가하고 필요 없는 자랑으로 상대방에게 기대치를 높여 놓고 실천하지 않는 사람은 신용이 떨어진다. 언행일치하지 않는 사람은 근본적으로 신뢰를 잃을 수밖에 없다(은예린 외, 2019). 책임을 지고 약속을 지키는 것은 중요한 감정 예입 행위이며 약속을 어기는 것은 중대한 인출 행위이다. 사실 어떤 사람에게 대단히 중요한 약속을 해놓고 어기는 일보다 더 큰 인출 행위는 없다. 그러한 인출 행위가 발생하고 나면 다음에 약속을 해도 상대가 믿지 않기 마련이다. 사람들은 대개 약속에 대한 기대가 크다. 만약 당신이 약속을 항상 지키는 습관을 갖는다면 당신과 동료 사이에 이해의 간격을 이어 주는 신뢰의 다리를 놓게 될 것이다. 언행일치는 신뢰를 가져오고 감정은행계좌에 많은 종류의 예입을 가능케 하는 기초가 된다. 언행일치는 정직 그 이상의 의미를 가진다. 정직은 사실대로 말하는 것으로 우리가 하는 말을 사실과 일치시키는 것이다. 언행일치는 사실을 우리의 말에 일치, 즉 실현시키는 것으로 약속을 지키고 기대를 충족시키는 것이다.

(4) 칭찬하고 감사하는 마음

"칭찬은 고래도 춤추게 한다"라는 베스트셀러가 있었다. 상대방에 대한 칭찬과 감사의 표시는 상호 신뢰관계를 형성하고 사람의 마음을 움직이게 하는 중요한 감정 예입 행위이다. 그러나 상대방에 대한 불만과 불평은 커다란 인출을 가져온다. 대인관계의 손상은 서로 신뢰가 무너지고 불신과 불만이 쌓일 때 비롯된다. 사람들은 작은 칭찬과 배려, 감사하는 마음에 감동하게 되지만, 사소한 무관심과 불만에 쉽게 상처를 받는다(한국산업인력공단, 2021). 수직적인 관계에서든 수평적인 관계에서든 서로가 갖고 있는 그 무엇을 알아주기를 원한다. 상대의 좋은 점, 잘하는 점을 칭찬하거나 긍정적인 반응을 보이는 것만으로도 그 사람과 좋은 관계를 만드는 계기가 된다(이영희 외, 2010).

(5) 진정성 있는 태도

좋은 인간관계를 통해 원만한 대인관계를 맺기 위해서는 진심이 가득한 관심을 기울이며 상대에게 다가가야 한다. 진정성 있는 태도는 신뢰관계 형성에 매우 중요하다. 누군가 나에 대한 태도가 상황에 따라 변한다거나 앞과 뒷모습이 다르다면 그 관계를 유지하는 것은 어렵다. 그렇기 때문에 진정한 태도를 가지고 상대방을 대하는 것은 대인관계를 좋게 하는 데 필수적이다. 하지만 진정성 있는 마음을 가지고 있다 하더라도 그것을 전하는 것은 어려울 수 있다. 진정성 있는 태도를 보여줄 수 있는 한 가지 예는 바로 진지한 사과이다. 진지한 사과는 감정은행계좌에 신뢰를 예입하는 것이다. 그러나 반복되는 사과는 불성실한 사과와 마찬가지로 받아들여져 신용에 대한 인출이 된다. 또한 평소 어떤 관계였는가에 따라 사과는 예입이 될 수도 있고 인출이 될 수도 있다. 실수를 저지르는 것과 그것을 인정하지 않는 것과는 완전히 별개의 문제이다. 실수란 보통 순간적인 판단 착오로 빚어지기 때문에 사람들은 실수를 기꺼이 용서하려고 한다. 그러나 사람들은 의도적인 실수, 즉 나쁜 취지나 나쁜 동기 혹은 처음의 실수를 덮어 버리려는 오만한 정당화 등에 대해서는 쉽게 용서하려 들지 않는다.

5) 대인관계 유형

우리는 관계를 통해 배우며 성장해 나간다. 가족, 학교, 직장 내 다양한 관계 안에서 소속감을 느끼기도 하며, 갈등을 경험하기도 하고, 때론 외로움을 느끼기도 한다. 대인관계가 어려운 이유 중 하나는 내가 바라본 관계와 상대가 바라본 관계가 다르기 때문이다. 그렇기 때문에 다양한 대인관계 양식을 이해하고, 내가 맺고 있는 대인관계 양식을 파악하는 것은 대인관계 형성 및 유지에 도움이 된다. 사람마다 관계에 대한 욕구가 다르기 때문에 관계를 맺는 양식 또한 다르다. 대상에 따라 관계를 맺는 양식이 변화할 수 있지만, 일반적으로 사람은 일관성 있는 독특한 대인관계 양식을 지닌다. 따라서 다양한 대인관계 양식에 대해 이해하고, 본인의 대인관계 양식에 대해 파악한다면 관계를 형성하고 유지할 때 도움이 된다.

미국의 심리학자 키슬러(Donald J. Kieslerer)는 대인관계 유형을 여덟 가지로 구분하였다.

다양한 대인관계 양식은 지배성(dominance) 차원과 친화성(affiliation) 차원으로 분류된다. 지배성(dominance) 차원은 다른 사람의 행동을 자신의 뜻대로 통제하려 하는 정도를 의미하며, 지배-복종 연속선상에서 대인행동을 평가한다. 친화성(affiliation) 차원은 다른 사람을 호의적으로 대하는 정도를 뜻하며 사랑-미움(친애와 냉담)의 연속선상에서 대인행동을 평가한다(은예린 외, 2019). 두 가지 차원에 따라 지배형, 실리형, 냉담형, 고립형, 복종형, 순박형, 친화형, 사교형으로 대인관계 양식 유형을 구분하였다(한국산업인력공단, 2021).

(1) 지배형

대인관계에서 주도적이고 자신감이 넘치며 자기주장이 강해 타인을 통제하고자 하는 경향이 있다. 지도력과 추진력이 있어서 집단적인 일을 잘 지휘할 수 있다. 그러나 이러한 경향이 과도하게 강한 사람은 강압적이고 독단적인 행동을 보이고, 논쟁적이어서 타인과 잦은 갈등을 겪을 수 있다. 또한 윗사람의 지시에 순종하지 않고 거만하다는 평가를 받을 수 있다. 이런 사람은 타인의 의견을 잘 경청하고 수용하는 자세가 필요하며 타인에 대한 자신의 지배적 욕구를 깊이 살펴보는 것이 바람직하다.

(2) 실리형

대인관계에서 실리적인 이익을 추구하는 성향으로 이해관계에 예민하고 치밀하며 성취 지향적이다. 이런 경향이 강한 사람은 자신의 이익을 우선으로 생각하기 때문에 자기중심적이고 경쟁적이며 타인에 대한 관심과 배려가 부족할 수 있다. 타인을 신뢰하지 못하고 불공평한 대우에 예민하며 자신에게 피해를 입힌 사람에게는 보복하는 경향이 있다. 이런 사람은 대인관계에서 타인의 이익과 입장을 배려하는 노력이 필요하며 타인과 신뢰를 형성하는 일에 깊은 관심을 갖는 것이 바람직하다.

(3) 냉담형

대인관계에서 이성적이고 냉철하며 의지력이 강하고, 타인과 거리를 두는 경향이 있다. 이런 경향이 강한 사람은 타인의 감정에 무관심할 뿐만 아니라 타인에게 쉽게 상처를 줄 수 있다. 타인에게 따뜻하고 긍정적인 감정을 표현하는 것을 어려워하고, 대인관계가 피상적이며 타인과 오랜 기간 깊게 사귀지 못하는 경향이 있다. 이런 사람은 대인관계에서 타인의 감정 상태에 깊은 관심을 지니고 타인에게 긍정적인 감정을 부드럽게 표현하는 기술을 습득하는 것이 바람직하다.

(4) 고립형

혼자 있거나 혼자 일하는 것을 좋아하며 감정을 잘 드러내지 않는다. 이런 경향이 강한 사람은 타인과의 만남을 두려워하고 사회적 상황을 회피한다. 또한 자신의 감정을 지나치게 억제한다. 침울한 기분이 지속되고 우유부단하며 사회적으로 고립될 수 있다. 이런 사람은 대인관계의 중요성을 인식하고 대인관계 형성에 좀 더 적극적인 노력을 할 필요가 있다. 타인에 대한 불편함과 두려움에 대해 깊이 생각해 보는 것이 바람직하다.

(5) 복종형

대인관계에서 수동적이고 의존적이며 타인의 의견을 잘 따르고 주어지는 일을 순종적으로 잘한다. 그러나 자신감이 부족하며 타인에게 주목받는 일을 피한다. 자신이 원하는 것을 타인에게 명확히 전달하지 못한다. 또한 어떤 일에 대한 자신의 의견과 태도를 확고하게 갖는 것을 어려워하며 상급자의 위치에서 일하는 것을 매우 부담스러워한다. 이런 사람은 자기표현이나 자기주장을 할 필요가 있으며 대인관계에서 독립성을 키우는 것이 바람직하다.

(6) 순박형

대인관계에서 단순하고 솔직하며 겸손하고 너그러운 경향이 있다. 하지만 이런 경향이 강할수록 타인에게 쉽게 설득되어 주관이 없어 보일 수 있으며, 잘 속거나 이용당할 수 있다. 원하지 않을 때에도 타인의 의견에 반대하지 못하고, 화가 난 감정을 타인에게 알리기가 어렵다. 이런 사람은 대인관계에서 타인의 의도를 좀 더 깊게 생각하고 신중하게 행동할 필요성이 있으며, 자신의 의견을 좀 더 강하게 표현하고 주장하는 것이 바람직하다.

(7) 친화형

대인관계에서 따뜻하고 인정이 많으며 타인을 잘 배려하고 도와주는 자기희생적인 태도를 보인다. 때로는 타인을 즐겁게 해주려고 지나치게 노력하는 경향이 있다. 타인의 고통과 불행을 보면 도와주려고 나서며, 타인의 요구를 잘 거절하지 못하고 타인의 필요를 자신의 것보다 앞세우는 경향이 있어 손해를 볼 수 있다. 이런 사람은 타인과의 정서적 거리를 유지하는 것이 필요하며 타인의 이익만큼이나 자신의 이익도 중요하다는 것을 인식하는 게 중요하다.

(8) 사교형

대인관계에서 외향적이고 쾌활하며 타인과 대화하기를 좋아하고 인정받고자 하는 욕구가 강하다. 혼자서 시간을 보내는 것을 어려워하고, 타인의 활동에 관심이 많아서 간섭하는 경향이 있다. 충동적이며 잘 흥분하는 성향이 있고 타인의 관심을 끄는 행동을 하거나 자신의 개인적인 일을 타인에게 너무 많이 이야기하는 경향이 있다. 이런 사람은 타인에 대한 관심보다 혼자만의 내면적인 생활에 좀 더 관심을 갖고, 타인에게 인정받으려는 욕구를 깊이 생각해 보는 것이 바람직하다.

〈표 7-1〉 다양한 대인관계 양식에 대한 특징과 보완점

구분	특징	보완
지배형	• 대인관계에 자신이 있으며 자기주장이 강하고 타인에 대해 주도권을 행사 • 지도력과 추진력이 있어서 집단적인 일을 잘 지휘함 • 강압적이고 독단적, 논쟁적이어서 타인과 잦은 마찰을 빚음 • 윗사람의 지시에 순종적이지 못하고 거만하게 보일 수 있음	• 타인의 의견을 잘 경청하고 수용하는 자세를 기를 것 • 타인에 대한 자신의 지배적 욕구를 깊이 살펴보는 시간이 필요
실리형	• 대인관계에서 이해관계에 예민하고 치밀하며 성취 지향적 • 자기중심적이고 경쟁적이며 자신의 이익을 우선적으로 생각하기 때문에 타인에 대한 관심과 배려가 부족	• 타인의 이익을 배려하는 노력이 필요 • 타인과의 신뢰를 형성하는 일에 깊은 관심을 갖는 것이 바람직함

구분	특징	보완
	• 타인을 신뢰하지 못하고 불공평한 대우에 예민하며 자신에게 피해를 입힌 사람에게는 보복하는 경향성 보임	
냉담형	• 이성적이고 냉철하며 의지력이 강하고 타인과 거리를 두며 대인관계를 맺는 경향성 있음 • 타인의 감정에 무관심하고 상처 주기 쉬움 • 따듯하고 긍정적인 감정을 표현하기 어렵고 오랜 기간 깊게 사귀지 못함	• 타인의 감정 상태에 깊은 관심을 지니고 긍정적인 감정을 부드럽게 표현하는 기술을 습득하는 것이 필요
고립형	• 혼자 있거나, 혼자 일하는 것을 좋아하며 감정을 잘 드러내지 않음 • 타인을 두려워하고 사회적 상황을 회피하며 자신의 감정을 지나치게 억제 • 침울한 기분이 지속되고 우유부단하며 사회적으로 고립될 가능성 있음	• 대인관계의 중요성을 인식하고 좀 더 적극적인 노력을 해야 함 • 타인에 대한 불편함과 두려움에 대해 깊이 생각해 보는 것이 바람직함
복종형	• 대인관계에서 수동적이고 의존적이며 타인의 의견을 잘 따르고 주어진 일을 순종적으로 잘함 • 자신감이 없고 타인의 주목을 받는 일을 피함 • 자신이 원하는 바를 타인에게 잘 전달하지 못함 • 어떤 일에 대한 자신의 의견과 태도를 확고하게 지니지 못하며 상급자의 위치에서 일하는 것을 매우 부담스러워함	• 자기표현, 자기주장이 필요함 • 대인관계에서 독립성을 키우는 것이 바람직함
순박형	• 단순하고 솔직하며 대인관계에서 너그럽고 겸손한 경향 • 타인에게 잘 설득당할 수 있어 주관 없이 타인에게 너무 끌려다닐 수 있으며 잘 속거나 이용당할 가능성 높음 • 원치 않는 타인의 의견에 반대하지 못하고 화가 나도 타인에게 알리기 어려움	• 타인의 의도를 좀 더 깊게 들여다보고 행동하는 신중함이 필요 • 자신의 의견을 표현하고 주장하는 노력을 할 것
친화형	• 따뜻하고 인정이 많으며 대인관계에서 타인을 잘 배려하여 도와주고 자기희생적인 태도를 취함 • 타인을 즐겁게 해주려고 지나치게 노력하며 타인의 고통과 불행을 보면 도와주려고 과도하게 나서는 경향	• 타인과의 정서적 거리를 유지하는 노력이 필요함 • 타인의 이익만큼 나의 이익도 중요함을 인식해야 할 것

구분	특징	보완
	• 타인의 요구를 잘 거절하지 못하고 타인의 필요를 자신의 것보다 앞세우는 경향성	
사교형	• 외향적이고 쾌활하며 타인과 함께 대화하기를 좋아하고 타인으로부터 인정받고자 하는 욕구가 강함 • 혼자서 시간 보내는 것을 어려워하며 타인의 활동에 관심이 많아 간섭하며 나서는 경향이 있음 • 흥분을 잘하고 충동적인 성향이 있으며 타인의 시선을 끄는 행동을 많이 하거나 자신의 개인적인 일을 타인에게 너무 많이 이야기하는 경향이 있음	• 타인에 대한 관심보다 혼자만의 내면적 생활에 더 깊은 관심을 지니고 타인으로부터 인정받으려는 자신의 욕구에 대해 깊이 생각해 볼 필요 있음

출처: 한국산업인력공단(2021). NCS 직업기초능력 가이드북 대인관계능력. 울산: 한국산업인력공단.

활동 키슬러 양식에 의한 나의 대인관계

일단 어느 조직에서든 의사소통능력은 직무능력과 직무만족을 위해 반드시 필요한 능력이다. 그러나 사람들은 자신의 의사소통능력 스타일을 잘 알지 못하기 때문에 어려움을 겪는다. 자신의 대인관계 의사소통 스타일에 대해 곰곰이 생각해 보고, 이를 다음에 제시된 키슬러의 대인관계 의사소통 양식지에 체크해 보자.

전혀 그렇다	약간 그렇다	상당히 그렇다	매우 그렇다
1	2	3	4

	문항	1	2	3	4		문항	1	2	3	4
1	자신감이 있다					21	온순하다				
2	꾀가 많다					22	단순하다				
3	강인하다					23	관대하다				
4	쾌활하지 않다					24	열성적이다				
5	마음이 약하다					25	지배적이다				
6	다툼을 피한다					26	치밀하다				
7	인정이 많다					27	무뚝뚝하다				
8	명랑하다					28	고립되어 있다				
9	추진력이 있다					29	조심성이 많다				
10	자기자랑을 잘한다					30	겸손하다				
11	냉철하다					31	부드럽다				
12	붙임성이 없다					32	사교적이다				
13	수줍음이 있다					33	자기주장이 강하다				
14	고분고분하다					34	계산적이다				
15	다정다감하다					35	따뜻함이 부족하다				
16	붙임성이 있다					36	재치가 부족하다				

17	고집이 세다	37	추진력이 부족하다
18	자존심이 강하다	38	솔직하다
19	독하다	39	친절하다
20	비사교적이다	40	활달하다

출처: 한국산업인력공단(2021). NCS 직업기초능력 가이드북 대인관계능력. 울산: 한국산업인력공단.

채점과 해석

- 제시된 활동은 학습자들의 대인관계 의사소통능력을 체크해 보는 활동이다. 이는 학습자들이 스스로 자신의 대인관계 의사소통 스타일을 확인하고, 작성하는 것이므로 정답은 없다.
- 각 유형별 문항에 대한 응답을 아래의 칸에 합산하세요. 그리고 아래 그림에 자신의 점수를 ㅇ표로 표시하고 점수들을 연결하여 팔각형을 그리세요.
- 팔각형의 모양이 중심으로부터 특정 방향으로 기울어진 형태일수록 그 방향의 대인관계 의사소통 양식이 강하다고 해석됩니다.
- 이 결과는 자신의 대인관계 의사소통에 대하여 주관적으로 지각한 것일 뿐이므로 고정관념을 갖지 않도록 유의하여야 합니다.

지배형	1, 9, 17, 25, 33	실리형	2, 10, 18, 26, 34
냉담형	3, 11, 19, 27, 35	고립형	4, 12, 20, 28, 36
복종형	5, 13, 21, 29, 37	순박형	6, 14, 22, 30, 38
친화형	7, 15, 23, 31, 39	사교형	8, 16, 24, 32, 40

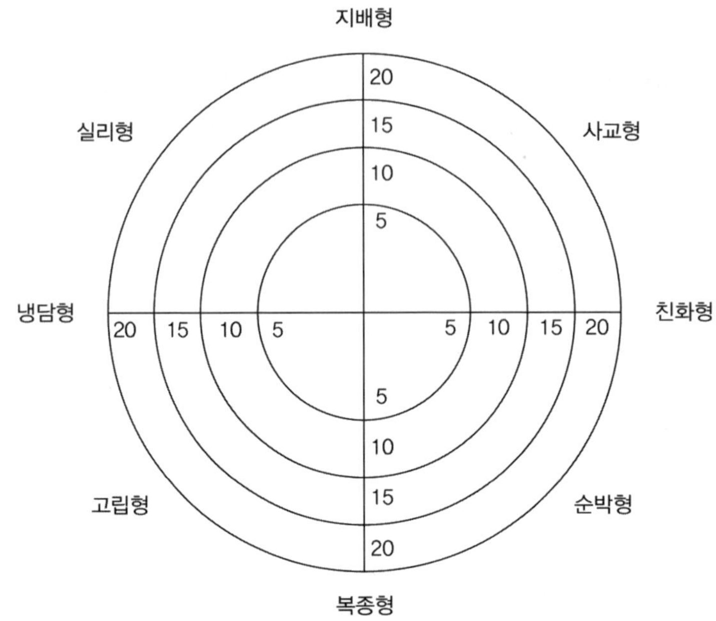

출처: 한국산업인력공단(2021). NCS 직업기초능력 가이드북 대인관계능력. 울산: 한국산업인력공단.

2. 팀워크능력

1) 의미

현대와 같이 경쟁이 치열한 환경에서 팀워크를 개발하고 지속시키는 일은 매우 중요하다. 실제로 조직이 생존에 급급해할지 또는 여유롭게 성장과 발전을 이룰지 여부는 팀을 효과적으로 운영하는 데 달려 있다. 이때 모든 구성원이 조직의 주인으로서 사고하고 결정을 내리는 것은 매우 중요한 요건이다. 팀원 각자는 자신을 유용한 자원이라고 인식하고 고품질 팀을 창조하기 위해 노력해야 한다. 이를 위해 팀워크능력 향상은 필수적이다. 우리는 직장에서뿐만 아니라 일상에서도 팀워크란 말을 자주 사용한다. 스포츠 세계에서 말하는 팀다운 팀의 조건은 직업세계에도 그대로 적용된다. 팀이라고 소개되는 집단을 살펴보면, 함께 상호작용하는 방식에 대해 가장 기본적인 사항조차 이해하지 못하는 개인들이 단순히 모여 있는 것에 불과한 경우가 흔하다. 그러한 집단은 진정한 팀이 될 기회를 가져 보지 못할 것이다.

팀워크(teamwork)는 팀(team)과 워크(work)의 합성어로 팀 구성원이 공동의 목적을 달성하기 위해 상호관계성을 가지고 협력해서 업무를 수행하는 것을 말한다. 여기서 팀워크는 공동의 목표달성 측면에서 볼 때 '응집력'과는 구분된다. 응집력은 사람들로 하여금 그 팀에 머물도록 만들고, 그 팀의 구성원으로서 계속 남아 있기를 원하게 만드는 힘이다. 즉, 공동의 목표를 달성하는 성과가 없더라도 응집력을 높일 수 있다(정보현, 2021). 즉, 팀워크와 응집력의 차이는 팀 성과의 유무에 있다. 성과는 내지 못하면서 팀의 분위기만 좋은 것은 팀워크가 좋은 것이 아니라 응집력이 좋은 것이다. 팀워크는 단순히 사람들이 모여 있는 것을 중요시하는 것이 아니다. 목표달성의 의지를 가지고 성과를 내는 것이 바로 팀워크이다. 팀워크의 유형은 보통 세 가지 기제인 협력, 통제, 자율을 통해 구분되는 데, 조직이나 팀의 목적, 그리고 추구하는 사업 분야에 따라 서로 다른 유형의 팀워크를 필요로 한다.

〈표 7-2〉 팀워크와 응집력

팀워크	응집력
팀 구성원이 공동의 목적을 달성하기 위해 상호관계성을 가지고 협력해서 업무를 수행하는 것	사람들로 하여금 그 팀에 머물도록 만들고, 그 팀의 구성원으로서 계속 남아 있기를 원하게 만드는 힘

출처: 정보현(2021). 4차산업혁명시대 스마트 직업과 경력개발. 서울: 동문사.

훌륭한 팀워크를 유지하기 위해서는 팀원들이 갖추어야 할 기본요소가 있다 (이규은, 2020; 한국산업인력공단, 2021).

첫째, 팀원 간에 공동의 목표의식과 강한 도전의식을 갖는다. 좋은 팀워크를 형성하기 위해서는 공동의 목표를 통한 결과물의 산출이 있어야 하므로 목표를 공유할 수 있도록 해야 한다. 팀의 사명과 목표를 명확히 할 때 구성원들의 헌신이 따르게 된다. 모든 팀원이 참여할 수 있도록 목표에 대한 명확한 제시가 필요하다.

둘째, 팀원 간에 상호 신뢰하고 존중한다. 팀워크는 구성원들 사이의 관계가 중요하다. 따라서 조직의 특성이나 성격 등에 대해 바르게 이해하고, 이 조직에서 달성하고자 하는 목표가 무엇인지에 대한 바른 이해가 필요하다. 조직에 대한 이해가 부족할 경우 팀원들에 대한 특성을 오해하기 쉽고 목표 도달에 대한 목적을 공유하기 어렵기 때문이다. 조직의 시작에서부터 잘 구성된 규약, 절차, 방침 등을 명확하게 규정하고 이를 잘 이해하는 것이 필요하다.

셋째, 서로 협력하면서 각자의 역할과 책임을 다한다. 개개인이 팀 구성원의 일원으로서 자신이 해야 할 역할과 책임을 명확하게 해 주어야 효율성이 향상된다. 자신의 역할만이 아니라 동료 팀원의 역할도 바르게 이해할 필요가 있다. 또한 효과적인 목표 달성을 위해서 팀의 지표나 업무방식을 바르게 인식시키고 실패를 두려워하지 않도록 하여, 문제를 다루거나 결정을 내릴 때 유연하고 창조적으로 행동하도록 한다.

넷째, 솔직한 대화로 서로를 이해한다. 팀 구성원 간의 의사소통은 매우 중요하다. 팀원 간에 서로 솔직하고 수용적인 대화와 상대방으로부터 조언을 얻고자 하는 신뢰가 형성되어야 한다. 이러한 풍토의 형성이 팀 구성원들을 적극적으로 동참하게 만든다.

다섯째, 강한 자신감으로 상대방의 사기를 드높인다. 팀 구성원들의 강점을 잘 살릴 때 효율적인 목표 달성이 가능하다. 리더는 각각의 팀 구성원들이 지닌 지식, 역량 및 재능을 잘 파악하여 바르게 인식하고 이를 잘 활용하는 방안을 찾아야 한다. 개개인의 능력을 효율적으로 잘 활용할 때 팀워크능력은 향상된다.

여섯째, 의견에 대한 충돌이 발생할 때에는 건설적인 방법으로 객관적인 결정을 내릴 수 있도록 한다. 팀원들 간에는 의견의 불일치가 발생하기 마련이다. 의견의 불일치로 인한 논쟁을 나쁘거나 파괴적인 것으로만 인식할 필요는 없다. 효과적인 팀은 갈등을 개방적으로 다룰 때 만들어진다. 팀 구성원 간에 발생하는 갈등을 긍정적으로 인식하고 문제를 상호신뢰를 바탕으로 솔직하게 토의함으로써 갈등을 원활하게 해결해 나가도록 한다. 가급적 의사결정은 객관적인 시각에서 내리도록 한다. 그 일환으로 결정은 가급적 합의를 통해서 이루도록 하는 것이 바람직하다. 내려진 결정에 대해서는 모든 팀 구성원들이 반드시 준수하도록 한다. 팀원들은 어떠한 상황에서도 각자의 생각을 자유롭게 말할 수 있도록 하는 분위기 형성이 중요하다.

일곱째, 구성원 간에 상호 지원을 아끼지 않고 리더십 역량을 공유하여 파벌의식을 갖지 않도록 한다. 팀워크를 방가뜨리는 요인 중의 하나가 파벌의식이다. 파벌의식은 구성원 간의 지원과 협조보다는 질투나 시기가 그 원인이다. 파벌의식을 없애기 위해서는 팀원 간에 리더십 역할을 공유하여 모든 팀원에게 각각 리더로서의 능력을 발휘할 수 있는 기회를 주는 것이 필요하다. 이러한 경험이 어려운 구성원의 지원활동으로 변화될 수 있고, 감독자의 역할을 충분히 이해하는 데 도움이 된다.

여덟째, 팀에 대한 효과성을 평가를 통해 확인하고 개선해 나간다. 팀 구성원들의 자체평가를 통해 팀워크를 일상적으로 점검할 필요가 있다. 팀워크에 문제가 발생한다고 하더라도 일상적인 점검을 통해 이를 발견하고, 빠른 대처가 가능하도록 해야 하며, 효과성에 대한 대책도 마련되어야 한다.

반면, 팀워크를 저해하는 요소는 조직에 대한 이해 부족, 자기중심적인 이기주의, '내가'라는 자아의식의 과잉, 질투나 시기로 인한 파벌주의, 그릇된 우정과 인정, 사고방식의 차이에 대한 무시 등이 있다(한국산업인력공단, 2021).

활동 팀워크 평가표

본인의 팀워크를 다음과 같이 평가할 수 있다. 각 항목을 읽고 항목별로 점수를 적어 보시오.

매우 부족(1점) ←――――→ 매우 우수(7점)

팀워크 질문	점수
1. 우리 팀은 사명과 목표가 명확하다.	
2. 우리 팀은 창조적이고 유연하게 운영된다.	
3. 결과에 초점을 맞춘다.	
4. 역할과 책임을 명료화시킨다.	
5. 조직화가 잘되어 있다.	
6. 팀 내 개인의 강점을 활용한다.	
7. 리더십 역할을 공유하여 구성원 상호 간에 지원을 아끼지 않는다.	
8. 팀 풍토를 발전시킨다.	
9. 의견의 불일치를 건설적으로 해결한다.	
10. 개방적으로 의사소통한다.	
11. 팀 구성원이 수긍하는 객관적인 결정을 내린다.	
12. 팀 자체의 효과성을 평가한다.	

출처: 정보현(2021). 4차산업혁명시대 스마트 직업과 경력개발. 서울: 동문사.

결과

점수	내용 해석
75~84	축하할 만한 일이다. 당신의 팀은 거의 최고의 수행수준에 도달해 있다. 이처럼 높은 수준의 팀을 계속 유지하는 것이 당신의 목표가 될 것이다.
65~74	꽤 훌륭하다. 개선의 여지가 있긴 하지만, 여러분의 팀은 바람직한 상태에 있다.
55~64	여러분의 팀은 문제를 안고 있다. 그중 어떤 문제들은 심각하다. 문제해결을 위해서 가장 점수가 낮은 특징을 개선하는 데 중점을 둘 필요가 있다.
54 이하	팀원들은 팀의 일원으로 기능을 하지 못하고 있다. 여러분의 팀은 팀 빌딩의 기초부터 시작할 필요가 있다.

우리 팀이 우수한 항목은 무엇인가?

우리 팀에 부족한 항목은 무엇인가?

2) 효과적인 팀의 특징

조직의 발전은 팀워크를 효과적으로 운영하느냐에 달려 있다. 아무리 팀원 각자가 유능하다고 해도 팀워크가 무너지면 아무 소용이 없다. 무엇보다도 자신을 중요하고 유용한 자원이라고 인식하고 질적으로 우수한 제품을 만들기 위한 팀워크능력을 향상시킬 때 조직이 발전한다. 효율적인 팀워크는 조직이 목표를 효과적으로 달성하기 위한 지름길이다. 효율적인 팀이란 팀 에너지를 최대로 활용하여 높은 성과를 내는 팀을 말한다. 팀원들의 강점을 잘 인식하고 이들의 강점을 잘 활용하여 팀 목표를 능률적으로 달성할 때 효율적인 팀이 가능하다. 또한 효과적인 팀은 업무 지원과 피드백, 그리고 동기부여를 위해 구성원들이 서로 의존하는 팀이다. 한마디로 말해서 효과적인 팀은 다른 팀들보다 뛰어나다. 효과적인 팀은 공통적으로 어떤 핵심적인 특징을 가지고 있다. 효과적인 팀의 핵심적인 특징은 다음과 같다(한국산업인력공단, 2021).

첫째, 팀의 사명과 목표를 명확하게 기술한다. 팀은 명확하게 기술된 목적과 목표를 가질 필요가 있다. 이는 지금 당장 해야 할 일을 이해할 뿐만 아니라 팀이 전체적으로 초점을 맞추고 있는 부분을 이해하는 것이다. 목표와 목적을 공유하면, 팀원들은 팀에 헌신하게 된다. 따라서 효과적인 팀의 리더는 팀의 목표를 규정하는 데 모든 팀원을 참여시킨다.

둘째, 창조적으로 운영된다. 실험정신과 창조력은 효과적인 팀의 중요한 지표이다. 이러한 팀은 서로 다른 업무수행 방식을 시도해 봄으로써 의도적인 모험을 감행한다. 실패를 두려워하지 않으며, 새로운 프로세스나 기법을 실행할 수 있는 기회를 추구한다. 또한 효과적인 팀은 문제를 다루거나 결정을 내릴 때 유연하고 창조적으로 행동한다.

셋째, 결과에 초점을 맞춘다. 필요할 때 필요한 것을 만들어 내는 능력은 효과적인 팀의 진정한 기준이 된다. 효과적인 팀은 개별 팀원의 노력을 단순히 합친 것 이상의 결과를 성취하는 능력을 가지고 있다. 이러한 팀의 구성원들은 지속적으로 시간, 비용 및 품질 기준을 충족시켜 준다. "최적 생산성"은 바로 팀원 모두가 공유하는 목표이다.

넷째, 역할과 책임을 명료화시킨다. 효과적인 팀은 모든 팀원의 역할과 책임을 명확하게 규정한다. 팀원 각자는 자신에게서 기대되는 바가 무엇인지를 잘 알고 있으며, 동료 팀원의 역할도 잘 이해하고 있다. 효과적인 팀은 변화하는 요구와 목표 그리고 첨단 기술에 뒤처지지 않도록 역할과 책임을 새롭게 수정한다.

다섯째, 조직화가 잘 되어 있다. 효과적인 팀은 출발에서부터 규약, 절차, 방침을 명확하게 규정한다. 잘 짜인 구조를 가진 팀은 자체적으로 해결해야 하는 모든 업무과제의 요구에 부응할 수 있다.

여섯째, 개인의 강점을 활용한다. 스포츠팀의 코치는 운동선수가 지닌 역량을 끊임없이 파악한다. 이와 마찬가지로, 효과적인 팀의 리더는 팀이 지닌 지식, 역량 및 재능을 정기적으로 파악한다. 팀 리더는 팀원의 강점과 약점을 잘 인식하며, 따라서 팀원 개개인의 능력을 효율적으로 활용한다.

일곱째, 리더십 역량을 공유하며 구성원 상호 간에 지원을 아끼지 않는다. 효과적인 팀은 팀원 간에 리더십 역할을 공유한다. 이러한 팀은 모든 팀원에게 각각 리더로서 능력을 발휘할 기회를 제공한다. 또한, 팀의 공식 리더가 팀 노력을 지원하고 팀원 개개인의 특성을 존중하기 때문에 팀원들은 감독자의 역할을 충분히 이해할 수 있다.

여덟째, 팀 풍토를 발전시킨다. 효과적인 팀의 구성원들은 높은 참여도와 집단 에너지(즉, 시너지)를 갖고서 열정적으로 함께 일한다. 팀원들은 협력하여 일하는 것이 더욱 생산적이라고 느끼며 팀 활동이 흥미와 원기를 회복시킨다고 본다. 이러한 팀은 고유한 성격을 더욱 발전시켜 나간다.

아홉째, 의견의 불일치를 건설적으로 해결한다. 어떤 팀에서든 의견의 불일치는 발생한다. 그러나 논쟁은 나쁘거나 파괴적이지만은 않다. 효과적인 팀은 갈등이 발생할 때 이를 개방적으로 다룬다. 팀원은 갈등의 존재를 인정하며, 상호신뢰를 바탕으로 솔직하게 토의를 함으로써 갈등을 해결한다.

열째, 개방적으로 의사소통한다. 효과적인 팀의 구성원들은 서로 직접적이고 솔직하게 대화한다. 팀원 각자는 상대방으로부터 조언을 구하고, 상대의 말을 충분히 고려하며, 아이디어를 적극 활용한다.

열한째, 객관적인 결정을 내린다. 효과적인 팀은 문제를 해결하거나 의사를 결정할 때 잘 정리되고 전향적인 접근방식을 가지고 있다. 결정은 합의를 통해 이루어진다. 따라서 모든 사람들은 내려진 결정을 준수하고 기꺼이 이를 지원하고자 한다. 팀원들은 어떠한 결정에 대해서든 각자의 생각을 자유롭게 개진한다. 이를 통해 결정을 명확하게 이해하고 수용하며, 상황별 대응계획(예비계획)을 마련한다.

열두째, 팀 자체의 효과성을 평가한다. 팀은 자체의 운영방식에 대해 일상적으로 점검할 필요가 있다. '지속적인 개선'과 '전향적 관리'는 효과적인 팀의 운영원리이다. 따라서 만약 업무 수행에 문제가 발생하더라도 심각한 상태가 되기 전에 해결할 수 있다.

따라서 좋은 팀워크를 형성하기 위해서 팀원 간에 서로 신뢰하고 존중해 주어야 하며, 서로 협력하면서 각자의 역할과 책임을 다해야 한다. 뿐만 아니라 강한 자신감으로 상호 간에 사기를 높여주면 좋은 팀워크를 형성해 나가는 데 도움이 된다.

활동 팀워크에 대한 지식 평가

팀워크를 효과적으로 발휘하는 팀과 그렇지 못한 팀에 대해서 생각해 보자.

1. 효과적인 팀워크를 발휘하는 팀은 어떤 특성을 가지고 있는가?

2. 팀워크가 좋지 못한 팀은 어떤 특성을 가지고 있는가?

공동의 목표를 효과적으로 성취할 수 있는 활력에 찬 팀을 만들기 위해 당신은 어떤 아이디어를 가지고 있는가?

출처: 한국산업인력공단(2021). NCS 직업기초능력 가이드북 대인관계능력. 울산: 한국산업인력공단.

08

Chapter

리더십능력

1. 리더십
2. 리더십 역량 강화

1. 리더십

1) 리더십의 개념

(1) 정의

우리가 흔히 지도자라고 하면 떠올리는 것이 책임감이 강하고, 목표에 대한 추진력이 뛰어나며, 자신감과 인내심이 보통 사람과 다르다 등의 상투적인 특성을 말하기도 한다. 리더십이 신비롭고 무언가 특별한 것이라는 생각은 잘못된 것이다. 리더십은 카리스마와는 아무 관련이 없으며, 타고난 성격과도 무관하다. 또한 선택받은 소수만이 가질 수 있는 특권도 아니다. 리더십은 여러 가지 특성이 있어 한 가지만을 지정해서 말할 수는 없다. 우리가 사는 이 세상은 어제의 모순이 오늘날 보편화되고 오늘의 정답이 내일엔 재앙을 불러올 수도 있다. 따라서 육감과 직관 그리고 경험을 동원해야 하며 미래의 일에 대해 개방적인 태도를 취해야 한다. 조직을 둘러싸고 있는 다양한 기능들을 효율적으로 다루기 위한 것이 관리라면, 리더십은 변화에 대처하는 것이다. 더욱 중요한 사실은 전문화된 기술이 아니다. 인간성의 다양한 측면을 수용할 수 있는 넓은 의미의 리더십이다(Clemens et al., 2005).

21세기 지식정보화시대에서는 지난 세기 강조되던 관리가 점차 퇴색하고 변화 혁신 그리고 창조를 위한 리더십의 새로운 패러다임이 요청되고 있다. 20세기에서 소식에서의 생산성을 높이기 위한 과학적 관리기법이나 관료제와 같은 조직 운영의 패러다임과 원리가 강조되었다면, 21세기 지식정보화시대에서는 관리보다도 리더십이 조직 운영의 원리로 강조되는 추세라 할 수 있다. 오늘날과 같이 변화와 도전이 굽이치는 경영 환경 속에서는 미래 예측에 기반을 둔 계획과 통제, 조정 요소보다는 조직원들이 지식근로자로서 그들의 자율과 헌신, 창의성이 발휘되도록 하는 권한위임 등이 더욱 요청되고 있기 때문이다. 지난 세기에는 계획, 조직화, 통제, 조정 등 수직적인 위계나 합리적 의사결정 등 하드 측면이 강조되었다면, 오늘날에는 리더와 추종자 간의 동반자적 관계나 소통과 학습이 강조되는 소프트 측면의 리더십이 부상되고 있다(김미자, 2018).

우리 주변의 많은 상황을 리더십의 시각으로 본다면 리더십을 얼마든지 발견할 수 있다. 간단한 예를 통해 우리는 아이디어를 내고 다른 사람을 설득하고, 일을 추진하여 성과로 만들어 가는 과정에서 여러 가지 리더십 역량이 필요한 것을 알 수 있다. '리더'라고 하면 은연중 그 대답 속에 어떤 직위가 있어야 한다고도 생각할 수 있다. 그러나 리더는 반드시 직위를 수반하는 것은 아니다. 직급에 따라 요구하는 리더십 역량이 다를 뿐이다. 전 조직원이 각자의 위치에서 리더십으로 무장할 때 그 조직은 매우 강하며 밝은 미래를 가질 수 있을 것이다(한국산업인력공단, 2021).

리더십에 대하여 학자에 따라 여러 가지로 정의되고 있다. 리더십의 정의를 살펴보면, 테리(Terry)는 리더십이란 '모든 사람이 집단목표를 위해 자진해서 노력하도록 사람들에게 영향을 주는 활동'이라고 정의하였으며(한진희, 2012), 플레시맨(Fleishman)은 리더십을 '어떤 목표나 목표들의 달성을 향하도록 커뮤니케이션 과정을 통해서 개인 간에 영향력을 행사하려는 시도'로 보고 있다. 또 쿤즈와 오도넬(Koontz & O'Donnell)은 '사람들로 하여금 집단목표를 위하여 자발적으로 노력하도록 그들에게 영향을 주는 기술, 또는 과정'으로 리더십을 정의하고 있다(한진희, 2012). 또한, 허쉬와 블랜차드(Hersey & Blanchard)에 의하면 리더십이란 '일정한 상황에서 목표를 달성하기 위하여 개인이나 집단의 활동에 영향을 미치는 과정'이며, 리더십 과정(L)은 리더(leader: l)와 추종자(follower: f) 및 상황적 변수(situational variables: s)의 함수관계인 L=f(l, f, s)로 표시할 수 있다고 정의한다(신응섭 외, 2004).

로스트(Rost, 1993)는 21세기형 리더십을 '공유된 목표를 가지고 실질적인 변화를 이루고자 리더와 추종자 간의 영향력을 교환하는 관계'라고 정의하였다. 이러한 정의는 리더가 추종자에게 하향적 · 일방적으로 영향력을 행사하여 조직의 목표를 성취하는 과정으로 보아왔던 종래의 리더십 관점과는 근본적으로 차이가 있다. 로스트의 리더십 정의는 리더십이 리더와 추종자 간 영향력이 교환되므로 추종자도 리더에게 영향력을 행사할 수 있다는 의미이다. 이는 리더십의 패러다임이 수직적 개념에서 수평적 개념으로의 전환을 나타낸다. 이러한 개념은 우리가 모두 리더이자 추종자가 되며, 공식적 직위를 불문하고 누구나 리더십을 발휘할 수 있으므로, 리더의 역할이 되었을 때 추종자의 역할도 잘해야 함을 시사한다.

노스하우스(Northouse, 2022)는 리더십의 정의를 '공동목표를 달성하기 위하여 한 개인이 집단의 구성원들에게 영향을 미치는 과정'이라고 하였으며, 유클(Yukl, 2020)은 '무엇을 해야 하고 그것을 어떻게 하는 것이 효과적인가를 다른 사람들이 이해하고 동의하도록 영향력을 행사하는 과정과 이렇게 공유된 목표를 달성할 수 있도록 개인 및 집단의 노력을 촉진하는 과정'이라고 정의하였다. 트레커(Trecker, 1977)는 리더십을 '공동목표를 달성하면서 사람들이 협동하여 일하도록 영향을 주는 능력'이라고 정의하였고, 로빈스(Robbins, 2005)는 '목표 달성을 지향하도록 집단에 대하여 영향을 미칠 수 있는 능력'으로 정의하고 있다.

이상의 여러 학자의 정의를 종합하면, 리더십이란 '일정한 상황에서 목표 달성을 위하여 개인이나 집단의 행동에 영향력을 행사하는 과정'을 말한다(정철수, 2015). 즉, 조직원을 인도하고 지시하고 선도하는 것이다. 지도자는 집단이 그 능력을 최대한 발휘하여 목표를 달성할 수 있도록 도와주어야 한다. 지도자는 집단의 배후에 서서 등을 떠밀어 대고 괴롭히는 사람이 아니다. 그는 집단에 앞장서서 집단이 조직목표를 달성하는 것을 촉진하고 고무해 주는 사람인 것이다(박정호 외, 2015). 다시 말해, 리더는 미래 통찰력을 가지고 조직의 성장에 영향력을 미치는 공동된 목표를 제시하여야 하고, 그 목표를 달성할 수 있도록 조직원과 팀워크를 이루어 성과를 내는 과정을 주도하는 사람이라고 볼 수 있다.

이처럼 리더십에 대한 학자들의 견해 속에서 우리는 네 가지의 키워드를 추출할 수 있는데 그것은 바로 4P이다. 즉, 조직의 목적 또는 목표를 나타내는 'purpose', 조직의 구성원들, 즉 사람들을 표현하는 'people', 영향력이라는 뜻으로 표현되는 'power', 상호작용을 하는 과정을 의미하는 'process' 등이다. 따라서 리더십을 정의하는 체계는 4P로 구성되어 있음을 알 수 있다.

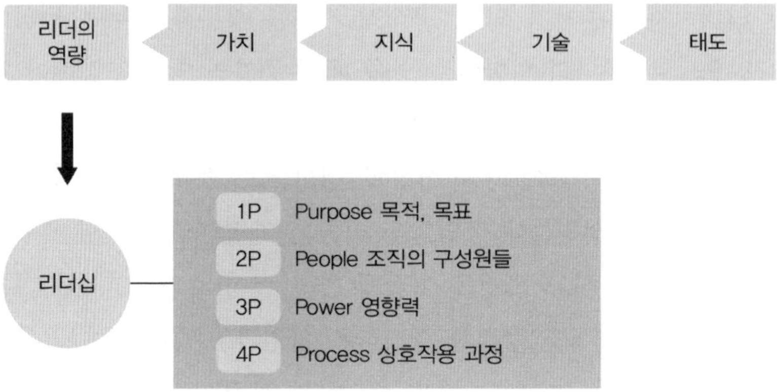

[그림 8-1] 리더십 정의 체계도

리더십의 발휘 구도는 산업사회에서 정보사회로 바뀌면서 **[그림 8-2]**처럼 수직적 구조에서 가능한 모든 방향에 영향을 끼치는 전방위적 구조 형태로 바뀌게 되었다. 과거에는 상사가 하급자에게 리더십을 발휘하는 수직적 형태를 띠었다. 그러나 오늘날은 리더십이 전방위적으로 발휘된다. 즉, 상사가 하급자에게 발휘하는 형태뿐만 아니라 조직원이 동료나 상사에게까지도 발휘하는 형태이다. 오늘날처럼 변화의 속도가 빠른 시기에는 각자의 위치에서 각각 신속하고 효율적인 의사결정을 내려야 하므로 개인마다 별도의 주체적인 리더십이 필요하다(한국산업인력공단, 2021).

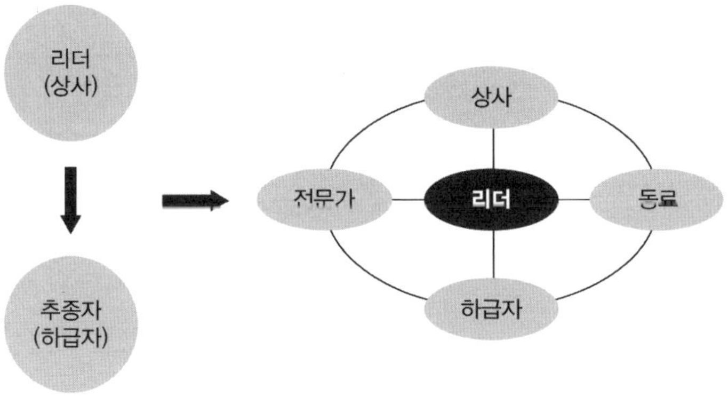

[그림 8-2] 리더십의 시대적 변화

출처: 한국산업인력공단(2021). NCS 직업기초능력 가이드북 대인관계능력. 울산: 한국산업인력공단.

(2) 새로운 리더십 패러다임: 리더와 관리의 차이

리더십은 조직의 성공과 생존을 결정하는 중요한 요인이다. 그런데도 불구하고 기존의 리더십은 단순 생산을 높이는 수단으로 관리의 측면으로 규정하고, 과업 성취에 초점을 두어 구성원의 요구와 요구 조건을 반영하지 못한 한계를 지니고 있다(Foster, 1986). 리더십은 관점이나 접근방법에 따라 다양하게 정의될 수 있으나, 조직이 추구하는 목표 달성을 위해(What), 리더가 구성원에게(Who), 영향력을 행사하는 과정(How)의 요건을 충족해야 한다.

21세기는 개혁을 요구하는 패러다임의 대전환을 의미한다. 현대적 시각에서 패러다임 이동은 기계론적 패러다임에서 인간주의 패러다임으로 변화하고 있다(Whitaker, 1997). 리더십에 대한 요구는 <표 8-1>과 같이 권력과 통제를 기반으로 하는 기존의 리더십 패러다임에서 영향과 지원으로서의 새로운 리더십 패러다임을 요구하고 있다.

〈표 8-1〉 변화하는 리더십 패러다임

기존 리더십 패러다임(권력과 통제)	새로운 리더십 패러다임(영향과 지원)
• 결정하기	• 구성원들에게 권위 부여하기
• 명령하기	• 구성원들에게 자신의 일을 하도록 자유 부여하기
• 행동 지시하기	• 자신의 생각과 감정 표현하기
• 구성원들에게 권한 발휘하기	• 독립적인 사고와 행동 자극하기
• 강요와 감언이설	• 격려와 지원하기
• 지시와 감독	• 과정을 통해 정보를 구하고 성공에 대한 피드백하기
• 평가하기	• 자기 검토와 자기평가 격려하기
• 보상과 처벌하기	• 성취를 축하하고 난관을 극복할 수 있도록 돕기

출처: Whitaker, P. (1997). Primary School And The Future. Buckingham: Open University Press.

따라서 새로운 패러다임의 이동으로 조직에서는 리더뿐만 아니라 직무 또는 능력에 따라 구성원들에게 다양한 리더십을 요구하고 있다. 결국 시대적 변화에 따라 기존의 전통적 리더십에서 현대적 리더십으로의 이동은 필연적이다(구자억 외, 2020).

리더(leader)와 관리자(manager)는 어떤 차이가 있을까? 일류 리더는 관리의 기술에 리더의 능력을 더한 사람이다. 단순하게 비교해 보면, 리더와 관리자의 가장 큰 차이는 비전의 유무(有無)에 있다. 관리자의 역할이 자원을 관리·분배하고 당면한 문제를 해결하는 것이라면, 리더의 역할은 비전을 선명하게 구축하고 그 비전이 팀 구성원의 협력 아래 실현되도록 환경을 만들어 주는 것이다. 따라서 관리자의 관심사가 주로 사람이나 물건을 관리하는 것에 있는 데 비해, 리더의 관심사는 사람의 마음을 중시하고 동기를 부여하는 데 있다. 또한 관리자는 오늘의 구체적인 문제를 대상으로 삼고 일하지만, 리더는 미래를 향한 새로운 상황을 창조한다. 즉, 새로운 상황 창조자이다. 또 하나 중요한 점은 관리자는 일을 '어떻게 할까(How to do?)'에 초점을 맞추지만 리더는 '무엇을 할까(What to do?)'에 초점을 맞춘다. 바꾸어 말하면 관리자는 '올바르게 하는 것'에 주안점을 두는 대신, 리더는 '올바른 일을 하는 것'에 중점을 두는 것이다(한국산업인력공단, 2021).

〈표 8-2〉 리더와 관리자의 비교

리더(leader)	관리자(manager)
• 새로운 상황 창조자 • 혁신 지향적 • 내일에 초점 • 동기부여 • 사람을 중시 • 정신적 • 계산된 위험(risk)을 취한다 • '무엇을 할까'를 생각한다	• 상황에 수동적 • 유지 지향적 • 오늘에 초점 • 사람을 관리한다 • 체제나 기구를 중시 • 기계적 • 위험(risk)을 회피한다 • '어떻게 할까'를 생각한다

출처: 한국산업인력공단(2021). NCS 직업기초능력 가이드북 대인관계능력. 울산: 한국산업인력공단.

2) 리더십의 기능과 특성

(1) 리더십의 기능

리더십은 왜 중요할까? 리더십은 구성원의 자발적 몰입이라는 레버리지(leverage)를 통해 개인의 성장뿐만 아니라 조직의 성과 증대와 향상에 큰 영향을 미치므로 조직의 지속적인 발전을 위해서도 중요하다. 이러한 리더십은 다음과 같은 기능을 갖는다. 상황판단의 기능, 집단 통일유지의 기능, 집단목표 달성의 기능 등의 세 가지로 분류할 수 있으며, 구체적인 내용을 살펴보면 다음과 같다(권두승 외, 2016).

가. 상황판단의 기능

집단 내・외의 상황에 대한 정확한 정보를 획득하여 일정한 집단효과를 얻을 수 있는 자료로서 분석・정리하는 것을 의미한다. 동료, 직원을 아는 일, 커뮤니케이션의 통로를 개방해 두는 일, 전체적인 상황에 대해서 고려하는 일, 계속 급변하는 사회적 여건과 복잡한 심리적 활동을 이해하는 일 등이다.

나. 집단 통일유지의 기능

지도적 지위를 유지하는 데 노력함과 동시에 집단을 구성하는 단위(개인 및 하위 집단)의 이해를 조정함으로써 집단 내부의 분쟁을 방지하고 필요에 따라 상과 벌을 주어 집단 성원의 일체감, 연대감을 촉진하여 최종적으로 집단의 통일을 유지·강화함을 내용으로 한다. 성원을 하나의 팀으로서 훈련하는 일, 개인이 책임을 지고 모범을 보이는 일, 리더의 지위를 확보하는 일, 집단규범에 충실히 하는 일, 구성원의 유지, 부하의 통합 등의 행동 원칙은 모두 이 기능의 내용을 구성하게 된다.

다. 집단목표 달성의 기능

집단목표를 결정하고 그를 위한 구체적 계획을 수립하여 더욱 생산적인 활동에의 참여를 가능케 하는 집단 성원의 조직화, 사기의 향상 등을 내용으로 하는 행동이 포함된다. 정책 결정 및 동기부여의 행동이라고 할 수 있다. 성원의 행동을 유도해서 지시하는 일, 따르지 않을 것 같은 명령은 하지 않는 일, 목적의 달성, 제도의 사명과 역할을 규정하는 일, 대폭으로 권한을 이양하는 일 등의 행동 원칙은 이에 속한다.

(2) 리더십의 특성

다양한 정의나 모델이 존재하지만 리더십의 정의에는 네 가지 공통적인 요소가 존재한다(Harter, 2006; 김미자, 2018 재인용).

첫째, 둘 이상 관계에서 이루어지는 형태의 '대인 관계적(interpersonal)'이다.

둘째, 성취한 것을 특정 리더에게 돌리는 '귀인(attribution)의 현상'이다.

셋째, 리더십은 '변화'를 가져온다.

넷째, 변화는 목적, 미션, 비전과 같은 구체적인 '방향성'이 있어야 한다.

리더십의 정의들을 볼 때 리더십의 특징은 다음과 같이 설명할 수 있다(김경희,

2009; 김미자, 2018).

첫째, 리더십은 정적인 것이 아니라 동적인 것으로 하나의 과정이다.

둘째, 리더십의 초점은 개인이나 집단과 같은 추종자들로서 사람에게 영향력을 주기 위한 활동이다.

셋째, 리더십의 가장 중요한 요인은 '영향력'이다. 영향력을 받는 대상은 추종자들이며 그들의 감정 및 행동에 대한 영향력을 만들어 내기 위한 활동이 리더십인 것이다.

넷째, 리더십의 목표는 기관의 목표 달성이다.

다섯째, 리더십 행위는 우발적 행위가 아닌 특정한 목적 달성을 위해 개인이 시도하는 의도적인 노력이다.

결국 리더십의 정의에 대한 특징은 조직구성원들과의 인간관계에 있어서 사명감, 존경심, 감수성, 유연성 등의 특성으로 정리할 수 있다(김용현 외, 2018).

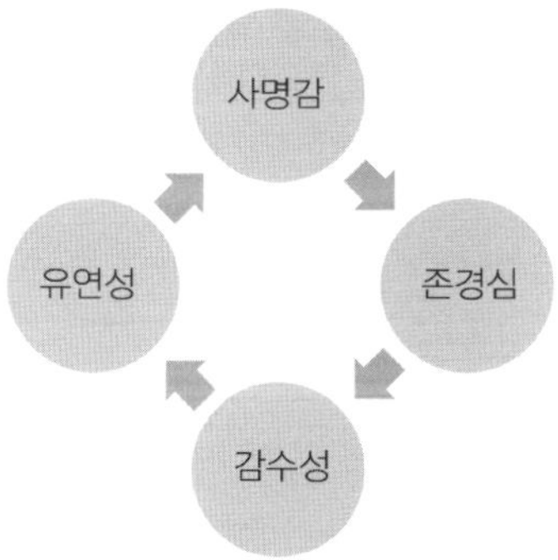

[그림 8-3] 리더의 네 가지 특성

출처: 김동일(2021). 평생교육경영론. 서울: 동문사.

리더십이란 목표를 설정하고, 설정된 목표에 따라 개인과 조직을 재편성하여, 명쾌한 의사 전달에 의한 동기를 부여하면서 개인과 집단을 변화시키고 목표 구현을 위한 수단을 동원하고 과업에 대한 신성한 의미를 갖는 과정이다. 대학생은 청소년도 아니고 성인도 아니다. 하지만 대학생은 성인으로 해야 할 역할을 요구받기도 하고, 졸업 후에는 사회인으로서 살아갈 준비를 해야 한다. 이러한 독특한 위치 때문에 대학생에게는 리더십이 절실히 요구된다. 대학생에게 리더십이 중요한 이유는 크게 세 가지로 요약할 수 있다(김창민 외, 2011).

첫째, 대학생 시절에 자아를 형성하여야 한다는 점이다. 부모에게서 독립해서 독립된 자아를 형성하기 위해서는 자신만의 가치관과 세계관 수립이 필요하다.

둘째, 대학생 시절에 진로를 결정하기 때문이다. 진로를 결정하기 위해서는 자기 적성이 무엇인지, 그리고 의미 있게 생각하는 가치는 무엇인지를 판단하여야 하며 이 과정에서 리더십이 요구된다.

셋째, 이 시기가 사회인으로서 준비하는 시기이기 때문이다. 대학을 졸업하면 사회인으로서 살아가게 된다. 이 경우 대인관계와 조직 적응력이 중요하게 된다.

위의 정의와 상관없이 변화하는 시대에 국가, 기업에서는 '기본적인 인성과 성품', '대인관계 역량', '팀워크와 조직력', '커뮤니케이션 역량', '창의력, 긍정적 사고력', '도전적, 혁신적 자세' 등을 갖춘 인재를 간절히 원하고 있다.

활동 내가 생각하는 리더십

여러분이 생각하는 리더십이란 무엇인지 간략하게 기술하고, 옆에 있는 구성원들과 리더십에 대하여 나누어 봅시다.

리더와 관리자의 차이에 대해서 각자의 생각을 적어 보자.

리더	관리자
•	•
•	•
•	•
•	•
•	•

활동 나의 리더십 점수

번호	내용	아주 그렇다	그렇다	보통이다	그렇지 않다	전혀 그렇지 않다
1	내가 속한 단체에서 필요한 것을 잘 결정할 수 있다.					
2	나 자신에 대해서 전반적으로 긍정적으로 생각한다.					
3	다른 사람에게 나의 감정을 잘 표현하는 편이다.					
4	어떤 일을 함에 있어서 목표 설정을 잘하는 편이다.					
5	다른 사람을 대할 때 항상 진실한 마음을 가진다.					
6	문제해결을 위해 많은 정보를 효과적으로 사용할 줄 안다.					
7	어떤 일을 행할 때 각 구성원에게 책임을 맡기는 편이다.					
8	우선순위를 정하여 일을 처리한다.					
9	다른 사람에게 대단히 호의적인 편이다.					
10	어떤 지식이든지 배울 자세가 되어 있다.					
11	어떤 일을 행할 때 다른 사람의 요구를 잘 고려한다.					
12	어떠한 일에도 책임 있는 태도를 가지고 있다.					
13	다른 사람을 대함에 있어 친근한 성품의 소유자다.					
14	내가 속한 집단 성원들이 제기한 요구사항을 잘 수용한다.					
15	타인의 말을 주의 깊게 듣는 편이다.					
16	여러 가지 대안들 중 적절한 것을 잘 선택하는 편이다.					
17	나 이외의 다른 사람들도 중요하다고 생각한다.					
18	의견이 잘 받아들여지도록 집단의 분위기를 잘 조성한다.					
19	어떤 일을 행함에 있어 여러 가지 대안들을 고려한다.					
20	항상 다른 사람들을 존중하는 태도를 가지고 있다.					

21	여러 가지 문제를 해결할 수 있는 능력을 가지고 있다.					
22	내가 한 실수를 잘 수습하는 편이다.					
23	매사에 재치 있게 일을 처리하는 편이다.					
24	일 처리 과정에서 융통성을 발휘할 수 있다.					
25	다른 사람들과 잘 화합하는 편이다.					
26	나의 주장이나 생각을 타인에게 명확하게 설명할 수 있다.					
27	감정에 치우치지 않고 합리적으로 사고하는 편이다.					
28	어떠한 변화도 수용할 자세가 되어 있다.					
29	다른 사람에 대한 나의 매너가 좋다고 생각한다.					
30	다른 사람을 신뢰하는 편이다.					

출처: 김창민 외(2011). 대학생과 리더십. 서울: 홍릉과학출판사.

※ 채점방법

아주 그렇다. 5점/그렇다. 4점/보통이다. 3점/그렇지 않다. 2점/전혀 그렇지 않다. 1점

※ 평가방법

130점 이상	리더십이 매우 좋다.
110~130점	리더십이 좋다.

90~110점	리더십 개발이 필요하다.
90점 이하	리더십 개발이 매우 필요하다.

※ 리더십 영역별 진단

영역	문항
의사소통기술	3, 15
의사결성기술	1, 4, 8, 16, 19
인간관계기술	5, 9, 17, 20, 23, 25, 29
학습능력기술	6, 10, 21, 27

영역	문항
집단관리기술	7, 28, 30
자기이해기술	2, 12, 13, 22, 24, 26
집단활동기술	11, 14, 18

3) 리더십의 주요 이론과 유형

(1) 리더십의 이론적 전개 과정

리더십에 관한 접근방법으로는 그 배경과 흐름에 따라 크게 리더의 특성에 착안한 특성론적 접근방법과 리더의 행동에 착안한 행동론적 접근방법, 상황에 착안한 상황론적 접근방법으로 구분할 수 있다(권두승 외, 2016).

의제	방법론	리더십 이론
리더의 역할	리더와 비리더의 특성 파악	특성이론
리더의 행동양식	리더의 행동양식과 리더십	행동이론
상황에 따른 리더십의 선택	상황과 리더십의 적합성	상황이론

[그림 8-4] 리더십의 이론적 전개 과정

출처: 김진철 외(2015). 경영학의 이해(개정2판). 서울: 형설출판사.

(2) 리더십의 주요 이론

가. 특성이론

리더십의 연구가 본격화된 20세기 초창기의 연구는 효과적인 리더에게는 남과 다른 독특한 성질이 있다고 생각하고 이러한 개인적 특성을 추출하려고 노력하였다. 특성이론은 우수한 리더들의 자질과 능력 등 특성을 추출하여 규명하고자 하는 연구로서 일명 '자질이론'이나 '위인이론'이라고 한다. 이 이론에 따르면 리더는 고유한 개인적인 특성만 가지고 있으면 그가 처해 있는 상황이나 환경이 바뀌더라도 훌륭한 리더가 될 수 있다는 것이다(정철수, 2015). 스토그릴(Strogrill, 1974)은 1949년부터 1970년 사이의 자료를 바탕으로 163개의 리더십 특성을 발견하여 1974년에 발표하였다. 특성이론의 지지자들에 의하여 제시된 여러 특성은 신체적 특성(physical characteristics), 사회적 배경(social background), 지적(intelligence), 성격(personality), 과업수행의 특성(task-related-characteristics), 사회적 특성(social characteristics) 등의 여섯 가지 범주로 구분할 수 있다. 스토그릴의 연구에 의한 리더의 주요 특성 요인들을 정리하면 다음과 같다.

〈표 8-3〉 리더의 주요 특성 분류

구분	내용
신체적 특성 (physical characteristics)	연령, 체중, 키, 외모
사회적 배경 (social background)	교육 정도, 기동성, 사회적 지위, 가정배경
지적 능력 (intelligence)	능력, 판단력, 결단력, 설득력
성격 (personality)	독립심, 지배력, 자신감, 적극성
과업수행의 특성 (task-related-characteristics)	성취욕구, 책임욕구, 과업지향성, 내구심
사회적 특성 (social characteristics)	경영능력(감독능력), 통합력(매력), 협동력, 대인관계

출처: 권두승 외(2016). 평생교육경영론(2판). 파주: 교육과학사.

특성이론의 연구 관심은 세 가지로 요약할 수 있다.

첫째, 우수한 리더들이 지닌 공통적 특성은 무엇인가?

둘째, 리더와 일반 사람을 구별하는 특성은 무엇인가?

셋째, 리더의 지위에 있으면서 효과적인 리더와 비효과적인 리더의 차이는 무엇인가?

리더의 특성에 관한 연구들은 우수한 리더 특성에 관해 일관성 있는 집약적 결론을 내리지 못하였지만 리더십 연구에 크게 기여하였다. 그래서 특성이론의 한계점과 긍정적인 평가에 대한 구체적인 내용을 살펴보면 다음과 같다(서부준 외, 2018).

〈표 8-4〉 특성이론의 한계점과 공헌

구분	내용
한계점	• 우수한 리더들의 특성을 명료하게 집약하지 못한다는 점. 이는 리더십의 대상과 상황이 워낙 다양하고 연구 방법의 한계 때문에 간명한 집약이 불가능한 것이 오히려 당연한 것으로 생각됨 • 리더의 특성과 효과성 간에 상관관계만을 제시하고 있을 뿐 그 과정을 밝히지 못하고 있음. 또한 리더의 특성은 같은데도 리더십 효과성의 상관관계가 다른 경우도 흔함. 이는 한 개인이 어떤 특성들을 소유하였기 때문에 리더가 되는 것이 아니라 그 특성들이 발휘 상황에 적합하여야 한다는 것임 • 성격이나 가치관과 같이 리더 특성에 관한 많은 요소들이 내면적인 것이어서 외적인 언행을 통해 추정하지만, 내면의 실체를 정확하게 진단하기 어려움 • 리더의 특성들은 유전적 또는 선천적 영향도 있고 후천적으로 획득 및 개발되기도 하는 것임. 즉, 계속 변화하는 것인데 대부분 연구자는 리더의 특성을 고정적인 것으로 간주하고 연구하기 때문에 실제 현상과 다를 수 있음 • 리더의 자질을 추종자와는 구별되는 선천적이거나 유전적인 것으로 인식하면 후천적 개발의 효율성을 부정하는 것이며, 윤리적인 면에서 정당하지 못함
공헌	• 리더의 특성은 동서고금의 관심 주제이며, 직관적으로 흥미를 끎. 그것은 '리더들은 보통 사람과 차별되는 우수한 특성이 있을 것이다'라는 우리들의 일반적인 이미지와 부합하기 때문. 이러한 이미지와 부합하면서 특성 연구들은 매우 많고 다양한 특성들이 도출됨 • 우수한 리더들의 공통점을 집약적으로 밝히지는 못했지만, 일반적인 우수 자질들의 윤곽을 그려내었음. 연구 결과들은 리더에게 요구되는 특성, 리더의 선발 및 평가기준, 리더개발의 방향과 소요 판단 등을 설정하는 데 기준표 역할을 하고 있음. 기업조직 등 각 조직에서 승진 심사 요소로 활용됨 • 리더 특성 연구는 리더십의 핵심적 구성요소인 리더에게 초점을 맞추어 리더의 역할과 자질에 대한 중요성을 일깨움으로써 많은 리더에게 리더십 개발의 동기를 부여하였음 • 특성 연구는 시대적으로 요구되는 리더의 자질에 대해 방향을 제시함. 가령 산업사회에서 필요한 자질과 정보사회에서 필요한 자질들을 계속 추적함으로써 시대적 변화 속에서 요구되는 리더십을 판단하고 정립하는 데 도움을 줌

리더 특성 연구는 여러 한계와 문제점에도 불구하고 오늘날에도 리더의 자격을 판단하는 데 평가기준으로 활용하고 있으며 중요하게 인식되고 있다. 조직에

서도 계층별 리더십 개발 프로그램을 체계적으로 시행하고 있다.

나. 행동이론

리더십의 특성이론은 성공적인 리더의 공통적인 특성을 알아내는 데 실패하고 리더의 특성과 성공적인 리더십과의 상관관계 또는 별로 크지 않다는 것을 알게 되자 곧 한계에 부딪히게 되었다. 그리하여 리더십 연구는 외부로 나타나는 리더의 행동을 관찰하는 방향으로 관심을 두게 되었다. 성과와 이러한 성과를 산출하는 리더의 지속적인 행동양식 간의 관계를 찾아내고자 한 것이다. 따라서 이들은 리더의 행동에 착안하여 리더십의 유형을 연구의 대상으로 삼게 되었다(권두승 외, 2016).

① 리피트의 이론

리피트(Lippitt)는 의사결정의 소재가 어디 있느냐에 따라서 리더십 유형을 전제형 리더십, 민주형 리더십 그리고 방임형 리더십으로 구분하고 있다.

- 전제형 리더십: 주어진 과업을 성취하기 위해 구성원들에게 지시 또는 명령하는 리더십 유형이다. 전제형 리더십 하에서는 리더가 모든 구성원 위에 군림하게 되어 지배적인 위치에 서게 되고, 부하관리는 공포와 처벌로서 일관하게 된다. 그리하여 전제형 리더들은 과업 수행에 필요한 정보를 독점하며, 모든 의사 결정권은 상사 중심적으로 이루어지고 있다. 전제형 리더십은 리더 중심의 조직 운영이므로 부하들의 일에 대한 자발적인 의욕 촉진이나 사기 앙양을 기대할 수 없을뿐더러, 조직 운영에 있어 그들의 적극적인 참여와 협동의 길이 막히므로 생산성은 향상되지 않는다.
- 민주형 리더십: 조직구성원들의 자율성과 참여를 존중하는 리더십을 말한다. 이는 구성원들의 자발적인 몰입을 끌어내고 욕구를 충족시켜 줌으로써 팀워크의 효과를 증대시키고자 한다. 따라서 의사소통의 방향도 하향적으로뿐만 아니라 상향적, 수평적으로도 이루어진다.

• 방임형 리더십: 리더가 조직의 의사결정에 관여하지 않고, 수동적으로 행동하며 조직구성원들에게 모든 일을 방임하는 것을 말한다. 즉, 부하에게 최대의 자율성을 보장함으로써 리더십 기능이 거의 발휘되지 않는 상태라고 할 수 있다.

② 매너지리얼 그리드 이론

생산에 대한 관심(직무 중심, concern for production)과 인간에 대한 관계(종업원 중심, concern for people)의 양극적인 리더십 유형을 융통성 있게 조화시키려는 리더십의 유효성 모델로서 텍사스 대학의 블레이크와 모우튼(Blake & Mouton)은 리더십을 각각 9등급으로 나누어 두 차원으로 생각한 매너지리얼 그리드(관리격자, managerial grid)의 개념을 정립하였다. 따라서 이론적으로 81가지의 리더십 유형이 있는 것으로 이해할 수가 있으나 대표적인 것으로는 다음의 다섯 가지의 형태를 들 수 있다(Blake & Mouton, 1964).

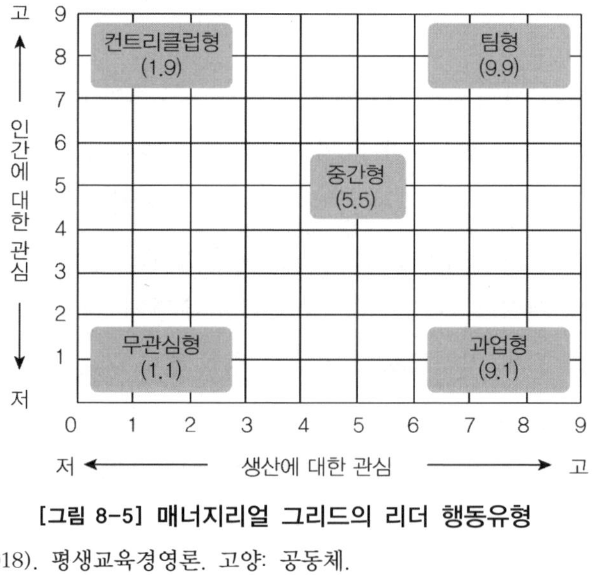

[그림 8-5] 매너지리얼 그리드의 리더 행동유형

출처: 서보준 외(2018). 평생교육경영론. 고양: 공동체.

〈표 8-5〉 매너지리얼 그리드의 리더 행동유형

구분	내용
무관심(1.1)형 (impoverished type)	과업과 인간관계에 대해 모두 관심을 보이지 않는 유형
과업(9.1)형 (task type)	과업에 대해서는 지대한 관심을 보이는 반면, 인간관계는 매우 소홀히 하는 유형
컨트리클럽(1.9)형 (country club type)	과업에 대한 관심은 낮으나, 인간관계에 대해서는 지대한 관심을 나타내는 유형
중간(5.5)형 (middle of the road type)	과업과 인간관계에 대해 모두 적당한 관심을 보이는 유형
팀(9.9)형 (team type)	과업과 인간관계에 대해 모두 지대한 관심을 나타내는 유형

블레이크와 모우든은 정사각형 내에 가로세로 각각 아홉 개의 그리드(격자)를 정하여 가로축은 생산 내지 업적에 대한 리더의 관심도를 나타내고, 세로축은 인간에 대한 리더의 관심도를 표시하고 있다. 각 축을 1에서 9까지 그리드로 구분하여 1을 관심도의 최저상태, 9는 관심도의 최고상태로 정하고 각 그리드를 직선으로 이어서 81개의 격자도를 만들었다. 그리고 (1.1), (1.9), (9.1), (9.9), (5.5) 형을 다섯 개의 전형적인 리더십 모델로 정하였다. (1.1)에 속하는 리더는 생산(업적)과 인간에 관하여 쌍방에 관심도가 낮은 상태로 볼 수 있고, (1.9) 형의 리더는 생산에 대한 관심도는 낮은 반면에 인간에 대한 관심도는 높은 상태이다. (9.1) 형은 생산에만 관심을 갖고 인간에 대해서는 관심도가 낮은 상태에서 리더십을 발휘하는 관리자상으로 해석될 수 있다. (9.9) 형은 생산과 인간에 대한 쌍방에 관심도가 가장 높은 상태이므로 리더의 이상적인 형으로 볼 수 있다. (5.5) 형은 중간 정도를 나타내는 형으로 관리자가 상하계층의 교량역할을 수행하는 데 효과적인 형태로 볼 수 있다.

블레이크와 모우든은 (9.9) 형이 가장 이상적인 리더십의 모델이라 생각하고 유능한 관리자의 육성을 위해서 폭넓은 훈련계획을 개발해야 한다고 주장하였다

(권두승 외, 2016). 이는 리더가 종업원에 대한 신뢰가 지원을 통하여 더욱 협동적인 작업 관계를 유지하고 동시에 과업달성을 이루기를 강조할 때 가장 효율적으로 생산성 증대에 기여할 수 있다는 것이다(신유근, 2011).

다. 상황적합성 이론

리더십 행동 이론가들은 이상적인 형태의 리더십 유형을 찾아내고자 하는 데 큰 노력을 기울였다. 그러나 리더십 행동이론의 한계가 인식됨에 따라 리더십 발휘 과정에서 작용하는 여러 가지 상황을 연구하는 리더십 상황이론이 전개되기 시작하였다. 말하자면, 리더십의 역할, 기능, 행동, 부하의 업적과 만족에 영향을 미치는 상황적 변수를 인식하게 되었다. 그리하여 효과적인 리더십 유형은 상황에 따라 결정되어야 한다고 보게 되었다(차대운, 2002). 리더십 상황이론의 대표적인 학자는 피들러(Fiedler), 허쉬와 브랜차드(Hersey & Blanchard)이다. 이들은 모든 상황에 언제나 적합한 유일한, 최선의 리더십 유형은 없다고 본다. 그리고 효과적 리더십 유형은 상황에 따라 달라져야 한다고 주장한다.

피들러(Fiedler)의 상황적합성 이론(contingency model leadership effectiveness)은 상황변수를 리더의 직위권력, 과업구조, 리더-구성원 관계로 구체화하였다. 리더의 직위권력(position power)은 리더의 직위가 구성원들로 하여금 명령을 받아들이도록 할 수 있는 정도를 의미하며, 이를 강・약으로 구분하였다. 피들러는 리더들이 자기가 가장 싫어하는 동료들에 대해 어떻게 평가하느냐에 대한 점수를 측정하는 LPC(the Least Preferred Co-worker) 척도를 개발하였다.

이 이론의 집단의 성과는 '리더십 스타일'과 '상황의 호의성' 간의 상호작용에 의존한다는 가정에 기초하고 있다. 즉, 효과적인 리더십 스타일은 상호의존성에 따라 좌우된다는 것이다.

리더가 과업 지향적인 스타일을 갖는가 아니면 인간관계 지향성 스타일을 갖는가 하는 리더십 스타일과 상황변수(리더-구성원 간의 관계, 과업 구조, 리더의 지위 권한 측면) 등으로 구성되는 상황이 리더에게 얼마나 호의적인가를 놓고 볼 때, 상황이 리더에게 매우 호의적일 때나 매우 비호의적일 때에는 과업 지향적인 스타일을 갖는 리더가 효과적이다. 또한, 상황이 아주 호의적이지도 아주 비호의적이지도 않은 중간 정도의 상황에서는 인간관계 지향적인 리더십 스타일이 효과적이라는 것을 보여주고 있다. 여기서 호의성이 중간 정도라는 것은 과업이 구조화되어 있으나 구성원이 리더를 싫어하므로 구성원의 감정을 중시하지 않으면 안 되는 상황이나, 구성원이 리더를 좋아하기는 하나 과업이 구조화되어 있지 않으므로 구성원의 창의성과 참여를 구해야만 하는 상황을 말한다(이길헌, 2016).

(3) 리더십의 유형

지도자의 힘이 독단적인 리더십에 있는 것이 아니라 다른 사람의 말을 경청하는 능력에 있다는 것, 불도저와 같이 밀고 나가는 힘에 있는 것이 아니라 상상력에 있다는 것, 과대망상증에 있는 것이 아니라 새로운 세계에서 리더십의 제한적인 성격을 인식하는 데 있다(Toffler, 1995). 내일의 리더는 현재보다 더 다양한 사회, 즉 훨씬 더 민주적이고 참여적인 사회를 대상으로 해야 한다. 리더십은 더 임시적이고 단체적이고 합의적인 것이 될 것이다. 리더는 위계적인 방식만이 아니라 개방적이고 자유로운 방식으로도 운영할 수 있는 사람이며 자율적인 단위들로 구성된 조직에서도 일할 수 있는 사람이다(Toffler, 1995). 따라서 업무에 대한 전문적 실천 능력과 조직구성원들과의 인간관계 능력을 성공적인 리더의 기본적인 자질로 보고 있다. 일반적으로 리더십 유형은 알파형 리더 유형, 민주주의에 근접한 유형, 파트너십 유형, 변혁적 리더십 유형 등 크게 네 가지로 구분할 수 있다(한국산업인력공단, 2021).

가. 알파(A)형 리더 유형 또는 독재자 유형

알파는 그리스 자모의 첫째 글자로서, 모든 것의 가장 첫 번째를 가리킨다. 별 중에서도 가장 밝은 별을 알파별이라고 부른다. 동물연구자들은 지배력을 뜻하는 말로 알파라는 말을 사용하는데, 흔히 동물 집단에서 가장 힘 있고 영향력 있는 리더를 일컫는다(Ludeman & Erlandson, 2007). 알파형 리더는 용감한 지도력, 목표 지향적 의지력, 확고한 책임감, 대중의 장악력 등을 가진 알파형 리더를 통해 세상은 바뀌어 왔고 지금도 세상은 그들을 요청한다. 그러나 명과 암은 동시에 존재한다. 알파형 리더들은 자신의 장점을 인식하지 못하거나 통제하지 못한 경우 그들은 자신이 지닌 생산적 에너지의 가치를 떨어뜨릴 뿐만 아니라 조직의 균형과 발전을 저해한다. 이들은 목표를 위해서라면 무엇이든 할 수 있고 해야 한다는 믿음을 갖고 있다. 그 결과 그들은 존경 대신 분노를, 신뢰 대신 두려움을 불러일으키며 마침내 동료들의 인생까지 비참하게 만든다. 성취 지향적이고 도전적인 알파형 리더들이 자신이 지닌 강점을 오히려 약점으로 변질시켜 재앙이 되는 위험한 상황을 알파신드롬이라고 한다(Ludeman & Erlandson, 2007). 알파형 리더들은 주위의 비판을 수용하지 않는다. 그들은 자기 일을 언제든 정당화하며 자신들은 모든 사람을 좀 더 효율적으로 만들기 위해 꼭 필요한 일을 하고 있을 뿐이라고 생각한다. 그들은 대중의 지혜를 근본적으로 부정한다. 그들의 시각은 수직적인 것에 고정되어 있으며, 수평적 관계와 민주적 절차에 의해 도출된 의견을 신뢰하지 않는다(이명선 외, 2019). 한편 알파형 리더를 독재자 유형이라고도 한다. 독재자 유형의 어원이 정치학에서 비롯되었듯이, 정책 의사결정과 대부분의 핵심 정보를 그들 스스로에게만 국한하여 소유하고 고수하려는 경향이 있다. 전형적인 독재자 유형의 특징은 아래와 같다(한국산업인력공단, 2021).

첫째, 질문은 금지한다. 독재자는 집단의 규칙하에 지배자로 군림하고, 동료에게는 그의 권위에 대한 도전이나 반항 없이 순응하도록 요구하며, 개개인들에게는 주어진 업무만을 묵묵히 수행할 것을 기대한다.

둘째, 모든 정보는 내 것이다. 독재자는 '지식(정보)이 권력의 힘'이라고 믿는다. 이러한 까닭으로 대부분 구성원과 조직에 대한 핵심 정보를 혼자 독점하고 유지하려고 애쓰며, 다른 구성원들에게는 기본적 수준의 정보만을 제공한다.

셋째, 실수를 용납하지 않는다. 독재자 유형은 언제 어디서나 가장 최고의 질적 수준을 요구한다. 실수는 절대 용납되지 않으며, 한 번의 실수는 곧 해고나 다른 형태의 징계로 이어진다.

알파형 리더는 집단이 통제가 없이 방만한 상태에 있을 때 혹은 가시적인 성과물이 보이지 않을 때 사용한다면 효과적일 수 있다. 이러면 리더는 팀원에게 업무를 공정히 나누어 주고, 그들 스스로가 결과에 대한 책임을 져야 한다는 것을 일깨울 수 있다.

나. 민주주의에 근접한 유형

민주주의에 근접한 유형은 독재자 유형보다 관대한 편이다. 리더는 그룹에 정보를 잘 전달하려고 노력하고, 전체 그룹의 구성원 모두를 목표 방향 설정에 참여하게 함으로써 구성원들에게 확신을 심어 주려고 노력한다. 예컨대, 팀장은 회의 때 회의자료를 준비하여 직원들에게 나누어 주고 그들의 의견을 구하며 때에 따라 새로운 제안을 받기도 한다. 팀장은 직원들의 의견을 수렴하여 팀원들의 참여 속에서 의사결정을 한다. 민주주의에 근접한 유형의 특징은 참여, 토론 장려, 거부권 등의 특징이 있다(한국산업인력공단, 2021).

첫째, 리더는 팀원들이 한 사람도 소외됨이 없이 동등하다는 것을 확신시킴으로써 비즈니스의 모든 방면에 종사하고 참여하도록 한다.

둘째, 리더는 경쟁과 토론의 가치를 인식하여야 하며, 팀이 나아갈 새로운 방향의 설정에 팀원들을 참여시켜 장려한다.

셋째, '민주주의에 근접한'이라는 말에서 알 수 있듯이, 이 유형의 리더들이 비록 민주주의적이긴 하지만 최종 결정권은 리더에게만 있다.

민주주의에 근접한 방식은 당신이 혁신적이고 탁월한 직원들을 거느리고 있고, 또 그러한 방향을 계속 지향할 때 가장 효과적이다. 기발하고 엄청난 아이디어를 가졌다고 할지라도, 양적인 것이 항상 질적인 것까지 수반하는 것은 아니다. 리더에게는 옳고 그름을 결정할 책임이 있다.

다. 파트너십 유형

파트너십(Partnership)은 위에서 논의한 리더십 형태와 다른 형태의 리더십이다. 독재자 유형과 민주주의에 근접한 유형은 리더와 집단 구성원 사이에 명확한 구분이 있다. 하지만 파트너십에서는 그러한 구분이 희미하고, 리더가 조직에서 한 구성원이 되기도 한다. 모든 면에서 취약한 구성원들이 경쟁력 있는 시설이나 자원을 독자적으로 확보하기는 매우 어려운 것이 현실이다. 이러한 치열한 경쟁에서 파트너십을 형성하는 것이 새로운 동역자를 확보하는 것이다. 따라서 대등한 수준의 구성원들과 상호 파트너십을 맺음으로써 시너지 효과를 창출하여 경쟁력을 확보하는 것은 중요하다. 파트너십이 가져다주는 장점을 살펴보면 다음과 같다(최은수 외, 2017).

첫째, 자신의 장점을 극대화할 수 있다. 즉, 모든 부문에서 경쟁력을 갖추기는 쉽지 않다. 따라서 취약한 부분은 파트너십을 통해 확보하고 자신의 장점을 극대화하여 팀의 효율성을 높일 수 있다.

둘째, 열악한 재정을 효율적으로 활용할 수 있다. 예산의 부족으로 많은 어려움을 겪고 있다면 새로운 설비와 공간 등을 확보하는 것은 큰 무리가 따른다. 따라서 전략적 파트너십을 통해 상호 좋은 설비와 공간을 공유한다면 매우 효율적인 예산 활용이 가능하다.

셋째, 파트너십을 통해 다른 팀원과 경쟁을 피하고 자신의 장점을 살린 특성화된 프로그램 운영을 가능케 한다.

넷째, 다양한 정보를 공유할 수 있어 경쟁력 확보에 큰 도움을 줄 수 있다.

한편, 파트너십은 앞서 살펴본 것처럼 다양한 장점을 가져다주기도 하지만 반드시 긍정적인 면만 있는 것이 아니라 문제점도 있다. 파트너십의 문제점을 살펴보면 다음과 같다.

첫째, 파트너십은 초기에 많은 추가 부담을 가져온다. 파트너십의 구축을 위해서는 많은 시간과 노력, 인내가 필요하다.

둘째, 파트너십 구축을 위해서 불가피하게 타협해야 할 경우가 많아 이해관계가 복잡해질 수 있다.

셋째, 파트너 간의 경험, 자원 및 역량의 차이로 말미암아 미묘한 관계가 발생할 수 있다. 또한 주도권, 이득 배분 문제로 사소한 갈등이 존재할 수 있다.

넷째, 파트너십을 형성하는 데는 업무의 혼란을 가져올 수 있다. 파트너십 초기에 책임과 권한의 관계와 업무 영역에서 많은 한계가 존재한다. 따라서 이러한 한계를 최대한 극복하여 파트너십의 효과를 극대화할 수 있도록 노력해야 한다.

파트너십 유형의 특징은 평등, 집단의 비전, 책임의 공유 등이 있다. 특징은 아래와 같다.

첫째, 리더는 조직구성원 중 한 명일 뿐으로 모두 평등하다. 리더는 다른 조직구성원들보다 경험이 더 풍부하겠지만 다른 구성원들보다 더 비중 있게 대우받아서는 안 된다.

둘째, 집단의 모든 구성원은 집단의 비전을 위해 의사결정 및 팀의 방향을 설정하는 데 참여한다.

셋째, 집단의 모든 구성원은 집단의 행동에 따른 결과 및 성과에 대해 책임을 공유한다.

파트너십 유형은 소규모 조직이나 성숙한 조직에서 풍부한 경험과 재능을 소유한 개개인들에게 적합하다. 신뢰와 정직, 구성원들의 능력에 대한 믿음이 파트너십 유형의 핵심요소이다.

라. 변혁적 유형

변혁적 리더십(transformational leadership)은 리더가 개개인과 팀이 유지해 온 이제까지의 업무 수행 상태를 뛰어넘고자 한다. 즉, 리더의 높은 이상과 자신감으로 새로운 비전을 제시하고, 인간의 가치를 존중하는 솔선수범 자로서 구성원들이 개인적 이익을 초월하도록 유도하고 상위 수준의 욕구를 활성화하는 '초월적 리더(extraordinary leaders)'에 관한 연구이다.

변혁적 리더는 전체 조직이나 팀원들에게 변화를 가져오는 원동력으로 과정을 변화시키고 행동을 고취하면서 문제해결 방법을 제시하고 정서적인 자극을 제공하는 리더십이다. 따라서 변혁적 리더는 고차원적인 변화를 지향하고, 조직 내부와 외부의 상황을 판단하여, 장기적 전략계획을 세우고, 조직의 목적을 보다 크게 성취하도록, 적극적인 동기유발 방안을 제시해야 한다(이병진, 2011). 이러한 변혁적 리더십을 구성하는 요소는 크게 네 가지로 구분할 수 있다(구자억 외, 2020).

첫째, 이상적 영향력(idealized influence)으로 리더는 구성원들에게 비전과 사명감, 자신감을 부여함으로써 구성원들로부터 존경과 신뢰를 받는다.

둘째, 영감적 동기부여(inspirational motivation)로서 리더는 구성원들에게 높은 수준의 기대감을 심어주고, 상징과 이미지 사용을 통해 신뢰와 목표 증진에 기여한다.

셋째, 지적 자극(intellectual stimulation)으로 리더가 구성원들에게 지성과 합리성을 제공하고 과업 수행 방법을 숙고하도록 독려한다.

넷째, 개별적 배려(individual consideration)로서 리더는 구성원 개개인에게 관심을 가지고 주목하며, 구성원 개별의 문제를 해결해 주고 조언과 지도를 아끼지 않는다.

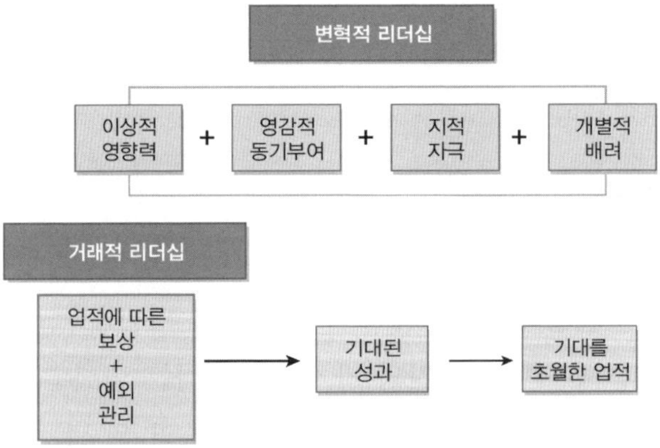

[그림 8-6] 변혁적 리더십의 구성요소

출처: 구자억 외(2020). 대학생을 위한 창업교육. 서울: 동문사.

마. 그 외 리더십의 유형

〈표 8-6〉 그 외 리더십의 유형

리더십	내용
서번트 리더십 (servant leadership)	• 구성원을 위해 봉사하고 헌신하는 데 초점을 두고 그들의 욕구를 만족시키는 것 • 리더가 봉사와 섬김의 정신으로 구성원의 아래에 위치하는 것을 강조 • 따뜻한 마음과 인간에 대한 깊은 애정으로 신뢰 구축하여 영향력 행사 • 권위는 희생과 봉사에서 나옴, 정신은 내면적이며 영적 사랑에서 나옴 • 대표적인 예로 예수, 간디, 테레사 수녀
코칭 리더십 (coaching leadership)	• 개인과 조직이 현재 지점에서 목표 지점까지 가도록 도와주는 리더십 • 사람들을 격려하고 도전하여 자신의 목표를 추구하고 잠재력을 실현하도록 돕는 리더십 • 두 사람, 즉 코치(상사)와 코칭고객(부하 또는 구성원) 사이에 상호 존중과 헌신에 근거한 신뢰관계에서 출발 • 보다 열정적이 되고 성장할 가능성이 커지며, 스스로 동기를 부여할 수 있는 기회가 많아짐 • 행동에 의미 있는 변화가 생기도록 격려함으로써 목표를 달성하게 할 뿐만 아니라 그 과정에서 자신을 관리하는 데 더 능숙해지도록 만들며 결국 리더가 되도록 지원
소금 리더십 (salt leadership)	• 진정한 리더는 평소엔 그를 의식하지 못하지만 막상 그가 없으면 조직의 간이 맞지 않는, 즉 조직의 생명력이 쇠해지는 존재, 반대로 그가 스며듦으로 인해 조직의 역동성이 살아나는 그런 존재가 소금의 리더십을 가진 존재 • 기존의 리더십의 가장 큰 덕목인 카리스마와는 본질적으로 다른 희생과 겸양의 리더십 • 조직에 꼭 필요한 존재이지만 대중이 그의 존재를 차마 의식하지도 못하는, 대중 속에 철저히 녹아든 그런 존재
셀프 리더십 (self leadership) 또는 수퍼 리더십 (super leadership)	• 스스로가 설정한 목표와 비전을 실천하기 위해 자기 동기부여를 통해 자신의 욕구와 기대를 스스로 통제 • 끊임없는 자기 관찰과 목표 설정을 통해 자기를 관리하고 자신의 옳고 그른 행동에 대한 단서를 관리해 나감으로써 문제점을 개선 • 확실한 가치관을 세우고 목표를 향해 삶을 살아가는 자세가 필요

리더십	내용
도덕적 리더십 (moral leadership)	• 도덕적 추론 원칙에 의해 행위가 안내되고, 고취되며, 지시되는 것 • 존중, 봉사, 정의, 정직, 공동체의 5가지 원칙이 있으며, 도덕적 개발을 위한 기본적 마인드를 제공
팔로워십 (followership)	• 그동안 상사로부터 리더십 유효성을 찾으려 한 데 반해서 효율적인 리더십의 여부는 부하가 결정한다고 보는 것임 • 성공하는 조직은 리드할 만한 리더도 있어야 하지만 이를 따라 줄 만한 부하가 있어야 하는 것임 • 못난 리더가 있는 조직보다 못난 부하가 있는 조직이 더 빨리 망함

출처: 조성진(2015); 이명선 외(2019); 정선영(2014); 이영희 외(2010); 하정연, 오정희(2020); 구자억 외(2020).

2. 리더십 역량 강화

리더십의 역량 강화를 위한 핵심 개념 중 하나는 '동기부여(motivation)'와 '임파워먼트(empowerment)'이다.

1) 동기부여

리더는 팀원들의 비전(vision)을 자극하고 동기(motivation)와 의지(will)에 불을 지피며 원하는 것을 성취하도록 도움으로써 구성원의 삶과 일 등에서 의미 있는 진전을 누리게 하여, 결국 리더는 팀 구성원의 변화를 통한 행복을 돕는다(조성진, 2015). 이루고자 하는 성과와 목표의 실현은 동기부여의 직접적인 결과라고 해도 과언이 아니다. 팀의 구성원으로서 일을 하든 다른 사람의 지도를 받지 않고 자기 소신껏 하든 일을 멋지게 처리하도록 자기 자신에게 동기를 부여해야만 좋은 결과를 얻을 수 있다. 더군다나 팀의 리더라면 구성원들이 좋은 성과를 내도록 동기부여 할 수 있는 능력을 반드시 갖추어야 할 뿐만 아니라, 스스로 동기를 부여할 수 있어야 한다(한국산업인력공단, 2021). 한 연구 보고서에서는 관리 측면에서 볼 때, 조직 내에서 구성원을 얼마나 지지하고 격려하느냐가 구성원의 동기부여와 상당한 연관이 있는 것으로 나타났다고 언급했다. 구성원들이 스스로 일할 의욕을 가질 수 있도록 도와줌으로써 구성원의 동기를 북돋우게 한다. 누구나 무한한 가능성이 있다고 보고 그가 겪고 있는 문제의 해답을 스스로 찾을 수 있다고 수시로 지지하고 격려한다. 현재의 문제를 해결하기 위해 스스로 취한 행동과 진전된 변화들에 대해 최대한 인정하고 칭찬하며, 필요할 경우 과거에 성취한 경험을 다시 떠올리도록 함으로써 현재의 의미 있는 변화를 돕기도 한다. 이런 일련의 배려와 조치들이 궁극적으로 구성원의 동기부여 향상에 어떤 형태로든 영향을 미치게 된다. 결국 구성원들은 이런 과정을 거치면서 스스로 하고 싶어 일하게 된다(조성진, 2015).

사람들은 인정, 성취, 지위 등 여러 가지 요소에 의해 동기 부여된다. 외적 보상(extrinsic reward)은 일을 잘한 데에 대한 보상으로 타인이 주는 것이다. 외적 보상의 예로는 임금 인상, 칭찬, 승진 등이 있다(김승욱, 2021). 그러나 조직원들이 지속해 자기의 잠재력을 발휘하도록 만들기 위해서는 외적인 동기유발 그 이상을 제공해야 한다. 사실 모든 조직원의 욕구를 만족시킬 수 있는 이상적인 근무환경을 만들기란 쉽지 않다. 그러나 이러한 환경이 마련된다면 조직원들은 돈이나 편익 등 외적 보상이 아닌, 자기 내면의 순수한 욕망에 의해 동기를 부여받을 것이다(한국산업인력공단, 2021). 내적 보상(intrinsic reward)은 일을 잘 수행하고 목표를 달성했을 때 느끼는 만족감이다. 내가 한 일이 조직이나 사회에 의미 있는 기여를 한다는 믿음은 내적 보상의 한 형태이다(김승욱, 2021). 그렇다면 내적 동기를 유발할 방법은 무엇이 있을까? 내적 동기를 유발하는 방법은 다음과 같다(한국산업인력공단, 2021).

첫째, 긍정적 강화법을 활용한다. 목표 달성을 높이 평가하여 조직원에게 곧바로 보상하는 행위를 '긍정적 강화'라고 한다. 긍정적 강화법은 조직원들의 동기를 부여하는 데 더없이 효과적이다. 높은 성과를 달성한 조직원에게는 곧바로 따뜻한 말이나 칭찬으로 보상해 주는 것이 필요하다.

둘째, 새로운 도전의 기회를 부여한다. 환경 변화에 따라 조직원들에게 새로운 업무를 맡을 기회를 준다면, 팀에는 발전과 창조성을 고무하는 분위기가 자연스럽게 조성된다. 즉, 조직원들은 매일 해 왔던 업무와 전혀 다른 일을 처리하면서 새로운 도전이 주는 자극과 스릴감을 톡톡히 맛볼 것이다. 나아가 자기 능력을 인정받았다는 뿌듯함과 성취감을 느끼며, 권한을 가지게 되었다고도 생각한다.

셋째, 창의적인 문제 해결법을 찾는다. 직업생활 중 자유롭게 의사결정을 하지 못하고 자신의 소신대로 업무를 진행하지 못할 경우, 조직원들은 자칫 피해의식에 사로잡혀 사사건건 다른 조직원들을 비난할 수도 있다. 창의적인 문제 해결법은 조직원들이 자신의 실수나 잘못에 대해 스스로 책임지도록 동기를 부여한다. 리더는 조직원이 문제를 해결하도록 지도하고 개입할 수는 있지만, 실질적인 해결책만큼은 조직원 스스로 찾도록 분위기를 조성해 주는 것이 바람직하다.

넷째, 자신의 역할과 행동에 책임감을 느낀다. 팀원들이 자신의 실수나 잘못에 대해 책임은 지지 않고, 오히려 다른 팀원들에게 책임을 전가하는 일이 지속된다면 팀의 근무환경은 현저히 나빠지게 마련이다. 하지만 자신의 업무에 책임을 지도록 하는 환경 속에서 일하는 팀원들은 오히려 자신의 위치에서 안정감을 느낄 뿐만 아니라, 자신이 의미 있는 일을 하고 있다는 긍지를 갖는다. 또한 어떤 어려움이든 극복하겠다는 의지가 강하며, 달성할 수 있는 목표 지점을 계속해서 높여간다. 이러한 팀에서는 리더와 팀원들이 의기투합해 의사결정과 문제해결방법을 함께 찾아간다.

다섯째, 코칭을 한다. 일반적으로 코칭은 문제 및 진척 상황을 팀원들과 함께 자세하게 살피고 지원을 아끼지 않으며, 지도 및 격려하는 활동을 의미한다. 직원들을 코칭하는 리더는 팀원 자신이 권한과 목적의식을 가지고 있는 중요한 사람이라는 사실을 느낄 수 있도록 이끌어 주어야 한다. 또한 팀원들이 자신만의 장점과 성공전략을 활용할 수 있도록 적극적으로 도와야 할 것이다.

여섯째, 변화를 두려워하지 않는다. '안전지대(comport zone)'란 모든 것이 친숙하고 위험 요소가 전혀 없는 편안한 상황을 의미한다. 더욱 높은 목표를 달성하고자 한다는 것은 이러한 안전지대를 떠난다는 것을 의미하는 것으로 위험을 감수한다는 말과 같다. 변화에 대한 두려움은 리더나 팀원을 정신적 고통에 직면하게 할 수 있지만 리더는 팀원이 안전지대에서 벗어나 더욱 높은 목표를 향해 나아가도록 격려해야 한다. 위험을 감수해야 할 이유가 합리적이고 목표가 실현할 수 있는 것이라면 직원들은 기꺼이 변화를 향해 나아갈 것이며, 위험을 선택한 자신에게 자긍심을 가지며 좋은 결과를 끌어내고자 지속해 노력할 것이다.

일곱째, 지속적으로 교육한다. 리더는 직원들에게 지속적인 교육과 성장의 기회를 제공함으로써 직원 자신이 상사로부터 충분히 인정받고 있으며 일부 권한을 위임받았다고 느낄 수 있도록 동기를 부여해야 한다. 팀원 개개인이 자기 능력에 확신을 갖는다면 팀의 업무 성과가 몰라보게 좋아진다. 리더는 팀원의 일에 대한 열망과 의지를 간과해서는 안 되며, 리더가 명확한 지침을 제공하고 적절한 교육을 하며 필요한 자원을 아낌없이 지원해 줄 때 직원들은 직업생활을 성공적으로 해나간다는 사실을 알아야 한다.

2) 임파워먼트

임파워먼트(empowerment)란 두 가지 차원에서 활용된다. 첫째는 개인적인 임파워먼트로 '자신의 강점과 가치를 인식하고 자신에 대해 새로운 태도를 가지며 삶에 필요한 기술과 능력을 개발하여 내적 힘과 행동력을 증진하는 과정'이다. 즉, '의식의 향상'이라고 할 수 있다(오정수 외, 2016). 둘째는 조직에서 임파워먼트로 '조직구성원들을 신뢰하고 그들의 잠재력을 믿으며, 그 잠재력의 개발을 통해 고성과(high performance) 조직이 되도록 하는 일련의 행위'이다. 즉, '권한 위임'이라고 할 수 있다. 직원들에게 일정 권한을 위임함으로써 훨씬 수월하게 성공의 목표를 이룰 수 있을뿐더러 존경받는 리더로 거듭날 수 있다. 자기 능력을 인정받아 권한을 위임받았다고 인식하는 순간부터 직원들의 업무 효율성은 높아지게 마련이지만, 안타까운 점은 많은 리더가 직원들에게 권한을 위임하지 않는다는 것이다. 리더와 그를 따르는 사람들 모두에 의해 임파워먼트가 일어날 수 있는 문화가 조성되면, 임파워먼트는 조직의 모든 사람으로부터 창조적이고 시너지적인 에너지를 끌어낸다(한국산업인력공단, 2021). 임파워먼트를 하면 생산성이 향상되고 사람들은 좋은 기회에 대해 큰 기대를 하게 되며 진보적이고 성공적인 조직을 만들 수 있게 된다. 임파워먼트가 잘 되어 고성과 조직이 되면 다음과 같이 개인의 이점이 있다. '나는 매우 중요한 일을 하고 있으며, 이 일은 다른 사람이 하는 일보다 훨씬 중요한 일이다.' '일의 과정과 결과에 나의 영향력이 크게 작용했으며, 나는 정말로 도전하고 있고 계속 성장하고 있다.'라는 긍정적 인식을 갖게 된다.

대부분의 조직에 있어서 임파워먼트가 장기적으로 효과성을 극대화하려면 세 가지 기준이 반드시 충족되어야 한다. 먼저, 사람들이 자유롭게 참여하고 기여할 수 있는 일련의 여건들을 조성하는 것이다. 그리고 사람들의 재능과 욕망을 최대한으로 활용할 뿐만 아니라 더 나아가 확대할 수 있도록 하는 것이며, 마지막으로 사람들이 분명하고 의미 있는 목적과 사명을 위해 최대의 노력을 발휘하도록 해주는 것이다.

리더는 임파워먼트에 장애가 되는 요인들에 대하여 알고 대처할 수 있어야 하는데, 다음과 같은 개인 차원, 대인 차원, 관리 차원, 조직 차원에서 장애요인을 살펴볼 수 있다(한국산업인력공단, 2021).

첫째, 개인 차원에서는 주어진 일을 해내는 역량의 결여, 동기의 결여, 결의의 부족, 책임감 부족, 의존성 등의 장애요인이 있다.

둘째, 대인 차원에서는 다른 사람과의 성실성 결여, 약속 불이행, 성과를 제한하는 조직의 규범, 갈등 처리 능력 부족, 승패의 태도 등의 장애요인이 있다.

셋째, 관리 차원에서는 통제적 리더십 스타일, 효과적 리더십 발휘 능력 결여, 경험 부족, 정책 및 기획의 실행 능력 결여, 비전의 효과적 전달 능력 결여 등의 장애요인이 있다.

넷째, 조직 차원에서는 공감대 형성이 없는 구조와 시스템, 제한된 정책과 절차 등의 장애요인이 있다.

3) 변화관리 방법

세상은 끊임없이 변화하고 있다. 조직의 구성원으로서 이러한 변화에 효과적으로 대처할 수 있는 최상의 방법은 적극적으로 자기 자신을 변화시키는 것이다. 변화관리는 리더에게 있어서 매우 중요한 자질로 부각되었다. 변화를 관리하는 기술을 연마하는 데는 여러 가지 방법이 있다. 특히, 리더는 열린 커뮤니케이션, 역지사지의 자세, 신뢰감 형성, 긍정적인 자세, 직원의 의견을 받아들이고 그들에게 창조적으로 권한을 위임하는 방법 등에 관심을 기울여야 한다. 리더가 효과적인 변화관리를 하기 위한 과정은 변화 이해하기, 변화 인식하기, 변화 수용하기 3단계로 설명할 수 있는데 다음과 같다(한국산업인력공단, 2021).

첫째, 변화관리 1단계는 '변화를 이해하라'이다. 리더는 변화에 대처하려는 직원들을 어떻게 도울 것인가를 고민하기에 앞서 변화와 관련한 몇 가지 공통 기반을 마련하고 변화 과정에 어떤 것들이 있는지를 파악해야 한다. 먼저 변화의 실상을 정확하게 파악한 다음, 익숙했던 것들을 버리는 데서 오는 감정과 심리적 상태를 어떻게 다룰 것인가에 대해 심사숙고해야 한다. 변화관리에서 변화를 다루는 방법만큼 중요한 것은 없다.

둘째, 변화관리 2단계는 '변화를 인식하라'이다. 변화가 일어나면 모든 직원이 눈치를 채기 마련이다. 이들은 변화에 대한 소문이 돌거나 변화 내용에 관한 설명을 하기도 전에 그것을 알아차린다. 불확실하고 의심스러운 분위기가 조성되면 직원들은 두려움과 스트레스에 시달리며 사기는 땅으로 떨어진다. 그러므로 리더가 할 수 있는 최고의 결정은 직원들에게 변화와 관련된 상세한 정보를 제공하는 것이다. 무엇보다 직원들 자신이 변화를 직접 주도하고 있다는 마음이

들도록 이끌어야 한다. 사람은 누구나 자기 능력을 발휘하는 데 도움이 되는 아이디어 및 변화에 열정적으로 대응한다. 이러한 변화를 성공적으로 이끄는 데 도움이 되는 방법은 '개방적인 분위기 조성', '객관적인 자세 유지', '구성원의 감정 살핌', '변화의 긍정적인 면 강조', '변화에 적응할 시간 주기'이다.

셋째, 변화관리 3단계는 '변화를 수용하라'이다. 변화를 받아들이도록 이끄는 방법은 다양하다. 변화를 바라보는 리더의 자세, 변화에 동기를 부여하는 행위, 변화에 필요한 행동 등은 구성원을 변화시키는 데 상당히 중요하다. 구성원은 리더가 자신들이 모르는 것을 알려주는 한편 긍정적이고 신뢰하는 태도로 대한다고 느낄 때, 리더의 방식을 신뢰하며 따른다. 그러므로 리더는 왜 변화가 일어나야 하는지를 구성원에게 상세하게 설명하고, 변화를 위한 구성원의 노력에 아낌없이 지원해야 한다.

무엇보다도 구성원과 수시로 커뮤니케이션하는 것이 중요하다. 정기적인 회의를 하고 변화에 대한 구성원의 반응을 계속 주지한다. 규모와 관계없이 변화는 적어도 부서의 한두 직원에게 영향을 미치게 마련이다. 시간을 내어 변화와 관련해 자주 논의하고, 직원들이 자기 생각이나 제안을 직접 말할 수 있는 분위기를 만드는 데 최선을 다하는 것이 중요하다(한국산업인력공단, 2021).

활동 나의 변화관리 방법 체크

효과적으로 변화에 대처할 때 생기는 이점 중 자신에게 중요하다고 생각하는 것에 체크해 보자.

① 직업안정
② 커리어 발전
③ 자신의 '몸값' 향상
④ 직업만족도 향상

각 이점에 대해서 좀 더 자세히 살펴보자.

① (직업안정) 우선 직장에서 직면하게 될 세 가지 변화를 적고, 다음에 각 변화에 대한 적절한 대처방법을 적은 다음, 마지막으로 각 변화가 자신의 직업에 도움이 될 면을 적으시오.

가능한 변화	필요한 대처법	직업상 안전성

② (커리어 발전) 가까운 미래에 승진을 바란다면, 다음의 두 가지 질문에 답을 하시오.
- 새로운 직위에서 당면하게 될 변화는 무엇인가?
- 그러한 변화에 대처할 수 있는 능력이 있다는 것을 어떻게 보여줄 것인가?

③ (자신의 '몸값' 향상) 오늘 이력서를 쓴다고 가정하면, 융통성과 창의성을 보여줄 만한 경력에는 어떤 것이 있는가?(예: 새로운 분야의 수업 듣기, 전직, 새로운 업무팀 소속, 수준 높은 전문과 과정 수료, 4명의 각기 다른 팀 리더 밑에서의 업무)

④ (직업만족도 향상) 다음 직업만족도의 요소들 중 변화에 잘 대처할 경우 얻을 수 있는 것들은 무엇인가?

□ 스트레스 감소	□ 생산성 향상
□ 시간 활용 개선	□ 능률 향상
□ 사기 진작	□ 자신감 상승
□ 재미 증폭	□ 팀에서 받는 존중 증대

출처: 한국산업인력공단(2021). NCS 직업기초능력 가이드북 대인관계능력. 울산: 한국산업인력공단.

09

Chapter

갈등관리와 협상능력

1. 갈등관리
2. 협상

1. 갈등관리

1) 갈등의 의미와 원인

(1) 의의

사람들은 '갈등' 하면 생각나는 단어를 일상에서 물어보면 다양한 의견이 나타난다. '싸움', '불편함', '스트레스', '머리 아픔', '괴로움' 등 부정적 이미지가 강한 피드백에서 가치중립적으로는 '해소', '풀어야 할 과제', '의사소통', '선택' 등을 말하며 긍정적 피드백은 거의 없다. 특히 젊은 청소년보다 성인들이 더 부정적인 방식으로 인식하고 있는 경향을 갈등관리 교육에서 확인되는데 이는 아무래도 관계망이 복잡하고 책임져야 할 일들의 일상이 더 많아서 그런 것이 아닌가 싶다. 갈등은 부정적이거나 그렇지 않거나 하는 잣대로 평가할 필요가 없다. 그보다 지금의 갈등 그대로의 것을 어떻게 바라봐야 할 것인가라는 생각으로 타인의 태도를 바라보는 것이 적절하다. 한 개인이나 조직, 국가 등 우리가 사는 모든 곳에 갈등의 요소를 항상 지니고 사는데 갈등을 어떻게 바라보느냐가 중요한 문제이다. 그것은 개인이나 조직을 쇠망하게도 하고 성장시킬 수도 있는 기재이다. 이를 잘 관리하는 개인과 집단은 그만큼 성장하고 발전하는 것이고 그렇지 못할 때 퇴보와 소멸로 이어진다. 의사소통은 단순한 대화를 위해 필요한 것이기보다 우리 사회 안에서 개인과 개인, 개인과 집단, 집단과 집단 간의 다양하고 건강한 공동체를 만들기 위해 필요한 것이고 그 핵심은 긍정적 갈등관리에서 시작된다 (광주평생교육진흥원, 2019).

21세기를 전후로 세상은 빠르게 변하고 있다. 그 이전 시대는 근면, 성실, 부지런함이 미덕인 사회였고 몇 가지 기술만으로도 평생직장을 유지할 수 있었다. 그러나 지금은 세상의 흐름을 이끌지는 못해도 이를 파악하고 빠르게 새로운 기술과 내용을 익히려는 노력이 필요한 시대이다. 그래서 예전 것을 가르치고 지시하고 계몽하는 시대가 아니라 새로운 것에 대한 탐구와 도전이 필요한 시대라고 한다. 기성세대의 가르침도 물론 유효하겠지만 새로운 세대에 대한 믿음과 지지가 필요할 것이다(광주평생교육진흥원, 2019).

〈표 9-1〉 21세기 이전과 이후의 요구 변화

21세기 이전	21세기 이후
근면, 자조, 협동, 국가, 충성, 희생, 대의를 위한 소수의 희생, 신속, 정확, 획일성, 지식, 강의, 개발, 수직적, 의사소통, 소품종 대량생산	개인의 자발성, 소통능력, 풀뿌리, 느림, 다양성, 경험, 감성, 토론, 상생, 환경, 수평적 의사소통, 비전, 자연, 공생, 창의성, 다품종 소량생산

출처: 광주평생교육진흥원(2019). 빌드업! 2019 민주시민활동가 역량강화 워크숍 자료집. 광주: 광주평생교육진흥원.

가르치고, 지시하고, 대의를 위해 소(小)가 희생해야 한다는 가치에서 이제 수평적 리더십과 소통, 공생과 창의적 사고의 중요성을 성찰해 보고 생활 현장에서의 민주성을 가지는 것이 필요하다.

(2) 의미와 원인

갈등이란 서로의 의견 차이 때문에 생기는 것으로 당사자 간에 가치, 규범, 이해, 아이디어, 목표 등이 서로 불일치하여 충돌하는 상태를 의미한다. 갈등을 확인할 수 있는 단서에는 지나치게 감정적으로 논평과 제안을 하는 것, 타인의 의견발표가 끝나기도 전에 타인의 의견에 대해 공격하는 것, 핵심을 이해하지 못한 데 대해 서로 비난하는 것, 편을 가르고 타협하기를 거부하는 것, 개인적인 수준에서 미묘한 방식으로 서로를 공격하는 것 등이 있다. 갈등을 증폭시키는 원인에는 적대적 행동, 입장 고수, 감정적 관여 등이 있다.

조직에는 다양한 구성원들이 모였기 때문에 공통된 목표를 달성해 나가는 과정에서 갈등은 불가피하게 발생한다. 그러나 그 결과가 항상 부정적인 것만은 아니다. 갈등은 우리에게 새로운 해결책을 마련해 주는 기회를 제공한다. 갈등(conflict)의 어원은 라틴어의 콘피게레(configere)인데, 이것은 '함께'라는 의미의 콘(con)과 '충돌이나 다툼'을 의미하는 피게레(figere)가 합쳐진 합성어로 개인이나 집단 간에 서로 충돌한다는 뜻을 가지고 있다. 일반적으로 조직을 구성하는 개인과 집단, 조직 간에 잠재적 또는 현재적으로 대립하고 마찰하는 사회적·심리적 상태를 말한다. 또한 한자로 갈등(葛藤)은 칡 나무 '갈' 자와 등나무 '등' 자로, 이들이 서로 줄기를 비비 꼬면서 한데 뒤엉켜 뒤죽박죽으로 자라게 된다면 아무 쓸모가 없는 잡풀 더미일 뿐만 아니라 무슨 수단을 쓴다고 할지라도 이들을 헤쳐 풀어낼 방법이 없다는 것을 의미한다. 조직 내 다양한 개인들이 공통의 목적을 좇다 보면 의견 차이가 발생할 수밖에 없으며, 이때 갈등은 불가피하다. 특히나 갈등이 고조되어 공통의 목적을 상실한 경우 뒤엉켜 버린 칡 나무와 등나무의 줄기처럼 이를 풀어낼 방도가 없고 결과적으로 아무런 쓸모가 없는 비생산적인 결과를 가져올 수 있다. 하지만 갈등이 늘 부정적인 결과를 가져오는 것은 아니다. 갈등은 새로운 해결책을 만들어 주는 기회를 제공한다. 중요한 것은 갈등에 어떻게 반응하느냐 하는 것이다. 갈등이나 의견의 불일치는 불가피하며 본래부터 좋거나 나쁜 것이 아니라는 점을 인식하는 것이 중요하다. 갈등이 해결되지 않고 방치된다면 팀의 발전을 저해할 수 있다. 그러나 잘 관리한다면 갈등을 통해 합리적인 의사결정을 끌어낼 수 있다. 결국 당신과 조직이 갈등을 어떻게 관리하느냐에 따라 갈등의 결과는 달라진다.

2) 갈등의 기능

갈등의 기능은 갈등을 보는 관점에 따라 구조적 관점, 인간자원 관점, 정치적인 관점으로 구분되며 다음과 같다(곽내영, 2007).

첫째, 구조적 관점은 사회적 통제와 합리성의 규범이 중시된다. 갈등은 저해요소로 간주하여 이를 해소할 수 있는 처방에 관심이 주어진다. 공식적인 지위,

신분, 경제 능력 등을 강조하며, 권위를 지닌 사람들의 역할은 갈등을 해결하는 것이다. 즉, 개인이나 부서에서 갈등을 해결하지 못할 때, 이를 해결하기 위해 상위 직위에 있는 사람이 개입한다.

둘째, 인간자원 관점은 갈등이 조직구성원의 사기와 효율성을 저해하는 요소로 간주한다. 구성원들의 필요와 조직의 필요 간의 조화와 협력을 가져오는 방안을 개발하는 데 중점을 둔다.

셋째, 정치적인 관점의 갈등은 조직에서 자연적이고 필연적이라고 본다. 갈등을 해결하는 것이 아니라 갈등을 관리하는 방법에 초점을 둔다. 갈등이 조직에 미치는 순기능과 역기능을 파악하여 조직발전에 기여할 수 있도록 관리하는 것이 중요하다. 적절한 갈등은 조직의 혁신과 변화를 가져오지만, 심할 경우에는 조직이 해체될 수도 있다고 본다.

한편, 갈등의 순기능과 역기능을 다음의 표로 구분하여 살펴보자(곽내영, 2007).

〈표 9-2〉 갈등의 순기능과 역기능 비교

기능	내용
순기능	• 조직의 어느 곳에 문제가 있는가에 대한 정보를 제공한다. • 새로운 화합의 계기가 된다. • 조직의 혁신과 변화를 유도한다. • 조직으로 하여금 갈등을 관리하고 방지할 수 있는 방법을 배우게 한다.
역기능	• 개인의 이익으로 인해 전체 조직을 희생할 수 있다. • 개인 간의 오랜 갈등은 정서적으로나 신체적으로 해롭다. • 목표 달성에 필요한 시간과 자원을 낭비한다. • 재정적인 비용이 소요되고 당사자 간에 감정적인 고통을 겪게 한다.

출처: 곽내영(2007). 곽내영 교육학(하). 서울: 도서출판 들풀.

활동 나는 갈등을 얼마나 두려워하는가?

※ 다음 상황을 읽고 1~5까지 점수를 체크하시오.

① 결코 이런 식으로 행동하지 않는다.

② 드물게나마 이런 식으로 행동할 때가 있다.

③ 종종 이런 식으로 행동한다.

④ 이런 식으로 행동할 때가 자주 있다.

⑤ 항상 이런 식으로 행동한다.

1	누군가에게 화가 났을 때도 그 사람의 기분이 상할까 싶어 무조건 참는다.	①	②	③	④	⑤
2	윗사람에게 거의 맞춰준다(현재 윗사람이 없다면 윗사람이 있었던 때를 기준으로 대답).	①	②	③	④	⑤
3	친구나 가까운 주변 사람의 의견에 늘 따르는 편이다.	①	②	③	④	⑤
4	누군가 나를 화나게 하면 내 감정을 그 사람에게 말하기보다 무시해 버린다.	①	②	③	④	⑤
5	누군가 언성을 높이면 바짝 긴장하며 도망치고 싶어진다.	①	②	③	④	⑤
6	사람들이 나만 괴롭히는 것 같다.	①	②	③	④	⑤
7	구입한 물건에 이상이 있어도 반품을 요구하러 상점에 다시 가지 않는다.	①	②	③	④	⑤
8	나를 화나게 만든 사람과 문제를 해결하느니 분노가 치밀어 올라도 혼자 일하는 편이 낫다.	①	②	③	④	⑤
9	참고 참았던 화가 폭발하면 스스로도 감당이 안 된다.	①	②	③	④	⑤
10	우울하거나 슬프다고 느낄 때가 종종 있다.	①	②	③	④	⑤
11	주변 사람들에게 소극적이라든가, 모든 일을 혼자 힘으로 해결하라는 말을 들을 때가 있다.	①	②	③	④	⑤
12	누군가에게 정말 화가 나면 그 사람을 피하게 된다.	①	②	③	④	⑤
13	어려움을 극복하려는 노력도 하지 않고 관계를 끝내버린다.	①	②	③	④	⑤
14	모두가 내 의견에 반대해도 끝까지 주장을 굽히지 않을 때가 있다.	①	②	③	④	⑤
15	다른 사람들과 의견이 일치하지 않으면 겁부터 난다.	①	②	③	④	⑤

16	사람들에게 빌려준 돈이나 물건을 돌려받고 싶지만 달라고 말하기가 망설여진다.	①	②	③	④	⑤
17	동료와 더 이상 함께 일하고 싶지 않다는 이유 하나만으로 일을 그만둔 적이 있다.	①	②	③	④	⑤
18	내 잘못도 아닌데 논쟁을 끝내고 싶어서 먼저 미안하다고 말한다.	①	②	③	④	⑤
19	속으로는 내가 옳다고 생각하지만 차마 입 밖에 내지 못한다.	①	②	③	④	⑤
20	논쟁을 하기 시작하면 결론이 날 때까지 계속 매달린다.	①	②	③	④	⑤
21	말을 잘못하면 어쩌지 하는 두려움 때문에 논쟁 자체를 회피한다.	①	②	③	④	⑤
합계						

출처: 이주희 외(2020). 대학생을 위한 인성함양Ⅱ. 고양: 공동체.

※ 점수를 모두 더한다. 갈등을 얼마나 두려워하는지 알아보자.
가장 낮은 점수는 21점, 가장 높은 점수는 105점이다.

- 21~40 당신은 훌륭하게 갈등 대처를 잘하고 있음
- 41~60 조금만 노력해도 갈등에 적절히 대처할 수 있음
- 61~80 갈등 해결 원칙을 잘 따른다면 삶은 한결 편안해질 것임
- 81~105 갈등에 당당히 맞서는 자신을 위해 열심히 노력해야 함

3) 갈등 해결 방안

갈등을 효과적으로 해결하기 위해서는 각자의 입장을 탐색하고 의사소통 채널을 개방하며, 다른 사람들을 참여시키는 것이 중요하다. 특히 갈등을 성공적으로 해결하기 위해서는 쟁점의 양 측면을 모두 이해하는 것이 중요하다. 갈등 해결 방법 모색 시 명심해야 할 사항으로는 다른 사람들의 입장 이해하기, 어려운 문제는 피하지 말고 맞서기, 자신의 의견을 명확하게 밝히고 지속적으로 강화하기, 사람들과 눈을 자주 마주치기, 마음을 열어놓고 적극적으로 경청하기, 타협하려 애쓰기, 어느 한쪽으로 치우치지 않기, 논쟁하고 싶은 유혹을 떨쳐내기, 존중하는 자세로 사람들을 대하기 등이 있다.

갈등에는 두 가지 유형이 있다. 두 가지를 명확히 구별하고 그 유형들을 각기 독립적으로 다루면, 문제를 훨씬 수월하게 해결할 수 있다(한국산업인력공단, 2021). 첫 번째 유형은 '불필요한 갈등'이다. 개개인이 저마다 문제를 다르게 인식하거나 정보가 부족한 경우, 편견 때문에 발생한 의견 불일치로 적대적 감정이 생길 때 불필요한 갈등이 일어난다. 당신이 중요하게 생각하는 문제가 타인으로 인해 해결되지 못한다는 생각이 들 때, 불필요한 갈등이 야기된다. 근심, 걱정, 스트레스, 분노 등의 부정적인 감정과 잘못 이해하거나 부족한 정보 등 전달이 불분명한 커뮤니케이션, 그리고 편견, 변화에 대한 저항, 항상 해오던 방식에 대한 거부감 등에서 나오는 의견 불일치와 같은 상황에서 일어날 수 있다. 두 번째 유형은 '해결할 수 있는 갈등'이다. 목표와 욕망, 가치, 문제를 바라보는 시각과 이해하는 시각이 다를 경우에 일어날 수 있는 갈등이다. 이러한 갈등은 상대를 먼저 이해하고, 서로가 원하는 것을 만족시켜 주면 저절로 해결된다. 두 사람이 정반대되는 욕구나 목표, 가치, 이해에 놓였을 때는 해결 가능한 갈등이 일어난다. 대표적인 예로, 같은 팀에 몸담고 있지만 다른 부서 출신인 두 명의 직원이 문제의 원인에 대해 서로 다른 견해를 가지고 있는 경우를 꼽을 수 있다. 두 사람 모두 상대방에게 문제에 대한 책임이 있다고 생각할 것이다.

갈등은 한순간에 발생하여 끝나는 것이 아니다. 사소한 문제라고 생각했던 것이 생각지 않게 큰 문제가 되어 어려움을 겪기도 한다. 갈등의 과정은 의견 불일치 → 대결 국면 → 격화 국면 → 진정 국면 → 갈등의 해소 단계를 거치면서 진행된다.

다양한 갈등 상황에서 반응하는 갈등 해결 방법에는 회피형, 경쟁형, 수용형, 타협형, 통합형(협력형) 등 다섯 가지 유형으로 구분해 볼 수 있다.

(1) 회피/보류형(avoiding)

회피형은 자신과 상대방에 관한 관심이 모두 낮은 경우로서, 조직의 목표를 강조하지도 않고 구성원들의 관심 사항에 대해 협력하지도 않는다. 행정가는 갈등을 무시함으로써 저절로 해결되기를 바란다. 갈등이 있는 것을 알고 있지만 갈등이 표면화되는 것을 억제하는 행동이다. 갈등 상황에 대하여 상황이 나아질 때까지 문제를 덮어두거나 위협적인 상황에서 피하고자 하는 경우를 말한다. 회피형은 개인의 갈등 상황으로부터 철회 또는 회피하는 것으로, 상대방의 욕구와 본인의 욕구를 모두 만족시킬 수 없게 된다. 이 전략은 '나도 지고 너도 지는 방법(I lose-You lose)'이라고도 한다.

(2) 경쟁/대립형(competing)

경쟁형은 지배형(dominating)이라고도 하는데, 행정가는 조직의 목표 달성을 강조하며 조직구성원들의 개인적인 필요에 대해서는 협력하지 않는다. 이는 승패의 접근방법이다. 자신에 관한 관심은 높고 상대방에 관한 관심은 낮은 경우로서 '나는 이기고 너는 지는 방법(win-lose)'을 말한다. 경쟁형은 상대방의 목표 달성을 희생시키면서 자신의 목표를 이루기 위해 전력을 다하는 전략이다. 이 방법은 제로섬(zero-sum) 개념을 의미한다.

(3) 순응/수용형(accommodating)

수용형은 자신에 관한 관심은 낮고 상대방에 관한 관심은 높은 경우로서 '나는 지고 너는 이기는 방법(I lose-You win)'을 말한다. 이 방법은 상대방의 관심을 충족하기 위하여 자신의 관심이나 요구는 희생함으로써 상대방의 의지에 따르는 경향을 보인다. 이 방법은 상대방이 거친 요구를 해오는 경우에 전형적으로 나타나는 반응이다.

(4) 절충/타협형(compromising)

타협형은 자신에 관한 관심과 상대방에 관한 관심이 중간 정도인 경우로서, 서로가 받아들일 수 있는 결정을 하기 위하여 타협적으로 주고받는 방식(give and take)을 말한다. 즉, 갈등 당사자들이 반대의 끝에서 시작하여 중간 정도 지점에서 타협하여 해결점을 찾는 것이다. 갈등 당사자 간에 불신이 클 때는 이 방법은 실패한다.

(5) 협력/통합형(integrating)

통합형은 협력형(collaborating)이라고도 하는데, 주장하면서 협력하는 문제해결 접근방식이다. 자신은 물론 상대방에 관한 관심이 모두 높은 경우로서 '나도 이기고 너도 이기는 방법(win-win)'을 말한다. 이 방법은 문제해결을 위하여 서로 간에 정보를 교환하면서 모두의 목표를 달성할 수 있는 윈-윈 해법을 찾는다. 아울러 서로의 차이를 인정하고 배려하는 신뢰감과 공개적인 대화를 필요로 한다. 통합형이 가장 바람지한 갈등 해결 유형이라 할 수 있다.

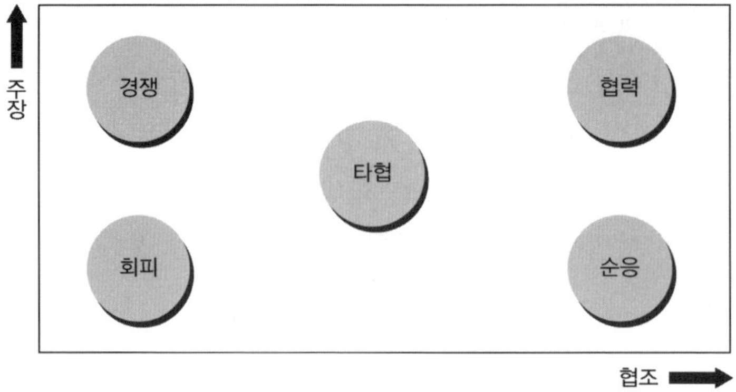

[그림 9-1] 리더의 대응 행동

출처: Hoy, Wayne K., & Miskel, Cecil G. (1996). *Educational administration: theory, research, and practice(5th ed.)*. New York: McGraw-Hill, Inc.

〈표 9-3〉 갈등/분쟁 해결의 5가지 유형

유형	내용
회피/보류형 (avoiding)	• 갈등상태에 있는 목표 실익 달성을 추구하지 않음 • 더 큰 갈등을 우려해 당장의 문제해결을 연기함
경쟁/대립형 (competing)	• zero-sum • 자기주장이 강하고 경쟁적 • 목표 달성을 위해 관계를 희생시킴 • 자신의 입장을 고수하며 힘에 의존함
순응/수용형 (accommodating)	• 자기 이해보다 상대의 요구에 맞춰 갈등 해소 추구 • 실익보다 관계 중시, 대립 · 경쟁 회피 • 자기주장을 잘못하거나 하지 않음
절충/타협형 (compromising)	• 자기 목표와 상대의 목표를 절충 · 타협 • 실익과 관계를 적절히 조화 • 경쟁↔순응, 회피↔협동의 중간적 해결
협력/통합형 (integrating)	• Win-Win • 상대방과 협동적으로 해결 도모 • 실익을 상대에게 이해시킴 • 목표 충족을 위해 효과적 상호작용

출처: 광주평생교육진흥원(2019). 빌드업! 2019 민주시민활동가 역량강화 워크숍 자료집. 광주: 광주평생교육진흥원.

문제해결을 위해 서로의 관점과 공동의 책임을 수용하도록 하는 한 가지 방법은 팀원들에게 서로의 역할을 바꾸어서 수행해 보도록 하는 것이다. 이를 바탕으로 우리는 갈등 문제의 본질적인 해결책이 될 수 있는 '윈-윈(Win-Win) 전략'을 사용할 수 있다. '윈-윈(Win-Win) 전략'은 서로가 원하는 바를 얻을 수 있기 때문에 이 방법은 성공적인 업무 관계를 유지하는 데 매우 효과적이다. 윈-윈 해결책에 도움이 되는 갈등 해결 방식에는 몇 가지 모델이 있다. 다음은 한 가지 모델에 대한 개요이다.

1단계: 충실한 사전 준비

- 비판적인 패러다임 전환
- 자신의 위치와 관심사 확인
- 상대방의 입장과 드러내지 않은 관심사 연구

2단계: 긍정적인 접근방식

- 상대방이 필요로 하는 것에 대해 생각해 보았다는 점을 인정
- 자신의 'WIN-WIN 의도' 명시
- WIN-WIN 절차, 즉 협동적인 절차에 임할 자세가 되어 있는지 알아보기

3단계: 두 사람의 입장을 명확히 하기

- 동의하는 부분 인정하기
- 기본적으로 다른 부분 인정하기
- 자신이 이해한 바를 점검하기

4단계: WIN-WIN에 기초한 기준에 동의하기

- 상대방에게 중요한 기준을 명확히 하기
- 자신에게 어떠한 기준이 중요한지 말하기

5단계: 몇 가지 해결책을 생각해 내기
6단계: 몇 가지 해결책 평가하기
7단계: 최종 해결책을 선택하고, 실행하는 것에 동의하기

자신의 관심사를 직시하고, 상대의 관심사를 경청할 용의가 있으며, 상호적으로 만족할 만한 해결책을 모색하려는 굳건한 자세가 윈-윈 전략에 요구된다.

2. 협상

1) 영화 '협상'과 '수상한 고객들'

협상에서 촉진자란 누구일까? 협상하면 생각나는 영화가 있다. '협상'과 '수상한 고객들'이다. 먼저 '협상'은 우리나라 최초로 협상이라는 소재를 사용한 특이한 영화인 '협상' 영화이다. 서울지방경찰청 위기 협상팀 소속 협상전문가 하채윤(손예진 역)과 인질범 민태구(현빈 역) 주연의 범죄오락영화이다. 용병들을 거느리며 수많은 전투에서 활약했던 민태구인데, 왜 민태구가 대한민국을 대상으로 협상카드를 내밀게 될까? 그리고 민태구는 왜 하필이면 협상자로 하채윤을 지목했을까? 그리고 또 다른 영화 '수상한 고객들'에서 보험왕 배상준(류승범 역)은 자신의 실적에 오점을 남기지 않기 위해 자살을 암시하는 4명의 고객들을 찾아다닌다. 사기당해 망해서 우울 모드인 기러기 아빠 오부장과 빚이 산더미라서 사채업자에게 몸을 팔라고 강요당하는 까칠한 소녀 가장 소연, 입만 열면 욕설을 내뱉는 꽃거지 청년 영탁과 아이 넷 딸린 가장 잃은 비정규직 억척 과부 복순까지, 배상준은 처음에 자신의 실적을 위해 뛰어들지만 결국 그들이 새로운 삶을 찾는 과정에 깊이 개입하게 되며 해피엔딩으로 끝을 맺는다. 각자의 갈등 상황에서

절망적 삶을 살아가는 사람에 관한 관심과 배려, 그 사람들이 스스로 새로운 삶을 찾는 데 있어 조력자로서의 역할이 중요함을 깨닫게 하는 영화이다.

[그림 9-2] 영화 '수상한 고객들'과 영화 '협상'

출처: movie.daum.net/moviedb/contents?movieId=61724#.
movie.daum.net/moviedb/contents?movieId=112447#.

자신의 삶을 온전하게 자신의 것으로 살아간다는 것이 그리 쉬운 것이 아니다. 개인의 꿈과 비전을 갖추는 것도 그것을 이루기 위한 나의 재능, 능력, 주변의 조건 등을 얼마나 잘 활용할 수 있는지, 나의 인생을 대신 살라고 하는 온갖 압력과 분위기를 거뜬히 이겨낼 수 있는 신념 등이 필요하다.

2) 협상의 개념

사람이 함께 모여 살면서 같은 목적 또는 상호배타적인 목적을 추구하는 과정에서 갈등이 일어나기 마련이다. 갈등은 개인 간에는 다름으로 그리고 집단 간에는 전쟁으로까지 이어지기도 한다. 갈등으로 인한 개인적·사회적 비용이 너무 크기 때문에 이를 해결하기 위한 접근이 절실히 요구된다. 이로 인해 협상(negotiation 또는 bargaining) 등이 매우 중요한 역량으로 주목받고 있다(구자억 외, 2020). 모두가 인생에서 중요하게 생각하는 것 중 하나가 협상이다. 허브 코헨(Herb Cohen)은 그것을 '인생 게임(a game of life)'이라고 한다. 누구나가 삶 속에서 협상한다. 그것은 차이의 조정(reconciling of difference), 분쟁의 해결(resolving disputes), 갈등의 관리(managing conflict), 관계의 수립 또는 조정(establishing or adjusting relationships)에 관한 것이다. 협상은 곧 '파는 것(selling)'이며 사람들을 '주저'에서 '확신'의 상태로 움직이는 것이고 사람들을 'No'에서 'Yes'의 상태로 움직이는 것이다.

우리는 살아가면서 수많은 협상을 한다. 작게는 물건가격을 흥정하는 것부터, 직업에서는 임금협상, 국가적으로는 외교적 중대한 정책을 정하는 큰 상황까지 다양한 협상능력이 요구된다. 이러한 각각의 협상을 고려해 볼 때 다음과 같이 협상의 정의를 내릴 수 있다. 협상은 갈등 관계에 있는 둘 이상의 사람이 서로의 관심사를 탐색하고 조율하는 행위이다. 또한 이것은 갈등 당사자가 자신의 감정을 다스리고 상대의 감정을 이해하면서 서로의 관심사를 교환함으로써 서로가 만족하는 상생 대안(win-win options)을 창조하는 과정으로 이해할 수 있다. 즉, 협상은 '협상에 참여하는 양 당사자의 협상 대상에 대한 인식과 견해의 차이를 활용해 새로운 가치를 창출하고 그 가치를 두 사람이 만족하는 방향으로 나누는 것이라고 할 수 있다(김기홍, 2017). 결국 모든 협상은 곧 사람으로 귀결된다. 협상은 상대방의 특별한 행동, 특별한 판단, 특별한 인식, 어떠한 감정을 가지도록 만드는 과정이다(구자억 외, 2020).

3) 협상의 중요성

자원, 가치, 이념 등의 차이로 인한 갈등은 엄청난 개인적 · 사회적 비용을 요구한다. 협상은 갈등의 문제를 해결하기 위해 한 발짝 물러서 새로운 관점에서 협상의 대상을 바라보게 하기 때문에 극단적 대치가 아닌 제3의 창조적인 대안을 제시할 가능성이 크다. 협상은 다음 세 가지 측면에서 중요성을 가진다(하혜수 외, 2019).

첫째, 협상은 민주적 갈등 해결 수단으로서 중요한 역할을 수행할 수 있다. 협상은 서로 대등한 관계에서 의사소통하면서 갈등을 해결함으로써, 분쟁에 이르지 않도록 하는 가장 민주적인 해결 수단이라 할 수 있다.

둘째, 협상은 창의적 대안을 모색할 수 있다. 합의는 상호 간 최대 양보선을 탐색하고 발견하는 과정이기 때문에 서로에게 만족을 주는 새롭고 수용할 수 있는 대안을 발견할 수 있게 해 주기 때문이다.

셋째, 협상은 거래비용, 생산적 관계, 결과 만족도, 재발 우려의 측면에서 갈등을 해결하는 다른 수단, 즉 재판, 권력적 수단 등에 비해 효율성이 높은 방법이다.

4) 협상단계

협상은 어떤 목적에 부합되는 결정을 하기 위하여 함께 의논하는 것으로 나와 의견이 같지 않은 사람들과 목적에 부합되는 결정을 위해 의논해 가는 능력이다. 우리는 살아가면서 수많은 협상을 한다. 작게는 물선가격을 흥정하는 것부터, 직업에서는 임금협상, 국가적으로는 외교적 중대한 정책을 정하는 큰 상황까지 다양한 협상능력이 요구된다(정보현, 2021). 이러한 협상의 대답에 앞서 생각할 9가지 행동 지침이 있다(Karrass, 2007).

① 그 질문에 대답하기 전에 시간을 가지고 생각하라.

② 질문을 철저히 이해하기 전에는 절대로 대답하지 마라.
③ 대답을 들을 수 없는 질문도 있다는 것을 알라.
④ 질문 전체를 만족시킬 대답만이 최고가 아니라는 생각을 가져라.
⑤ 질문 전체를 만족시킬 대답을 피할 수 있는 방법 중의 하나는 묻지 않은 질문에 대답하는 것이다.
⑥ 곤란한 질문이라면 불충분한 지식이나 정보, 기억력을 핑계로 대답을 연기시켜라.
⑦ 상대방으로 하여금 대답하게끔 유도하라.
⑧ 상대방이 대답을 가로막으면 그대로 놓아두어라.
⑨ 올바른 대답만이 최고가 아니다. 그것이 어리석을 수도 있다.

협상은 나의 목적과 상대의 목적 그리고 상황분석에 따라 다양한 전략이 요구되는 과학이다. 문제해결을 위한 체계적 절차와 분석이 필요하며 대인관계 스킬, 설득력, 여러 흥정 스킬을 이용하는 능력이다. 다음은 협상의 단계별로 협상전략을 살펴보자(정보현, 2021).

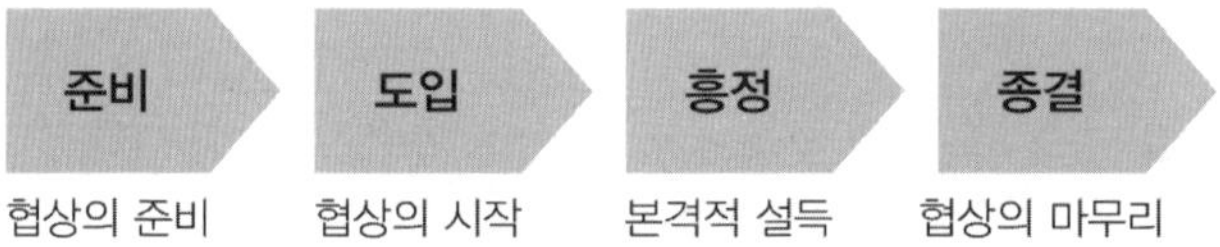

[그림 9-3] 협상의 단계

출처: 정보현(2021). 4차산업혁명시대 스마트 직업과 경력개발. 서울: 동문사.

(1) 준비단계

협상을 준비하는 단계로 협상의 성공을 위해 아주 중요한 단계이다. 협상의 성과는 준비를 어떻게 하느냐에 달려 있다.

(2) 도입단계

협상을 시작하는 단계로 협상 범위나 분야, 의사일정, 주요 문제나 쟁점을 탐색하고 규명하며 결정하는 단계이다. 협상 당사자들이 서로 자기를 소개하고 상호탐색하고 협상 분위기를 조성하고 관계를 형성한다. 서로 자신의 입장과 제안을 정보와 사실에 기초하여 상대방에게 논리적으로 설명하고 주장한다. 철저한 사전 준비가 설득적이고 자신 있는 주장을 하게 해 준다.

(3) 흥정단계

본격적인 설득단계로 범위를 조정하고 서로 간 차이점을 좁히고 문제해결에 접근한다. 양보, 타협, 주고받기를 통해 최종결정에 이르기 전 합의사항들을 도출한다.

(4) 종결단계

최종적으로 흥정을 마무리하고 결론이나 문제해결, 상세하게 합의를 도출하는 단계이다. 결정된 내용을 문서화하고 약속대로 실행하기 위한 보장조치를 강구한다.

협상은 정해진 답이 있는 것이 아니다. 협상은 상대와 나를 위한 최적의 방안을 찾는 것이므로 답은 협상하는 당사자에게 있다. 또한 반드시 승자와 패자가 있는 것이 아니며, 상호 만족스러운 협상도 있다. 상호이익을 위한 창의적 협상을 위해서는 다음과 같은 해결책을 모색할 수 있다(정보현, 2021).

① 해결책을 창안해 내는 것과 판단하는 행위를 분리한다.
② 한 가지 해답만을 찾기보다는 다양한 해결안을 개발한다.
③ WIN-WIN 마인드로 서로에게 득이 되는 해결안을 찾는다
④ 파이를 나누기 전 먼저 크게 키운다.

⑤ 공통이익은 극대화하고 개별이익은 조정하는 안을 찾는다.

⑥ 해결을 촉진시키는 해결안의 일부로서 나에게는 작으나 상대에게는 큰 이익을 주는 요소를 찾는다.

⑦ 나의 핵심적 이익을 얻어 내면서도 상대에게는 옵션(option)으로 제공하는 방식으로 활용한다.

또한 성공적인 협상자의 특징은 다음과 같이 나타난다(Karrass, 2007).

① 계획 수립 및 준비

② 협상 주제에 관한 지식

③ 압박감과 불확실성하에서 명료하고 신속하게 사고하는 능력

④ 생각을 말로 표현하는 능력

⑤ 경청 스킬

⑥ 성실성

⑦ 타인을 설득하는 능력

⑧ 인내심

⑨ 결단력

활동 협상능력 진단

※ 자신의 협상능력을 진단해 보고 항목별로 강점과 약점을 살펴보자. 다음 문항을 읽고 항목별로 자신에게 해당하는 점수를 입력하시오.

그렇지 않다(1점) ←――――――――→ 매우 그렇다(5점)

문항	점수
1. 협상 조건이나 행동에 대해 알고 있다.	
2. 상대방에 대한 논리적인 설득 자료를 항상 준비한다.	
3. 상대방의 접근방식과 협상방법을 파악해 둔다.	
4. 협상 대안을 항상 준비한다.	
5. 협상 결렬에 대비해 대안을 확보해 둔다.	
6. 협상에 대한 우리의 목표를 파악한다.	
7. 상대방에 관한 정보를 수집한다.	
8. 상대방의 관심 분야를 파악한다.	
9. 정보와 자료를 논리적으로 정리할 수 있다.	
10. 프레젠테이션 자료를 시각적으로 작성할 줄 안다.	
11. 최저 양보선을 준비해 둔다.	
12. 상대방에게 맞는 제스처를 활용할 줄 안다.	
13. 상대방 입장에서 상황 판단을 할 수 있다.	
14. 상대방에 관한 질문이 항상 준비되어 있다.	
15. 가벼운 대화로 분위기를 이끌 줄 안다	
16. 상대방의 입장을 충분히 경청한다.	
17. 상대방의 요점을 잘 파악할 수 있다.	
18. 상대방 질문의 의도를 파악할 수 있다.	
19. 우호적인 분위기를 조성할 수 있다.	
20. 협상 용어를 알고 있다.	
21. 상대방의 공격에 의연하게 대처할 수 있다.	

22. 잘못에 대해 솔직히 인정한다.	
23. 스트레스 내성이 강하다.	
24. 성실성이 보이도록 노력한다.	
25. 진행 결과에 대해 문서로 정리한다.	
26. 일관성 있는 언행을 한다.	
27. 협상 이후의 관계 유지를 위해 노력한다.	
28. 난항에 부딪혔을 때 끈기 있게 해결방안을 찾는다.	
29. 결렬 시 좋은 인상을 남긴다.	
30. 세부 사항까지 철저히 체크한다.	

출처: 정보현(2021). 4차산업혁명시대 스마트 직업과 경력개발. 서울: 동문사.

협상역량	해당번호	합계	평균(합계/문항수)
정보수립 활용	1, 3, 6, 7, 8, 9		
협상전술	2, 4, 5, 11, 19, 29		
흥정스킬	10, 12, 13, 14, 15, 16, 17, 18, 20, 21		
협상태도	22, 23, 24, 25, 26, 27, 28, 30		

※ 항목별로 평균점수가 4점 이상이면 해당 역량을 갖추고 있다. 3점 이하이면 역량을 갖추기 위하여 노력해야 한다.

- 내가 갖춘 협상 역량은 무엇인가(평균 4점 이상 항목)

- 내가 개발해야 할 협상 역량은 무엇인가(평균 2점 이하 항목)

활동 협상준비계획서

2인 1조로 조를 편성하여 한 가지 갈등 상황을 설정하고 다음의 협상준비계획서를 작성해 보자. 이후 각 조별로 협상준비계획서 내용을 발표해 보자.

<table>
<tr><th colspan="3">협상준비계획서</th></tr>
<tr><td colspan="2">1. 협상 이슈</td><td></td></tr>
<tr><td colspan="2">2. 이익</td><td></td></tr>
<tr><td colspan="2">3. 협상 목표</td><td></td></tr>
<tr><td rowspan="3">4. 협상 대상</td><td>목표</td><td></td></tr>
<tr><td>전략</td><td></td></tr>
<tr><td>협상 스타일</td><td></td></tr>
<tr><td rowspan="2">5. 협상 결렬 시</td><td>내가 잃은 것</td><td></td></tr>
<tr><td>상대가 잃은 것</td><td></td></tr>
<tr><td colspan="2">6. 추가로 제시할 옵션</td><td></td></tr>
<tr><td colspan="2">7. 해결책</td><td></td></tr>
<tr><td colspan="2">8. 합리적 논거</td><td></td></tr>
<tr><td colspan="2">9. 협상 기준</td><td></td></tr>
</table>

출처: 성보현(2021). 4차산업혁명시대 스마트 직업과 경력개발. 서울: 동문사.

10

Chapter

문제해결능력

1. 문제해결능력
2. 창의적 사고력
3. 문제처리능력

1. 문제해결능력

1) 의의

문제(問題)의 사전적 의미로는 '해답을 요구하는 물음', '어떤 사물이나 사실과 관련된 일', '해결하기에 어렵거나 대응하기 곤란한 일'을 뜻한다. 문제는 원하는 바람직한 상태와 현재 상태의 차이(gap)를 뜻한다. 즉, 원하는 상태는 일상적이거나 예상되었던 상태이며, 현재는 그렇지 않은 것이다(정보현, 2021).

문제란 원활한 업무수행을 위해 해결해야 하는 질문이나 의논 대상을 의미하는 것으로 해결하기를 원하지만 실제로 해결해야 하는 방법을 모르고 있거나, 또는 얻고자 하는 해답이 있지만 그 해답을 얻는 데 필요한 일련의 행동을 알지 못한 상태이다. 이러한 문제는 흔히 문제점과 구분하지 않고 사용하는데, 문제점이란 문제가 벌어지게 된 근본 원인이 되는 것으로 문제해결에 필요한 열쇠인 핵심 사항을 말한다(한국산업인력공단, 2021). 그래서 문제해결능력은 이러한 차이를 줄이는 것이라고 할 수 있다.

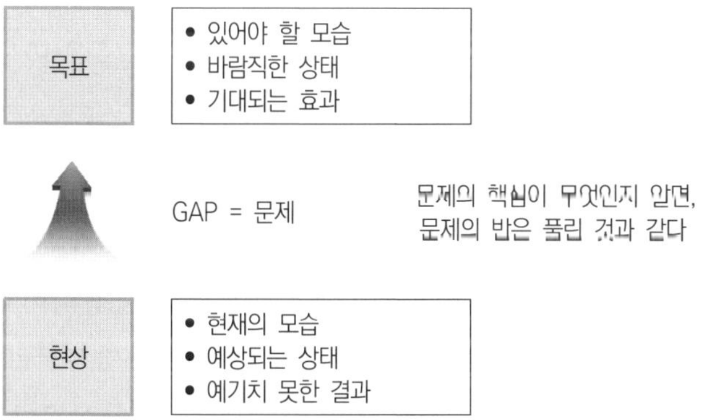

[그림 10-1] 목표와 현상 차이

출처: 한국산업인력공단(2021). NCS 직업기초능력 가이드북 문제해결능력. 울산: 한국산업인력공단.

우리는 하루에도 수많은 크고 작은 다양한 문제(problem) 상황에 직면하게 된다. 그러나 정작 자신이 문제에 직면해 있다는 사실을 알지 못해 종종 곤란을 겪기도 한다. 일반적으로 '문제'라 하면 현재 생활 속에서 부딪히는 혼란의 원인이 되며 어렵고 불안정한 질문 또는 즉시 해결해야 하는 것으로 생각한다. 그러나 급변하는 환경 속에서 개혁과 혁신이 요구되는 오늘날의 직업인들은 경쟁력 강화를 위해, 현재 직면한 명확한 문제뿐만 아니라 숨어 있는 문제까지 해결할 수 있어야 한다. 또한 수집된 정보를 과학적으로 분석하여 창의적인 대안을 찾고 예상되는 결과와 위험을 정확하게 추정해야 한다. 이처럼 발생된 문제를 해결하고 새로운 기회를 찾아 효율적으로 추진해서 새로운 가치를 창출하는 능력이 필요한데 이러한 이유로 다음과 같이 창의적인 문제해결능력의 필요성이 요구되고 있다(박일순, 2017).

첫째, 과거에 비해 문제해결과 의사결정의 중요성이 더욱 커지고 있다.

둘째, 과거에 경험하지 못한 새로운 문제해결과 의사결정이 많아지고 있다.

셋째, 과거에 비해 문제해결과 의사결정의 위험성과 불확실성이 더욱 커지고 있다.

넷째, 과거에 비해 이해당사자들이 많고 이해관계가 복잡해져 문제해결과 의사결정이 어렵다.

다섯째, 문제해결과 의사결정을 하는데, 과거의 방식으로는 한계가 있어 창의성이 더욱 강조되고 있다.

우리는 업무를 수행하면서 끊임없이 문제상황을 마주하게 된다. 이를 위해서는 문제의 정확한 특성을 파악하고, 원인별 문제의 종류 그리고 적절한 대안을 제시하여 선택·적용하고, 그 결과를 평가하여 피드백하는 능력이 요구된다(정보현, 2021). 따라서 주위 환경에서 발생하는 문제를 해결하고 지속적인 성장을 하기 위해서는 전문성, 합리성, 창의성, 능동성을 바탕으로 한 창의적인 문제해결 등 능력을 갖춰야 한다(박일순, 2017).

2) 문제의 유형

우선 문제의 유형을 파악하는 것이 효과적이다. 문제의 유형은 그 기준에 따라 아래와 같이 다양하게 구분된다(한국산업인력공단, 2021).

- 기능에 따른 문제 유형: 제조 문제, 판매 문제, 자금 문제, 인사 문제, 경리 문제, 기술적 문제
- 해결 방법에 따른 문제 유형: 논리적 문제, 창의적 문제
- 시간에 따른 문제 유형: 과거 문제, 현재 문제, 미래 문제
- 업무수행 과정 중 발생한 문제 유형: 발생형 문제(보이는 문제), 탐색형 문제(찾는 문제), 설정형 문제(미래 문제)

이 중에 대표적으로 시간에 따른 문제의 유형을 구분하면 발생 문제, 설정형 문제, 탐색형 문제로 구분된다(정보현, 2021).

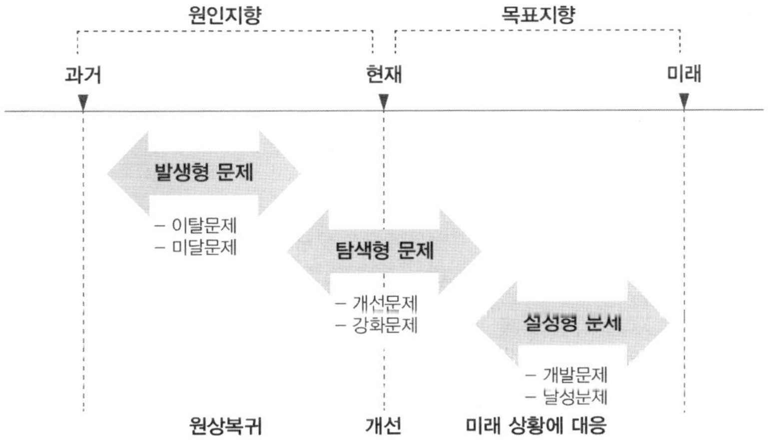

[그림 10-2] 시간순에 따른 문제유형

출처: 한국산업인력공단(2021). NCS 직업기초능력 가이드북 문제해결능력. 울산: 한국산업인력공단

〈표 10-1〉 시간에 따른 문제 유형

문제 유형	문제 내용
발생형 문제	과거에 발생하여 현재까지 이어지므로 과거 원인의 탐색이 필요한 문제
설정형 문제	미래에 생길 것으로 예상하고 개발해야 하거나 달성해야 하는 문제
탐색형 문제	현재의 시점에 발생하여 현재의 개선이나 강화가 필요한 문제

출처: 정보현(2021). 4차산업혁명시대 스마트 직업과 경력개발. 서울: 동문사.

문제의 세 가지 유형에 대해서 데이꼬대학의 사토인이치 교수는 발생형, 탐색형 그리고 설정형 문제로 분류하고 있다(송계전, 1996).

발생형 문제란 잘 되고 있다가 틀어진 실제의 문제 발생, 즉 '일어나 버렸다'의 문제를 말한다. 여기서 기존의 패턴 유지는 정상이며, 그 패턴을 벗어나는 일이 발생했을 때만 문제를 인정하게 된다. 그러므로 항상 조속히 원상 복귀시키려는 입장에서 임기응변식 대응책을 모색하려는 경향이 있다. 기계 고장 등이 그 예이다. 한 마디로 현상 유지형 문제 인식이다.

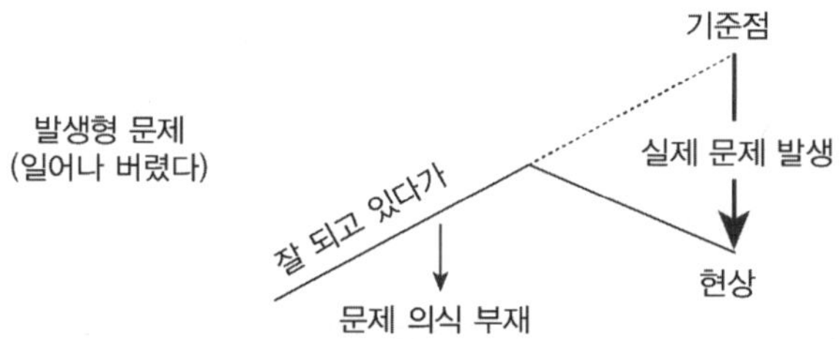

[그림 10-3] 발생형 문제유형

출처: 송계전(1996). 혁신기업의 세 가지 습관. 주간경제 347호. 서울: LG경제연구원.

설정형 문제란 '만약 …한다면'이라는 미래의 조건을 상정했을 때 생성되는 문제이다. 여기에는 전혀 새로운 목표를 설정하는 개발형 문제와 장래의 발생 가능한 리스크에 대한 회피형 문제가 있다. 설정형 문제는 주로 경영층의 전략적 관점을 요구하는 문제의식이다. 신규 사업 진출, 시장 개방 등이 그 예가 될 수 있다.

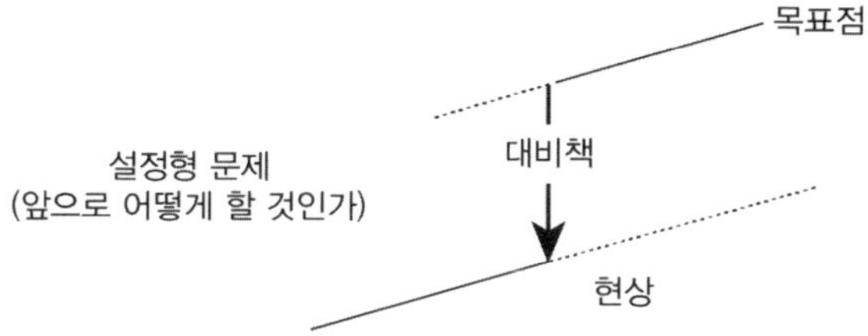

[그림 10-4] 설정형 문제유형

출처: 송계전(1996). 혁신기업의 세 가지 습관. 주간경제 347호. 서울: LG경제연구원.

탐색형 문제란 실제 문제도 발생하지 않았고 잘 되고 있지만, 지금의 성과 수준에 만족하지 않고 더 높은 수준을 갈구함으로써 의식적으로 만들어진 문제이다. 이러한 경우는 문제의 전체 구조(big picture)를 파악, 근원적인 해결책을 체계있게 모색하고 추진할 수 있게 된다. 작업자의 품질 개선 활동, 현업 부서의 업무 생산성 제고 활동이 그 예다. 성공 혁신을 위해서는 이처럼 전사적 입장을 갖고, 항상 더 높은 수준을 갈구하는 탐색형 문제의식에 바탕을 둔 목표 설정이 문제 인식 단계에서 우선 습관화되어야 한다.

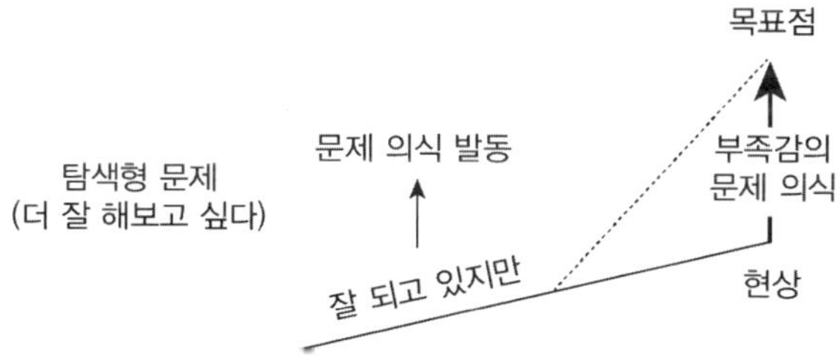

[그림 10-5] 탐색형 문제유형

출처: 송계전(1996). 혁신기업의 세 가지 습관. 주간경제 347호. 서울: LG경제연구원.

3) 문제해결 과정

미국의 경영학자인 허버트 사이먼(Herbert Simon)의 의사결정 모델을 기반으로 다양한 종류의 문제해결과 의사결정 모델들이 개발되었다. 의사결정 모델은 다음과 같다. 1단계: 문제나 기회를 찾는 탐색단계, 2단계: 대안을 개발하는 설계단계, 3단계: 대안을 선택하는 선택단계, 4단계: 대안을 추진하는 실행단계로 진행된다(박일순, 2017).

단계	구분	내용
1단계	문제 탐색단계	문제를 이해하고 분석하여 다양한 형태로 표현하는 단계
2단계	대안 설계단계	대안을 개발, 비교분석하고 예측하는 단계
3단계	문제 선택	여러 대안 중에서 가장 만족스러운 해결책을 선정하는 단계
4단계	문제 실행	문제를 해결하기 위해 추진하고 관리하며 평가하는 단계

[그림 10-6] 단계별 의사결정 모형

출처: 박일순(2017). 자기계발과 인성함양: 나의 길을 찾아주는 나침판. 서울: 한올출판사. 재구성.

(1) 탐색단계

탐색단계는 해결해야 할 문제를 발견하고 새로운 기회를 찾는 단계이다. 누가 얼마나 빨리 숨어 있는 문제를 찾느냐에 따라 문제해결과 의사결정은 달라질 수밖에 없다. 특히 급변하는 경영 환경 속에서 숨어 있는 문제와 새로운 기회를 찾아내지 못한다면 혁신과 지속 성장은 어렵게 된다. 문제를 탐색하는 방법으로는 적극적인 자세와 문제의식을 느끼고, 내부환경의 강점과 약점을 분석하며 외부환경의 기회와 위협요인을 모니터링한다. 그리고 경제 흐름, 사회변화, 정치 상황 등 거시환경 변화를 분석한다.

(2) 설계단계

설계단계는 탐색단계에서 찾아낸 문제를 해결하기 위한 해결책, 즉 선택할 수 있는 대안을 개발하는 단계이다. 창의적인 대안의 개발은 어느 대안이 가장 해결 가능성이 있는지(타당성), 어느 대안이 경제적으로 유리한지(경제성), 어느 대안이 창의적인지(독창성)를 보다 체계적이고 효과적으로 개발할 수 있다. 대안을 개발한 다음에는 정보와 자료를 수집하여 과학적으로 분석하여 대안을 실행했을 때 예상되는 결과를 추정해야 한다. 대안의 결과를 추정하기 위해서는 첫째, 아이디어를 체계적으로 정리하여 구조화해야 한다. 둘째, 예상되는 결과를 체계적으로 추정해야 한다. 셋째, 대안의 위험을 추정한다. 예상되는 결과를 체계적이고 과학적인 방법으로 가능한 한 정확하게 추정해야 한다.

(3) 선택단계

대안의 결과를 추정한 다음에는 대안을 비교 분석해서 최종적으로 가장 만족스러운 해결책을 선정하는 단계이다. 즉, 전 단계에서 개발한 대안들 가운데 한 가지를 최종 선택하는 단계이다.

(4) 실행단계

선택한 다음에는 최종적으로 실행해서 문제를 해결해야 한다. 대안을 실행하기 위해서는 먼저 아이디어를 효율적으로 실행할 수 있는 실행계획을 수립하고 다음에는 아이디어가 올바르게 실행되고 있는지를 관리할 수 있는 통제계획을 수립해야 한다. 이러한 실행계획과 통제계획을 기반으로 대안을 실행해야 한다. 또한 대안을 실행한 후 발생할 수 있는 돌발적인 문제에도 대비해야 한다.

이처럼 문제해결이란 목표와 현상을 분석하고, 이 분석 결과를 토대로 과제를 도출하여 최적의 해결책을 찾아 실행, 평가해 가는 활동을 의미한다. 문제해결을 위해서는 체계적인 교육훈련, 문제해결 방법에 대한 다양한 지식, 문제 관련 지식에 대한 가용성, 문제해결자의 도전 의식과 끈기, 문제에 대한 체계적인 접근이 필요하다(한국산업인력공단, 2021). 또한 전략적 사고와 분석적 사고, 발상의 전환, 내외부 자원의 활용 등 네 가지 기본적 사고를 갖추어야 한다. 문제를 철저하게 분석하지 않는 경우, 고정관념에 얽매이는 경우, 쉽게 떠오르는 단순한 정보에 의지하는 경우, 너무 많은 자료를 수집하려고 노력하는 경우는 문제해결에 장애가 된다(한국산업인력공단, 2021).

2. 창의적 사고력

1) 사고력과 창의성

(1) 사고력

사고력은 일상생활뿐만 아니라 공동체 생활의 문제를 해결하기 위하여 요구되는 기본요소로서 창의적, 논리적, 비판적으로 생각하는 능력이다. 우리에게 주어진 무수한 정보 중에서 이를 알맞게 선택하고 다른 사람과 의견을 공유하기 위해서는 창의적, 논리적, 비판적 사고가 필수적이며 이러한 사고력은 다양한 형태의 문제에 대처하고 자신들의 의견 및 행동을 피력하는 데 중요한 역할을 한다. 대부분 사람은 창의적 사고를 아주 특별한 사람만이 가지고 있다고 생각하고 자신과 무관한 능력으로 생각하기도 한다. 그러나 창의력은 누구에게나 있는 능력으로 일상생활에서 끊임없이 이를 발휘하고 있다.

사고력에는 추론 과정을 통해 해결책을 찾아가는 수렴적 사고와 상상력을 통해 미리 정해지지 않은 다양한 해결책을 모색하는 확산적 사고가 있다. 문제해결 과정에서는 문제의 특성과 해결과제에 따라 이 두 가지 사고가 모두 요구된다.

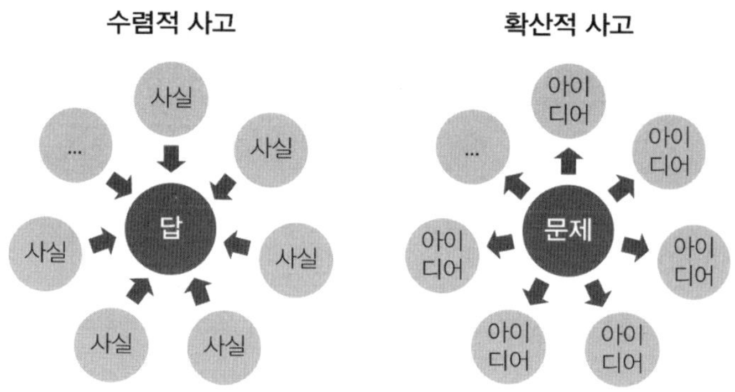

[그림 10-7] 수렴적 사고와 확산적 사고

출처: 크레존(2023). https://www.crezone.net.

수렴적 사고(convergent thinking)와 확산적 사고(divergent thinking)를 이해하기 위한 예시로 「어린 왕자」에 등장하는 다음 그림을 들 수 있다. 이 그림을 보고 수렴적 사고로 접근한다면 '중절모자'라고 답할 수 있지만, 확산적 사고로 접근한다면 '코끼리를 삼킨 보아뱀', '엎드린 공룡', '봉우리가 두 개인 언덕 등 다양한 답을 할 수 있다.

[그림 10-8] 어린 왕자 '코끼리를 삼킨 보아뱀'

(2) 창의력

창의적 사고란 무엇인가라는 질문에 어떤 것이라고 정확하게 규정짓기는 쉽지 않다. 창의적 사고는 문제를 빠르게 해결했다고 해서 그 사람을 창의적이라고 할 수는 없다. 안 풀리는 문제, 해답이 많은 문제, 때로는 정답이 없는 문제를 해결하는 사람이야말로 창의적인 사람이라고 할 수 있다.

창의성에 대한 정의는 학자들마다 다양하다. 오스본(Osborn, 1953)은 창의성을 인간이 모두 가지고 있는 보편적 능력이며, 특성이라고 광범위하게 해석하였다. 길퍼드(Guilford, 1959)는 창의성을 새롭고 신기한 것을 창출해 내는 능력이라고 규정하였다. 토런스(Torrance, 1977)는 창의성을 개인과 사회에 가치 있고 참신한 산물, 기존 아이디어의 수정 또는 거부를 요구하는 비판적 습성, 강한 동기와 비싼 지적 에너지의 사용 등으로 특징지어지며, 특별한 문제해결 방식이라고 정의하였다. 또한, 메드닉(Medinick, 1962)은 창의성을 명세화된 요건을 충족시키거나 유용한 새로운 조합으로 연합적 요소를 형성하는 것이라 하였고, 사이먼턴(Simonton, 1999)은 창의성을 독창적으로 어떤 의미에서 반드시 적용할 수 있는 것으로 판명되고 인증되어야 한다고 하였다. 즉, 어떤 상황에 직면했을 때 전통적인 사고에서 벗어나 새롭고 독창적인 아이디어나 산물을 생산할 수 있는 사고능력이다(홍지명 외, 2018).

〈표 10-2〉 학자들의 창의성 정의

학자	정의
오스본 (Osborn, 1953)	창의성은 인간이 모두 가지고 있는 보편적 능력이며, 특성이라고 광범위하게 해석
길퍼드 (Guilford, 1959)	창의성은 새롭고 신기한 것을 창출해 내는 능력
토런스 (Torrance, 1977)	창의성은 개인과 사회에 가치 있고 참신한 산물, 기존 아이디어의 수정 또는 거부를 요구하는 비판적 습성, 강한 동기와 비싼 지적 에너지의 사용 등으로 특징지어지며, 특별한 문제해결 방식

학자	정의
메드닉 (Medinick, 1962)	창의성은 명세화된 요건을 충족시키거나 유용한 새로운 조합으로 연합적 요소를 형성
사이먼턴 (Simonton, 1999)	어떤 상황에 직면했을 때 전통적인 사고에서 벗어나 새롭고 독창적인 아이디어나 산물을 생신할 수 있는 사고능력

출처: 홍지명 외(2018). 인간과 교육. 파주: 정민사.

이렇듯 창의적인 사고란 당면한 문제를 해결하기 위해 이미 알고 있는 경험과 지식을 해체하여 다시 새로운 정보로 결합함으로써 가치 있고 참신한 아이디어를 산출하는 사고로서, 다음과 같은 의미를 포함하고 있다(한국산업인력공단, 2021).

첫째, 창의적인 사고는 발산적(확산적) 사고로서, 아이디어가 많고 다양하고 독특한 것을 의미한다.

둘째, 창의적인 사고는 새롭고 유용한 아이디어를 생산해 내는 정신적인 과정이다.

셋째, 창의적인 사고는 통상적인 것이 아니라, 기발하거나 신기하며 독창적이다.

넷째, 창의적인 사고는 유용하고 적절하며 가치가 있어야 한다.

다섯째, 창의적인 사고는 기존의 정보(지식, 상상, 개념 등)들을 특정한 요구조건에 맞거나 유용하도록 새롭게 조합시킨 것이다.

또한 창의적 사고는 다음과 같은 세 가지 특징을 지닌다(한국산업인력공단, 2021).

첫째, 창의적 사고란 정보와 정보의 조합이다. 정보는 주변에서 발견할 수 있는 지식(내적 정보)과 책이나 밖에서 본 현상(외부 정보)의 두 가지 형태를 의미하는데, 이러한 정보를 조합하여 최종적인 해답으로 통합하는 것이 창의적 사고의 출발이다.

둘째, 창의적 사고는 사회나 개인에게 새로운 가치를 창출한다. 창의적 사고는 개인이 갖춘 창의적 사고와 사회적으로 새로운 가치를 가지는 창의적 사고의 두 가지로 구분할 수 있다. 아이들의 창의적 사고는 어른들이 보기에는 보잘것없어

보일 수도 있지만 아이들에게는 새로운 가치가 될 수 있듯이 모든 창의적 사고는 충분한 가치를 갖고 있다. 그리고 개인이 발휘한 창의력은 때에 따라 사회발전을 위한 원동력을 제공하기도 하고, 새로운 사회 시스템을 구축하는 데 쓰이기도 한다.

셋째, 창의적 사고는 교육훈련을 통해 개발될 수 있는 능력이다. 창의적인 사고는 창의력 교육훈련을 통해서 개발할 수 있으며 모험심, 호기심, 적극적, 예술적, 집념과 끈기, 자유분방함 등이 보장될수록 높은 창의력을 보이기도 한다. 창의적 사고에는 "문제를 사전에 찾아내는 힘", "문제해결에 있어서 여러 가지로 힌트를 찾아내는 힘" 그리고 "문제해결을 위해 끈기 있게 도전하는 태도"뿐만 아니라 사고력을 비롯한 성격, 태도에 걸친 전인격적인 가능성까지도 포함된다.

2) 창의적 사고 기법

창의적으로 사고하기 위해서는 문제에 대한 다양한 사실이나 아이디어를 창출할 수 있는 발산적 사고(확산적 사고력)가 필요하다. 이러한 발산적 사고의 개발 방법으로는 자유연상법, 강제연상법, 비교발상법 등이 있으며 다음의 그림과 같다 (정보현, 2021).

〈표 10-3〉 발상에 따른 연상법

구분	발상 방식	대표 기법
자유연상법	생각나는 대로 자유롭게 발상	브레인스토밍
비교발상법	주제의 본질과 닮은 것을 힌트로 발상	Synectics, NM법
강제연상법	각종 힌트에 강제적으로 연결 지어서 발상	Scamper, 체크리스트

출처: 정보현(2021). 4차산업혁명시대 스마트 직업과 경력개발. 서울: 동문사. 재구성.

(1) 자유연상법

자유연상법은 어떤 생각에서 다른 생각을 계속해서 떠올리는 작용을 통해 어떤 주제에서 생각나는 것을 계속해서 열거해 나가는 발산적 사고 중 하나의 방법이다. 예를 들어 "신차 출시"라는 주제에 대해서 "홍보를 통해 판매량을 늘린다.", "회사 내 직원들의 반응을 살핀다.", "경쟁사의 자동차와 비교한다." 등 자유롭게 아이디어를 창출하는 것으로 다음 그림과 같다. 가장 대표적인 방법이 바로 브레인스토밍이다.

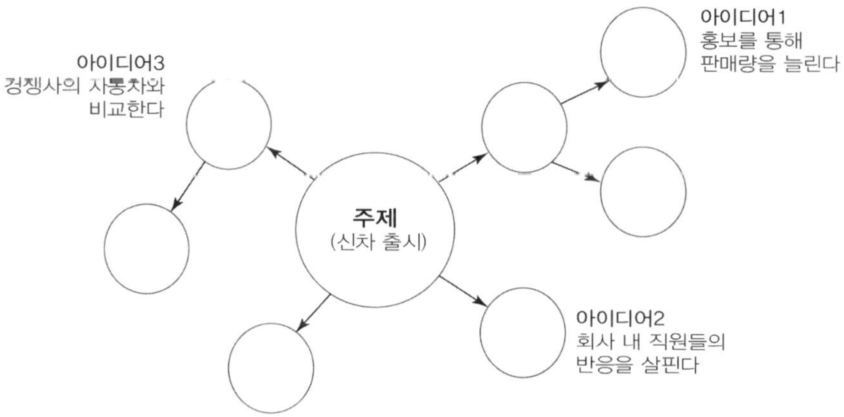

[그림 10-9] 자유연상법

출처: 한국산업인력공단(2021). NCS 직업기초능력 가이드북 문제해결능력. 울산: 한국산업인력공단.

(2) 비교발상법

비교발상법은 주제와 본질적으로 닮은 것을 힌트로 하여 새로운 아이디어를 얻는 방법이다. 이때 본질적으로 닮은 것은 단순히 겉만 닮은 것이 아니고 힌트와 주제가 제시한 개별 아이디어 자체의 의미를 잃지 않는 수준에서 닮았다는 것이다. 예를 들어 "신차 출시"라는 같은 주제에 대해서 생각해 보면 신차는 회사에서 새롭게 생산해 낸 제품을 의미한다. 따라서 새롭게 생산해 낸 제품에 대한 힌트를 먼저 찾고, 만약 지난달에 판매실적이 뛰어난 신상품 비누가 있었다면, “지난달 신상품인 비누의 판매 전략을 토대로 신차의 판매 전략을 어떻게 수립할 수 있을까” 하는 아이디어를 도출할 수 있을 것이다. 이러한 비교발상법은 다음 그림과 같다.

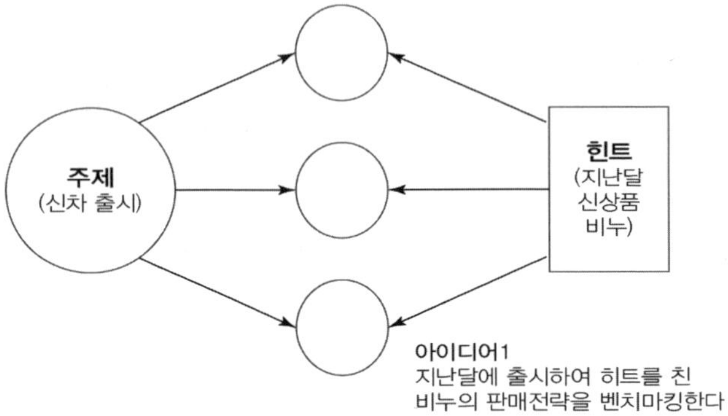

[그림 10-10] 비교발상법

출처: 한국산업인력공단(2021). NCS 직업기초능력 가이드북 문제해결능력. 울산: 한국산업인력공단.

가장 대표적인 방법은 대상과 비슷한 것을 찾아내 그것을 힌트로 새로운 아이디어 등을 생각해 내는 NM법, 서로 관련이 없어 보이는 것들을 조합하여 새로운 것을 도출해 내는 집단 아이디어 발상법인 시네틱스(synectics)이다.

(3) 강제연상법

강제연상법은 각종 힌트에서 강제로 연결 지어 발상하는 방법이다. 예를 들어 “신차 출시”라는 같은 주제에 대해서 판매 방법, 판매 대상 등의 힌트를 통해 사고 방향을 미리 정해서 발상하는 방법이다. 이때 판매 방법이라는 힌트에 대해서는 “신규 수출지역을 물색한다.”라는 아이디어를 떠올릴 수 있을 것이다. 이러한 강제연상법은 다음 그림과 같으며, 가장 대표적인 방법은 Scamper와 체크리스트이다.

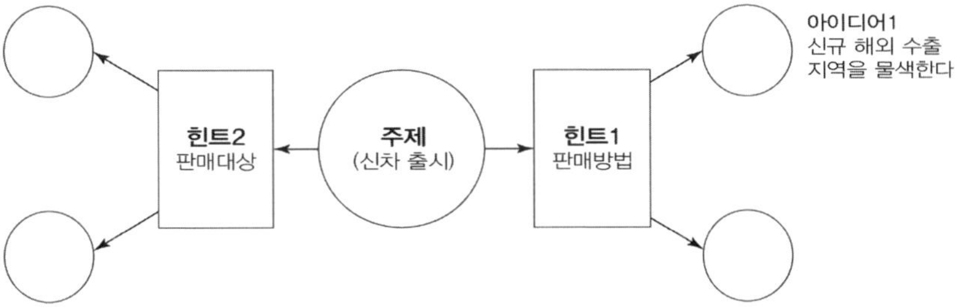

[그림 10-11] 강제연상법

출처: 한국산업인력공단(2021). NCS 직업기초능력 가이드북 문제해결능력. 울산: 한국산업인력공단.

3) 문제해결 기법

(1) 발상에 따른 자유연상법

가. 브레인스토밍(Brain Storming)

미국 광고 전문가 알렉스 오스본(Alex Osborn)에 의해 개발된 기법으로 창의적인 아이디어나 해결책의 산출을 위한 자유로운 집단토의 방법이라고 할 수 있다. 기본전제는 인간은 누구나 창의력을 어느 정도 갖고 있으나 여러 가지 환경적·개인적 제약요인에 의해서 발휘되지 못하고 있을 뿐이며, 환경적 제약요인을 제거하고 개인이 가지고 있는 부정적 태도를 변화시켜 줌으로써 창의력 계발이 가능하다는 것이다. 기본원리로는 비판금지, 양산, 자유분방, 융합으로 자세한 내용은 다음과 같다(곽내영, 2007).

첫째, 비판금지는 많은 아이디어가 창출될 때까지 판단을 중지하는 원칙과 자신이나 타인의 의견을 성급하게 판단하거나 비판하지 않는다는 내용이다.

둘째, 양산(量産), 즉 질보다는 양으로 아이디어의 질과 관계없이 가능한 한 많은 아이디어를 추구하는 원칙이다. 많은 양의 아이디어를 산출하면 그만큼 질적으로 우수한 아이디어가 나올 확률이 크다는 내용이다.

셋째, 자유분방함으로 아이디어의 확장을 의미한다. 과거의 지식, 경험, 규칙에 얽매이지 않는 자유로운 사고적용의 원칙으로 어떤 생각이라도 자유롭게 하고 그 발표의 자유도 허용된다.

넷째, 결합과 개선은 자신의 것이든 남의 것이든 두 개 이상의 아이디어를 결합하여 새로운 아이디어를 만들어 낸다.

(2) 발상에 따른 비교발상법

가. 시네틱스(Synectics)

시네틱스(Synectics)는 학습자가 비유법을 활용하여 고정관념을 깨뜨리고 새로운 대안을 창출하는 과정에서 발달한다. 어원은 서로 관련이 없는 '요소 간의 결합'을 의미하는 희랍어 'synecticos'이다. 개인이 당연한 것으로 받아들이던 대상이나 요소를 이상한 것으로 파악한다거나, 혹은 그 반대로 이상한 것으로 받아들이던 것을 친밀한 것으로 받아들이는 경험을 통해서 사고에서의 민감성을 증가시키는 기법이다. 문제에 대한 광범위한 접근에서 시작하여 얻어진 해결책을 직접 문제에 관련지어 구체적인 해결방안을 강구하는 방법이다.

1단계 문제제기(Problem as Given = PAG)

⬇

2단계 전문가에 의한 문제분석과 설명(Analysis and Expansion = A&E)

⬇

3단계 문제내용의 간소화(Purge)

⬇

4단계 문제완전파악(Problem as Understood = PAU)

⬇

5단계 파악된 문제에 대한 유추와 비유를 유도해 내는 질문과정(Evocative Question = EQ)

⬇

6단계 시적인 간결한 말로서 문제를 관찰(Symbolic Analogy = SA)

⬇

7단계 직접적인 유추(Direct Analogy = DA)

⬇

8단계 효율적인 아이디어 선택(Selection)

⬇

9단계 선택된 아이디어에 대한 시험(Test)

⬇

10단계 유추를 유효하게 만들기 위해 문제에 강제적으로 적합(Force Fit = FF)

⬇

11단계 유추한 결과와 문제를 비교할 때 새로운 관점에서 확인(View Point = VP)

[그림 10-12] 시네틱스의 전개

출처: https://blog.naver.com/nanance/221948694504. 재구성.

나. NM

NM법은 (주)창조공학연구소 소장인 나카야마 마사카즈(中山正和, Nakayama Masakazu)가 고안한 유추 기법으로, 고안자 이름의 머리글자가 기법의 이름이 되었다. 특징은 유추를 통해 아이디어 발상의 순서가 명확하고 사용하기 쉬우며, 문제를 해결하기보다 자연스럽게 연상을 통해 쉽고 명확한 아이디어를 도출할 수 있어

가벼운 기획의 아이디어 발상에 효과적이다. 도구, 참가자, 참가자의 구성, 진행자의 유무, 회의장 등 어떤 조건도 필요하지 않다. 참가자는 한 사람이든 많은 사람이든 무관하며, 멤버구성도 임의이고 리더는 있어도 없어도 상관없다. 시간도 싫어지면 그만둘 수 있어서, 자유롭게 하면 된다는 것이다.

NM법의 전개는 문제/과제 설정, 키워드 설정(Key Word), 유추 발상(Question Analogy), QA 배경 탐구(Question Background), 아이디어 발상(Question Conception), 해결안 정리의 과정으로 전개된다.

단계	내용	설명
1단계	문제/과제 설정	과제는 가능한 한 구체적이며, 절실한 것으로 해야 한다.
2단계	키워드 설정 (KW)	키워드는 과제의 본질을 나타내는 것이어야 한다. 물체라면 그 기능이다. 그것에 대해 기대하고 희망하는, 혹은 부가적 기능에 대해서도 키워드화해 두는 일이 중요하다.
3단계	유추 발상 (QA)	KW에 대해 '~와 같은?'이라는 질문을 하고, 생각나는 대로 유추되는 사례를 탐색해 간다. 이 경우 주제에 직접 관계가 없어도 상관이 없어도 유추는 구체적이어야 한다.
4단계	QA 배경 탐구 (QB)	각 QA에 대해 그 배경은 어떻게 이루어져 있는가를 탐색해 가는 것이다. 잡담 등을 하면서 편안한 마음으로 하면 예상 이상의 효과가 나타나는 경우가 있다.
5단계	아이디어 발상 (QC)	QB에서 만들어진 이미지가 '과제에 무엇인가 힌트를 주고 있지 않은가'를 생각하는 것으로 머릿속에서 힌트가 되는 QB의 이미지를 넓혀 과제와 연결해 가는 것이다.
6단계	해결안 정리	과제의 해결안이 되는지 여부를 생각하는 단계로서 여러 각도에서 대량으로 나온 QC를 짜 맞추어 정리하여 구체안을 생각한다.

[그림 10-13] NM법의 전개

출처: https://blog.naver.com/nanancs/221951311576. 재구성.

(3) 발상에 따른 강제연상법

가. 스캠퍼(SCAMPER)

오스본(Osborn)이 아이디어 창출을 위해 만든 체크리스트를 에이벌(Bob Eberle, 1971)이 재구성한 것이다. 아이디어와 상상력을 동원하도록 도와주는 체크리스트이다. SCAMPER는 사고의 영역을 7개 단어로 게임을 하도록 구성되어 있으며 이에 맞는 새로운 아이디어를 생성한 뒤, 실행할 수 있는 최적의 대안을 골라낸다. 스캠퍼의 약자는 각각 아래와 같은 의미를 나타낸다.

〈표 10-4〉 SCAMPER

구분	내용	주요 질문
대체 (Substitute)	뭔가 대체할 것을 찾다 보면 새로운 아이디어를 찾아낼 수 있다.	A 대신 B를 쓰면 어떨까?
결합 (Combine)	짝짓기할 것을 찾다 보면 뭔가 시너지를 내거나 새로운 아이디어를 찾아낼 수 있다.	A와 B를 결합하면 어떨까?
적용(응용) (Adapt)	어떤 부분을 바꾸어 문제를 해결하거나 제품이나 서비스를 변화시킬 수 있다.	A를 B에만 쓰는 것이 아니라 C에도 쓰면 어떨까?
변형(수정) (Modify)	뭔가 고여 있는 현상을 변화시키면 대안을 찾아낼 수 있다.	A 안의 a를 변화시키면 어떨까?
다르게 활용 (Put to other uses)	현재의 해결책을 다르게 적용하거나 혁신적으로 사용하면 새로운 기회를 만들 수 있다.	A를 B 용도에만 사용하는 것이 아니라 다른 용도에도 사용하면 어떨까?
제거 (Eliminate)	뭔가 기존의 것에서 제거해 보면 문제해결의 새로운 실마리를 찾을 수 있다.	A를 구성하는 a, b, c 중 무엇인가를 빼면 어떨까?
반대(Reverse), 재배열 (Rearrange)	지금과는 순서를 바꿔보면 뭔가 색다른 아이디어를 찾을 수 있다.	AB를 BA로 바꾸면 어떨까?

출처: 정보현(2021). 4차산업혁명시대 스마트 직업과 경력개발. 서울: 동문사. 재구성.

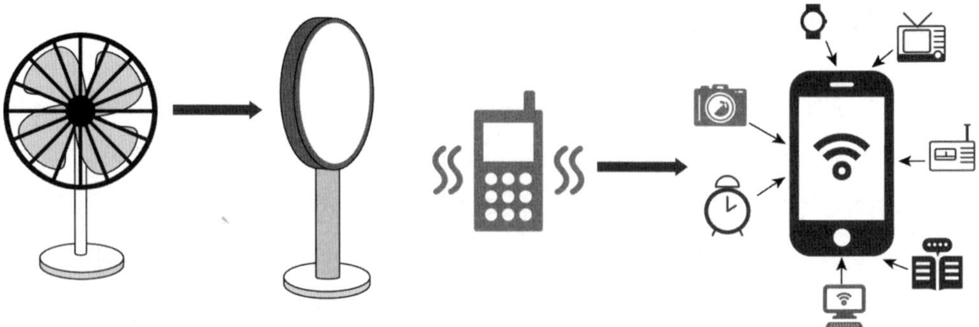

제거하기 사례: 날개 없는 선풍기 결합하기 사례: 스마트폰

[그림 10-14] 제품의 다양한 전환 사례

출처: 크레존(2021). https://www.crezone.net.

나. Check-list법

오스본(Osborn)에 의해 개발된 창의력 개발의 특수기법으로 타인의 창의적 사고를 유발하는 질문 형태로 검목표(檢目表)를 만든 것이다. 검목표란 사고의 출발 또는 문제해결의 착안점을 미리 정해 놓고, 다양한 사고를 능률적으로 전개해 나아갈 수 있도록 꾸며진다. 어떤 문제를 해결하려는 새로운 아이디어를 내고자 할 때, 해결해야 할 문제를 모든 각도에서 생각해 보는 것이 중요하다고 보고, 이를 위해 사고의 기준을 미리 질문 형식으로 나열하여 빠짐없이 생각해 볼 수 있도록 다양한 질문을 만든 것이다.

제2차 세계대전 중 미 육군에서 처음 활용하기 시작했으나 BBDO(Batten Barton Durstine and Osborn)가 이를 더욱 구체화하여 아이디어를 내기 위한 체크리스트로 보급하면서 그의 이름을 따서 오스본의 체크리스트 또는 오스본의 자문법으로 명명되었다.

체크리스트란 어떤 일을 생각할 때 누락되는 것이 없도록 하나씩 점검해 가기 위한 일람표로, 좀 더 체계적으로 이러한 체크리스트를 만들어 빠짐없이 생각한 것을 점검해 나가는 방법이다.

활동 창의적 사고에 대한 생각

다음은 창의적 사고에 대한 사람들의 생각이다. 아래 질문이 옳다고 생각되면 "○"표, 맞지 않는다고 생각하면 "×"표, 둘 다 아니라고 생각하면 "△"표를 하고, 그 이유를 설명하시오.

1. 창의적 사고는 선천적으로 타고난 사람들에게만 있다.	
2. 지능이 뛰어나거나 현실에 적응을 잘하지 못하는 사람들이 일반인보다 창의적이다.	
3. 창의적 사고는 후천적 노력으로 개발할 수 있다.	
4. 창의적 사고를 하는 데 어느 정도의 전문 지식은 필요하지만 너무나 다양한 지식은 오히려 이를 저해할 수 있다.	
5. 창의적으로 문제를 해결하기 위해서는 문제의 원인을 분석하는 능력이 매우 뛰어나야 한다.	
6. 나이가 어릴수록 창의적 사고가 부족한 경향이 있다.	
7. 충분히 본인의 역할을 다하는 사람은 그가 속한 분야에서 다른 사람 못지않게 창의적일 수 있다.	
8. 사람이 상대로부터 신뢰를 얻게 된다면 더욱더 창의적으로 된다.	
9. 창의적 사고란 아이디어를 내는 것으로 그 아이디어의 쓰임을 따지는 것은 별개의 문제이다.	
10. 창의적 사고를 하기 위해서는 고정관념을 버리고, 문제의식을 느껴야 한다.	

3. 문제처리능력

문제처리능력은 다양한 상황에서 발생한 문제의 원인 및 특성을 파악한 뒤 적절한 해결안을 선택, 적용하고 그 결과를 평가하여 피드백하는 능력을 말한다. 즉, 목표와 현재의 현상 사이의 차이를 인지하여 문제를 도출하고 해결책을 찾아 실행, 평가해 가는 과정에 요구되는 능력이다. 복잡한 문제일수록 전체 절차를 파악하고 문제를 해결해 나가는 역량이 필요하다(정보현, 2021).

1) 문제 인식

우리는 흔히 직면한 현상만을 보고, 모든 문제를 알고 있는 것처럼 생각하는 경우가 있다. 그러나 효과적인 문제해결을 위해서는 현상을 분석하여 무엇이 문제인지 인식하는 것이 필요하다. 문제 인식은 해결해야 할 전체 문제를 파악하여 우선순위를 정하고, 선정 문제에 대한 목표를 명확히 하는 절차를 거친다. 문제 인식을 위해서는 환경 분석, 주요 과제 도출, 과제 선정의 절차를 통해 수행된다.

(1) 3C 분석

문제가 발생하였을 때, 가장 먼저 고려해야 하는 점은 환경을 분석으로 주요 사용되는 기법으로는 3C 분석, SWOT 분석이 있다. 3C 분석은 우선 사업 환경을 구성하고 있는 요소인 자사, 경쟁사, 고객을 3C라고 한다.

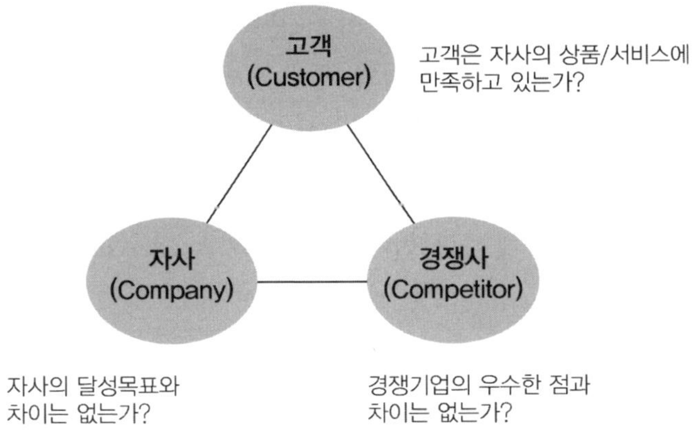

[그림 10-15] 3C 환경 분석

출처: 한국산업인력공단(2021). NCS 직업기초능력 가이드북 문제해결능력. 울산: 한국산업인력공단.

〈표 10-5〉 3C 분석

3C	분석내용
고객분석(Customer)	자사의 제품 및 서비스에 대한 고객의 만족도와 요구사항
자사분석(Company)	자사가 세운 달성 목표와 현상 사이의 차이(문제)
경쟁사 분석(Competitor)	경쟁사의 장점, 우리 회사와의 차이점

출처: 정보현(2021). 4차산업혁명시대 스마트 직업과 경력개발. 서울: 동문사.

(2) SWOT 분석

SWOT(Strength, Weakness, Opportunity, Threat) 분석은 기업뿐만 아니라 개인에게도 적용하기에 좋은 분석 방법이다. 내부의 강점과 약점, 외부 환경의 기회, 위협요인을 분석 평가하고 이들을 서로 연관 지어 전략과 문제해결 방안을 개발하는 방법이다. SWOT 분석은 조직의 외부 환경이 제공하는 기회와 위협요인과 관련하여 조직 내부의 강점과 약점을 인지할 수 있도록 하는 전략적 계획수립을 위한 경영 환경 분석 도구이다. 조직의 강점, 약점, 기회, 위협을 토대로 특별히 복잡한 작업이나 계량화 작업 없이도 기존에 수행한 상황분석만으로 전략을 수립할 수 있다는 실용성 때문에 널리 사용된다(이정희, 2008).

SWOT 분석은 하버드 경영대학원의 케네스 앤드류(Kennet Andrews) 박사 등에 의해 만들어졌으며, 스탠퍼드대학교에서 1960년대와 1970년대에 포춘 선정 500대 기업들을 연구하면서 얻게 된 결과를 바탕으로 알버트 험프리(Albert Humphrey)가 고안해 낸 경영 환경 분석 방법이다(김용현 외, 2018).

SWOT 분석에서 S는 'Strength'의 약자로 기관 내부 자원의 강점을 뜻하며, W는 'Weakness'의 약자로 기관 내부의 약점을 말한다. 그리고 O는 'Opportunity'의 약자로 기관에 미치는 환경의 기회요인을 의미하며, T는 'Threat'의 약자로 기관에 미칠 수 있는 위협요인을 의미한다(이향란, 2015).

SWOT 분석은 경영조직체에서 파악된 기회와 위협요인, 강점과 약점요인을 정리하여 당면하고 있는 그리고 앞으로 당면하게 될 환경에 대하여 조직체가 확보한 강점과 약점요인을 중심으로 어떻게 대응할 것인가를 분석하는 도표이다(주정우, 2018). 이를 토대로 전략을 수립할 때 조직이 강점을 가지고 기회를 살리는 전략(강점-기회전략, SO), 강점을 가지고 위협을 회피하거나 최소화하는 전략(강점-위협전략, ST), 약점을 보완하여 기회를 살리는 전략(약점-기회전략, WO), 그리고 약점을 보완하면서 동시에 위협을 회피하거나 최소화하는 전략(약점-위협전략, WT) 등을 도출할 수 있다. 좀 더 구체적으로 살펴보면 다음과 같다(주정우, 2018).

① SO 전략(강점-기회전략): 자신의 강점과 시장의 기회를 적극적으로 활용하여, 전략상 가장 좋은 위치 상태이다.

② ST 전략(강점-위협전략): 자신의 강점을 이용하지만, 시장의 상황은 좋지 않은 상태이다.

③ WO 전략(약점-기회전략): 자신이 가지고 있는 것은 불리한 점이 많지만, 전체적인 시장의 환경은 좋은 상태이다.

④ WT 전략(약점-위협전략): 자신이 가지고 있는 것도 불리하고, 시장의 기회도 좋지 않은, 네 가지 유형 중에서 가장 좋지 않은 상태이다.

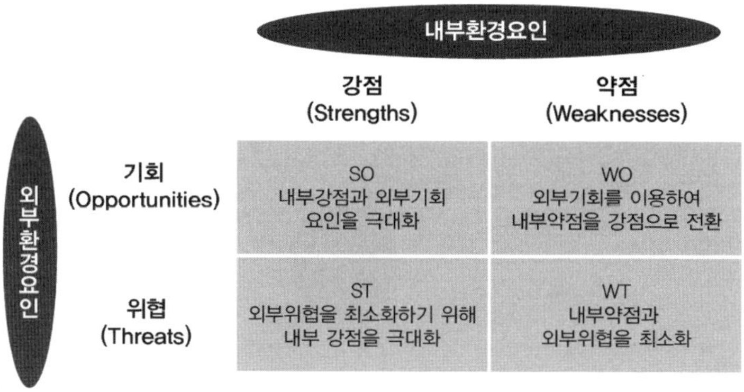

[그림 10-16] SWOT 분석

출처: 한국산업인력공단(2021). NCS 직업기초능력 가이드북 문제해결능력. 울산: 한국산업인력공단.

평생교육기관 실전 현상의 강점, 약점, 기회, 위협의 네 가지 요소를 SWOT 분석을 통해 살펴보면 다음과 같은 특징이 있다(김창엽, 2014; 서보준 외, 2018).

첫째, 강점 요인은 우리 기관 혹은 우리 프로그램을 다른 평생교육기관이나 프로그램보다 경쟁우위에 위치하도록 만드는 요소를 가리킨다.

둘째, 약점요인은 우리 기관 또는 프로그램이 다른 평생교육기관이나 프로그램보다 열세에 위치하도록 만드는 요소를 가리킨다.

셋째, 기회요인은 우리 기관의 프로그램 수요를 확대하고 조직의 위치를 제고시키는 우호적인 현재나 미래의 상황을 의미한다.

넷째, 위협요인은 우리 기관의 경쟁력을 침해하거나 위협하는 비우호적인 현재나 미래의 상황이나 동향 또는 임박한 변화를 의미한다.

지금까지 살펴본 SWOT 분석 방법에 따른 도움이 되는 실천 전략 몇 가지 지표를 제시한 예이다(이건창, 2006).

[그림 10-17] SWOT 분석의 예

출처: 이건창(2006). 현대경영의 이해(3판). 서울: 무역경영사.

활동 SWOT 분석해 보기

본인이 알고 있는 기관(또는 시설, 자신의 가정이나 본인도 가능)을 대상으로 SOWT 분석을 정리해 보시오.

강점(Strength)	약점(Weakness)
기회(Opportunity)	위협(Threat)

※ SWOT 분석 매트릭스

	강점요인(S)	약점요인(W)
기회 요인 (O)	• • • • •	• • • • •
위협 요인 (T)	• • • • •	• • • • •

2) 문제 도출

선정된 문제를 분석하여 해결해야 할 것이 무엇인지를 명확히 하는 단계로 현상에 대하여 문제를 분해하여 인과관계 및 구조를 파악하는 단계이다. 문제구조 파악, 핵심 문제 선정의 절차를 거쳐 수행된다. 주요 과제 도출을 위한 과제 안 작성 시 문제구조를 파악해야 하며, 현상에 얽매이지 않고 문제의 본질과 실제를 보는 다면적이고 넓은 시야가 필요하다.

문제 도출을 위한 방법으로는 로직트리(Logic Tree)가 있다. 로직트리 방법은 문제의 원인을 깊이 파고들거나 해결책을 구체화할 때 제한된 시간 속에 문제의 넓이와 깊이를 추구하는 데 도움이 되는 기술로, 주요 과제를 나무 모양으로 분해, 정리하는 기술이다. 이러한 로직트리(Logic Tree) 작성 시 다음과 같은 점을 주의해야 한다.

- 전체 과제를 명확히 해야 한다.
- 분해해 가는 가지의 수준을 맞춰야 한다.
- 원인이 중복되거나 누락되지 않고 각각의 합이 전체를 포함해야 한다.

과제는 과제 안 중 효과 및 실행 가능성 측면을 평가하여 가장 우선순위가 높은 안을 선정하여야 하며, 우선순위 평가 시에 과제의 목적, 목표, 자원 현황 등을 종합적으로 고려하여 평가해야 한다. 특히 과제 안에 대한 평가기준은 과제해결의 중요성, 과제착수의 긴급성, 과제해결의 용이성을 고려하여 여러 개의 평가기준을 동시에 설정하는 것이 바람직하다. 또한 과제해결의 중요성에 대한 평가기준은 매출/이익 기여도, 지속성/파급성, 고객만족도 향상, 경쟁사와의 차별화, 자사 내부적 문제해결 등이 있으며, 과제착수의 긴급성에 대한 평가기준으로는 달성의 긴급도와 달성에 필요한 시간 등이 이용될 수 있다. 과제해결의 용이성에 대한 평가기준은 실시상의 난이도, 필요자원 적정성 등이 있다.

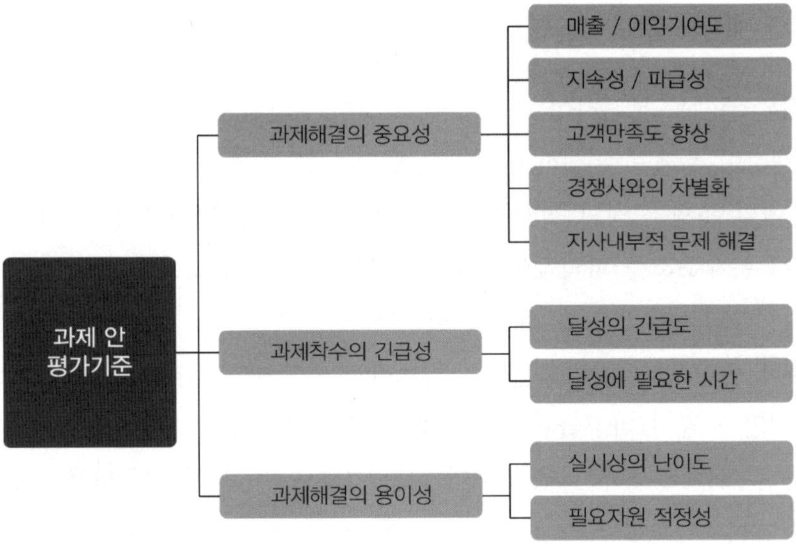

[그림 10-18] Logic Tree를 활용한 문제 도출을 위한 평가기준 예시

출처: 한국산업인력공단(2021). NCS 직업기초능력 가이드북 문제해결능력. 울산: 한국산업인력공단.

활동 Logic Tree 문제 도출 작성

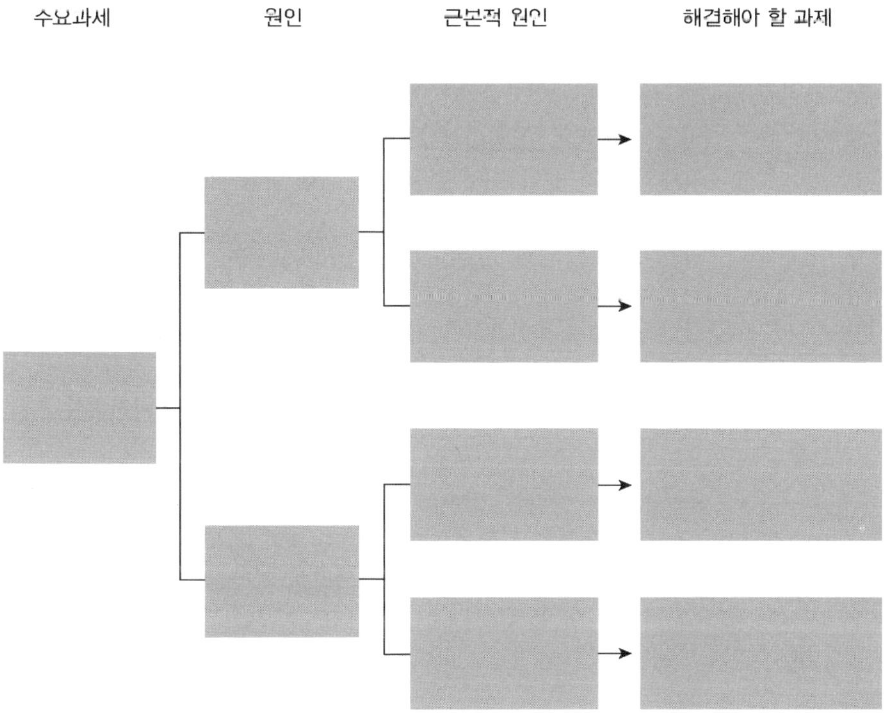

3) 원인 분석

원인 분석은 파악된 핵심 문제에 대한 분석을 통해 근본 원인을 도출해 내는 단계로, 쟁점(issue) 분석, 데이터 분석, 원인 파악의 절차로 진행된다.

단계	구분	내용
1단계	Issue 분석	• 핵심 이슈 설정 - 현재 수행하고 있는 업무에 크게 영향을 미치는 문제 선정 - 사내외 고객 인터뷰 및 설문조사, 관련 자료 등을 활용 • 가설설정 - 자신의 직관, 경험, 지식, 정보 등에 의존하여 일시적인 결론 예측 - 가설설정은 관련 자료, 인터뷰 등을 통해 검증 - 간단명료하게 표현하고 논리적이며 객관적이어야 함 • 분석 결과 이미지 결정 - 가설설정 후 가설 검증 계획에 따라 분석 결과를 이미지화함
2단계	Data 분석	• 목적별로 수집 범위를 정하여 객관적인 자료 수집, 출처 명확 • What: 드러난 문제는 무엇인가? 고려해 의미 해석 • How: 왜 이런 문제가 발생하는가? 고려해 의미 해석 • Why: 어떻게 이 문제를 해결할 것인가? 고려해 의미 해석
3단계	원인 파악	• 이슈와 데이터 분석을 통해 얻은 결과를 바탕으로 원인 확인 • 원인 파악 시에는 원인과 결과 사이에 패턴이 있는지 확인 • 패턴은 단순한 인과관계, 구분 힘든 인과관계, 복잡한 인과관계로 구분

[그림 10-19] 원인 분석 절차

4) 해결안 개발

해결안 개발 단계는 문제로부터 도출된 근본 원인을 효과적으로 해결할 수 있는 최적의 해결방안을 수립하는 단계를 말한다. 문제를 해결해야 하는 상황에 부닥쳤을 경우, 우리는 다양한 해결방안을 찾게 된다. 그러나 어떤 해결방안을 먼저 추진해야 하는지, 어떤 해결방안이 가장 효과적인지 밝혀내는 것은 쉽지 않다. 또한 우리가 최적의 해결안을 도출하고 수행할지라도 같은 문제에 반복적으로 빠지지 않기 위한 평가도 필요하다. 최적의 해결방안을 도출할 때는 중요도와 실현 가능성, 이윤, 이미지와 잠재적 가치 등 다각도의 해결안을 검토해야 한다(정보현, 2021). 해결안 도출은 열거된 근본 원인을 어떠한 시각과 방법으로 제거할 것인지에 대한 독창적이고 혁신적인 아이디어를 도출하고, 이를 바탕으로 유사한 방법이나 목적을 갖는 내용은 군집화를 거쳐 최종 해결안으로 정리하는 과정을 거쳐 제시해야 한다.

5) 실행 및 평가

실행 및 평가 단계는 해결안 개발을 통해 만들어진 실행계획을 실제 상황에 적용하는 활동으로 처음 장애가 되는 문제의 원인을 분석하고 해결안을 사용하여 제거해 나가는 단계를 말한다. 또한 적용 후 운영과정 중 평가를 진행하고, 문제해결 과정에서 오류나 보완할 점이 있으면, 앞서 수행한 단계로 다시 돌아갈 수도 있다(정보현, 2021).

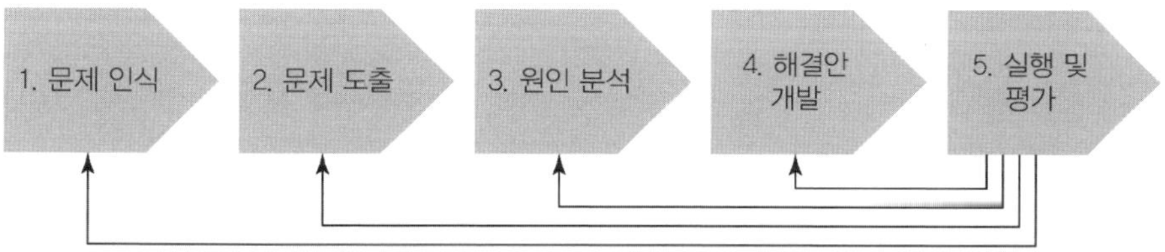

[그림 10-20] 문제해결 절차

출처: 한국산업인력공단(2021). NCS 직업기초능력 가이드북 문제해결능력. 울산: 한국산업인력공단.

11

Chapter

조직이해능력

1. 조직의 이해
2. 경영의 이해
3. 업무의 이해와 종류
4. 국제감각

1. 조직의 이해

1) 조직화와 조직의 개념

(1) 조직화

조직(organization)의 개념에 앞서 조직화(organizing)에 대한 이해가 필요하다. 조직의 규모가 확대되고 조직이 복잡해지면 체계적으로 운영하기 위해 조직화가 이루어져야 한다. 조직화에 의하여 조직의 업무분장 체제를 유지함으로써 구성원의 책임과 권한의 한계를 명확히 해 주고, 구성원 스스로가 조직을 위하여 자발적인 협동을 하도록 동기를 부여할 때, 조직관리의 성과는 향상될 수 있다. 기관의 조직화란 조직의 목표를 달성하기 위해 인적자원, 물적자원, 자본, 정보, 지식 등 모든 경영자원을 단위별로 나누어 배분하고 조정하는 활동을 조직화라고 한다. 기관의 목표를 최상의 방법으로 실현할 수 있도록 어떠한 형태로 조직을 구성할 것인가를 결정하고 각종 경영자원을 배분하고 조정하는 활동을 말한다. 이러한 조직화 활동은 경영활동의 한 부문으로서 목표 달성을 위한 업무 세분화 과정의 성격을 갖고 있다. 따라서 어떤 업무가 이루어져야 하며, 누가 그것을 수행할 것인지, 업무분류는 어떤 방법으로 이루어지며, 업무보고는 누가 하고, 의사결정이 어디에서 이루어지는가에 관한 문제를 다루는 활동이다(지호준, 2000).

경영자는 기관의 목적을 효과적으로 달성하기 위하여 조직을 합리적으로 편성하고 운영할 수 있는 능력을 갖추어야 한다. 따라서 경영자는 조직을 체계적으로 구성하여 기관의 목적에 도달할 수 있도록 이끌어 갈 책무가 있는 것이다. 경영자가 조직화를 이루려는 목적은 책임과 권한의 관계를 명확하게 하여 조직 내의 질서를 유지하고 확립하려는 데 있으며, 직무의 분업을 통하여 각 구성원 간의 협력관계를 확립하고 일의 효율성을 추구하고 책임과 권한의 관계를 명확하게 하여 의사소통이 원활하게 이루어질 수 있도록 하는 데 있을 뿐만 아니라 효과적인 조직편성을 통하여 보다 높은 조직의 효율성을 기대할 수 있다(최은수 외, 2017). 이러한 조직화 과정에 따라 특정 부서들과 직무 간의 분업 관계, 공식적 권한의 흐름, 과업 조정의 수단들을 규정하는 조직구조가 만들어진다. 조직구조는 조직도표로 표현된다. 조직도표는 조직이 어떤 직위들로 구성되는지, 직위들이 어떻게 집합되는지, 그리고 누가 누구에게 보고하는지를 보여주는 것으로 조직 활동을 요약하는 유용한 방법이다. 조직구조는 개인 및 부서에 부과된 공식적 과업의 집합으로, 개인을 부서로, 부서를 전체 조직으로 집단화하고 권한의 흐름, 의사결정 책임성, 계층의 수, 통솔의 범위 등 공식적 보고 관계를 지정하게 되며 부서 간 의사소통, 조정, 통합을 확보할 수 있는 체계를 포함하는 것으로 정의할 수 있다(이종수 외, 2012).

(2) 조직의 개념

일 경험에서 직장의 조직은 직업생활을 하는 물리적 장소이면서 동시에 심리적 안정을 느끼게 하는 공간이다. 누구나 직장 외에도 병원이나 학원에 가는 등 여러 조직 생활을 경험하며 살아간다. 사람들은 다양한 조직 속에서 살아간다. 모든 사람은 하나 이상의 조직에 속해 있으며, 조직에 영향을 미치거나 받고 있다. 따라서 프레스더스(Presthus)는 현대사회를 '조직 사회(organizational society)'라고 하였다. 조직이란 두 사람 이상이 어떤 목적을 추구하는 사회적 집단, 단체 혹은 기관이라 할 수 있다. 그렇기 때문에 조직은 조직의 공식화, 영리성 추구, 규모 등에 따라 다양하게 분류된다. 오늘날 사회가 급변하면서 많은 조직들이 생성되거나 변화하여 조직이 인간 생활에서 차지하는 비중은 더욱 커지고 있다(한국산업인력공단, 2021). 인간은 사회적 동물이다. 그리고 조직인(organization man)이다(남정걸, 2008). 따라서 생존을 위해 집단을 형성하여 생활하게 되었고, 훗날 이러한 집단은 국가로 발전하게 되었다. 현대사회는 단순히 생존을 위해 모인 집단을 형성하기보다는 뚜렷한 목적을 설정한 조직을 형성하게 되었다. 이러한 조직이 존재하게 된 이유를 살펴보면, 첫째는 어떤 집단에 소속되어 그 집단에 소속된 타인들과 다양한 목적을 위해 인간관계를 유지하고 타인과 만남을 통해 자신의 실체를 확인하려 하는 사회적 이유 때문이다. 둘째는 조직을 통해 그들의 제한적인 지식이나 정보, 기술을 충족시킴으로써 자신의 목표를 달성하려 하는 학습적 이유 때문이다. 셋째는 경제적 이유 때문이다. 넷째는 안정의 욕구를 추구하기 위해 소속감과 성취감을 느끼게 하는 심리적 이유 때문이다(윤종훈 외, 2015).

사이먼(Herbert A. Simon, 1976)에 의하면 조직은 인간들의 습관을 형성하고 생활의 질을 발전시키는 힘을 제공할 수 있는 환경 자체를 갖고 있기 때문에 인간에게 중요하다. 이처럼 조직에 대한 개념들을 종합해 보면 조직이란 '모든 인간은 특정한 목적을 추구하고 목표를 합리적으로 달성하기 위해 두 사람 이상이 모여 분업과 통합의 활동 체제를 갖춘 사회 단위'라 할 수 있다. 다시 말해 '어떤 공동의 목적을 달성하기 위해 두 사람 이상의 과업을 분담하여 책임의 분배를 지속적으로 협동하는 사회체제(social system)' 또는 '공동목적을 효율적으로 달성하기 위하여 의도적으로 구성된 협동의 체제'라고 할 수 있다(안병환 외, 2008).

2) 조직의 특성

사람이 단순히 모여 있는 것을 가리켜 조직이라 하지 않는다. 조직이 다음과 같은 특성을 갖고 있을 때 비로소 조직이라 할 수 있다(권두승 외, 2016; 윤종훈 외, 2015; 남정걸, 2008; 최은수 외, 2017).

첫째, 공동의 목적과 목표 또는 사명감을 갖고 있다. 조직의 목표는 조직의 내외 환경에 적응하여 구체화하고 특수화된 것으로서 특정의 사업목적이나 생산목적, 판매목적 등이 여기에 해당한다.

둘째, 조직은 사람을 필요한 구성요건으로 보고 있다. 즉, 조직 내 인간관계를 중시한다.

셋째, 조직은 사람들로 구성되지만, 개별적인 구성원의 존재와는 별개의 실체를 형성한다.

넷째, 조직은 분업을 통하여 협력한다. 업무를 그 특성에 따라 세분화한 다음 구성원의 능력에 따라 분담해서 추진하면 전문성이 높아져 효율적으로 높은 성과를 거둘 수 있기 때문이다.

다섯째, 조직은 권한 체계를 갖고 있다. 조직은 여러 사람이 모여 이룬 공동체이므로 일반적으로 분명한 권한 체계, 즉 계층구조를 갖고 있다. 따라서 조직원이 원활하게 움직이기 위해서는 조직의 구성원에게 각자의 역할에 따라 서로 다른 지위와 권한을 부여한다.

여섯째, 조직은 목표 달성을 위해 각자의 욕구를 가지고 있는 성원들의 행동을 조직의 요구에 따라 행동하도록 조정·통제하기 위한 규정이나 규칙 등 규범을 가지고 있다. 조직의 규범에 따라 상호작용이라는 역동적 과정을 통해 가치관과 태도를 형성하며 행동양식을 배우고 생활을 영위해 가며 안정성과 계속성·통합성을 유지할 수 있다.

일곱째, 조직은 하나의 사회체제이므로 조직 내의 요소 상호 간은 물론 조직 외부의 환경과 서로 영향을 주고받는 역동적인 상호작용 관계 속에서 유지되고 발전하는 개방적 체제이다.

여덟째, 조직은 경계가 있어 조직과 환경을 구분한다. 조직은 하나의 사회체제이기 때문에 조직 내의 요소 상호 간은 말할 필요도 없거니와 조직 외부의 환경과 서로 영향을 주고받는 상호작용으로 역동적 관계 속에서 유지·발전하는 개방체제인 것이다.

한편, 조직은 다음 세 가지 기능을 통해 조직구성원들의 행동 및 사고, 그리고 구성원들 간의 상호작용 방식과 조직의 생산성 및 효율성 등과 같은 경제적 성과와 같은 기능을 통해 지대한 영향을 미친다. 따라서 조직은 다음과 같은 측면에서 매우 중요하다(단국대학교 경영학원론 출판위원회, 2005).

첫째, 조직구성원들로 하여금 공동의 목표(common goal)를 갖도록 해 준다. 조직은 구성원들에게 조직목표 달성을 위해 필요한 업무를 할당하고 업무를 어느 정도 담당자의 재량에 맡길 것인가를 정해 주기 때문에 구성원들이 자연스럽게 공동의 목표를 추구하도록 한다. 따라서 모든 구성원이 서로 힘을 합쳐 시너지 효과를 얻으려고 노력하게 된다.

둘째, 조직은 구성원들로 하여금 협력 의사를 갖도록 해 준다. 경영원리의 기본은 분업이다. 따라서 조직 내에서 서로 협력하는 가운데 업무를 분장하여 시너지 효과를 얻게 된다.

셋째, 조직은 구성원들의 인간관계 형성 및 개선에 커다란 영향을 미치게 된다. 인간은 사회적 동물로서 조직을 통해 다른 사람과의 만남을 업무적으로 상하 또는 수평적 관계를 맺으면서 사회적 신분 관계를 형성하기도 하고, 갈등을 일으키기도 한다. 이때 중요한 것은 조직구성원 간의 커뮤니케이션 소통 정도가 어느 정도 수준에 있는가를 조직의 효율성을 가늠하게 만든다.

조직을 구성하는 조직구조는 기관 안에서 각 구성원과 직무가 연결되고, 상호협조하는 체제를 말한다. 즉, 조직구조를 기반으로 조직행동이 이루어지며 조직구성 단계는 먼저 업무의 구분을 통해 업무수행 부서를 결정하고 책임과 권한을 부여한 후 전체 조정에 들어가게 된다. 이러한 조직구조의 역할은 분업과 연결 작동을 하며 분화와 통합을 추진, 구성원의 의사결정과 행동 통제 등을 하게 된다. 또한 조직설계란 조직구조를 형성하는 것으로 기관의 여러 직무와 구성원, 부서를 전환시켜 잘 분류하고 전문화된 일들이 서로 협동하도록 잘 통합하는 것을 의미한다. 이러한 조직설계의 목적은 구성원이 열의와 자발성으로 창의적 직무를 수행하는 것을 말하며 이 조직설계에 따라 조직의 효율성과 효과성 그리고 구성원의 사기와 동기부여, 인간관계 형성, 업무성과 등이 결정된다(이향란, 2015).

기관의 목적을 효과적으로 달성하기 위해 조직구성원들에게 공동의 노력을 할 수 있도록 안정적이고 이해 가능한 여러 가지 자원들의 틀을 제공하는 것과 조직을 합리적으로 편성하고 운영할 수 있는 능력을 경영자는 갖추어야 한다. 그러므로 경영자는 조직을 체계적으로 구성하여 교육기관이 목적에 도달할 수 있도록 이끌어 갈 책무가 있는 것이다.

3) 조직의 목표

조직의 목표(organizational goal)란 조직이 원하는 상태(desired state)를 의미하며, 조직활동의 방향을 제시하고 현재 활동에 실질적 영향을 미치는 사회적 힘을 가지고 있다. 조직목표는 조직의 합법성 및 정당성의 근거를 제공하여 조직구성원의 행동기준에 따라 동기 부여한다. 또한, 의사결정의 지침을 제공하고 나아가 효과성 평가의 기준을 제공하는 기능을 수행한다. 조직이 명백한 목표를 추구한다는 가정하에 합리성의 극대화의 추구가 조직의 구성원리이다. 합리적인 관점에서 보는 조직목표란 무엇보다도 일련의 대안적 행위들이 고려되고 선택되는 기준이다. 즉, 조직목표가 갖는 조직 내 의사결정과 행위를 이끄는 인지적 기능에 주안점을 두는 것이다. 자연적 조직관에서 보는 조직은 분명한 목표로서 항상 합리성의 최우선하에 행동하는 행위자가 아니다. 오히려 조직 내외의 상황에 그때그때 적응하며, 이 과정에서 경우에 따라 목표도 같이 변화하게 된다.

(1) 개인목표와 조직목표

조직구성원은 조직목표와는 구분되는 개인적 목표를 가지며, 조직구성원 개인이 갖는 동기이다. 사람들이 개인적으로 갖는 개인목표와 조직에 참여하여 공적으로 수행하는 조직목표는 일치하지 않는다. 설사 어느 정도 개인목표와 조직목표가 일치되는 경우가 있다고 해도 특정 조직에 극히 제안된다. 이에 따라 개인목표와 조직목표의 조화라는 문제가 중요하게 등장하게 되었다.

슐레(E. C. Schleh)는 조직 속의 인간은 개인의 목표와 조직의 목표를 융합시켜 나갈 때 인간으로서 흥미와 욕구의 만족은 물론 조직목표를 성취하고자 하는 긍정적인 동기가 부여된다고 말했다(한국교육개발원, 2011). 21세기는 개성과 창의(創意)를 발휘해야만 개인과 사회가 발전할 수 있는 시대라고 볼 때 한 개인이 자생적으로 무엇을 할 수 있느냐의 자기주도적 사고와 학습 태도가 필요하다고 본다. 하라키위츠(Harackiewicz)는 개인이 자발적인 목표설정을 통해 달성화에 대한 동기화가 이루어지고 이것이 창의적 사고 및 창의적 문제해결의 기반을 이룬다는 연구를 발표했다(Harackiewicz et al., 2002). 그는 개인이 스스로 결정하거나 수용한 목표는 잠재의식과 행동에 의미를 부여하고 능동적으로 행동의 조직자 역할을 수행한다고 하였다. 결국 목표는 의식과 무의식의 전 영역에 영향을 발휘하며 수행의 극대화를 통해 창의적 사고가 발현된다고 주장했다.

개인목표와 조직목표의 통합에 대한 모형을 크게 구분하여 보면 교환모형, 교화모형, 수용모형이 있다(안병환 외, 2018).

첫째, 교환모형은 조직과 개인 사이의 거래 협상의 관계를 활용하는 방법이다. 즉, 외재적인 보상에 기초한 모형으로 조직의 입장에서 개인의 목표에 도움이 되는 유인을 제공하고, 개인은 대가로서 시간과 노력을 조직의 목표 달성에 제공하는 것이다.

둘째, 교화모형은 조직의 목표를 이루기 위해 개인의 목표를 포기할 수 있도록 설득하는 방법이다. 개인으로 하여금 조직의 목표에 도움이 되는 행동을 가치 있는 것으로 받아들이게 하기 위하여 설득, 감화 등 바람직한 것으로 인식시키면서 목표를 통합하는 것이다.

셋째, 수용모형은 조직이 목표를 설정할 때, 개인들의 목표를 충분히 고려하여 수용하는 방법이다. 조직의 구성과 운영 시 조직의 목표를 추구하는 것 자체가 개인에게 가치 있는 것으로 느껴지도록 하는 것으로 개인을 의사결정 과정에 참여시킨다.

이 세 모형은 모두 혼재하며 조직의 목표에 몰입하도록 하지만 개인이 그 조직에서 바라는 바가 없다면 그 조직구성원은 이직하게 된다.

(2) 조직목표의 기능

조직의 목표를 구체화하면 다음과 같은 기능을 가지게 된다(서보준 외, 2018).

첫째, 조직의 지침을 제공한다. 조직의 목표란 조직이 바람직한 미래 상태에 조직운영과 활동을 위한 방향과 지침을 제공한다. 즉, 여러 행동 대안 중 적절한 선택기준을 제시해 주고 의사결정 과정의 불확실성을 감소시켜 준다.

둘째, 정당성에 근거한다. 조직은 처음부터 조직의 정당성을 인정받을 수 있는 목표를 설정해야 한다. 조직의 목표는 특정 조직체제가 그 사회에 적합하다고 하는 신념을 낳게 하며 그 신념을 줄곧 지속하게 하기 때문이다. 즉, 조직은 그 목표를 통해 조직의 존재 그 자체와 조직 활동을 사회 내에서 정당화하는 것이다.

셋째, 효과성을 측정하는 기준이다. 조직의 목표는 조직의 성공도와 그에 대한 효과성을 평가하는 기준이 된다.

넷째, 계획의 기능을 한다. 조직의 목표는 조직의 구조와 과정을 설계하는 준거 틀을 제공한다. 즉, 특정 목표의 성취에 필요한 자원이나 기술적 과정, 구성원의 활동 등은 조직의 분업과 권력 구조, 의사전달의 양태 등 조직의 여러 국면에 영향을 미친다.

활동 내 주변 조직의 특성을 알아보자.

우리는 매우 많은 조직에 속해 있으며, 많은 조직에 둘러싸여 생활하고 있다는 것을 알 수 있다. 나와 관련 있는 조직은 어떤 것이 있으며 어떤 특징을 가지고 있는지 생각해 보자.

1. 나와 관련 있는 조직은 어떤 것이 있을까? 다음 중 ✔표 해보자.

□ 대학교	□ 병원	□ 시민단체
□ 학과 조직	□ 동사무소	□ 인터넷 동호회
□ 대학교 동아리	□ 정부	□ 기타( )
□ 평생교육원	□ 교회	

2. 1번에서 선택한 조직 중 세 가지를 선정하여 각 조직의 특성을 작성해 보자.

조직명	목적	구조, 기능, 규정이 조직화되어 있다.	영리를 추구한다.	조직의 규모
		□ YES □ NO	□ YES □ NO	□ 대규모 □ 소규모
		□ YES □ NO	□ YES □ NO	□ 대규모 □ 소규모
		□ YES □ NO	□ YES □ NO	□ 대규모 □ 소규모

출처: 한국산업인력공단(2021). NCS 직업기초능력 가이드북 조직이해능력. 울산: 한국산업인력공단.

4) 조직의 구성요소와 환경변화

(1) 조직의 구성요소

조직을 형성하기 위해서는 여러 가지 변수를 고려해야 하는데, 조직은 조직구조의 구성요소이자 기본적인 변수인 복잡성, 집권화, 공식화 정도에 따라 변화한다. 또한, 여러 가지 상황적인 변수들에 의해 변화하여 형성되기도 한다. 상황적 변수에는 크게 외생적 요인과 내생적 요인으로 나눌 수 있다. 외생적 요인으로는 기술, 조직 규모, 환경 등이 있으며, 내생적 요인으로는 전략 및 권력 작용 등을 말할 수 있다(안병환 외, 2018).

이러한 여러 요소는 조직을 형성하고 구조화하는 데 매우 중요한 영향력을 가지고 있으며, 이러한 요소들이 얼마나 유기적으로 연결되어 있느냐에 따라 조직의 목표 달성 여부를 판단할 수 있을 정도로 중요하다. 윤종훈 등은 조직의 구성요소로서 인간, 구조, 과업, 기술, 시설과 자금 등을 다음과 같이 제시하였다(윤종훈 외, 2015).

첫째, 인간(人間)은 조직구성의 제일 중요한 요소이며, 계층적으로 구성되어 권한과 책임을 수행하게 된다.

둘째, 구조(構造)는 조직의 목표를 달성하기 위해 인간이 인위적으로 형성해 놓은 조직의 틀이며, 조직이 수행하고 있는 기술이나 과업의 내용에 따라 달라질 수 있다.

셋째, 과업(課業)은 조직구성원들이 조직의 공동목표를 달성하기 위해 해야 할 일들을 규정하는 것이다. 즉, 인간이 조직의 구조 속에서 해야 할 업무를 말하는 것이다.

넷째, 기술(技術)은 과업을 행하는 구체적인 방법으로 다른 구성요소들과 밀접한 관계를 맺고 있다. 새로운 기술도입은 관련 기술에 대한 재료들, 과업의 조정, 조직구조의 변화를 가져오게 된다.

다섯째, 시설(施設)과 자금(資金)은 조직구성원이 목표를 원활하게 달성할 수 있도록 조직은 조직이 지향하는 목표를 달성할 수 있다.

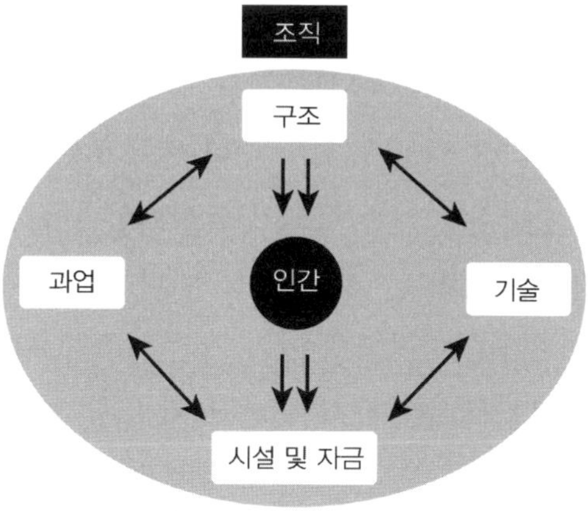

[그림 11-1] 조직의 구성 요인과 상호관계

출처: 안병환 외(2018). 평생교육경영론. 서울: 동문사.

(2) 조직목표의 변화

조직목표는 환경의 변화에 따라 끊임없이 변화해야 생존할 수 있다. 따라서 일 경험 발전을 위해서 조직의 변화 방향을 미리 예측하고 대비할 필요가 있다. 조직의 목표는 한두 명의 조직구성체를 위하여 설정되는 목표도 있지만 대부분 조직의 목표를 설정할 때 집단의 크기는 중소형이 될 수 있으며 집단의 크기가 클수록 장기적인 목표 설정하기보다는 집단의 성취욕을 고취한 후 다음 단계의 목표를 설정하기 위해서 단기적이며 실현 가능성이 높은 목표를 세우게 되어 있기 때문에 조직의 목표는 변할 수밖에 없다. 조직목표의 변동은 크게 두 가지로 조직의 내적 요인과 환경적 요인으로 구분할 수 있다(서보준 외, 2018). 조직의 내적 요인은 지도자의 태도 변화와 권력 구조 변화, 조직구성원들의 성향 변화, 집단 간의 권력 변화, 조직구성의 연합구조 변화, 목표 형성 과정의 결함, 목표의 과잉 측정 등이 있다. 또한 조직의 외적 요인인 환경적 요인은 어떤 조직과 관련을 맺고 있는 특정한 외부 세력이 조직의 목표변동에 직접적으로 작용할 때도 있고 일반적인 환경변화에 조직이 적응함으로써 목표변동이 일어나는 경우도 있다.

조직목표의 변동에 있어서 여러 가지 형태가 있는데, 먼저 목표의 전환이다. 수단이 목표시되고 목표가 수단시되는 현상으로 조직목표의 왜곡에 의해 본래 목표는 상실되고 본래 목표 달성을 위한 수단이 목표로 대치·전환되는 것을 말한다. 둘째, 목표의 계승이다. 기존 목표가 달성되었거나 전혀 달성 불가능할 때 새로운 목표를 설정하는 것이다. 셋째, 목표의 다원화 확대·축소이다. 본래 목표에 새로운 목표를 추가하는 것으로 이는 기존 목표를 확장시킨 경우이고 목표 달성이 어려우면 축소되기도 한다. 넷째, 목표의 비중 변동이다. 목표 달성의 우선순위가 바뀌는 현상 조직은 여러 가지 유형의 목표를 추구하는 사회적 단위로 가변적이고 동태적이다. 따라서 조직목표도 조직의 변화에 따라 가변적으로 되어 목표변화 현상이 일어난다.

5) 조직의 형태 및 원리

현대 조직의 형태를 구조 중심으로 구분하면 공식조직과 비공식조직, 계선조직과 막료조직으로 나누어 볼 수 있다. 이에 대하여 구체적으로 살펴보면 다음과 같다(서보준 외, 2018; 권두승 외, 2016).

(1) 공식조직과 비공식조직

공식조직(formal organization)은 일정한 목적을 합리적으로 달성하기 위하여 의식적·인위적으로 명문화되고 전문화된 조직 도표상 형성된 그대로의 조직을 말하며, 권위의 위계, 명료한 책임분담, 표준화된 업무수행, 비정의 인간관계 등을 특징으로 한다. 비공식조직(formal organization)은 현실의 인간관계 및 형태를 중심으로 한 비합리적·감정적·대면적 측면에서 이루어진 자생적 조직이라고도 하며 조직기구표에 표면화되지 않는 자연 발생적인 조직을 말한다. 공식조직과 비공식조직의 차이점은 다음과 같다(이찬교 외, 2005; 이양교, 2002; 김창걸, 1994).

첫째, 공식조직이 인위적인 조직인 데 반하여, 비공식조직은 자연 발생적이다. 공식조직이 조직의 목적 달성을 위하여 또는 인위적으로 편성된 제도적 조직인 데 비하여 비공식조직은 혈연·지연 또는 동창 관계 등으로 인하여 자연 발생적인 현실적 인간관계로 이루어진 조직을 의미한다.

둘째, 공식조직이 외면적 혹은 외재적인 조직인 데 반하여 비공식조직은 내면적 혹은 내재적인 조직이다. 전자는 가시적인 조직인 데 반하여 후자는 비가시적인 조직이다. 비공식조직은 조직원들의 행동과 태도를 조직의 내면에서 규정하고 있다. 그러나 현실적이고 생동한다는 측면에서 공식조직과 다를 바 없다.

셋째, 공식조직이 문서화된 조직이라면, 비공식조직은 자라 나온 조직이다. 전자는 조직기구와 직제에 의하여 서면화된 조직이지만, 후자는 성문화되어 있지 않으며 조직원들의 생생한 행동이나 태도 속에서 자라 나온 조직이다. 즉, 공식조직이 논리적 합리성에 의한 대규모 조직이라면 비공식조직은 대면적인 현실적 인간관계에 의한 소집단이다.

넷째, 공식조직이 능률의 논리에 따른 것이라면, 비공식조직은 감정의 논리에 따른 것이다. 공식조직은 통상 능률의 논리에 따라서 구성되지만, 비공식조직은 감정의 논리에 따라서 구성된다. 전자는 기계적 또는 비인정적 관계이며 능률을 중요시하지만, 후자는 공식조직의 능률이 그렇게 중요하지는 않다.

다섯째, 공식조직이 전체적인 질서인 데 반하여, 비공식조직은 부분적인 질서라고 할 수 있다. 공식조직이 전체를 부여하는 데 비하여 비공식조직은 부분적 질서를 담당할 뿐이다.

여섯째, 공식조직은 지도자의 권위가 상부에 의해서 주어지는 데 반하여 비공식조직은 부하들의 동의에 의해서 존재하는 상향적인 것이다.

일곱째, 공식조직은 방대한 규모로 확대되는 현상이 있다. 그 반면에 비공식조직은 현실적인 친밀한 인간관계를 필수요건으로 하기 때문에 항상 소집단 상태를 유지한다.

〈표 11-1〉 공식조직과 비공식조직의 비교

구분	공식(인위적)조직	비공식(자연적)조직
가입동기	지명, 선발	자연 발생적, 자의적
조직구도	안정적, 불변	가변
지도자	투표, 공식지명	자연적 지도자 탄생
과업	미리 정해져 있음	다양함, 변함
존속기간	미리 정해짐	구성원들의 의도대로
행동기준	능률, 효율	감정, 인간

출처: 임창희(2010). 신 인적자원관리. 서울: 명경사.

공식조직과 비공식조직은 상호보완적인 관계에서 양립하는 조직의 필수적인 두 측면이 있다. 또한, 자유로운 의사소통과 긴밀한 협조를 가능케 하여 공식조직의 기능을 활성화하는 작용을 수행한다. 그래서 현대 조직이론에서는 비공식조직의 효율적인 활용 여부가 행정의 성과를 좌우한다고 할 정도로 비공식조직의 중요성이 강조되고 있다. 비공식조직의 순기능을 살펴보면 다음과 같다(이찬교 외, 2005; 김창걸, 2003).

첫째, 공식조직의 경직성 완화에 기여한다. 즉, 법규에 의해 운영되는 공식조직에 융통성을 부여하고 대인관계에서 오는 개방적 풍토가 형성된다.

둘째, 조직원들에게 부과된 업무를 능률적으로 수행하게 한다. 조직구성원들 간에 원활한 협동관계와 지식 · 경험의 공유, 집단적 결정에의 참여 그리고 유기적인 상호의존관계 등을 가능하게 하여 업무의 능률적 수행을 돕는다.

셋째, 조직구성원들에게 만족감을 주고 직무집단을 안정시켜 준다. 구성원들의 누적된 심리적 욕구불만의 해소처가 됨으로써 귀속감과 안정감을 부여한다.

넷째, 조직구성원들의 좌절감과 심리상의 불평, 욕구불만에 대한 배출구 역할을 한다. 공식적 구조만으로는 불충분한 의사전달을 비공식적 의사전달의 통로를 통하여 보충해 줌으로써, 의사전달의 원활화에 기여한다.

다섯째, 공식조직의 책임자에 대한 능력보완에 기여한다. 공식조직의 책임자에 대한 자문기관이나 협조자의 역할을 한다.

여섯째, 조직구성원 간에 행동기준 확립에 도움을 준다. 구성원 간에 서로 권고하고 조언함으로써 상호 통제기능을 갖고 있으므로 어떤 행동기준을 제공한다.

반면, 비공식조직은 잘못하면 파벌을 조성하고 공식조직의 목표 달성을 저해하는 역기능을 발휘하기도 한다. 비공식조직의 역기능은 다음과 같다(이찬교 외, 2005; 김창걸, 2003).

첫째, 자칫하면 파벌을 조성할 위험이 있다. 이에 조직의 책임을 무효화할 우려가 있다.

둘째, 공식조직의 목표에 배치되는 결과를 가져올 수 있다. 비공식조직 간에 적대 감정이 야기될 때는 공식조직의 기능이 마비될 수도 있다. 구성원이 불안감을 가질 때는 이것이 조직 전체에 확대되어 공식조직을 해체시킬 수도 있다.

셋째, 비공식적 접촉을 통하여 개인적인 이익을 도모하기 쉽다. 따라서 실제의 사실이 조장될 우려가 있다. 또한, 이것은 조직단위 사이의 간격을 확대할 가능성이 있다.

넷째, 비공식적 의사결정에 따른 부작용의 우려가 있으며, 이에 왜곡된 정보 및 뒷공론(gossip) 등에 의해 사기가 저하될 우려가 있다.

(2) 계선조직과 막료조직

보는 행정조직에 있어서 집행을 담당하는 계선조직과 기획 및 기타서비스를 제공하는 막료조직이 있다.

계선조직(line organization)이란 행정의 목적 수행에 직접 참여하는 일차적 조직이다. 계선조직은 명령 복종 관계를 가진 행정의 수직적인 조직 형태로서, 행정조직의 장으로부터 국장, 과장, 계장, 계원으로 명령적·집행적 기능을 갖는다 보는 행정이 직접적인 계통에 따라서 운영됨으로써 단일화되어 있으며 각자의 임무와 책임이 명백하고 강력한 통제력을 발휘할 수 있는 장점이 있다(박동홍, 2011). 그러므로 자기 책임하에 스스로 결정하고 명령하는 집행 실시기관이다. 계선(line)이란 계층제의 구조를 가진 조직의 집행·운영·활동·권한의 면을 말한다. 계선은 행정체계에서 중추적인 위치에 있으며, 법령을 집행하고 정책을 결정하며 국민에게 직접적으로 봉사하는 임무를 맡고 있다(정환진, 1997). 그러나 대규모 조직에서는 소수의 구성원에 과중한 업무를 부과하기 쉽고 계선의 상부에서 문제가 있을 경우 하부 구성원들의 기능이 연쇄적으로 마비될 우려가 있다. 계선조직에는 다음과 같은 장단점이 있다(이찬교 외, 2005; 김창걸, 1994). 계선조직의 장점은 구성된 상호 간의 권한과 책임의 한계가 명백하며, 업무수행이 능률적일 뿐만 아니라 단일기관으로 구성되어 의사결정이 신속하게 이루어져서 강력한 통솔력을 발휘할 수 있다. 그리고 업무가 단순하고 비용이 적게 드는 조직, 업무의 분화가 다양하지 않은 소규모 조직에 유리하여 운영하는 데 소요되는 경비를 절약을 기할 수 있다. 계선조직의 단점은 첫째, 대규모 조직에는 계선만으로는 부족하고, 최고 관리자의 업무량이 과다해진다. 둘째, 조직의 장이 주관적·독단적일 때 방지할 방법이 없다. 셋째, 특수 분야에서 전문가의 지식과 경험을 이용할 수 없다. 이에 따라 고도의 전문화·기술화된 오늘날 합리적 의사결정에 불가결한 전문가들의 활용이 불가능하다. 넷째, 명령계통을 주축으로 한 수직적 조직이므로 의사전달이 불충분하고 융통성이 없고 통솔범위가 한정되어 조직이 지나치게 경직성을 띠게 된다. 다섯째, 한두 사람의 유능한 인재를 잃으면 전체 조직이 마비된다.

계선조직의 기능을 보조하기 위해 계선조직과는 별개로 외곽 또는 내부에 설치되어 있는 기관이 있는데 이를 보조조직(auxiliary organization), 참모조직(staff organization) 또는 막료조직이라고 한다(권두승 외, 2016).

막료조직(staff organization)이란 조직에 있어서 원활하게 기능을 수행하고 조직의 존립 목적을 달성할 수 있도록 자문, 권고, 협의, 정보의 수집과 판단, 기획, 통제, 인사, 회계, 조달, 조사, 연구 등의 기능을 수행하는 기관을 말한다.

막료조직은 조직의 목적을 직접적으로 수행하는 계선의 기능을 원활히 수행하도록 지원 보조하는 부차적 조직이다. 그러므로 명령, 지휘계통에서 벗어난 측면적 조직이다. 목적 달성에 간접적으로 기여하고, 조직의 장의 인격을 확장시켜주지만 명령·집행·결정을 행할 수 있는 독자적인 권한을 갖고 있지 않다(정환진, 1997). 오늘날 행정이 복잡해짐에 따라 막료의 업무는 더욱더 그 중요성이 인정되고 있다. 막료제도는 원래 군대조직에서 발달하는 것인데, 계선조직의 군 지휘관에 대하여 인사·정보·작전·군수·민사 등 여러 가지 문제에 대한 조언과 자문의 역할을 담당하는 막료(참모)의 기능을 행정조직에 도입한 것이다. 막료조직에는 다음과 같은 유형이 있다(김창걸, 1994).

첫째, 보좌 막료로서 비서실 등과 같이 관리자의 신변적 업무를 보좌하는 막료조직이다.

둘째, 정책 막료는 조언하는 기관으로써 국가안전보장회의나 경제과학심의회처럼 정책형성 및 정책결정에 조언하는 막료조직이다.

셋째, 통제·조정 막료는 예산통제, 인사관리, 원가통계 등 통제하고 조정하는 기관으로써 국무총리행정조정실이나 각 부처의 기획관리실처럼 최고 관리자들의 통제·조정업무를 원활히 하도록 보조하는 막료조직이다.

넷째, 보조 막료는 서비스 기관으로 조사하고 구매하며 수송하는 등을 하는 조달청·총무처처럼 일상적 업무를 지원 보조하는 막료조직이다.

다섯째, 정보 막료는 합리적인 의사결정을 위한 최신의 정보를 입수·제공하는 막료조직이다.

이러한 막료조직의 장점과 단점은 다음과 같다(안병환 외, 2018). 장점은 첫째, 최고 관리자의 인격 확장으로 그의 내내적 업무인 소성·통제업무를 감소시켜 줌으로써 기관장의 통솔범위를 확대시킨다. 둘째, 전문적 지식 및 기술, 경험을 활용함으로써 보다 합리적인 지시와 명령을 내릴 수 있다. 즉, 다양한 정보를 제공하고 주관적 독선을 배제하며, 집단적 사고를 활용할 수 있다. 셋째, 수평적인 업무의 조정과 협조를 가능하게 한다. 넷째, 조직의 경직성을 완화하고 신축성을 부여한다. 또한 막료조직의 단점은 첫째, 조직의 복잡성으로 조직 내의 알력과 불화가 생길 수 있다. 둘째, 명령계통, 의사전달의 경로를 혼란에 빠뜨릴 가능성이 크다. 셋째, 막료는 책임을 지지 않으므로 계선의 권한을 침범할 우려가 있고, 양자가 서로 책임을 전가할 우려가 있다. 넷째, 의사결정의 합리화에 힘입어 중앙집권화를 가져온다. 다섯째, 통솔범위의 비대화를 초래하고 경비의 증가를 가져온다.

〈표 11-2〉 계선조직과 막료조직의 비교

구분	계선조직(line organization)	막료조직(staff organization)
개념	• 행정의 수직적인 지휘명령계통이 명확히 정립되어 업무를 직접 수행하는 일차적인 조직	• 계선조직의 기능을 원활하게 추진하도록 기획 · 자문 · 협의 · 경고 · 정보수집 · 통제 · 인사 · 조사 · 연구 등의 기능 수행 조직
장점	• 권한과 책임의 한계가 명확 • 업무수행 효율성 제고 • 단일기관으로 구성되어 의사결정이 신속하게 결정 • 강력한 통솔력을 발휘 • 업무처리가 간편 • 조직운영비가 절약	• 기관장의 통솔범위 확대 • 전문적 지식 및 기술, 경험을 활용함으로써 합리적인 결정 가능 • 다양한 정보를 제공하고 주관적 독선을 배제하며, 집단적 사고 활용 가능 • 수평적인 업무의 조정과 협조 가능 • 조직의 경직성을 완화, 신축성 부여
단점	• 복잡하고 과다한 업무처리에 문제 • 지도자의 주관적 · 독단적 결정 방지 없음 • 전문가의 지식과 경험 활용 부족 • 조직의 경직성 초래 • 의사전달이 불충분하고 융통성 없음 • 부처 간의 효과적 조정이 곤란 • 인재를 잃으면 전체 조직 마비	• 조직의 복잡성으로 조직구성원의 부서 간 갈등 · 불화가 생김 • 명령계통, 의사전달의 혼란 • 계선과 참모 간에 책임 전가 우려 • 의사결정 합리화에 힘입어 중앙집권화 • 통솔범위의 비대화를 초래 • 조직운영비 증가

출처: 안병환 외(2018). 평생교육경영론. 서울: 동문사.

(3) 조직의 원리

조직 활동에 여러 조직의 능률을 향상시키는 데 직접 도움이 된다고 평가되고 유형화된 조직 활동을 조직의 원리라고 한다. 행정조직이론에 적용되고 있는 개별적 조직원리는 다양하고 서로 다르다. 모든 조직체에 공통적으로 적용되는 조직의 원리로 파욜(Henri Fayol)은 분업의 원리, 권위의 원리, 규율의 원리, 단일 지휘계통의 원리, 방향성 통일의 원리, 전체이익 우선의 원리, 정당보수의 원리, 적도집권의 원리, 계층의 원리, 적재적소의 원리, 공정성의 원리, 신분보장의 원리, 창발성 존중의 원리, 단결 정신 확립의 원리 등 14개의 기본적인 조직원리를 제시하였다. 그리고 무니(James D. Mooney)와 레일리(Aian C. Reily)는 조정의 원리, 계층의 원리, 기능주의의 원리를 제시하였다.

활동 내가 속한 직장(조직)의 특성을 알아보자.

내가 속한 조직(직장)을 얼마나 이해하고 있을까? 내가 속한 조직들 가운데 하나를 선택하여 해당 조직의 홈페이지를 방문하거나 안내 책자를 구입해 조직의 미션과 비전, 목표, 구조, 관련 규정 등을 알아보자.

조직	
미션 또는 비전	
목표	
구조	
조직의 규칙 및 규정	

출처: 한국산업인력공단(2021). NCS 직업기초능력 가이드북 조직이해능력. 울산: 한국산업인력공단.

2. 경영의 이해

1) 경영의 개념

조직은 목적을 달성하기 위하여 지속적으로 관리, 운영된다. 비록 대부분의 경우 경영자들이 이러한 역할을 담당하지만, 조직의 구성원들이 조직 내에서 자신에게 주어진 업무를 효과적으로 수행하기 위해서는 경영이라는 큰 그림을 이해할 수 있어야 한다. 그렇지 않으면, 업무 능률이 떨어지고 조직의 효과성을 높일 수 없다(한국산업인력공단, 2021). 경영(經營, management)이란 인간의 삶에 필요한 재화나 서비스를 생산하여 공급하는 활동을 일컬으며, 개별경제 주체들(국가, 가계, 기업)의 경제적 활동을 뜻한다. 경영의 한자어는 나스릴 경(經)과 다스릴 영(營)으로 구성되어 있는데, 고대 동양의 문헌에서 등장하여 "나라를 다스리는" 의미로 쓰이고 있었다. 과거 유럽 문화권에서 쓰였던 '메나제(menage)'라는 말은 원래 "말을 훈련한다"는 뜻이었는데, 이 단어가 널리 통용되어 '매니지먼트(management)', 즉 '관리' 또는 '경영'의 의미로 굳어졌다. 즉, 경영은 조직의 목적을 달성하기 위해 인적·물적·금전적 자원을 효율적으로 배분하여 산출물을 효과적으로 만들어 내는 순환과정이라 할 수 있다(이향란, 2015). 다른 정의로 경영이란 특정 조직의 목표를 체계적이고 효율적으로 모색하는 과정이며 이윤추구 극대화를 목표로 하는 경제활동으로 정의할 수 있다. 그리고 개인적인 삶이나 경영의 모든 분야에서 현재 상황과 앞으로 미래를 관리하고 운영하는 총체적 활동을 의미하기도 한다. 조직이 경영을 추구하는 것은 조직의 효과성(effectiveness)과 효율성(efficiency)이라고 할 수 있다. 효과성이란 조직이 목표하는 바를 얼마나 실제로 달성했는가를 의미하며, 효율성이란 어느 정도의 비용으로 그 목표를 달성하였는가를 의미한다. 또한 "조직의 목표를 설정, 고도의 업무수행을 위한 조직의 제 자원의 효율적이고 효과적인 사용에 관한 의사결정을 행하는 행동", "규모(規模)를 정하고 기초를 세워 일을 해나감", "계획을 세워 사업을 해나감", "계속적 사업을 경제적으로 해 나가기 위한 작업상의 조직"이라는 의미를 지니고 있다(위키백과사전, 2025). 경영이라는 용어를 명사적 의미로 사용하였을 때에는 기업과 동의어로 사용하며, 동사적인 의미를 사용하여 '경영한다'라는 말을 쓸 때는 기업(또는 모든 종류의 조직)을 경영한다는 의미로 쓰고 있다. 때로는 관리(管理, administration)라는 용어와 경영이라는 용어를 구분하여 어떤 학자는 관리를 상위의 개념으로 또 어떤 학자는 경영을 상위의 개념으로 사용하기도 한다(김병태 외, 2014). 통상적으로 경영이라고 하면 어떤 기업체나 사업가의 영리 추구를 위한 활동으로 이해된다. 경영에 관해 가장 포괄적이고 체계적인 표현은 '조직의 목적을 달성하기 위한 경영자의 전략, 관리, 운영 활동'이라고 할 수 있다(조동성, 2010). 경영의 개념에 대해서 좀 더 구체적으로 살펴보면 다음과 같다(서성무 외, 2005; 유재욱 외, 2014).

- 인간의 삶에 필요한 재화나 서비스를 생산하여 공급하는 활동이다.
- 개체로서의 사회적 존재가 특정한 목적을 달성하기 위한 최적의 환경을 설계하고 유지해 가는 과정이다.
- 주어진 경영자원을 활용하여 조직(organization)의 목적을 달성하기에 필요한 여러 가지 활동을 계획(plan), 실행(do), 평가(see)하는 일련의 과정이다.
- 어떤 일을 도모할 때 계획을 수립하고 조직을 만들어 지휘와 통제를 반복해 나가는 과정이다.
- 다른 사람을 통해서 성과를 내려는 과정이다.

이처럼 경영이란 '특정 목적 달성을 위해 계획을 수립하고 최적의 환경을 설계하여 그러한 활동들에 대해 지휘하고 통제하는 과정'이라고 정의할 수 있다.

현대 경영학의 창시자 피터 드러커(Peter Drucker)는 다음과 같이 경영의 원칙들을 규정하고 있다(Drucker, 1996).

첫째, 경영이란 인간 생활에 관한 것으로 자신과 공동체의 목표를 달성할 수 있도록 각자의 강점과 약점을 잘 관리·통제하는 것이다.

둘째, 경영은 공동의 목표를 위해 인적자원을 통합하는 것이다. 즉, 인간관계의 차원으로 문화와 매우 밀접한 관련이 있다.

셋째, 모든 기관이나 조직은 공동의 목표와 가치관을 가지라고 요구한다. 이러한 가치관이나 공동목표가 없는 기관은 단지 사람들의 집합에 지나지 않는다. 그러므로 경영의 첫 번째 과제는 공동의 비전과 목표, 가치관에 대해 생각하고 결정하며, 구성원들에게 제시하는 조직 활동이라 할 수 있다.

넷째, 경영은 조직과 그 구성원들이 새로운 요구와 기회, 그리고 변화에 맞추어 성장·발전할 수 있도록 해 주어야 한다. 이러한 측면에서 모든 기관은 "배우는 기관"이며, "가르치는 기관"이다.

다섯째, 모든 기관은 서로 다른 다양한 기술과 지식을 가진 사람들로 구성되어 있다. 이에 모든 이념 체계는 커뮤니케이션과 개개인의 책임 및 성실을 바탕으로 조직되며, 모든 구성은 자신이 달성하고자 하는 목표가 무엇인지 깊이 인지해야 한다.

여섯째, 기관에 대한 적절한 성과측정지표인 시장점유율, 혁신, 생산성, 인적자원 개발, 서비스의 품질, 재무관리 등은 기관의 성과와 생존에 결정적인 영향을 미친다. 기관은 성과를 평가하기 위한 다양한 측정 방법을 끊임없이 모색하고 개선해 나가야 한다.

일곱째, 가장 중요시해야 할 것은 경영의 결과가 항상 기관의 외부에 드러난다는 사실이다.

경영의 목적은 사회적 목적과 경제적 목적으로 볼 수 있다. 사회적 목적은 사회적 책임(social responsibility) 완수를 목적으로 사회가 기업에 요구 또는 기대하는 책임을 완수하는 것을 말한다. 대표적인 기업의 사회적 목적으로는 경제적 책임, 법적 책임, 윤리적 책임, 자선적 책임이 있다(노영순, 2014). 기업의 경제적 목적은 이윤추구, 주주 부의 극대화 등의 목적을 가진다. 이윤추구란 기업이 재화 또는 서비스를 공급함으로써 얻은 이익에서 비용을 차감한 금액인 이익을 창출하려는 목적이다. 이윤추구의 목적은 기업의 지속적인 존립을 위해 필요하다.

주주 부의 극대화(maximization of shareholder wealth)는 주식회사의 주인인 주주의 부를 극대화하려는 목적이다. 기업의 이윤추구와 일맥상통하며, 해당 기업의 시장 가격을 극대화함으로써 달성할 수 있다(서보준 외, 2018).

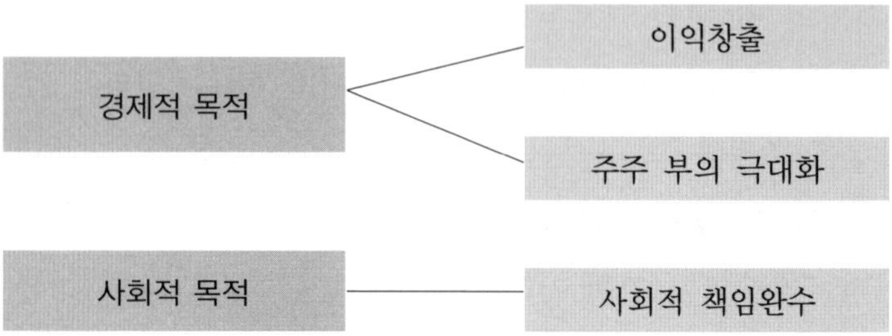

[그림 11-2] 경영의 목적

출처: 유재욱 외(2014). 현대사회와 지속가능경영. 서울: 박영사.

2) 경영의 목표

경영의 목표 중 생산성이 향상되면 경제성과 수익성은 영향을 받아 오르게 된다. 따라서 경영의 특성 중 생산성은 경제성과 수익성에 영향을 미치게 되므로 상위 개념으로, 경제성과 수익성은 하위 개념으로 설명될 수 있다(육윤복, 2005; 이원우 외, 2002).

〈표 11-3〉 경영의 목표

구분	경영의 목표
상위개념	생산성
하위개념	경제성, 수익성

출처: 이원우 외(2002). 경영학원론. 서울: 박영사. 재구성.

(1) 수익성(profitability)

수익성이란 투자된 자본 가치를 증식시키기 위해 더욱 많은 화폐 이윤을 창출하는 행위이다. 다시 말해 투입자본에 대한 이익의 정도를 말한다. 자본주의 사회에서 기업은 이윤의 추구를 목적으로 하고 있으며, 그에 따라 경영의 목표도 수익성을 크게 함으로써 달성되는 이윤 극대화에 있다고 할 수 있다. 기업은 이윤을 얻고 계속해서 존속하며 성장해 나가야만 고용창출, 소득분배, 환경보전 등의 사회적 역할을 다할 수 있다.

(2) 경제성(economical efficiency)

경제성이란 기업의 사회적 책임을 생각하여 기업 활동을 적정수익을 중심으로 전개하며 기업 자체의 목표가 되도록 하는 것이다. 즉, 도달해야 할 어떤 성과나 수익을 최소의 비용이나 희생으로 달성하는 것에서 경제적 합리주의를 의미한다. 경제성은 기업경영뿐만 아니라 경영이라는 어휘의 모든 형태의 개별경제에 공통으로 적용되는 선택원리이기도 하다. 따라서 경제성이란 일정한 투입 가치에 대한 산출 가치의 관계로 표현될 수 있다. 이때 투입 가치는 투자와 관련된 비용이며, 산출 가치는 목적이나 성과와 관련되는 수익이다. 이는 최소한의 투자로 최대의 성과를 얻으려는 경제적 원칙이 통일적으로 표현된 것이라 할 수 있다.

(3) 생산성(productivity)

생산성이란 생산을 위하여 투입된 여러 생산요소의 양에 대한 생산물의 산출량의 비율을 말하는 것으로 투입된 생산요소와 산출의 종류에 따라 노동생산성, 자본생산성 등으로 구분할 수 있다. 즉, 노동, 자재, 시설 등 경영자원의 합리적 이용을 통하여 동일한 투입량으로 최대의 성과를 올려 생산비용의 절감과 생산수준의 향상을 꾀하는 것이다. 이는 경영활동의 목표인 동시에 그 성과를 측정하는 기준이 된다. 그러므로 생산성은 경영합리화의 척도이자 생산성 향상으로 얻은 성과를 이해관계가 있는 집단에 적절하게 배분하는 기준이 된다. 또한, 경영은 최소의 투입으로 최대의 산출을 생산하여 생산성을 극대화함으로써 자원의 최적 활용을 이룰 수 있는 것이며 기업은 경영활동을 통해 생산성을 추구함으로써 자원의 낭비를 방지하고 기업의 이윤추구 동기를 만족시킬 수 있다.

3) 경영의 구성요소

지난 산업사회에서의 경영의 구성요소는 토지, 노동, 자본이었으나, 지식정보사회에서는 전략과 정보 등으로 대표될 수 있다. 오늘날 경영의 구성요소는 인적자원과 물적자원, 재무자원과 정보자원 등으로 구분되는데, 보는 관점과 견해에 따라 다소 차이가 있다. 조동성(2010)은 경영의 구성요소를 경영 대상으로서의 조직, 경영 내용으로서의 전략·관리·운영, 그리고 경영 주체로서의 경영자를 제시하였으며, 유필화 등(2008)은 경영을 구성하는 요소로 인적자원, 물적자원, 자본, 전략과 정보를 들고 있다. 임창희(2006)는 인적자원, 재무자원, 물적자원, 정보자원을 경영활동의 대상으로 본다. 기업경영은 기업이 보유하고 있는 여러 가지 자원이나 요소들인 경영자원을 활용하여 이루어진다. 경영자원은 기업의 목적을 위한 수단인 동시에 관리의 대상이 된다. 따라서 각 학자들의 의견을 정리하면 경영의 구성요소는 사람, 자본, 자원, 정보, 전략이다. 즉, 인적자원, 물적자원, 재무자원, 정보자원, 기술자원의 다섯 가지로 귀결된다. 경영의 구성요소 설명은 다음과 같다(유재욱 외, 2014).

첫째, 인적자원은 경영자의 능력과 종업원들의 노동력을 말한다.

둘째, 물적자원은 기업이 제품과 서비스의 생산을 위해 직접 사용하는 유형의 자원들로서 원재료, 토지, 설비 등이 해당한다.

셋째, 재무자원은 기업을 창업하고 운영하는 데 필요한 자본 또는 자금을 의미한다.

넷째, 정보자원은 기업에서 보유하고 있는 지식, 정보 등을 말한다.

다섯째, 기술자원은 기업이 보유하고 있는 기술, 특허권 등을 말한다.

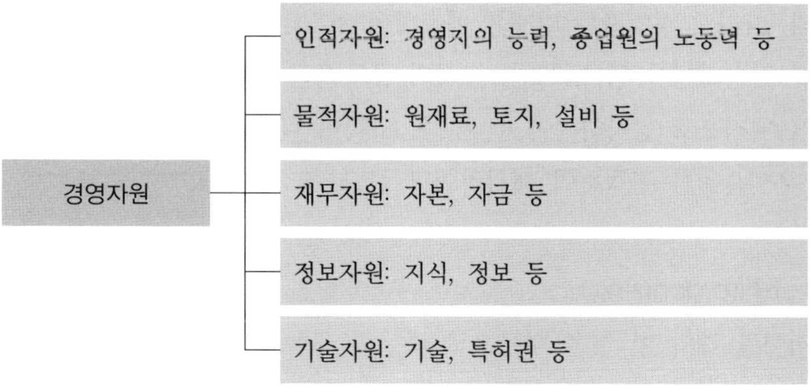

[그림 11-3] 경영의 구성요소

출처: 유재욱 외(2014). 현대사회와 지속가능경영. 서울: 박영사.

경영의 구성요소 확보는 기업경영의 영속성을 보장받기 위해서 매우 중요한 과제이다. 이를 위해서는 한정된 경영자원을 어떤 사업에 투입하는 것이 가장 유리한가를 분석하고, 그 결과에 따라 각 사회기회에 우선순위를 정하여 경영자원을 배분해야 한다.

4) 경영의 기능

경영활동은 조직 내부의 자원을 어떻게 잘 활용하느냐에 관심을 두어야 한다. 이를 위해 조직이 동원할 수 있는 모든 자원을 사용하여 구성원들의 노력을 계획(planning), 조직화(organizing), 지휘(leading), 통제(controlling)하는 과정을 거친다. 즉, 경영자가 조직의 목표를 달성하기 위하여 여러 가지 기능을 수행하는 과정이며, 모든 경영에는 계획 수립, 조직화, 지휘 및 통제의 네 가지 기능이 공통으로 나타난다. 경영의 기능은 다음과 같다(이필상 외, 2002).

(1) 계획(planning)

계획이란 누구에게도 희망과 비전이 있듯이 기업에도 희망과 비전이 있어야 하며 이를 시간에 따라 순서로 표시하고, 예산을 수립하며 프로그램을 만드는 것이다. 따라서 경영자는 미래를 예측하여 조직의 비전과 목표를 제시하고 활동 계획을 작성하여야 한다. 또한, 조직의 궁극적인 목표를 달성하기 위해 해야 할 일을 단계적으로 명시하여야 한다. 즉, 조직이 나아갈 방향과 수행해야 할 과업들의 우선순위를 결정하여 제시하여야 한다.

(2) 조직(organizing)

조직이란 해야 할 일을 부문으로 나누고 권한을 나누어 다른 사람에게 넘겨 맡기며 기업 고유의 문화를 만들어 가는 과정이다. 즉, 일을 체계적으로 하기 위하여 인적·물적 요소를 조직하며 누가 어떤 일을 해야 할지를 결정하는 것이다. 이는 계획을 달성하기 위한 조직화가 적절해야 한다는 것을 의미한다. 조직의 형태도 끊임없이 변할 준비가 되어 있어야 한다. 대개 규모가 작은 조직이 환경 변화에 따른 조직변화가 더 유리할 것이다.

(3) 지휘(leading)

지휘란 조직구성원들이 부여받은 과업에 할당된 자원을 활용하여 자발적으로 수행하기 위해 동기를 부여하고 영향력을 행사하는 경영자의 기능을 말한다. 리더란 구성원들에게 목표 의식을 강하게 심어주고 행동을 유발하는 동기부여에 대한 능력을 갖추고 있어야 한다. 또한, 의사소통의 시간이 비용이고 가치생산의 과정이기 때문에 조직의 구조와 의사소통이 합리적이어야 한다. 리더로서 경영자가 그 자신에 대하여 알아야 하고 스스로의 능력을 계발시키지 않으면 안 되며, 이러한 관리를 지휘 활동이라고 한다.

(4) 통제(controlling)

통제란 조직구성원들이 할당된 과업을 설계된 대로 수행하고 있는지 또는 조직이 조직목표를 향해 바람직한 방향으로 나아가고 있는지를 확인하기 위하여 정보를 평가하고, 잘못된 사항은 수정 조치하는 과정을 말한다. 즉, 목표와 계획을 점검하는 것으로 목표의 성취 여부를 표준이라는 잣대에 비추어 평가하고 일의 방향을 세우는 것이다.

계획 (planning)	➡	조직 (organizing)	➡	지휘 (leading)	➡	통제 (controlling)

[그림 11-4] 경영의 기능

한편, 경영은 전반적으로 경영의 과제 요소들과 과정 요소들의 조합으로 구성되어 있다고 볼 수 있다. 과제들을 성공적으로 수행하기 위한 일반적인 과정으로 기획(planning), 조직화(organizing), 충원(staffing), 지도(directing), 조정(controlling)의 순환으로 이루어진다.

5) 경영의 과정

경영의 과정(process)은 시장과 고객의 요구에 의해 특정 제품과 서비스를 산출하는 제 활동의 집합체이다(김효석 외, 1993). 경영의 과정은 크게 세 가지로 나누어 볼 수 있다.

첫째, 재화나 용역, 즉 투입물을 조달하는 것이다

둘째, 조달된 생산요소를 변환하는 과정, 즉 프로세스이다.

셋째, 생산된 산출물을 소비자와 타 기업 또는 정부에 판매하는 것이다. 경영활동의 과정은 다음과 같다.

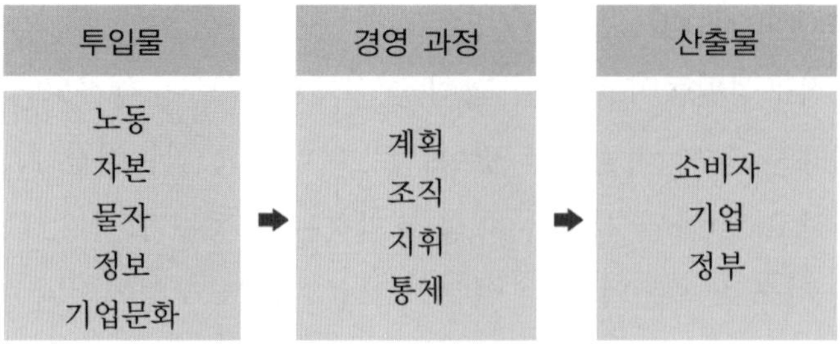

[그림 11-5] 경영활동의 과정

출처: 최은수 외(2017). 평생교육경영론. 파주: 양서원.

3. 업무의 이해와 종류

업무이해는 직장에서 자신에게 주어진 업무의 성격과 내용을 알고 그에 필요한 지식과 기술, 행동을 확인하는 능력이다. 즉, 조직생활에서 가장 기본은 자신의 업무를 효과적으로 수행하는 것이다. 따라서 업무이해능력은 주어진 업무의 특성을 파악하고 조직 내에서 업무처리 절차를 이해하여 효과적으로 수행하는 데 기초가 된다. 업무는 각각 다양한 특성을 가지고 있다. 하나의 조직이 운영되기 위해서는 조직구성원들이 총무, 인사, 기획, 회계, 영업 등 다양한 업무를 수행해야 한다. 모든 업무가 같은 특성을 가지고 있는 것은 아니며 업무가 조직에 미치는 영향력, 요구되는 지식, 기술, 태도, 역량 등이 다르다. 따라서 일 경험을 할 때, 자신에게 주어진 업무의 특성을 이해할 필요가 있다. 업무는 조직이 개인에게 부여한 의무이자 책임이다. 조직은 목표 달성을 위해서 통합되어야 하기 때문에 자신에게 주어진 업무의 성격과 내용을 알고 그에 필요한 지식과 기술, 행동을 확인하는 업무이해능력을 길러야 한다. 자신이 속한 조직의 다양한 업무를 통해 조직의 체제를 이해할 수 있으며, 자신에게 주어진 업무의 특성을 파악하여 전체 조직의 체제 내에서 효과적으로 업무를 수행할 수 있다(한국산업인력공단,

2021). 일반적인 조직에서는 총무, 인사, 회계, 생산 등의 업무를 담당하며 각 업무의 예시를 제시하면 다음과 같다.

〈표 11-4〉 부서별 업무 내용

부서	업무 내용
총무부	• 주주총회 및 이사회 개최 관련, 의전 및 비서업무, 집기비품 및 소모품의 구입과 관리, 사무실 임차 및 관리, 차량 및 통신시설의 운영, 국내외 출장 업무 협조, 복리후생 업무, 법률자문과 소송관리, 사내외 홍보 광고업무
인사부	• 조직기구의 개편 및 조정, 업무분장 및 조정, 직원 수급계획 및 관리, 직무 및 정원의 조정 종합, 노사관리, 평가관리, 상벌관리, 인사발령, 교육체계 수립 및 관리, 임금제도, 복리후생제도 및 지원업무, 복무관리, 퇴직관리
기획부	• 경영계획 및 전략 수립, 전사기획업무 종합 및 조정, 중장기 사업계획의 종합 및 조정, 경영정보 조사 및 기획보고, 경영진단업무, 종합예산 수립 및 실적관리, 단기사업계획 종합 및 조정, 사업계획, 손익추정, 실적관리 및 분석
회계부	• 회계제도의 유지 및 관리, 재무상태 및 경영실적 보고, 결산 관련 업무, 재무제표 분석 및 보고, 법인세, 부가가치세, 국세, 지방세 업무자문 및 지원, 보험가입 및 보상업무, 고정자산 관련 업무
영업부	• 판매 계획, 판매예산의 편성, 시장조사, 광고 선전, 견적 및 계약, 제조지시서의 발행, 외상매출금의 청구 및 회수, 제품의 재고 조절, 거래처로부터의 불만처리, 제품의 애프터서비스, 판매원가 및 판매가격의 조사 검토

출처: 한국산업인력공단(2021). NCS 직업기초능력 가이드북 조직이해능력. 울산: 한국산업인력공단.

조직의 목적을 달성하기 위하여 업무는 통합되어야 하므로, 개인이 선호하는 업무를 임의로 선택할 수 있는 재량권이 적다. 또한 업무는 조직 내 다른 업무와 밀접한 연관성을 가지고 있는 것이 특징이다. 비록 업무가 독립적으로 수행된다 하더라도 전체적으로 조직 내에서 업무가 실행되는 과정을 보면 업무 간의 서열로 인하여 순서만 다르게 추진되는 것이지, 결코 조직 내 다른 업무와 무관하지 않다는 점을 인식해야 한다. 따라서 구성원들과 정보교환과 협력체제에 호응해 나가는 업무추진이 필수적이다(이규은, 2020).

활동 나의 직장 업무 수행 차트를 작성해 보자(직장인).

업무성과를 높이기 위하여 업무추진 계획을 수립하여 보자. 먼저 업무지침을 확인하고, 주어진 자원을 작성한다.

<table>
<tr><td colspan="2">직장의 업무지침</td><td></td></tr>
<tr><td colspan="2">나의 업무지침</td><td></td></tr>
<tr><td rowspan="4">활용 자원</td><td>시간</td><td></td></tr>
<tr><td>예산</td><td></td></tr>
<tr><td>기술</td><td></td></tr>
<tr><td>협력부서 및 협력업체</td><td></td></tr>
</table>

출처: 한국산업인력공단(2021). NCS 직업기초능력 가이드북 조직이해능력. 울산: 한국산업인력공단.

활동 나의 공부 외에 소비한 시간을 알아보자.

'할 일은 많은데' 사례를 통해 자신도 모르는 사이 공부와 관련 없는 일들로 많은 시간이 소비되고 있음을 알 수 있다. 어제 하루 동안 자신이 공부 외의 활동들에 소비한 시간이 어느 정도인지 작성해 보자.

활동	소요시간(분)
등하교	
전화 통화	
취미활동 ( )	
친구와의 잡담	
식사 시간	
인터넷 검색	
메신저	
TV 시청	
가족과의 대화	
운동	
화장실 가기	
기타 ( )	

출처: 한국산업인력공단(2021). NCS 직업기초능력 가이드북 조직이해능력. 울산: 한국산업인력공단.

4. 국제감각

국제감각은 일 경험을 하는 동안에 다른 나라의 문화를 이해하고 국제 동향을 파악하는 능력이다. 오늘날 개방화, 정보화, 세계화가 이루어짐에 따라 일 경험 중에 국제적인 이슈에 영향을 받고 다른 나라 사람들과 함께 일을 하는 경우가 많아졌다. 세계는 이제 3Bs(국경: Border, 경계: Boundary, 장벽: Barrier)가 완화되고 있다. 국가 간 자원과 사람의 이동이 자유롭게 이루어지며, 통신 산업의 발달로 네트워크가 형성되었다. 이처럼 세계는 하나의 지구촌이라는 말로 표현될 만큼 밀접하게 서로 영향을 주고받으며 살아가고 있다. 글로벌화란 활동범위가 세계로 확대되는 것을 의미한다. 개인은 글로벌화에 따라 자유롭게 다른 나라로 이동하고, 다른 나라에서 생산된 상품이나 서비스를 이용한다. 조직은 세계시장에서 경쟁하고 살아남아야 하는 역량을 가져야 한다.

최근에는 다국적 기업이 등장하면서 범지구적 시스템과 네트워크 안에서 기업 활동이 이루어지는 국제경영이 중요시되고 있다. 또한 조직의 시장이 세계로 확대되는 것에 맞춰 의식과 태도, 행동도 세계 수준에 이르러야 한다. 따라서 다른 나라의 문화를 이해하고 국제동향을 이해하며, 이를 업무에 활용하는 국제감각을 키워야 한다. 뿐만 아니라 국제동향을 파악해서 업무에 적용할 수 있는 방법으로는 관련 분야 해외사이트 주기적으로 방문하기, 신문의 국제면 읽기, 국제잡지 구독하기, 해외 서점 사이트에서 최신 서적 확인하기 등이 있으며, 국제감각은 하루아침에 길러지는 것이 아니므로 매일 꾸준히 실행해야 한다.

또한 사람들은 하나의 문화권에 속한 사람이 다른 문화를 접하게 되었을 때 불일치, 위화감, 심리적 부적응과 같은 문화충격(culture shock)을 경험하게 된다. 문화충격에 대비하기 위해서 자신의 정체성은 유지하되 다른 문화에 대한 개방적인 태도를 견지하고 새롭고 다른 것을 경험하는 데 적극적인 자세를 가져야 한다. 외국인과 함께 일하는 국제비즈니스에서 조직의 목적을 달성하기 위해 문화 배경을 달리하는 사람과 커뮤니케이션하는 이문화(異文化) 커뮤니케이션을 해야 한다. 이문화 커뮤니케이션(intercultural communication)은 언어적, 비언어적 커뮤니케이션으로 이루어진다.

조직을 대표해서 외국에 파견된 사람들의 실수는 조직 전체의 모습으로 비치고, 이는 업무성과에 큰 영향을 미치게 된다. 따라서 직업인은 나라별 주요 국제매너를 숙지할 필요가 있다. 국제감각은 단순히 영어만을 잘하는 것을 의미하지 않는다. 다른 나라의 문화를 이해하는 이문화 이해와 국제적 동향을 자신의 업무에 적용하는 능력을 모두 포함하는 개념이다. 세계를 하나의 공동체로 인식하고, 문화적 배경을 달리하고 있는 다른 나라 사람과의 효과적인 커뮤니케이션을 위해 각 국가의 문화적 특징과 의식, 예절 등 세계 각국의 시장과 다양성에 적응할 수 있는 능력과 자신의 업무와 관련하여 국제적인 동향을 파악하고 이를 적용할 수 있는 능력을 갖춰야 한다.

12

Chapter

자원관리능력

1. 인적자원관리
2. 재무관리
3. 물적자원관리
4. 시간관리

1. 인적자원관리

1) 인적자원관리의 의의

(1) 개념

최근에는 무형의 자산이라고 할 수 있는 인적자원에 대한 관리가 점차 중요해지고 있다. 성공적인 기업이 역량 있는 구성원들을 채용하고, 지속적인 능력 개발을 위해 힘쓰는 것처럼 기업뿐만 아니라 개인적인 차원에서도 주위의 사람들에 대한 인적자원관리가 중요한 능력으로 부각되고 있다. 인적자원관리능력은 직업생활에서 필요한 인적자원(근로자의 기술, 능력, 업무 등)을 파악하고, 동원할 수 있는 인적자원을 최대한 확보하여 실제 업무에 어떻게 배치할 것인지에 대한 계획을 수립하고, 이에 따른 인적자원을 효율적으로 배치하여 관리하는 능력을 의미한다. 무형의 자산이라고 할 수 있는 인적자원에 대한 관리는 기업 및 개인적 차원에서도 경쟁력을 갖추기 위한 결정적인 역할을 한다(한국산업인력공단, 2021). 미래학자 앨빈 토플러(Alvin Toffler)는 다가오는 정보화시대에는 사람이야말로 건물과 공장을 대신해서 이윤창조 활동에 있어 가장 중요한 자산이 될 것이라고 하였다. 즉, 가치를 창출하기 위한 기업의 모든 활동이 이제는 사람, 즉 인적자원에 달려 있다는 것이다. 모든 기관은 사람을 대상으로, 그것도 사람과 사람 사이의 접점활동에 의하여 사람의 행동변화를 목적으로 하는 조직이다. 이러한 점에서 기관에 종사하는 구성원들의 자질이라든가 동기 등이 매우 중요하고, 이에 따라 조직관리 차원에서 이들에 대한 체계적인 관리가 필요하다. 이것은 거의 대부분의 조직에 있어서도 공통적이다. 왜냐하면 인적자원은 조직이 활용하는 가장 중요한 요소 중의 하나로서 경영활동이 효율적으로 이루어지고 경쟁력이 있기 위해서는 인적자원관리가 필수적이기 때문이다. 여기서 인적자원관리(Human Resource Management: HRM)란 다음의 **〈표 12-1〉**에서 보는 바와 같이 조직경영에 필요한 인적자원의 확보, 개발, 유지, 동기부여를 위한 일련의 관리활동을 말한다(조동성, 2010).

〈표 12-1〉 인적자원관리의 요소 및 주요내용

구분	내용
인적자원 확보	• 조직의 충원을 의미하는 것으로 조직구성원의 모집, 면접, 시험, 선발 등의 채용기능
인적자원 개발	• 구성원의 잠재능력을 실현할 수 있도록 훈련, 배치, 전직, 승진 등을 통한 인적자원의 능력과 자질을 함양
인적자원 유지	• 구성원의 직무, 보상, 복리후생, 안전위생, 의사소통, 제안제도 등을 통해 그들이 할 수 있는 양호한 직무환경이나 작업 분위기를 유지하는 기능
인적자원 보상	• 직무에 기분 좋게 몰입할 수 있도록 구성원에게 동기를 부여하는 일련의 과정

출처: 권두승 외(2016). 평생교육경영론(2판). 파주: 교육과학사.

결국 인적자원관리란 구성원의 잠재능력을 최대한으로 살려 구성원 스스로가 최대한의 성과를 이루도록 처우하고 조직하는 방법을 말한다. 여기에는 주로 종업원의 채용, 배치, 교육훈련, 인사고과, 임금, 복리후생 등에 관한 관리가 필요하다는 것을 의미한다. 이와 같은 인식은 인적자원을 효과적으로 관리하면 조직의 효과성에 절대적으로 이바지함으로써 조직의 경쟁력을 높일 뿐만 아니라, 구성원들의 근로생활의 질(Quality of Working Life: QWL)을 향상시킬 수 있다는 데 그 바탕을 두고 있다(임창희, 2010).

인적자원관리의 광의적 의미로는 조직에서 사람에 관련된 모든 활동을 말한다. 협의적 의미로는 사람관리, 즉 인사관리를 말한다. 그러나 인사관리와 인적자원관리 간에는 차이점이 있다. 인사관리란 조직에서 종업원에 대한 기본적인 관리기능인 선발·훈련·보상 등을 의미하는 반면 인적자원관리는 전통적으로 인사관리에 행해 오던 기능에다가 조직구성원들의 역동적인 상호작용 기능과 전략적이고 계획적인 조직의 목표를 제시하는 확장된 개념이다. 따라서 인적자원관리는 종업원들의 개발에 관심이 많지만, 전통적인 인사관리는 통제형의 노무관리 수준에 머물고 있다는 차이가 있다(신유근, 2011).

현대에 와서 우리 사회를 '조직화된 사회'라고 일컫는데, 이는 대부분의 사람이 직업과 관련된 조직에 참여하지 않더라도 각종 조직에 소속되거나 작게는 집단에 소속되어 있음을 의미한다. 즉, 현대인들은 조직을 떠나서 존재할 수 없으며, 조직은 사람의 문제를 소홀히 하고는 생존할 수 없다. 그래서 대부분의 조직은 조직의 경영전략에서 사람을 가장 중요시하고 있으며, 인적자원관리를 경영전략의 핵심 전략으로 고려하기 시작하였다. 특히 기업경영에서 사람관리가 중요한 이유를 다음과 같이 들고 있다(신유근, 2011).

첫째, 조직에서 발생하는 많은 문제가 근본적으로 인간문제이며, 이러한 인간문제를 어떻게 해결하느냐 하는 것이 조직의 유지 발전에 중요한 요소가 된다.

둘째, 사람관리는 타 기업이 모방할 수 없고, 고유의 핵심역량을 배양하여 기업경쟁력을 제고하는 활동이다.

셋째, 오늘날 지식정보사회에서 경영의 요체는 역시 사람관리이다. 즉, 지식정보사회의 대명사라 할 수 있는 지식경영은 조직구성원들에게 조직 내외의 지식자산을 개발·획득하도록 하고, 이를 효과적으로 공유·활용하도록 촉진한다.

넷째, 사람관리는 기업이 노동문제·인권문제와 관련된 사회적 압력에 대해 효과적으로 대처하도록 하여 사회와의 균형 관계 속에서 경영성과를 달성하도록 하는 활동이다.

다섯째, 사람관리는 기업경영의 글로벌화를 달성하는 데 핵심적 관건이 되고 있다.

이뿐만 아니라 미래지향적인 인적자원관리를 강조하면서 조직의 전략과 인적자원관리를 통합적으로 접근하는 것이 전략적 인적자원관리라고 말한다(이진규, 2001). 전략적 인적자원관리는 조직의 전략 수립과 실행 시 조직의 인적자원에 대한 제반 요건과 각 인적자원관리 기능을 고려하여 조직전략을 수립하는 것이다. 조직전략과 인적자원관리를 통합적으로 접근하기 위해서는 먼저 인적자원관리 사명에서 조직의 사명과 더불어 인적자원의 중요성을 확인해야 한다. 조직의 내부·외부 환경 분석과 인적자원 환경 분석을 통하여 조직에서의 약점과 강점 그리고 동시에 인적자원의 약점과 강점을 파악한다. 그리고 인적자원전략을 조직전략과 동시에 또는 우선적으로 수립한다. 끝으로 조직전략과 동시에 인적자원관리전략으로 필요한 인력을 파악하고 인력의 모집과 선발을 통해 직무배치, 인력에 대한 성과평가와 보상 그리고 개발과 훈련 등 전반적인 인적자원 관련 활동이 이루어진다. 사회, 조직, 개인 구성원 그리고 인적자원 환경의 새로운 변화로 인적자원관리의 패러다임이 변화하고 있음을 실감할 수 있다. 과거 인사관리가 관료주의 이념에 기초를 두고 조직전략의 보조적 기능만을 강조하였다면, 지금은 인적자원관리와 전략이 조직의 핵심 전략으로 인식되고 있다. 이러한 현상은 모든 조직에서도 마찬가지이다(이진규, 2001).

(2) 패러다임 변화

인적자원관리는 물적자원과 달라서 새로운 전략과 제도를 수립하는 데 많은 시간이 소요된다. 인적자원관리는 환경에 즉각적으로 대응하여 변화하기 어려운 속성을 갖고 있기 때문이다. 특히 인적자원관리는 경제 동향과 아주 밀접한 관계를 맺고 있기 때문에 경제 환경의 변화에 따라 인적자원관리의 패러다임도 함께 변화하여 왔다. 기업을 중심으로 그 변화를 살펴보면 다음과 같다(한국노동연구원, 2000).

첫째, 내부노동시장 중심에서 외부노동시장 중심으로 변화하였다.

둘째, 집단·연공 중심에서 개인·성과 중심으로 변화하였다.

셋째, 사람 중심에서 일 중심으로 변화하였다.

넷째, 인사부서 중심에서 현장관리자 중심으로 변화하였다.

다섯째, 국내 중심에서 국제 중심으로 변화하였다.

여섯째, 수직적 구조에서 수평적 구조로 변화하였다.

일곱째, 표준형 인재 중심에서 전문형 인재 중심으로 변화하였다.

이처럼 평생교육기관의 인적자원관리 역시 이러한 패러다임의 적용으로 패턴을 이끌어 가야 한다.

기존	변경
내부노동시장 중심	외부노동시장 중심
집단 · 연공 중심	개인 · 성과 중심
사람 중심	일 중심
인사부서 중심	현장관리자 중심
국내 중심	국제 중심
수직적 구조	수평적 구조
표준형 인재 중심	전문형 인재 중심

[그림 12-1] 기업 중심 인적자원관리의 패러다임 변화

(3) 인적자원관리의 주체

일반적으로 인적자원관리에 있어서 대기업의 경우는 인사부서가 크게 두 개의 부서로 구성되어 있다. 하나는 인사조직 및 관리부서이다. 그리고 다른 하나는 교육부서이다. 인사조직 및 관리부서는 조직구성원 채용은 물론 인사고과, 후생 · 복지와 성과급 등 확보관리와 평가관리 그리고 보상관리를 주요 업무로 담당하고 있다. 반면에 교육부서는 조직구성원 개개인의 개인개발, 경력개발, 조직개발을 위한 교육훈련의 계획을 비롯하여 운영 및 평가를 담당하고 있다.

2) 인적자원관리의 목표와 원리

(1) 인적자원관리의 목표

인적자원관리의 궁극적인 목적은 외적으로는 조직의 성과달성을 효과적이고 효율적으로 이끌어 가기 위하여 필요한 인적자원을 발굴하고 교육시켜 필요한 부서에 적시에 배치하는 것이며, 내적으로는 조직구성원들이 조직에서 보람과 만족을 느끼고 구성원 상호 간의 유대감을 형성하면서 성장하도록 돕는 것이다. 이를 위해 다음의 두 가지 가치가 동시에 추구되어야 한다(오혁진, 2021).

첫째, 합리성이다. 합리성이란 업무에 적합한 사람을 확보하고 그들의 전문성을 개발하여 적재적소에 배치하여 활용함으로써 기관이 지향하는 목표달성을 극대화하는 것이다. 즉, 인사관리의 객관적 측면과 관련되는 가치로서 기관의 사명과 목적을 효과적 · 효율적으로 추구하는 것을 의미한다.

둘째, 인간존중이다. 일하는 구성원들이 철학과 사명을 가지고 전문성을 발휘하여 소신껏 일함으로써 직무만족도를 충족시키고 동시에 자기성장과 자아실현을 추구하도록 지원하는 것이다. 즉, 인사관리의 주관적 측면과 관련되는 가치로서 구성원 사이의 갈등을 극복하고 구성원의 자기성장 및 자아실현을 추구하도록 돕는 것을 의미한다.

이 두 가지 가치가 조화롭게 구현될 때 기관은 철학적 · 교육적 사명의 실천은 물론 구성원 간의 유대감 강화와 자기성장도 더욱 효과적으로 이룩할 수 있다.

(2) 인적자원관리의 원리

일반적으로 조직구성원의 인적자원관리에 있어서 원리는 우수한 인력을 확보한 후에 확보된 인력을 적재적소에 배치하여 주어진 임무에 전념할 수 있도록 제반 여건을 마련해 줄 뿐만 아니라 전문성 심화 발전을 유도하는 동시에 근무의욕을 고취할 수 있도록 필요한 제반 지원을 해주는 것이다. 즉, 직무에 대한 전문성 능력과 일에 대한 성취동기(열정)를 고취할 수 있도록 하는 것이다. 조직에서 인적자원관리 기능이나 영역이 넓기 때문에 다양한 원칙이나 원리가 적용될 수 있겠지만 기본적으로 모든 조직의 인적자원관리에서 적용될 수 있는 기본원리는 다음과 같다(서정화 외, 2010).

첫째, 적재적소 배치의 원리이다. 유능한 인재를 확보하여도 적소에 배치하여 활용하지 못하면 인재가 사장되어 버린다. 따라서 유능한 인재를 확보하는 것도 중요하지만 이들에게 적합한 직무에 배치하여 능력을 최대한 발휘할 수 있도록 해주는 것이 인적자원관리의 시작이다.

둘째, 전문성 확보의 원칙이다. 유능한 인재를 확보하는 것 자체가 조직의 직무분야에 전문성이 있는 사람을 확보한다는 것을 의미한다. 하지만 현대 조직에서는 이보다 구성원의 전문적인 능력과 자질을 지속적으로 개발시켜 주는 것이 전문성의 더 중요한 원리이다.

셋째, 공정성 유지의 원칙이다. '인사가 만사'라는 말이 의미하는 것이 바로 인사관리에서 공정성 유지의 원칙이다. 인적자원관리에서 공정성 유지의 원리는 모든 영역에 해당되는 것으로 채용에서부터 배치 그리고 평가나 보상 등에서 차별의 금지나 실적주의와 연공서열의 조화 등을 포함하는 원리이다. 공정성 유지의 원리는 구성원의 조직에 대한 불만이나 갈등을 최소화하고, 조직에 대한 충성도와 직무에 대한 동기 등을 유발함으로써 조직의 목표달성을 극대화하는 데 기여하게 된다.

넷째, 조직구성원의 직무의욕 고취이다. 구성원들의 직무의욕을 고취시키기 위해서는 우선 조직의 목표와 개인의 목표를 조화시킴으로써 구성원들이 직무에 만족하도록 해야 한다. 이외에도 구성원에 대한 적정한 경제적 처우와 쾌적한 근무환경과 여건 제공도 구성원의 근무의욕 고취를 위하여 매우 중요하다. 특히 구성원들의 조직목표 달성을 위하여 성과가 있을 경우에는 이에 필요한 적절한 보상을 통하여 근무 의욕을 고취할 필요가 있다.

(3) 개인 차원의 인적자원관리

유명하고 성공한 사람들은 주위에 꼭 훌륭한 사람이 보조하고 있는 것을 볼 것이다. 아무리 자신의 능력이 뛰어나다 하여도 혼자만의 힘은 곧 한계에 부딪히기 마련이다. 따라서 좋은 사람들과 관계를 많이 가지는 것이 매우 중요하다. 개인 차원에서 인적자원관리는 인맥관리를 의미한다. 인맥(人脈, personal connections)은 사전적 의미로 정계, 재계, 학계 따위에서 형성된 사람들의 유대 관계라고 하지만 이에 국한하지 않고 모든 개인에게 적용되는 개념으로 자신이 알고 있거나 관계를 형성하고 있는 사람들, 일반적으로 가족이나 친구, 직장동료, 선후배, 동호회 등 다양한 사람들을 포함한다. 이는 자신과 직접적인 관계에 있는 사람들로 이러한 사람들을 핵심 인맥이라고 표현할 수 있다. 인맥에는 핵심 인맥뿐만 아니라 그 사람들로부터 알게 된 사람, 그리고 우연한 자리에서 서로 알게 된 사람 등 매우 다양한 파생 인맥이 존재한다. 또한 파생 인맥은 계속해서 파생되어서 한 사람의 인맥은 수없이 넓어지게 된다(한국산업인력공단, 2021).

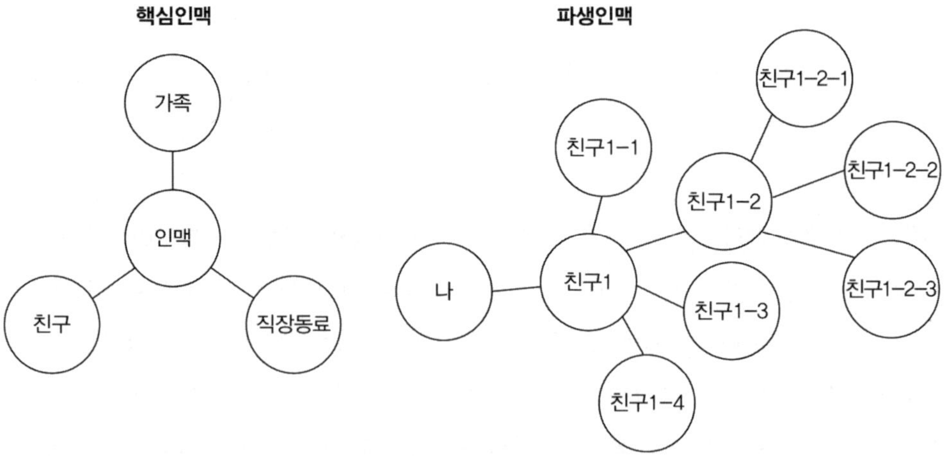

[그림 12-2] 개인 차원의 인맥

출처: 한국산업인력공단(2021). NCS 직업기초능력 가이드북 자원관리능력. 울산: 한국산업인력공단.

이와 같은 핵심 인맥과 파생 인맥에 대한 관리가 개인적인 차원의 인적자원관리라고 할 수 있다. 개인이 인맥을 활용할 경우 이를 통해 각종 정보와 정보의 소스를 획득하고, 참신한 아이디어와 해결책을 도출하며, 유사시 필요한 도움을 받을 수 있다는 장점이 있다. 이와 더불어 관계를 통해 나 스스로를 알게 되는 계기가 되며 나의 삶이 탄력적으로 변한다. 또한 일과 관련하여 취업, 승진, 창업, 고객 확보 차원에서 인맥은 아래 그림과 같은 도움을 주는 데 결정적 역할을 할 수 있다(한국산업인력공단, 2021).

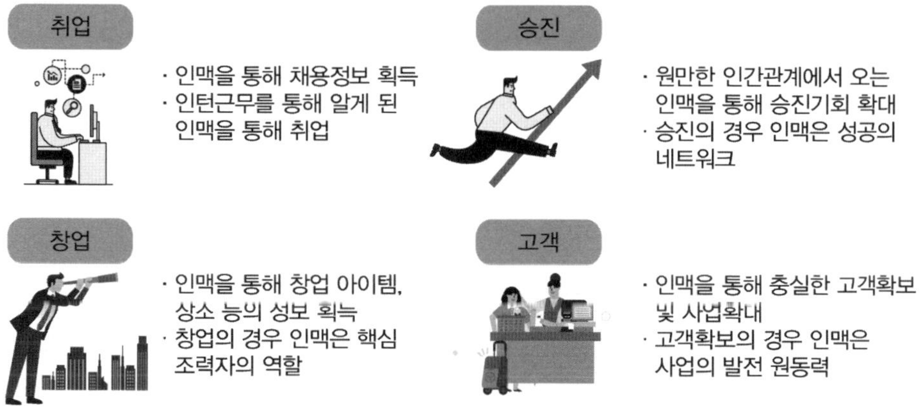

출처: 박동열 외(2012). 성공적인 직업생활(Ⅰ): 성공적인 직장생활. 세종: 한국직업능력개발원.

(4) 조직 차원의 인적자원관리

기업체의 경우 인적자원에 대한 관리가 조직의 성과에 큰 영향을 미친다. 이는 기업의 인적자원이 가지는 특성에서 비롯되며, 그 특성은 능동성, 개발가능성, 전략적 자원으로 나누어 살펴볼 수 있다. 먼저, 능동성을 생각해 보자. 예산과 물적자원은 이들 자원 자체의 양과 질에 따라 성과에 기여하는 정도가 정해지기에 수동적인 성격을 지닌다. 그러나 인적자원에서 나타나는 성과는 인적자원의 욕구와 동기, 태도와 행동 그리고 만족감 여하에 따라 결정되며 인적자원의 행동동기와 만족감은 경영관리에 의해 조건화된다. 따라서 인적자원은 능동적이고 반응적인 성격을 지니고 있으며, 이를 잘 관리할 때 기업의 성과를 높일 수 있다(한국산업인력공단, 2021).

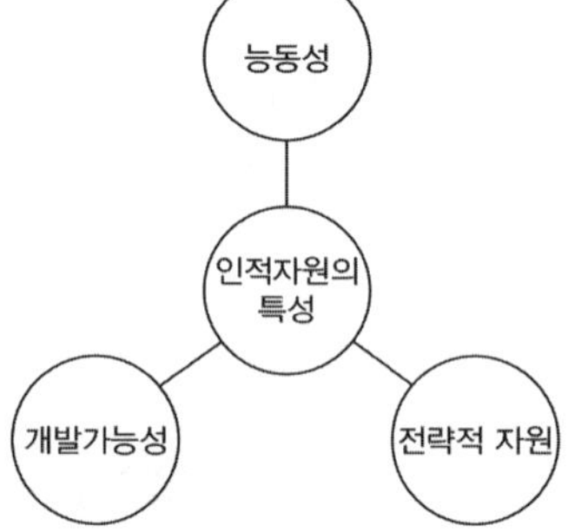

[그림 12-3] 조직 차원의 인적자원관리

출처: 한국산업인력공단(2021). NCS 직업기초능력 가이드북 자원관리능력. 울산: 한국산업인력공단.

개발가능성은 인적자원이 자연적인 성장과 성숙은 물론 오랜 기간 동안에 걸쳐서 개발될 수 있는 많은 잠재능력과 자질을 보유하고 있다고 보는 것이다. 개발가능성은 환경변화와 이에 따른 조직변화가 심할수록 현대조직의 인적자원관리에서 차지하는 중요성이 더욱 커진다. 전략적 중요성은 조직의 성과가 인적자원, 물적자원 등을 효과적이고 능률적으로 활용하는 데 달려 있으며, 이러한 자원을 활용하는 것이 바로 사람, 즉 인적자원이기 때문에 다른 어느 자원보다도 전략적 중요성이 강조되는 것을 의미한다. 이와 같이 현대사회에서 개인 및 조직 차원의 인적자원관리는 매우 중요한 일 중에 하나이다. 따라서 자신의 인맥을 잘 관리할 수 있는 능력을 함양하는 것이 필요하며, 협동 작업이 많은 지금 자신의 팀 및 조직의 인적자원을 관리하는 능력을 겸비하는 것도 필요하다(한국산업인력공단, 2021). 인적자원, 즉 인맥을 효과적으로 관리하기 위한 방법으로는 명함관리와 인맥관리카드, 소셜네트워크(SNS) 등이 있다. 명함관리에서 중요한 것은 명함에 언제, 어디서, 무슨 일로 만났는지, 소개자, 학력이나 경력, 업무내용이나 취미, 전근 및 전직 등의 변동사항, 가족사항, 거주지와 기타 연락처, 느낀 점 등을 메모하는 것이다. 최근에는 소셜네트워크(SNS)를 이용하여 네트워크상에서 인맥을 형성하고 관리하며, 특히 인맥구축과 채용에 도움이 되는 비즈니스 특화 인맥관리서비스(BNS)에 대한 관심이 증대되고 있다.

활동 인맥관리를 위해 필요한 기본자세를 알아보자.

인맥이 넓은 사람들을 보면 공통된 특징이 있다. 인맥을 관리하기 위해 필요한 기본자세에는 무엇이 있는지 빈칸에 각자의 생각을 적어 보자.

어떤 약속도 꼭 지킨다.

이행 가능할 때에는 즉각 조치한다.

약속 이행 불가능 시 양해를 구한다.

1.

2.

3.

4

5.

출처: 한국산업인력공단(2021). NCS 직업기초능력 가이드북 자원관리능력. 울산: 한국산업인력공단.

3) 직무분석과 인적자원관리 기능

(1) 직무의 개념

인적자원관리의 바탕이 되는 것이 바로 직무분석이다. 직무분석에서 인적자원관리의 기본적 문제해결 수단으로서의 역할을 하며, 조직에서 일과 사람과의 관계를 명확하게 밝히는 중요한 과업이다. 직무를 구성하는 일, 즉 직무 내용과 그 직무를 수행하기 위해 요구되는 직무조건을 조직적으로 밝혀 인사관리나 노무관리를 원활하게 수행해 나가기 위해 필요한 정보를 획득하는 데 목적이 있다(나운환 외, 2019).

직무분석의 창시자는 테일러(Taylor)와 길브레스(Gilbreth)로서, 테일러가 1911년에 공장관리에 관한 저서에서 제기한 시간연구(time study)와 길브레스가 소개한 동작연구(motion study)에서 직무분석의 기법이 시작되었다. 이후 1914년에 시작된 제1차 세계대전 때 숙련기능공을 양성하기 위한 훈련 프로그램이 개발된 것을 계기로 직무분석이 획기적으로 발전하게 되었다. 직무분석이란 용어는 제1차 세계대전 중에 미국 육군의 인사분류위원회에서 최초로 사용한 것으로 전해진다. 1923년 미국은 직위 분류법을 제정하여 동일한 직무에는 동일한 급여를 지급해야 하며, 급여의 차이는 직무와 책임의 차이에 기준을 둔다는 직무급제도를 채택하였다. 우리나라는 6·25 한국전쟁 이후 주한미군에서 직무급제도를 인사행정에 도입함으로써 직무분석을 산발적으로 실시하게 되었다. 그러다가 1980년 노동부에서 국제노동기구로부터 직무분석 전문가를 초청하여 중앙직업훈련원, 직업훈련연구소, 한국경영자 총연합회 등의 직원들을 대상으로 직무분석에 대한 교육을 실시하여 각 분야의 전문가를 양성하였다(나운환 외, 2019).

직무란 광범위한 업무 영역 혹은 책임 영역에서 볼 때 서로 연관성 있는 일의 무리를 말한다. 하나의 직무에서 수행하는 일을 6~12개의 큰 영역으로 나눈 것으로 직업을 수행하는 데 주가 되는 활동이다(Harvey, 1993).

직무분석(job analysis)은 산업 현장에서 필요로 하는 인력을 과학적이고 합리적으로 관리하기 위한 기초 작업으로서 특정 직무의 성질을 파악하고 그 직무를 수행함에 있어서 필요한 지식, 숙련도, 직무역량, 책임 등 해당 직무와 관련된 조건들을 분석하는 과정이다(강위영 외, 2009).

직무분석은 해당 직무에 종사하는 자가 효과적으로 또한 성공적으로 업무를 수행하기 위해 요구되는 직무역량을 도출하는 것이며(한국산업인력공단, 2013), 직무분석 결과로 도출된 역량은 교육 프로그램 개발의 기초자료로 유용하게 활용될 수 있다. 직무분석에서 분석하고자 하는 일반적인 내용으로는 특정 직무에서 수행되는 작업의 분야 생산물, 작업 장비, 작업자 기능 등이며, 작업자의 특성으로는 신체조건, 환경조건, 업무 수행에 필요한 기질, 흥미, 적성, 그리고 그 직무를 수행하기 위해 필요한 직업준비훈련, 교육 정도에 대한 정보 등이다.

일반 기업에서는 직무의 내용과 그 직무를 수행하기 위하여 요구되는 직무조건을 체계적으로 분석하여 인사관리나 노무관리를 원활하게 수행해 나가는 데 필요한 정보를 획득하기 위해 직무분석을 활용한다. 또한, 직무분석은 직무평가, 채용·배치·전환·승진 등의 인사관리, 교육훈련, 작업조건 개선 등의 목적과 더불어 작업방법, 작업공정의 개선, 직업상담 등 다양한 목적으로 활용되고 있다(나운환 외, 2019).

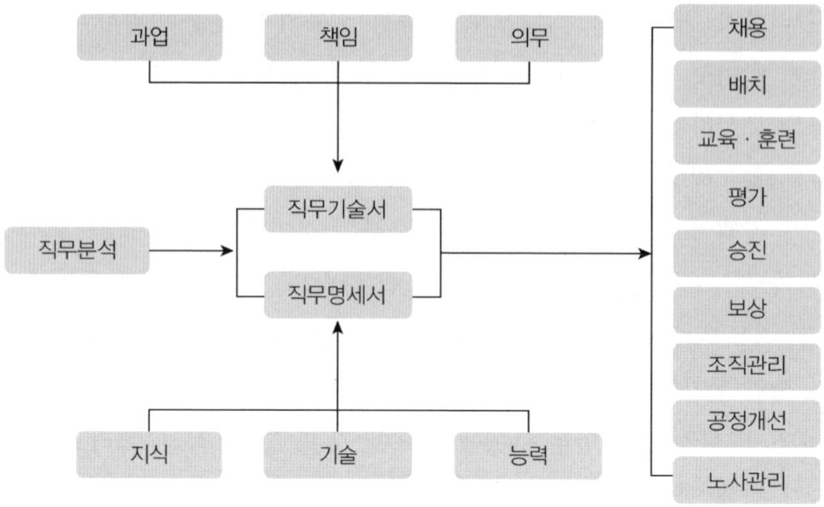

[그림 12-4] 직무분석의 영역

출처: 나운환 외(2019). 직무개발과 배치. 파주: 정민사.

(2) 인적자원관리 기능

인적자원관리의 기능과 영역은 크게 보면 인적자원 확보, 인적자원 활용, 그리고 인적자원개발로 나누어 볼 수 있다. 이를 더 세분화하면 구성원의 신분과 자격, 수요와 공급, 교육 관련 신규채용, 근무평가, 승진, 전보, 보수, 근무 부담, 복지와 후생, 징계, 퇴직 등 인적자원관리의 다양한 기능과 영역이 있다(김용현 외, 2018). 따라서 이를 중심으로 인적자원관리의 기능을 살펴보면 다음과 같다(서보준 외, 2018).

첫째, 조직구조 설계와 인적자원 계획이다. 조직의 목표 달성을 위해 수립된 장·단기 전략과 계획을 중심으로 이에 필요한 조직체의 장기적 구성과 구조 설계, 조직에서 요구되는 인력의 구체적인 수급계획 등 비교적 장기적인 인적자원 계획의 기능을 말한다.

둘째, 직무분석과 직무설계이다. 목표달성에 효과적이고 효율적으로 접근하기 위해서는 우선적으로 각 부서의 직무분석과 직무설계가 충실하게 되어 있어야 한다. 정확한 직무분석을 토대로 직무설계가 되어 있다면 직무에 필요한 인력의 확보가 용이하고 활용 및 배치에도 많은 참고가 될 수 있어 필요한 인재를 확보하는 데 있어 목표달성이 한층 수월하게 될 것이다.

셋째, 인적자원의 확보이다. 조직에서 요구되는 인적자원을 확보하는 기능으로서 필요한 인력의 모집과 선발, 그리고 배치 등의 기능을 말한다.

넷째, 인적자원의 활용과 보조이다. 조직의 성과달성을 위한 실제 인적자원관리의 가장 큰 영역을 차지하고 있는 일상적인 기능으로서 일선 관리자의 리더십과 인간관계, 인사고과, 보상관리, 후생복지, 인사이동 그리고 직장의 안전 및 보건관리 등의 기능을 포함한다.

다섯째, 인적자원의 개발과 조직 개발이다. 인적자원의 능력개발을 위한 교육훈련과 경력계획, 부하육성과 인사상담, 그리고 조직의 효율성을 높이기 위한 조직진단과 경영혁신 그리고 조직개발 및 변화관리 등의 기능을 포함한다.

인적자원의 개발과 육성에 초점을 두어야 한다는 관점 등을 고려하여 관리기능을 중심으로 살펴보면, 인적자원의 확보관리, 평가관리, 개발관리, 보상관리, 유지관리 등이 있다(신유근, 2011).

(3) 인적자원 포트폴리오

인사관리상의 유의할 점은 조직구성원의 약점에 너무 초점을 맞추어서는 안 된다는 것이다. 오히려 인사관리는 조직구성원의 강한 면을 최대한 활용하는 방향으로 나가야 한다. 또한, 기관의 인사관리를 위해서는 단기적인 성과를 얻는 데만 급해서는 안 된다. 구성원의 실수도 존중해 주어야 하며, 동기부여(motivation)를 통해 계속적인 자기계발을 할 수 있도록 기회를 만들어 주어야 한다(오혁진, 2021). 인적자원 포트폴리오는 조직구성원들이 직무와 관련된 전문적 능력, 즉 지식, 기술, 태도를 평가하고 일을 하고자 하는 성취의욕으로서 자아실현과 조직에 대한 충성심 등을 충분히 고려하여 실시하도록 한다. 조직구성원들을 이러한 평가기준을 통해 나누어 보면 다음과 같다(차성호, 2000).

첫째, 발전형(star type)이다. 직무와 관련된 전문적 능력은 물론 일을 하고자 하는 성취의욕이 아주 높은 상태로서 생산성이 높은 가장 이상적인 유형의 사람을 말한다.

둘째, 성실형(work-horse type)이다. 전문적 능력은 부족하지만, 충성심이 아주 높은 사람으로서 열심히 일하여 조직에 도움을 주는 사람을 말한다.

셋째, 문제형(problem type)이다. 전문적 능력은 있으나 여러 가지 주위 환경의 요소에 의해 또는 개인의 특성에 의해 성취의욕이 아주 낮은 사람으로서 조직에 별반 도움을 주지 못하는 사람을 말한다.

넷째, 낙후형(dead wood type)이다. 능력도 없고 의욕도 아주 낮은 사람을 말한다.

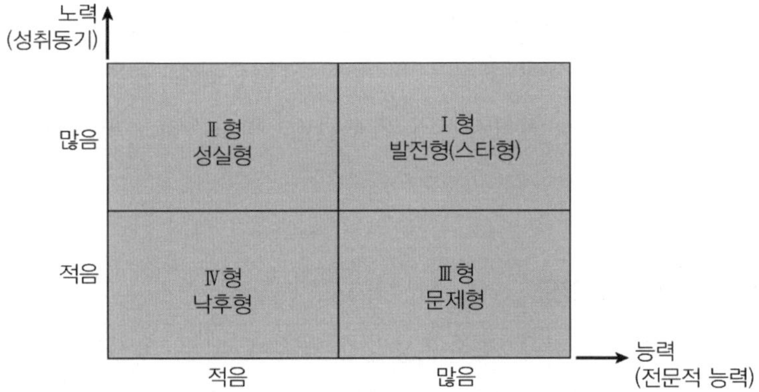

[그림 12-5] 인사관리의 전개 방향

출처: 오혁진(2021). 평생교육경영론(2판). 서울: 학지사. 재구성.

활동 자신의 주위에 있는 사람들을 파악해 보자.

각자 자신과 관계가 있는 주위 사람이 많을 것이다. 자신에게 중요한 사람을 중심으로 네 가지 유형으로 분류하여 아래의 그림을 작성해 보시오.

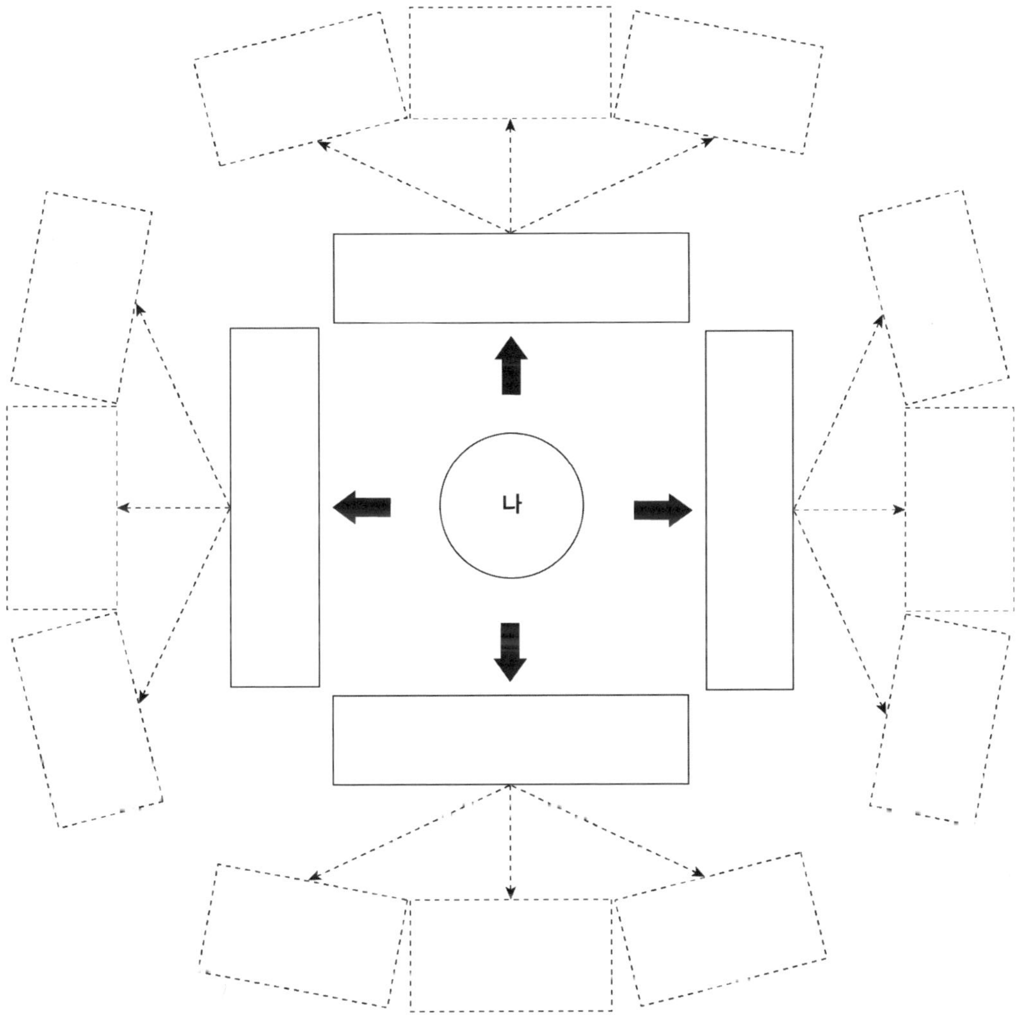

출처: 한국산업인력공단(2021). NCS 직업기초능력 가이드북 자원관리능력. 울산: 한국산업인력공단.

2. 재무관리

1) 재무관리의 의의

(1) 개념

모든 조직이 운영되기 위해서는 자금이 필요하다. 기관의 경영자는 기관의 운영을 위해 필요한 자금을 확보하고 이를 효율적으로 사용하고 관리해야 할 책임을 가진다. 이것이 곧 기관의 재무관리(financial management)이다. 기관의 재무관리란 일반적으로 크게 자금조달과 자금운용의 두 가지 차원에서 생각해 볼 수 있다. 자금조달은 사업 수행을 위해 얼마의 자금이 필요한지를 파악하고 이를 위해 자본과 부채를 조달하는 활동을 의미한다. 자금운용은 사업에 필요한 비용을 지출하기 위해 확보된 자금을 활용하는 것을 의미한다. 재무관리의 두 기능인 자금조달과 자금운용은 모두 효율성의 원리를 추구해야 한다. 즉, 자금의 조달은 필요로 하는 자금을 조달하는 데 드는 비용이 최소화되도록 해야 하며, 또한 자금운영도 확보된 자금을 가능한 효율적으로 활용할 수 있도록 주의를 기울여야 한다(오혁진, 2021).

재무관리의 개념을 좀 더 살펴보면 협의의 개념으로 기업재무라고도 하며, 기업의 자금 흐름과 관련된 활동이다(신유근, 2011). 구체적으로는 기업이 필요로 하는 자본의 조달과 운용, 즉 투자에 관련된 기업활동을 계획하고 지휘하며 그 결과를 통제하는 것이다. 재무관리는 기본적으로 조직의 경영을 위하여 자금을 합리적으로 조달하는 조달 의사결정(자본구조 결정), 조달된 자금을 조직 목적달성을 위해 효과적으로 투자하는 활동(투자 의사결정인 자본예산) 그리고 일상적인 조직운용과 관련된 유동자산과 단기부채 등을 관리하는 운전자본관리(유동성관리)의 3개 의사결정 영역으로 분류된다(김용현 외, 2018).

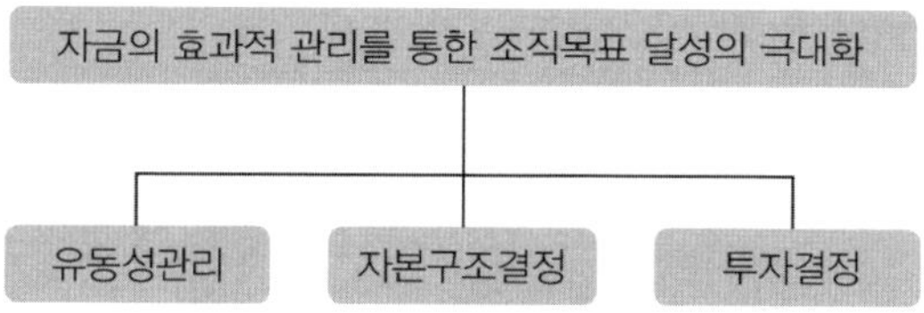

[그림 12-6] 재무관리 체계도

출처: 김용현 외(2018). 평생교육경영론(2판). 파주: 양서원.

(2) 목표

재무관리란 기업의 자본 조달과 운용, 자본시장, 현금의 흐름, 운전자금의 관리, 배당 결정, 재무분석 등의 이슈에 대하여 어떻게 하면 효율적이고 효과적으로 관리하고 통제할 것인가에 대한 의사결정이라고 할 수 있다. 이러한 재무관리는 다음과 같은 목표를 가지고 있다(최은수 외, 2017).

첫째, 기관 가치의 극대화이다. 기관 가치란 현재의 기관이 미래에 벌어들일 수 있는 현금이나 가능성을 의미하는 것으로서 수익성과 위험의 관리가 필수적이다.

둘째, 안전성의 확보이다. 재무적 안정성을 의미하는 것으로서 총자본 가운데 자기자본의 비율을 말하는 것으로서 그 비율이 높을수록 안전성이 높다.

셋째, 유동성의 확보이다. 유동성이라 함은 기관의 지급능력을 의미하는 것으로서 높을수록 안정적이다.

2) 재무관리의 원칙 및 예산관리능력

(1) 재무관리 원칙

자금의 조달과 운용의 고유 영역을 갖고 있는 재무관리는 자본유지의 원칙, 자본증식의 원칙, 안전성의 원칙, 유동성의 원칙 등 몇 가지 기본 원칙을 가지고 있다(서보순 외, 2018; 최은수 외, 2017).

〈표 12-2〉 재무관리 기본 원칙

구분	내용
자본유지의 원칙	• 자본유지는 소극적 하한선을 제시하는 원칙으로서 명목 자본유지와 실체 자본유지로 나누어진다.
자본증식의 원칙	• 자본증식은 적극적인 면을 나타내는 원칙으로서 자본이익률에서 구해진다.
안전성의 원칙	• 안전성은 차입자본이나 타인자본의 변제에 있어서 문제가 되는 것으로 조달 원천과 운용형태의 상호 관련을 적절히 할 필요가 있다.
유동성의 원칙	• 유동성이란 기관의 지불능력으로 경영분석에서 유동비율이나 당좌비율은 이러한 점을 단면적으로 나타낸다.

출처: 서보준 외(2018). 평생교육경영론. 고양: 공동체. 재구성.

(2) 예산관리능력

예산관리능력은 직업생활에서 필요한 예산을 확인하고, 사용할 수 있는 예산을 최대한 확보하여 실제 업무에 어떻게 집행할 것인지에 대한 예산계획을 수립한 뒤, 이에 따라 예산을 효율적으로 집행하여 관리하는 능력을 의미한다. 한정된 예산을 효율적으로 사용하여 최대한의 성과를 낼 수 있느냐가 중요하게 여겨지는 만큼 예산관리능력은 모든 직장인에게 필수적으로 요구된다. 예산은 필요한 비용을 미리 헤아려 계산하는 것 또는 그 비용을 의미한다. 하지만 대부분 하나의 사업이나 활동에 정해진 예산 범위가 있으며, 따라서 예산계획을 잘 세우고 적절히 관리하는 것은 매우 중요하다.

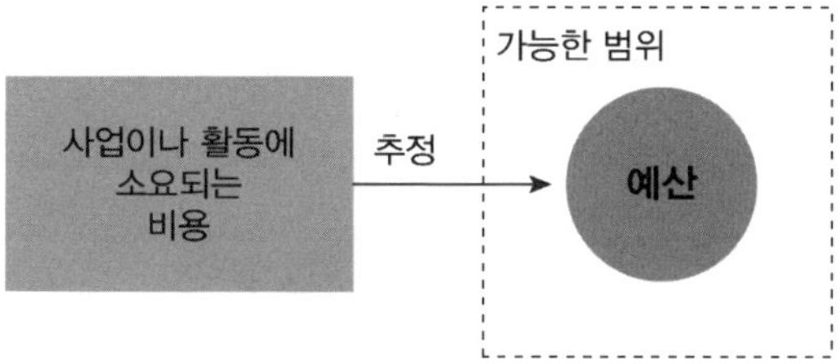

[그림 12-7] 효과적인 예산관리능력

출처: 한국산업인력공단(2021). NCS 직업기초능력 가이드북 자원관리능력. 울산: 한국산업인력공단.

아무리 예산을 정확하게 수립하였다 하더라도 활동이나 사업을 진행하는 과정에서 계획에 따라 적절히 관리하지 않으면 아무런 효과가 없다. 즉, 아무리 좋은 계획도 실천하지 않으면 되지 않듯이 예산 또한 적절한 관리가 필요하다. 이는 좁게는 개인의 생활비나 용돈관리에서부터 크게는 사업, 기업 등의 예산관리까지 모두 마찬가지이며, 실행과정에서 적절히 예산을 통제해 주는 것이 필수적이라고 할 수 있다. 이처럼 예산관리는 활동이나 사업에 소요되는 비용을 산정하고, 예산을 편성하는 것뿐만 아니라 예산을 통제하는 것 모두를 포함한다고 할 수 있다. 즉, 예산을 수립하고 집행하는 모든 일을 예산관리라고 할 수 있다. 다시 말해, 예산관리는 활동이나 사업에 소요되는 비용을 산정하고 예산을 편성하는 것뿐만 아니라, 예산을 통제하는 것을 모두 포함하는 과정이라고 할 수 있다.

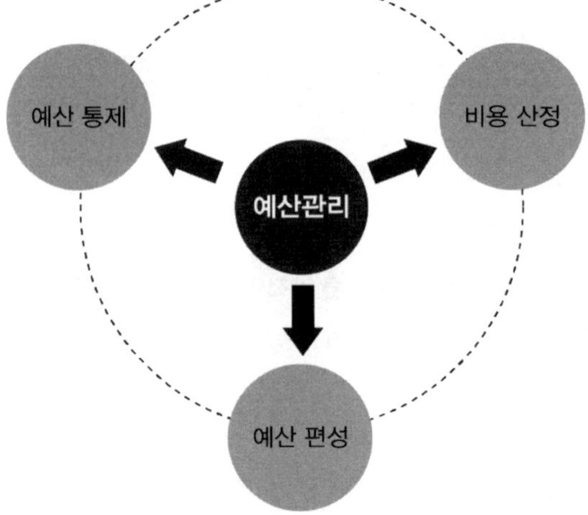

[그림 12-8] 예산관리 통제

출처: 한국산업인력공단(2021). NCS 직업기초능력 가이드북 자원관리능력. 울산: 한국산업인력공단.

예산을 세울 때 고려해야 하는 것 중 비용은 일반적으로 직접비용과 간접비용으로 구분된다. 직접비용은 제품 또는 서비스를 창출하기 위해 직접 소요되는 비용으로 재료비, 원료와 장비, 시설비, 여행(출장) 및 잡비, 인건비 등을 포함한다. 간접비용은 생산에 직접 관련되지 않는 비용으로 보험료, 건물관리비, 광고비, 통신비 등을 포함한다.

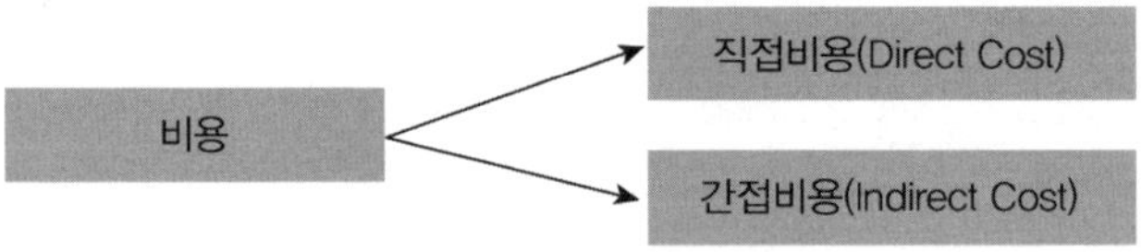

[그림 12-9] 예산비용 구분

출처: 한국산업인력공단(2021). NCS 직업기초능력 가이드북 자원관리능력. 울산: 한국산업인력공단.

효과적으로 예산을 수립하기 위해서는 ① 필요한 과업 및 활동 구명, ② 우선순위 결정, ③ 예산 배정의 단계를 거쳐야 한다.

[그림 12-10] 효율적인 예산 수립

출처: 한국산업인력공단(2021). NCS 직업기초능력 가이드북 자원관리능력. 울산: 한국산업인력공단.

효과적으로 예산을 관리하기 위해서는 예산 집행 과정에 대한 관리가 중요하다. 개인 차원에서는 가계부 등을 작성해 관리할 수 있으며, 프로젝트나 과제와 같은 경우 예산 집행 실적을 워크시트로 작성하면 효과적인 예산관리가 될 수 있다. 예산관리를 효과적으로 하기 위해서는 무엇보다 예산의 계획 및 집행에 대한 지속적인 관심이 중요하며, 또한 자신만의 예산관리 노하우를 개발하는 것도 효과적이라고 할 수 있다. 현대 직장인이나 모든 사람에게 이와 같은 예산관리능력은 필수적이라고 할 수 있다. 작게는 개인의 생활과 경쟁력에 영향을 미칠 수 있으며, 크게는 팀, 기업, 국가의 경쟁력에 영향을 미칠 수 있기 때문이다.

3. 물적자원관리

모든 자원이 마찬가지겠지만 물적자원의 경우 적재적소에서 활용되어야 그 가치가 나타난다. 정말 필요한 시기에 물적자원을 확보하지 못하면 사업이나 활동에 큰 차질을 빚게 마련이다.

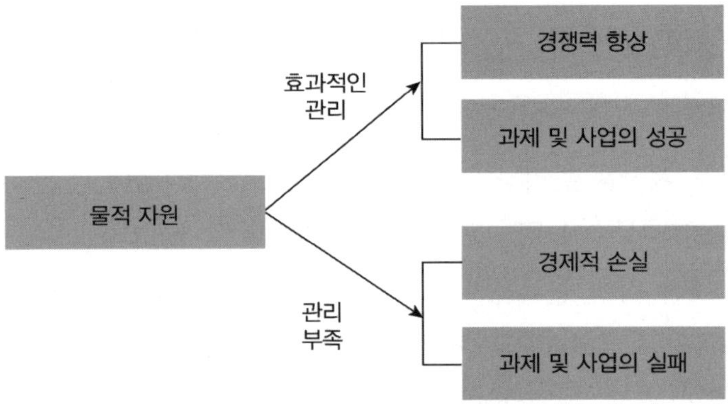

[그림 12-11] 물적자원관리 효과

출처: 한국산업인력공단(2021). NCS 직업기초능력 가이드북 자원관리능력. 울산: 한국산업인력공단.

물적자원은 크게 자연자원과 인공자원으로 나누어 볼 수 있다. 자연자원은 석탄과 석유와 같이 자연 상태 그대로의 자원을, 인공자원은 시설 및 장비 등 인위적으로 가공한 자원을 뜻한다. 물적자원을 효과적으로 관리하면 경쟁력 향상과 과제 및 사업의 성공이 가능하지만, 관리를 소홀히 하게 되면 경제적 손실과 더불어 과제 및 사업의 실패를 낳을 수 있다. 따라서 물적자원을 적절히 관리하는 것은 매우 중요하다.

[그림 12-12] 자연자원과 인공자원

출처: 한국산업인력공단(2021). NCS 직업기초능력 가이드북 자원관리능력. 울산: 한국산업인력공단.

물적자원을 적절하게 활용하지 못하는 원인들을 살펴보면 물적자원의 보관 장소를 파악하지 못하는 경우, 물적자원이 훼손된 경우, 물적자원을 분실한 경우로 나누어 볼 수 있다. 분명한 활용 목적 없이 구입한 물품의 경우 관리에 소홀해지기 쉬우며, 이로 인해 실제 필요한 상황에서 제대로 활용하지 못하게 되는 경우가 발생한다. 물적자원을 효과적으로 관리하기 위해서는 사용 물품과 보관 물품의 구분, 동일 및 유사 물품의 분류, 물품 특성에 맞는 보관 장소 선정의 단계를 거쳐야 한다. 반복 작업을 피하고 활용의 편리성을 확보하기 위해 사용 물품과 보관 물품을 구분하는 것이다. 동일 및 유사 물품으로의 분류는 물품관리에 대한 동일성 및 유사성의 원칙에 따라 이루어진다. 마지막으로 물품 특성에 맞는 보관 장소는 물품의 형상과 소재를 고려하여 안전한 보관 장소를 선정하여야 한다.

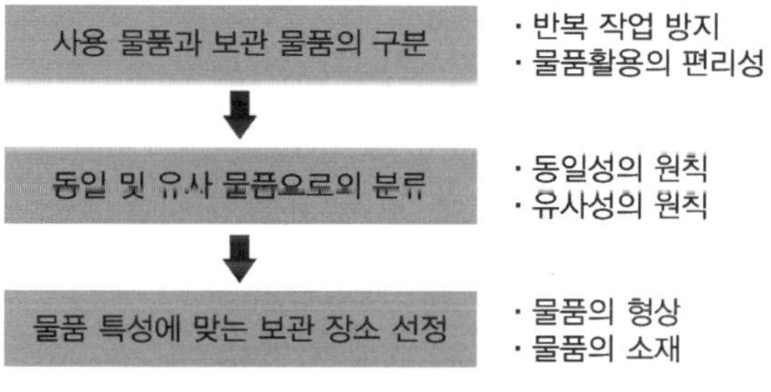

[그림 12-13] 효과적인 물적자원관리 과정

출처: 한국산업인력공단(2021). NCS 직업기초능력 가이드북 자원관리능력. 울산: 한국산업인력공단.

한편, 다량의 물적자원을 관리하기 위해서는 바코드의 원리를 활용하는 것이 효과적이다. 바코드는 문자나 숫자를 흑과 백의 막대 모양 기호로 조합한 것으로 컴퓨터가 판독하기 쉽고 데이터를 빠르게 입력하기 위한 것이다. 자신의 물적자원을 바코드처럼 기호화하여 정리해 두면 관리에 더욱 효과적일 것이다.

4. 시간관리

시간관리능력은 직업생활에서 필요한 시간자원을 확인하고, 사용할 수 있는 시간자원을 최대한 확보하여 실제 업무에 어떻게 활용할 것인지에 대한 시간계획을 수립한 뒤, 이에 따라 할당하는 능력을 의미한다. 우리는 "시간이 금이다"라는 말을 흔하게 들어왔다. 하지만 시간이 왜 금과 같은 가치가 있는지에 대해 이해하지 못하는 사람들이 존재한다. 이는 시간이 가지고 있는 특성과 의미를 이해하지 못하는 데서 비롯된 것이라 할 수 있다. 무한경쟁 시대인 오늘날, 누가 더 빨리 일을 해낼 수 있는지, 한정된 시간에 얼마나 많은 일을 할 수 있는지가 중요하게 여겨지고 있으므로 시간관리능력 향상은 필수적이다. 시간은 똑같이 주어지지만, 그것을 어떻게 활용하느냐에 따라서 가치가 달라진다. 또한 시간은 멈추거나 저축할 수 없다. 이러한 시간의 속성으로 인해 사람들에게 시간은 매우 중요한 요소라고 할 수 있다. 더욱이 1분 1초를 다투는 기업체의 입장에서는 작업 소요 시간을 절약함으로써 생산성 향상, 가격인상, 위험감소, 시장 점유율 증가 효과를 볼 수 있다. 시간관리를 해야 하는 진정한 이유는 시간의 통제가 아니라 시간을 제대로 활용함으로써 삶이나 업무의 여러 가지 문제를 개선하는 데 있다. 그중 가장 대표적인 것으로 스트레스 관리, 균형적인 삶, 생산성 향상, 목표성취를 들 수 있다. 시간을 낭비하게 하는 요인들은 곳곳에 산재해 있다. 특히 직장에서는 팀워크 및 커뮤니케이션 부족, 권한 위임의 부족 등 다양한 요소에 의해 시간을 낭비하게 된다. 이와 더불어 사람들의 잘못된 인식도 시간 낭비에 매우 크게 작용한다.

자신의 시간 자원을 최대한 활용하기 위하여 ① 가장 많이 반복되는 일에 가장 많은 시간을 분배하고, ② 최단시간에 최선의 목표를 달성하는 것을 시간계획이라 한다. 시간계획을 적절하게 세우기 위해서 지켜야 하는 가장 기본적인 원리는 60 : 40의 법칙을 지키는 것이다. 이는 계획된 행동에 60%, 비계획된 행동에 40%(계획 외의 행동 20%, 자발적 행동 20%)를 할애하는 것을 의미한다.

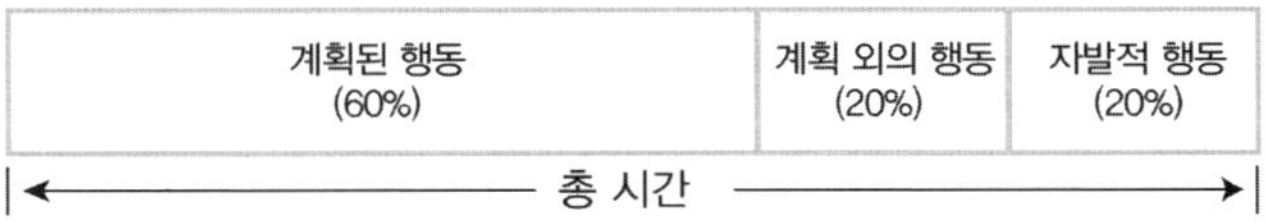

[그림 12-14] 60 : 40의 법칙

출처: 한국산업인력공단(2021). NCS 직업기초능력 가이드북 자원관리능력. 울산: 한국산업인력공단.

효과적인 시간계획을 위해 알아야 하는 사항에는 행동과 시간/저해요인의 분석, 일·행동의 리스트화, 규칙성-일관성, 현실적인 계획, 유연성(flexibility), 시간의 손실, 기록, 미완료의 일, 시간 프레임(time frame), 우선순위, 권한위양(delegation of authority), 낭비 요인과 여유 시간, 정리 시간, 조정(control) 등이 있다.

13

Chapter

직업윤리

1. 윤리
2. 근로윤리
3. 공동체윤리

1. 윤리

1) 의미

존재란 정신적 활동을 통해 자기를 제어하는 존재 의식적으로 행위하며, 스스로 가치를 추구하고, 정신적으로 행동하는 것을 의미한다. 그 근거는 '사람이 된다'. '사람다운 사람'으로 인간은 본질적으로 윤리적 존재임을 의미한다. 인간성 상실이란 도덕적 · 정신적 존재로서 인간다운 모습을 잃어버리고, 동물처럼 본능적 욕구에 따라 살아가는 것을 의미한다. 인간과 동물을 비교하면, 인간과 동물은 육체적 욕구를 가졌다는 점에서는 비슷하지만, 인간은 도덕적 · 정신적 면에서 동물의 범주를 초월의식적으로 행위하며, 스스로 가치를 추구하고 정신적으로 행동한다는 것에 차이점이 있다. 또한, 인간이 동물과 구별되는 특성은 인간은 이성을 지니고 도구나 연장을 만들어 사용하고, 유희(遊戲)의 존재로 의식주를 위한 생계활동 이외에도 풍부한 상상의 세계에서 다양한 창조활동을 전개한다. 인간은 윤리적 · 도덕적인 존재로서 스스로 가치를 추구하고, 주체적으로 이성적 판단을 내리며 그에 따라 행동한다(홍지명 외, 2018). 인간이 인간다운 이유는 인간이 이성적 존재이기 때문이다(정찬기오 외, 2015). 그러므로 윤리는 인성적 존재로서의 인간이 마땅히 행해야 할 핵심 내용이다.

윤리의 '윤(倫)'은 동료와 친구, 무리, 또래 등의 인간 집단을 뜻하기도 하고 길, 도리, 질서, 차례, 법(法) 등을 뜻하기도 한다. 즉, 인간관계에 필요한 길이나 도리, 질서를 의미한다고 볼 수 있다. 윤리의 '리(理)'는 다스린다(治), 바르다(正), 원리(原理), 이치(理致), 가리다(판단, 判斷), 밝히다(해명, 解明), 명백(明白)하다 등의 여러 가지 뜻을 가지고 있다. 결국 윤리(倫理)는 '인간과 인간 사이에서 지켜져야 할 도리를 바르게 하는 것' 또는 '인간사회에 필요한 올바른 질서'라고 해석할 수 있다. 다시 말해 살아가는 동안 해야 할 것과 하지 말아야 할 것, 삶의 목적과 방법, 책임과 의무 등과 관련된다. 동양적 사고에서 윤리는 전적으로 인륜(人倫)과 같은 의미이며, 엄격한 규율이나 규범의 의미가 배어 있는 느낌을 준다. 서양적 관점에서 윤리는 영어의 '에틱(ethics)', 불어의 '에티끄(ethique)' 등인데 이 단어들은 모두 희랍어의 풍습(ehos)과 품성(ythos)의 뜻을 가진 '에토스(ethos)'에서 유래하였다(박필배, 2013).

한편, 윤리(倫理, Ethical)와 도덕(道德, Moral)은 유사한 의미로 사용하기도 한다. 윤리와 도덕이라는 말은 일상생활에서는 별 구별 없이 사용하지만, 도덕이란 도를 실천해야 할 주체적 태도를 의미한다. 이 둘은 상호 밀접한 개념이지만 차이가 있다. 도덕은 옳고 그름, 선하고 악한 것에 대한 개인의 기준이다. 도덕이 내면성에 치우친 것이라면, 윤리는 도덕적인 성향과 더불어 법률적 성향의 혼합적 성향을 가진다(정보현, 2021). 도덕은 삶의 지침이 되는 행동 규범을 의미하고 윤리는 사람으로서 마땅히 지키거나 행해야 할 도리나 규범으로 특정한 규칙과 행위를 말한다. 도덕은 인간이 옳고 그름에 대한 견해를 형성하는 것이며 윤리는 그저 사람이 지켜야 할 일련의 규칙이라고 할 수 있다. 도덕은 내적인 규범으로 '자기완성을 위한 규범'이고 윤리는 외적인 규범으로 '인간관계에 있어서 합당한 도리'를 가리킨다. 다시 말해, 도덕은 외부와 상호작용이 없는 내적 도리를 말하고, 윤리는 외부와의 상호작용 하에서의 보편적 도리를 말하는 것이다.

인간이 도덕적인 삶을 살아야 하는 이유는 그 자체가 옳은 것이며 인간으로서 당연히 지켜야 할 의무이기 때문이다. 또한 자신은 물론 사회구성원 모두에게 이익을 주고 우리 모두에게 행복을 가져다주며, 도덕적 덕목을 실천함으로써 우리의 인격이 완성되기 때문이다. 뿐만 아니라 우리에게 진정한 행복을 가져다주며 민주주의를 유지하고 발전시키기 때문이다(우영효, 2016).

〈표 13-1〉 윤리와 도덕 구분

윤리(倫理, Ethical)	도덕(道德, Moral)
• 도덕적인 성향과 법률적 성향의 혼합적 성향 • 사람으로서 마땅히 지키거나 행해야 할 도리나 규범으로 특정한 규칙과 행위 • 사람이 지켜야 할 일련의 규칙 • 외적인 규범으로 '인간관계에 있어서 합당한 도리' • 외부와의 상호작용 하에서의 보편적 도리	• 옳고 그름, 선하고 악한 것에 대한 개인의 기준 • 내면성에 치우침 • 삶의 지침이 되는 행동 규범 • 인간이 옳고 그름에 대한 견해를 형성 • 내적인 규범으로 '자기완성을 위한 규범' • 외부와 상호작용이 없는 내적 도리

출처: 정보현(2021). 4차산업혁명시대 스마트 직업과 경력개발. 서울: 동문사. 재구성.

(1) 윤리적 가치의 중요성

자신의 이익보다는 공동체의 이익을 추구하는 윤리적 가치는 사회질서 유지에 기여한다는 점에서 중요하다. 윤리적 가치가 중요한 이유는 다음과 같다(오정희, 2020).

첫째, 모든 사람이 윤리적 가치보다 자기 이익을 우선시하여 행동한다면 그 사회질서가 붕괴되기 때문이다. 다른 사람에 대한 배려 없이 자신만을 위함으로써 충돌과 갈등, 반목과 무질서가 끊임없이 반복될 것이다. 인간은 결코 혼자서는 살아갈 수 없는 사회적 동물이므로 윤리적 가치에 따라 행동할 때 개인을 포함한 공동체 모두가 행복을 보장받을 수 있다.

둘째, 윤리적 가치는 사람이 어떻게 살 것인가 하는 가치관 형성에 영향을 주기 때문에 중요하다. 사람이 눈에 보이는 경제적 이득과 육신의 안락만을 추구할 것인가 또는 삶의 본질적 가치와 도덕적 신념에 따라 행동할 것인가에 대한 방향을 윤리적으로 행동해야 한다.

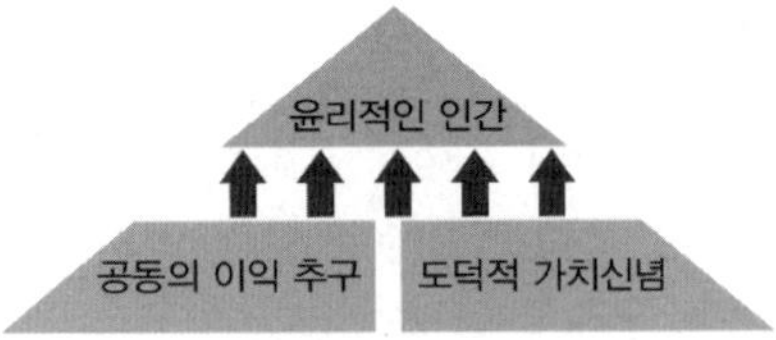

[그림 13-1] 윤리적 인간의 성립

출처: 한국산업인력공단(2021). NCS 직업기초능력 가이드북 직업윤리. 울산: 한국산업인력공단.

이처럼 도덕적 신념이나 윤리적 규범에 따라 삶을 산다는 것은 다음과 같은 점에서 우리의 삶에 영향을 미친다(이규은 외, 2014).

첫째, 윤리적인 삶은 보다 가치 있는 삶의 방향을 제시해 준다.

둘째, 옳지 못한 요구, 부당한 요구, 잘못된 관행을 극복하게 해 준다.

셋째, 다른 모든 신념의 바탕이 되어 독단적이고 잘못된 신념을 반성할 수 있게 한다.

(2) 윤리규범의 형성

인간은 동물의 본성을 가지고 있다. 그러므로 기본적인 욕구충족에 도움이 되는 사물이나 행동을 좋아하고, 반대로 방해가 되는 경우는 싫어한다. 또한 인간은 사회적 존재이기에, 개인의 욕구는 개인의 행동에 따라 충족되는 것이 아니라 다른 사람의 행동과 협력을 바탕으로 충족된다. 우리가 먹는 밥 한 그릇도 수많은 사람을 거쳐야 우리에게 온다는 것을 생각하면 쉽게 이해될 것이다. 그러므로 사람들은 사회의 공동목표를 달성하고 모든 구성원의 욕구를 충족하는 데 도움이 되는 행위는 찬성을 하고, 반대되는 행위는 비난을 하게 된다. 이와 같은 일이 반복되다 보면 '마땅히 해야 할 행위'와 '결코 해서는 안 될 행위' 등으로 각각의 가치를 인정받아 윤리규범이 형성된다. 다시 말해, 윤리규범은 '공동생활'과 '협력'이 필요한 인간생활에서 형성되는 '공동 행동의 룰'을 기반으로 형성된다. 이러한 측면에서 볼 때, 모든 윤리적 가치는 만고불변의 진리가 아니라 시대와 사회상황에 따라 조금씩 다르게 변화되는 것이다(한국산업인력공단, 2021).

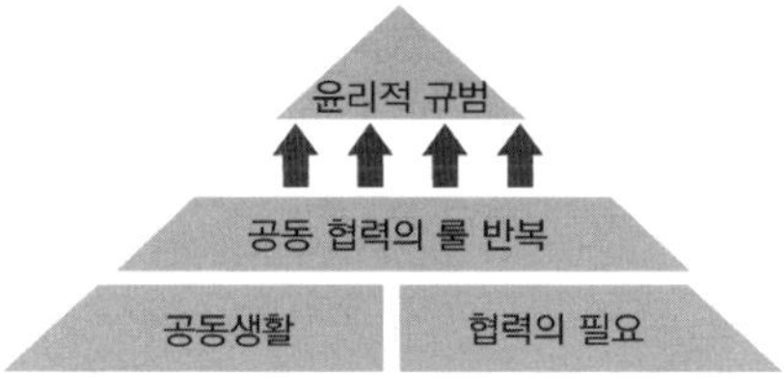

[그림 13-2] 윤리적 규범의 형성

출처: 한국산업인력공단(2021). NCS 직업기초능력 가이드북 직업윤리. 울산: 한국산업인력공단.

2) 비윤리적 행위의 원인과 유형

(1) 비윤리적 행위의 원인

비윤리적 행위의 원인은 크게 세 가지로 무지(無知), 무관심(無關心), 무절제(無節制)이다. 구체적인 내용은 다음과 같다(한국산업인력공단, 2021).

첫째, 무지로 인해 사람들은 무엇이 옳고, 무엇이 그른지 모르기 때문에 비윤리적 행위를 저지른다는 것이다. 즉, 어떤 사람이 선이라고 생각하고 노력하는 대상이 실제로는 악이라는 사실을 모르거나 그것을 달성하기 위한 수단적 덕목들을 제대로 알지 못하는 경우이다. 예를 들어, 행복한 인생을 살기 원하는 어떤 사람이 돈이 많아야 행복하다고 생각하여 맹목적으로 돈을 모으는 데 일생을 바친 결과 오히려 그의 삶이 불행해졌다는 경우와 같은 것이다.

둘째, 무관심으로 인해 자신의 행위가 비윤리적이라는 것은 알고 있지만 윤리적인 기준에 따라 행동하는 것을 중요하게 여기지 않는 경우이다. 예를 들어, 대중교통을 이용할 때 노약자나 임산부를 위한 배려좌석이 있는데 자리가 비어 있다고 일반인들이 무심코 앉거나 노약자나 임산부가 배려좌석 앞에 섰을 때 자리를 비켜주는 대신 고개를 숙이고 모른 척하는 경우를 말한다.

셋째, 무절제는 자신의 행위가 잘못이라는 것을 알고 그러한 행위를 하지 않으려고 하지만 자신의 통제를 벗어나는 어떤 요인으로 인하여 비윤리적 행위를 저지르는 것이다. 예를 들어, 학교 및 기업, 기관이나 단체에 근무하는 직장인이 공금을 횡령한 돈으로 명품가방과 화장품 등을 구입하거나 도박이나 유흥에 사용하는 것과 같은 경우를 말한다.

(2) 비윤리적 행위의 유형

비윤리적 행위의 유형은 도덕적 타성, 도덕적 태만, 거짓말로서 구체적인 내용은 다음과 같다(한국산업인력공단, 2021).

첫째, 도덕적 타성은 사람의 행동이나 사회현상에도 기존 패턴을 반복하려는 경향, 즉 타성(惰性, inertia)이 존재한다. 타성은 나태함이나 게으름의 뜻을 내포하고 있는데, 바람직한 행동이 무엇인지 알고 있으면서도 취해야 할 행동을 취하지 않는 무기력한 모습이라고 할 수 있다. 우리가 직면하는 윤리적 문제에 대하여 무감각하거나 행동하지 않는 것을 도덕적 타성이라고 한다. 윤리적인 문제에 대하여 제대로 인식하지 못하는 데에서 기인한다. 사람들이 가지고 있는 낙관적인 성향, 즉 비윤리적인 행동이 미치는 영향에 대하여 별거 아니라고 생각하거나 저절로 좋아질 것이라고 생각하는 데에도 원인이 있다. 또한 일상생활에서 윤리적인 배려가 선택의 우선순위에서 밀려나는 것에 원인이 있다. 비윤리적 행위라는 것은 분명히 알고 있으나, 충돌하는 다른 가치가 있을 때 그것을 선호하는 경우이다. 우리가 극복해야 할 대부분의 비윤리는 도덕적 타성에서 벗어나야만 해결 가능하다.

둘째, 도덕적 태만은 비윤리적인 결과를 피하기 위하여 일반적으로 필요한 주의나 관심을 기울이지 않는 것을 말한다. 즉, 어떤 결과가 나쁜 것인지 알지만 자신의 행위가 그러한 결과를 가져올 수 있다는 것을 모르는 경우이다. 예를 들어, 제품을 설계할 때 안전상의 고려를 충분히 하지 않아 안전사고를 유발하는 경우, 또 안전수칙을 철저히 지키지 않아 사고를 유발하는 경우가 도덕적 태만에 해당한다고 볼 수 있다. 한국사회에서 나타나는 도덕적 태만의 경우는 자기

기만적 요소가 강하다. 예컨대, 뇌물을 받고 "남들도 다하는 것이고, 이것은 관행이다", "그것으로 인하여 남들에게 피해를 준 바가 없다", "업무는 원칙에 의거하여 처리하였다. 또한 받은 뇌물을 나 혼자만 먹은 것이 아니라 동료 상사와 함께 분배해서 가졌다", "우리만 그러는 게 아니니 잘못된 것은 아니지 않느냐?" 하는 식의 왜곡된 생각이 해당된다.

셋째, 거짓말이란 '상대를 속이려는 의도로 표현되는 메시지'라고 할 수 있다. 침묵이나 표정 등도 하나의 표현방법이 될 수 있으나 주로 말이나 글로 표현되는 것에 한정하며, 상대를 속이려는 의도가 있는 것을 말한다. 일반적으로 거짓말을 하는 이유는 남에게 피해를 주기 위한 거짓말보다는 자기들의 입장과 처지를 보호하기 위한 보호적 거짓말이 많으며, 나아가 본인과 우호 관계를 맺고 있는 제3자를 보호하기 위한 목적으로 행해지는 경우도 많다. 더 큰 문제는 이러한 거짓말에 대하여 당연히 여기고 심각하게 생각하지 않거나 별반 잘못된 것이 아니라는 인식을 갖는 경향이 있으며, 심지어는 거짓말을 하는 것이 올바른 것이라는 잘못된 자기신념으로까지 진전되는 경우도 있다. 즉, 거짓말에 자기 기만적 요소가 배어 있다.

3) 직업윤리의 의미

직장활동은 여러 사람들이 관계를 맺고 상호작용을 하는 것이기 때문에, 직장인들은 자신의 직업활동을 수행함에 있어 사람과 사람 사이에 지켜야 할 윤리적 규범을 따라야 한다. 왜냐하면 '윤리'는 사람과 사람의 관계에서 우리가 마땅히 지켜야 할 사회적 규범이기 때문이다. 이와 같은 직업윤리는 우리들의 공동체적인 삶에 매우 중요한 역할을 한다. 그러므로 원만한 직업생활을 할 수 있도록 '직업윤리'가 필요하다. 직업윤리란 "직업활동을 하는 개인이 자신의 직무를 잘 수행하고 자신의 직업과 관련된 직업과 사회에서 요구하는 규범에 부응하여 개인이 갖추고 발달시키는 직업에 대한 신념, 태도, 행위"로 정의할 수 있다(한국산업인력공단, 2021).

〈표 13-2〉 사회변화에 따른 직업윤리 유형

구분	유형
정보윤리	정보사회에서 인간이 갖추어야 할 윤리적 덕목으로 지적 재산권 존중, 프라이버시 존중, 공정한 표시, 해악 금지 등이 포함되는 윤리이다.
환경윤리	인간과 생태계의 도덕적 관계, 인간이 의해 야기된 생태계 문제 해결을 위한 인간의 바람직한 행동방식에 대한 규범이다.
안전윤리	위험에 대응하여 인간의 생명과 신체, 재산에 대한 안전을 가장 우선시하여 고려할 것을 요구하는 규범이다.
생명윤리	생명의 존엄성을 바탕으로 생명과 관련된 유전자의 조작, 개입, 복사, 치료, 연구 등에 관련된 옳고 그름을 판단하는 규범이다.

출처: 오정희(2020). NCS 기반 직업기초능력 향상을 위한 직업윤리. 서울: 동문사.

〈표 13-3〉 직업 분야에 따른 직업윤리 유형

구분	유형
공직윤리	공직자들이 그 직무수행에 있어서 전문적 능력에 의하여 최선을 다하며 국민전체의 봉사자로서 공공목적을 달성하여야 할 의무 또는 준수하여야 할 행동규범이다.
기업윤리	기업경영이라는 상황에서 나타나는 행동이나 태도의 옳고 그름이나 선과 악을 구분해 주는 판단 기준이며, 도덕적 가치를 반영하는 기업행동과 의사결정의 기준이다.
근로윤리	일의 사회적 가치와 개인적 가치가 조화되는 방향에서 보람되고 가치 있게 일하기 위해 지켜야 할 도리, 기준 또는 원리이다.
의료윤리	인간의 생명을 다루는 영역에서 인권의 원칙에 입각한 인간의 생명 탄생과 유지와 관련된 쟁점, 죽음과 관련된 쟁점들에 대한 바람직한 행동에 관한 규범이다.
교직윤리	교직 업무를 수행하면서 교사로서 가져야 할 전문성과 도덕성을 담보하기 위한 윤리적 규범이다.

구분	유형
언론윤리	언론인이 갖추어야 할 개인윤리뿐만 아니라 언론을 둘러싼 비윤리적인 사회구조를 개선하기 위한 실천윤리로 사회 정의, 인권, 사회적 약자의 보호 등과 같은 민주적 가치를 수호하기 위한 규범이다.
공학윤리	공학자가 직업활동을 수행함에 있어서 공학자에게 요구되는 가치와 자신의 고유한 도덕적 자율성을 기본으로 판단 및 결정을 내릴 수 있는 반성적 도덕의식이다.

출처: 오정희(2020). NCS 기반 직업기초능력 향상을 위한 직업윤리. 서울: 동문사.

개인윤리가 일반적인 규범이라면 직업윤리는 구체적인 실천규범이다. 따라서 직업윤리는 개인윤리를 바탕으로 성립된다. 이는 직업윤리와 개인윤리가 대립되는 것이 아니라 상호보완적인 역할을 하고 있음을 의미한다. 그러나 항상 직업윤리와 개인윤리가 양립하는 것은 아니다. 상황에 따라 서로 충돌하거나 배치되는 경우도 발생한다(오정희, 2020). 기본적으로는 직업윤리도 개인윤리의 연장선이라 할 수 있다. 개인윤리의 기본 덕목인 사랑, 자비 등과 방법론상의 이념인 공동발전의 추구, 장기적 상호이익 등의 기본은 직업윤리에서도 동일하다. 직업윤리의 일반적 덕목에는 ① 소명의식, ② 천직의식, ③ 직분의식, ④ 책임의식, ⑤ 전문가의식, ⑥ 봉사의식 등이 있으며, 한국인들은 중요한 직업윤리 덕목으로 ① 책임감, ② 성실함, ③ 정직함, ④ 신뢰성, ⑤ 창의성, ⑥ 협조성, ⑦ 청렴함 등을 강조한다.

〈표 13-4〉 직업윤리의 덕목

구분	덕목
소명의식	자기가 맡은 일을 개인적, 사회적으로 의미 있게 하고 그것에 헌신하려는 태도
천직의식	직업에 대한 사회적 역할과 직무를 충실히 수행하며 책임을 다하려는 태도
직분의식	자신의 일이 자신의 능력과 적성에 맞는다 여기고 그 일에 열성을 가지고 성실히 임하려는 태도
전문가의식	자신의 일은 아무나 할 수 없고 이 분야의 지식과 교육을 바탕으로 성실히 수행해야만 해낼 수 있는 일이라고 믿고 업무 활동을 하려는 태도
책임의식	자신이 하고 있는 일이 사회나 기업, 타인을 위해 중요한 역할을 하고 있다고 믿고 수행하려는 태도
봉사의식	직업활동을 통해 다른 사람과 공동체에 대하여 봉사하는 정신을 갖추고 실천하려는 태도

출처: 이정아 외(2020). 성공적인 사회생활을 위한 취창업 준비 실무. 고양: 어가. 재인용.

그러나 인간 행복을 위한 기본적 가치를 중심으로 관계를 이루는 사람 사이의 윤리관계에 비하여 좀 더 전문화된 분업체계로서의 직업이라는 특수상황에서 요구되는 별도의 덕목과 규범이 있게 마련이다. 모든 사람은 직업의 성격에 따라 각각 다른 직업윤리를 가질 수밖에 없다. 고도화된 현대사회에서 직업인으로서 지켜야 할 윤리에는 사회시스템 전체의 관계를 규정하고 질서를 유지하는 '공통 보편적 일반윤리'와 그러한 사회를 구성하는 개체로서 각자의 목적달성을 위해 노력하는 기업과 단체 등 특정 조직체 내부 구성원 간의 관계를 규정하고 효율을 도모하는 '특수윤리'가 있다. 만일 '모든 직업인은 각자 자기가 맡은 직무에 투철한 사명감과 책임감을 가지고 충실히 수행해야 한다'라고 하면, 그것은 모든 직업인에게 요구되는 '직업 일반의 윤리'일 것이며, 공직자나 의사, 교육자 등 직업에서 강조되어야 할 윤리는 '직업별 윤리'라고 할 수 있다(한국산업인력공단, 2021).

〈표 13-5〉 윤리가 적용되는 범위와 대상

구분	덕목
직장 내 윤리	• 직장 안에서의 윤리 • 직장 안에서 말을 할 때 준수해야 할 윤리와 태도 • 예를 들면, 성실성, 책임감, 협동성, 봉사성, 전문성, 창조성 등
직장 외 윤리	• 일, 직업적 사회의 윤리 • 정당한 방법을 통해 이윤을 추구하고 이렇게 얻은 이윤을 사회 발전을 위해 환원하는 것 • 예를 들면, 장학금 기탁, 불우이웃 돕기 성금 및 학문 기관에 연구 기금 기부, 편의 및 문화 시설 건축 등
보편적 윤리	• 모든 직업에 공통적으로 요구되는 직업윤리로서 사회질서를 유지함 • 사회 구성원의 판단과 행위의 상호작용 관계를 정함 • 직업 집단 간, 작업 구성원들 간의 갈등이나 충돌이 발생했을 때에 조정할 수 있는 기준으로 적용 • 예를 들면, 정직, 근면, 성실, 준법, 책임감, 고객 요구 반영 등
특수 직업윤리	• 직업에 따라 다른 역할과 특성에 따라 다르게 요구되는 직업윤리 • 일부 집단 구성원의 행위 관계만을 지배함 • 예를 들면, 공직자의 청렴 요구, 교사의 사명감, 과학자나 연구자들이 지켜야 할 연구윤리, 상인들의 거래에 대한 수칙 준수 등

출처: 이정아 외(2020). 성공적인 사회생활을 위한 취창업 준비 실무. 고양: 어가. 재인용.

다양한 직업환경의 특성상 모든 직업에 공통으로 요구되는 윤리원칙을 추출할 수 있으며 그것을 직업윤리의 5대 원칙이라고 한다(한국산업인력공단, 2021).

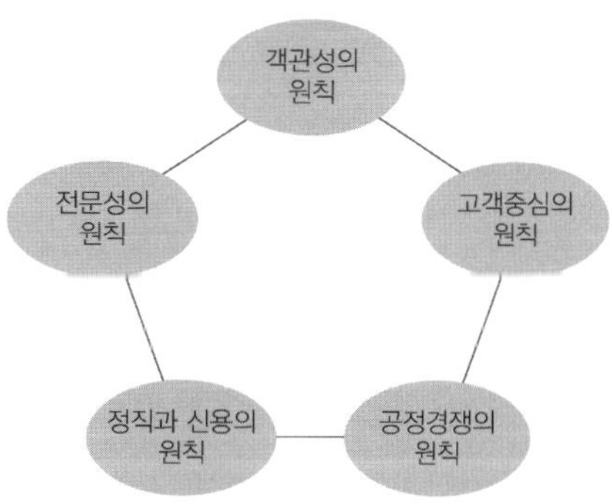

[그림 13-3] 직업윤리의 5대 원칙

출처: 한국산업인력공단(2021). NCS 직업기초능력 가이드북 직업윤리. 울산: 한국산업인력공단.

첫째, 업무의 공공성을 바탕으로 공사구분을 명확히 하고, 모든 것을 숨김없이 투명하게 처리하는 객관성의 원칙이다.

둘째, 고객에 대한 봉사를 최우선으로 생각하고 현장중심, 실천중심으로 일하는 고객중심의 원칙이다.

셋째, 자기업무에 전문가로서의 능력과 의식을 가지고 책임을 다하며, 능력을 연마하는 전문성의 원칙이다.

넷째, 업무와 관련된 모든 것을 숨김없이 정직하게 수행하고, 본분과 약속을 지켜 신뢰를 유지하는 정직과 신용의 원칙이다.

다섯째, 법규를 준수하고, 경쟁원리에 따라 공정하게 행동하는 공정경쟁의 원칙이다.

〈표 13-6〉 직업윤리의 기본원칙

구분	기본원칙
객관성의 원칙	거래 행위에 있어 법과 규정을 준수하고 공개적으로 처리한다.
고객중심의 원칙	고객의 요구를 우선적으로 고려하고 고객만족을 추구한다.
전문성의 원칙	프로의식을 가지고 전문가로서 책임 있게 업무를 수행한다.
정직과 신용의 원칙	모든 업무 활동을 정직하게 수행하고 신뢰를 지키도록 한다.
공정경쟁의 원칙	거래에 있어서 정해진 절차와 규정에 따라 공정하게 처리한다.

출처: 이정아 외(2020). 성공적인 사회생활을 위한 취창업 준비 실무. 고양: 어가. 재인용.

2. 근로윤리

1) 근면의 의미

'가장 먼저 풀밭에 나온 소가 모든 이슬을 핥아 먹는다(프랑스 속담)', '한가한 인간은 고인 물처럼 끝내 썩어 버린다(프랑스 속담)', '구르는 돌에는 이끼가 끼지 않는다(영국 속담)'라는 외국 속담은 근면과 관련된 내용이다. 우리나라도 '개미는 작아도 탑을 쌓는다'라는 속담과 '고진감래(苦盡甘來)'라는 고사성어가 있다. 개미처럼 아무리 보잘것없고 힘이 없는 존재라도 꾸준히 노력하고 정성을 들이면 훌륭한 성과를 이룰 수 있으며, 고생 끝에 즐겁고 좋은 일이 온다는 뜻으로 두 가지 모두 근면성을 강조한 말이나. 근면한 사람이 세상을 다스린다는 고사성어인 근자치인(勤者治人)이나 성경의 〈시편 126:5〉에서도 '눈물을 흘리며 씨를 뿌리는 자는 기쁨으로 거두리로다.'라고 근면의 중요성을 노래하고 있다. 이는 열심히 노력하면 결과가 쌓여서 좋은 결과를 가져온다는 것을 보여준다. 근면(勤勉)의 사전적인 의미는 '부지런히 일하며 힘씀'으로 오랜 옛날부터 삶의 미덕이자 규범으로 좋은 결과를 가져오는 행동의 방향과 지침을 제공해 주는 밑바탕이 되는 중요한 덕목이라고 할 수 있다(오정희, 2020).

사회과학적 연구에서는 근면의 개념적 특성을 크게 세 가지로 표현하는데, 먼저 행위자가 환경과의 대립을 극복해 나가는 과정에서 고난의 극복이라는 의미를 지닌다. 또한 근면은 고난을 극복하기 위해서 사치와 향락, 소비를 거부하고 이윤 축적의 직업윤리를 수행해 왔다. 그리고 끊임없이 달성이 유예되는 가치지향적인 목표 속에서 재생산된다고 볼 수 있는 지속적인 행위 과정이다(한국산업인력공단, 2021). 즉, 근면이란 게으르지 않고 부지런하여 어려운 일을 회피하지 않고 자기에게 주어진 모든 노력을 다하여 끈기 있게 해나가며, 가능한 한 여러 가지 과업을 성취하려고 하고, 일의 능률과 시간의 절약을 위해 최대한으로 노력하는 행위라고 정의할 수 있다(최정조, 2001). 근면의 특성에서도 볼 수 있듯이 개인의 삶뿐만 아니라 직업인으로서의 개인을 판단하는 준거가 되는 동시에 성공적인 직장생활을 위한 가장 기본적인 조건이 되므로 근면은 중요하다. 부지런했기 때문에 성공한 사람은 있어도, 게을러서 성공했다는 사람의 이야기는 찾아보기 어렵다.

2) 근면의 종류

근면에는 두 종류가 있다. 첫째는 외부로부터 강요당한 근면이고, 둘째는 스스로 자진해서 하는 근면이다. 과거 논밭이나 작업장의 열악한 노동 조건 밑에서 오랜 시간 동안 기계적으로 일을 했던 것은 삶을 유지하기 위해 강요된 근면이었다고 볼 수 있다. 근면하지 않으면 생계를 유지할 수 없었기 때문이다. 이러한 근면은 외부 조건으로부터 강요당한 것이다. 강요된 근면은 일에서 개인을 소외시키고 에너지를 소진시키며 삶과 업무의 질을 떨어뜨리고 무의미한 노동으로 전락시키는 현상을 낳게 된다. 반면 자진해서 하는 근면은 자신의 것을 창조하며 조금씩 자신을 발전시키고 시간의 흐름에 따라 자아를 확립시켜 나가는 것이다. 아침에 하는 외국어 공부 또는 운동처럼 자기개발을 위한 활동은 자진해서 하는 근면으로 능동적이며 적극적인 태도가 바탕이 된다. 스스로 일을 찾아서 모든 노력을 하면서 끈기 있게 과업을 수행하는 자발적인 근면은 자기 발전과 꿈의 실현뿐만 아니라 직장의 발전이나 사회공영에 기여하게 된다.

3) 근면한 자세

한국사회에서 근면이 중요한 역할을 해 왔다는 점은 한국인의 의식 구조와 문화에서 다양하게 확인할 수 있다. 일례로 한국인의 이미지에 대한 조사에 의하면, '근면'과 '일중독'이 한국인의 대표적인 생활양식과 노동양식의 이미지로 나타난다. 이처럼 근면은 한국사회 내부의 긍정적 측면과 부정적 측면을 함께 반영하고 있다. 근면은 해방 후 가난과 전근대의 이중적 굴레 속에서 가난을 이기는 유일한 수단이라고 이해하였다. 반면 국가와 공동체의 번영이 개인보다 중시되면서 노동이 극대화된 점과 과도한 자기계발과 노동 중독 등의 현상은 개인의 삶의 질을 저해하는 원인으로 되기도 한다. 피터 드러커(Peter F. Drucker)는 "20세기 성장을 육체노동의 생산성 향상이 이끌었다면, 21세기는 지식노동의 생산성이 이끌어야 한다."고 하였다. 하지만 우리는 일의 본질이라 할 수 있는 사업(business) 성과를 버리고 그저 바쁘게(busyness) 보이는 것에만 만족하고 있는지도 모른다. 그러나 미래 사회에서는 단순히 열심히 오래 일하는 것이 아니라 창의성이 중요하다. 물론 창의와 혁신이 중요하다고 해서 근면을 부정하는 것은 아니다. 게으름이 미덕은 아니지만 단순히 바쁜 것만으로는 지식사회를 이끌 수 없다는 것이다. 따라서 앞으로의 근면은 좀 더 다른 방식으로 구현될 필요가 있다. 즉, 조직이나 타인 등 외부로부터 요구되는 일과 노동을 수행하기 위한 근면보다는 개인의 성장과 자아의 확립, 나아가 행복하고 자유로운 삶을 살기 위한 근면으로 구현될 필요가 있다(한국산업인력공단, 2021). 근면하기 위해서는 적극적이고 능동적인 자세가 필요하다. 적극적이고 능동적인 자세로 일하면 환경이나 여건을 떠나 직장인 모두가 자신이 주체가 되어 업무를 수행함으로써 개인과 기업, 그리고 사회의 지속적인 성장을 만들어 내게 된다(오정희, 2020).

4) 정직

정직(正直)은 사전적인 의미로 '마음에 거짓이나 꾸밈이 없이 바르고 곧음'으로 의미한다. 서경(書經)과 시경(詩經)에서는 정직을 '이치에 어긋남이 없고, 왜곡됨이 없으며, 임금의 도리는 곧을 것이다'라고 하여 임금이 갖추어야 할 첫째 덕목으로 제시하였으며, 맹자의 인의도덕론(仁義道德論)에서는 정직을 옳고 그름을 분별하는 마음, 부끄럽게 여기는 마음, 양보하는 마음으로 보았다(장희선, 2012). 즉, 정직은 인간의 도덕적 근간을 이루는 것으로 개인의 삶이나 직장생활에서 거짓 없이 진솔하며 사실대로 말하고 당위대로 행하는 것이다(정범모, 2004).

영국 속담에 '하루만 행복하려면 이발을 해라. 일주일 동안 행복하고 싶거든 결혼을 해라. 한 달 동안 행복하려면 말을 사고, 한 해를 행복하게 지내려면 새 집을 지어라. 그러나 평생 행복하게 지내려면 정직하라.'라는 말이 있다. 무한 경쟁사회에서 정직한 사람은 손해를 보고, 경쟁력이 없어 보이며, 무능력하다고 생각할 수도 있다. 그러나 정직한 사람들은 비록 손해를 보더라도 전체를 위해 행동함으로써 좋은 사람이라는 평판을 받게 되고 그러한 평판은 오랫동안 효과를 보게 되어 결국 자신에게 득이 되는 행동임을 의미한다. 이처럼 가장 중요한 것은 정직한 사람이야말로 무한히 존경받고 무한히 발전할 수 있다는 사실이다(조관일, 2014). 정직은 네 가지의 특징을 갖고 있는데, 먼저, 자기 자신에게 진실 되고 솔직해야 하며, 둘째, 정직성을 행동으로 표현해야 하고, 셋째, 다른 사람으로부터 신뢰를 만들어 내고 존경을 만들어 낸다. 그리고 마지막으로 정직함이 생활화된 사람은 숨길 것도 두려워할 것도 없기 때문에 자유롭다(이규은 외, 2014).

아무리 능력이 뛰어나다 할지라도 정직이 바탕이 되지 않는다면 그것은 모래 위에 성을 쌓는 것과 같다. 사람은 혼자서는 살아갈 수 없으므로 다른 사람과 협력을 해야 하며, 그것이 확대된 사회시스템 전체가 유기적으로 움직여야 한다. 사회시스템은 구성원 서로의 신뢰가 있어야 운영이 가능한 것이며, 그 신뢰를 형성하고 유지하는 데 필요한 가장 기본적이고 필수적인 요소가 정직인 것이다. 우리가 '난 사람보다는 된 사람'이 되어야 함을 강조하는 것도 이와 같은 의미이다(오정희, 2020).

우리나라의 정직성 수준은 아직까지 완벽하지 못하다. 개인의 행복과 성취, 그리고 기업과 국가의 경쟁력을 높이기 위해서는 정직의 가치를 올곧게 삶으로 드러내 사람이 많아지도록 개개인의 정직성 수준을 높여나가야 한다. 정직과 신용을 구축하기 위해서는 정직과 신뢰의 자산을 매일 조금씩 쌓아가고, 잘못된 것도 정직하게 밝히며, 타협하거나 부정직을 눈감아 주지 말고, 부정직한 관행을 타파하는 행동이 필요하다(한국산업인력공단, 2021).

5) 성실

성공한 사람들은 대부분 성실한 사람이라고 한다. 그들은 "최고보다는 최선을 꿈꾸어라."라고 말을 한다. 이는 최선을 다하였기 때문에 결국 최고가 되었다는 것을 의미한다. 사전에서 성실(誠實)은 '정성스럽고 참됨'을 뜻한다. 심리학자들은 성실성(conscientiousness)을 '책임감이 강하고 목표한 바를 이루기 위해 목표 지향적 행동을 촉진하며 행동의 지속성을 갖게 하는 성취 지향적인 성질'로 설명하기도 한다. 이러한 개인의 성향은 사회규범이나 법을 존중하고 충동을 통제하며 목표 지향적 행동을 조직하고 유지하며 목표를 추구하도록 동기를 부여하는 특징을 갖는다. 본인이 아무리 뛰어나더라도 성실이 뒷받침되지 못하면 그 관계는 오래갈 수 없고 신뢰는 깨어진다. 미국의 신경학자인 다니엘 레비틴(Daniel Levitin)은 각 분야에서 성공한 사람들의 공통점을 조사하는 과정에서 모차르트, 피카소, 아인슈타인, 비틀스, 스티브 잡스 등 역사에 이름을 남긴 이들의 공통점이 최소 10,000시간 이상을 투자했다는 사실을 발견하였다. 천재는 1%의 영감과 99%의 노력으로 만들어진다고 하였다. 성실이 뒷받침된다면 1% 모자란 부분은 그리 중요하지 않다는 것이다(오정희, 2020).

직장인 교육 전문기업 휴넷(대표 조영탁)이 직장인 1,376명을 대상으로 '함께 일하고 싶은 동료'에 대해 설문조사를 하였다. 설문조사 결과, 44.4%가 '성실하고 책임감 강한 사람'을 1위로 꼽았다. 회사생활에서 가장 중요한 인성요소를 묻자, 위와 마찬가지로 '성실성'이 45.8%로 가장 많았으며 협동성이 32.6%로 뒤를 이었다(머니투데이, 2014). 직장인에게 요구되는 능력 또한, 업무능력이 아닌 성실성을 최고의 덕목으로 꼽고 있다. 그러므로 스펙이 좋지 않고 능력이 좀 부족하더라도 성실성을 갖춘 사람은 교육과 훈련을 통해 능력을 키우거나 능력에 맞춰 나름의 역할을 충분히 해낼 수 있다. 그러므로 각자가 매사에 부지런하고 인내하며 정성을 다하는 성실함을 갖추기 위한 노력이 필요하다(오정희, 2020).

활동 직장에서 근면한 태도란?

일 경험과 관련하여 자신이 생각하는 근면한 태도란 무엇인지 구체적인 사례를 작성해 보시오.

1. 근무시간을 엄수한다.
2. 업무 시간에 개인적인 일을 하지 않는다.
3. 주어진 일이 남았으면 퇴근 후라도 끝까지 일을 마친다.
4. ______________________________.
5. ______________________________.
6. ______________________________.
7. ______________________________.
8. ______________________________.
9. ______________________________.
10. ______________________________.

출처: 한국산업인력공단(2021). NCS 직업기초능력 가이드북 직업윤리. 울산: 한국산업인력공단.

3. 공동체윤리

사회 또는 조직이 유지되고 발전하기 위해서는 구성원들이 자신이 맡은 역할을 충실히 해내는 것이 중요하다. 하지만 그것만으로 충분치 않은 경우도 있다. 명시화된 업무가 아니라도 타인을 배려하고 자신을 희생하여 조직과 사회에 기여하는 태도가 필요하다. 원만한 일 경험을 위해 직업인이 갖추어야 할 직업윤리 중에서 인간존중을 바탕으로 봉사하며, 책임감 있게 규칙을 준수하고, 예의 바른 태도로 업무에 임하는 자세인 공동체윤리가 매우 중요하다. 공동체윤리를 실천하기 위해서는 봉사와 책임의식, 준법성, 예절 등의 자세가 중요한 역할을 한다(한국산업인력공단, 2021).

1) 봉사와 책임의식

봉사(奉仕, service)는 사전적 의미로 국가나 사회 또는 남을 위하여 자신을 돌보지 아니하고 애쓰는 행동이다. 복지적 관점에서 봉사는 인간의 관계 속에서 공동의 행복을 지향하는 데 필수불가결한 요건으로 민주주의 철학을 기본으로 하여 개인, 집단 지역사회의 문제를 해결하고 예방하기 위한 노력이며 그에 상응하는 대가(보수, 지위, 명예)를 바라지 않고 자발적으로 협력 또는 직접 참여하는 복지활동이다(윤혜승, 2000). 봉사의 어원은 자발적 의지(will)와 욕망(desire)을 나타내는 라틴어의 자유의지(voluntas)에서 기원한 것으로 프랑스어로는 '기쁨의 정신', 영어의 명사로는 '지원자'란 의미를 가지고 있으며, 일본에서는 '자발적 의지에 바탕을 두고 타인이나 사회를 위해 공헌하는 행위'를 가리키고 있다(이병순 외, 2014). 봉사는 어떤 특정한 사람이나 집단 또는 시간과 물질적 여유가 있는 사람만이 하는 특별한 활동이 아니며 누구라도, 언제라도, 어디서라도, 어떤 방법으로라도 시작할 수 있는 활동이다. 그렇다고 해서 봉사는 단순한 자선활동이나 선행이 아니다. '도움의 활동(helping service)'를 통하여 자신은 물론 사람과 사회를 변화시키는 '변화의 활동'이다. 다시 말해 자선활동은 도움이라는 사실(fact), 즉 자선이나 선행에 의미와 가치를 부여함으로써 사람과 사회가 변화되는 사건(event)이다. 따라서 봉사란 '자유의지를 가지고 자기 스스로 강제 받지 않는 상태에서 다른 사람이나 사회를 위해 헌신하는 사람'을 의미한다(구승신 외, 2016).

현대사회의 직업인에게 봉사란 일 경험을 통해 다른 사람과 공동체에 대하여 봉사하는 정신을 갖추고 실천하는 태도를 의미하며, 나아가 고객의 가치를 최우선으로 하는 고객 서비스 개념으로도 설명할 수 있다. 또한 책임이란 사전적 의미로 각자가 맡아서 하는 일에 대한 의무나 임무를 의미하지만, 직업윤리의 차원에서는 책임감은 자기 스스로가 의지를 가지고 결정을 하는 행동에서 출발한다고 볼 수 있으며, 현대사회의 직업인에게 강조되는 책임의식은 특정한 일과 관련하여 그 결과에 대한 의무를 가지는 것이다(오정희, 2020). 책임의식은 직업에 대한 사회적 역할과 책무를 충실히 수행하고 책임지려는 태도이며, 맡은 업무를 어떠한 일이 있어도 수행해 내는 태도이다. 따라서 모든 직업인은 생계를 위해서뿐만 아니라 자신이 속한 조직의 번영을 위해서, 나아가 자신이 살고 있는 사회 전체의 발전을 위해서 '봉사정신'과 강한 '책임의식'을 갖고 직업활동에 임해야 한다. 특히 직업세계에서 다른 직종에 비해 더 많은 이익을 얻는 집단은 그렇지 않은 집단들에게 그들의 이익을 분배할 수 있는 사회 환원 의식도 가져야 할 것이다(한국산업인력공단, 2021). 기업의 사회적인 책임은 경제적인 책임, 법적 책임, 윤리적 책임, 자선적 책임으로 기업의 책임 범위가 넓어지고 있다. 책임이 있는 사람은 자율성, 변명하기를 거부하는 자세, 주인의식을 가지는 자세, 능동적인 자세, 창의적인 자세, 업무에 대한 전문성을 거지고 완벽하게 추구하는 자세, 협업하는 태도, 리더십을 가지는 태도, 직업에 대한 공동체 의식을 가지는 태도, 조직에 대한 충성도, 동료에 대한 민감한 태도를 가지고 있다(오정희, 2020).

2) 준법성

준법(遵法)의 사전적 의미는 규칙이나 법률을 좇아 지키는 것으로 민주시민의 기본적 의무이자 생활 자세이다. 민주시민 사회에서의 준법 행위는 자신의 권리와 타인의 권리를 보호하여 사회질서 유지에 중추적인 역할을 한다. 직업윤리의 차원에서 직업인에게 강조되는 준법은 국가가 정한 법률뿐만 아니라, 기업이나 기관의 규칙이나 규정을 철저히 지키는 것이다(오정희, 2020). 준법정신을 실천하는 것은 국민이 주인이 되는 사회의 기본이자 공동체의 질서를 유지하는 최소한의 도덕이며, 문화 수준의 척도이기 때문에 결과적으로 부정부패가 사라지면 행복한 사회를 건설할 수 있다(김영한, 2015).

미국의 정치학자 라스웰(Harold Dwight Lasswell)은 민주시민으로서 가장 중요한 자세는 서로 토론하고 논쟁하여 얻어진 합의를 지키고 따르는 '준법정신'이라고 강조하였다. 준법정신은 한 사회를 행복하고 안전하게 지탱하는 근간이며, 기업과 그 구성원의 준법정신은 기업의 발전과 지속을 위해 필수적이다. 준법사회를 만들기 위해서는 법제도를 엄격하게 적용하는 것도 중요하지만, 개인이 법을 지키려는 의지가 매우 중요하다(연성진, 2008). 마찬가지로 직업인이 직업윤리로서의 준법정신을 가지고 지킨다는 것은 자신이 있는 직장에 대한 주인의식을 가지는 것이고 올바른 직장질서를 유지하는 최소한의 도덕이며, 직장문화의 척도가 된다고 볼 수 있다. 또한 직장인의 직무수행에서 부정부패행위를 낮추고 공정성과 청렴도를 높이는 것과도 관련 있다고 볼 수 있다(오정희, 2020).

활동 나의 준법정신

다음은 법 준수 인식에 대한 질문이다. 각 문항에 대해 얼마나 동의하는지 체크하고, 그 이유를 공유해 보시오.

문항	전혀 그렇지 않다	별로 그렇지 않다	보통이다	그렇다	매우 그렇다
1. 다른 사람에게 피해가 되지 않는다면 법을 지키지 않아도 된다.	1	2	3	4	5
2. 지키지 않는 사람이 더 많다면 법을 지키지 않아도 된다.	1	2	3	4	5
3. 법이 잘못 만들어졌다면 법을 지키지 않아도 된다.	1	2	3	4	5
4. 법이 도덕이나 윤리에 어긋나면 법을 지키지 않아도 된다.	1	2	3	4	5
5. 법이 양심에 어긋나면 법을 지키지 않아도 된다.	1	2	3	4	5
6. 나에게 이익이 되면 법을 지키지 않아도 된다.	1	2	3	4	5
7. 다른 사람이 알 수 없다면 법을 지키지 않아도 된다.	1	2	3	4	5

출처: 한국산업인력공단(2021). NCS 직업기초능력 가이드북 직업윤리. 울산: 한국산업인력공단.

[활동 해설]

위의 활동은 자신의 준법의식에 대해 생각해 보는 것이기 때문에, 정답은 없다. 참고로 2019년 국민의식조사 결과에 따르면, '피해가 없으면 지키지 않아도 된다', '다른 사람이 모른다면 지키지 않아도 된다', '지키지 않는 사람이 더 많다면 지키지 않아도 된다', '내게 이익이 되면 지키지 않아도 된다'에서 부정적인 응답이 가장 많아 다른 사람의 시선이나 본인의 이익과 무관하게 법을 지켜야 한다는 정서가 강한 것으로 나타났다. 반면 '잘못 만들어졌다면 지키지 않아도 된다', '도덕에 어긋나면 지키지 않아도 된다.'에서는 상대적으로 긍정적인 응답이 다소 높게 나타났다.

3) 예절

예절이란 일정한 생활문화권에서 오랜 생활습관을 통해 하나의 공통된 생활 방법으로 정립되어 관습적으로 행해지는 사회계약적인 생활규범이다. 인사를 할 때나 전화를 걸거나 받을 때, 고객을 만나 명함을 주고받거나, 동료들과 함께 엘리베이터를 타고 이동을 할 때 등 출근부터 퇴근에 이르기까지 모든 일터의 상황에서 요구되는 기본적인 직장예절이 있으며, 이런 예절은 단순히 개인에 대한 호감을 넘어 성과에까지 지대한 영향을 미친다. '예절'의 핵심은 상대를 존중하는 마음이다. 존중이란 우리 자신과 다른 사람을 소중히 여기고 그 권리를 배려해 주는 자세이며, 우리가 말하고 행동하고 서로를 대하는 태도 속에 반영되어 있다. 그러나 최근 우리 사회의 갑질 행위, 직장 내 괴롭힘, 성차별과 성폭력 등의 문제들은 다인의 기본 인권조차도 존중하지 않는 심각한 실태를 보여준다. 개인은 성별부터 나이, 가치관에 이르기까지 다양할 수밖에 없다. 개인의 다양성을 인정하지 못하는 조직은 업무 효율이 떨어지는 것을 넘어 더 큰 문제를 마주할 수 있다. 따라서 일 경험을 통한 관계 속에서 우리는 모욕적이고 타인을 비하하는 언어 등 부적절한 언어와 행동을 삼가고, 사회적 또는 윤리적으로 비난받는 행위를 하지 않아야 하며 동료, 상사와 부하, 거래처 간에 존중과 신뢰를 쌓도록 노력해야 한다(한국산업인력공단, 2021).

활동 나의 직장예절

다음은 직장예절에 대해 얼마나 잘 알고 있는지 확인하는 검사이다. 문항을 잘 읽고 자신이 알고 있는 직장예절을 ○, × 퀴즈로 확인해 보자.

문항	○	×
1. 인사의 기본자세는 두 손을 가지런히 모으는 공수자세이다.	○	×
2. 회의의 시작과 끝에는 항상 가장 격식을 갖춘 인사인 정중례를 한다.	○	×
3. 전화를 할 때는 상대방이 끊기 전에 끊는다.	○	×
4. 이메일을 보낼 때 인사나 호칭을 생략하고 업무 내용만 간단히 쓴다.	○	×
5. 이메일을 보낼 때 제목에 내용을 담는다.	○	×
6. 복도와 같은 실내의 좁은 장소에서는 가볍게 목례를 한다.	○	×
7. 가장 정중하게 하는 인사 상황에서는 상체를 45도 정도 숙인다.	○	×
8. 인사는 예절의 시작과 끝이다.	○	×
9. 인사할 때는 상대방을 쳐다보며 인사말을 건넨다.	○	×
10. 업무상 전화에서는 본인의 소속과 성명을 밝힌다.	○	×
11. 전화를 받을 때 회사명, 부서명, 성명을 먼저 밝힌다.	○	×

출처: 오정희(2020). NCS 기반 직업기초능력 향상을 위한 직업윤리. 서울: 동문사.

14

Chapter

입사지원서와 포트폴리오

1. 입사지원서
2. 포트폴리오

1. 입사지원서

1) 입사지원서 개념

입사지원서는 구직자가 기업, 공공기관, 단체 등 특정 조직에 취업 의사를 공식적으로 밝히고, 자신의 인적사항과 학력, 경력, 역량, 지원 동기, 포부를 전달하기 위해 작성하는 공식 문서이며(김영희, 2020; 박지연, 2021), 이는 단순한 신청서가 아니라, 지원자의 직무 적합성, 성장 가능성, 가치관, 의사소통 능력을 평가자가 간접적으로 파악하는 중요한 자료로 활용된다. 입사지원서는 채용 과정에서 지원자가 제출하는 첫 번째 자기표현 도구이자, 평가자가 지원자의 잠재력과 역량을 판단하는 기초 정보 제공서의 역할을 수행한다(이철수, 2019). 즉, 단순히 경력과 학력을 나열하는 문서가 아니라, 지원자가 왜 이 직무에 적합한 사람인지, 어떤 강점과 의지를 가졌는지 전략적으로 보여주는 자기 홍보 문서라고 할 수 있다(한국고용정보원, 2018).

2) 입사지원서 목적과 기능

입사지원서는 단순히 채용에 필요한 형식적 문서가 아니라, 지원자가 자신을 조직과 직무에 적합한 인재로서 전략적으로 표현하는 자기 홍보 수단이자, 평가자에게 자신의 역량과 잠재력을 전달하는 공식적 소통 창구이다. 입사지원서를 작성하는 목적은 단순히 구직 의사를 밝히는 것을 넘어, 직무에 대한 이해도, 지원자의 준비성, 성장 가능성, 가치관을 종합적으로 보여주는 데 있다(고용노동부, 2021; 한국고용정보원, 2020).

첫째, 지원자의 자기표현과 자기 홍보 기능을 수행한다. 이를 통해 지원자는 자신의 학력, 경력, 경험, 역량, 가치관을 직무와 연계하여 체계적으로 드러낼 수 있다. 입사지원서는 한 장의 문서를 통해 평가자에게 '나는 이 직무에 적합한 사람이며, 조직에 기여할 준비가 되어 있다'라는 메시지를 전달하는 역할을 하며(김정숙 외, 2019), 지원자는 자신의 강점과 성취를 단순히 나열하는 데 그치지 않고, 직무 요구 역량과 연결 지어 전략적으로 작성해야 한다(윤성희, 2018).

둘째, 직무 적합성을 판단하는 기초 자료로 활용된다. 채용 담당자는 입사지원서를 통해 지원자가 해당 직무를 얼마나 이해하고 준비해 왔는지, 그리고 직무 수행에 필요한 역량과 경험을 갖추고 있는지를 일차적으로 평가한다(고용노동부, 2021). 이 문서는 평가자가 면접 대상자를 선별하는 데 중요한 기준이 되며, 입사지원서의 완성도가 곧 면접 기회로 이어질 가능성을 높여 준다. 따라서 입사지원서는 단순히 정보를 기입하는 문서가 아니라, 평가자에게 '이 지원자를 왜 면접에 불러야 하는가'를 설득하는 도구이다(한국고용정보원, 2020).

셋째, 채용 담당자와의 첫 소통 창구로서 기능이다. 서류의 내용, 구성 방식, 문장 표현과 맞춤법, 가독성은 모두 지원자의 태도, 성실성, 준비성을 간접적으로 드러내는 요소가 된다(김정숙 외, 2019). 평가자는 입사지원서를 통해 지원자가 얼마나 꼼꼼하게 문서를 작성하는지, 자신의 경험을 얼마나 논리적으로 정리하고 있는지를 확인하며, 이를 기반으로 지원자의 기본 역량과 태도를 평가한다(윤성희, 2018).

넷째, 면접 질문과 평가의 기초 자료로 활용된다. 채용 담당자는 입사지원서에 기재된 경력, 경험, 자기소개 내용 등을 기반으로 심층 질문을 구성하고, 지원자의 답변과 문서 내용의 일치 여부, 진정성, 구체성을 평가한다. 따라서 입사지원서 작성 과정에서는 허위 기재나 과장 표현을 삼가고, 사실에 기반한 경험과 성과를 솔직하고 구체적으로 기술하는 것이 중요하다(고용노동부, 2021).

다섯째, 입사지원서 작성은 지원자 스스로 자신의 경험과 역량을 분석하고 직무와 연계하여 전략적으로 설계하는 자기계발 과정이기도 하다(고용노동부, 2021; 윤성희, 2018). 입사지원서를 작성하는 과정에서 지원자는 자신이 가진 역량과 경험을 다시 한번 점검하고, 직무 요구사항과 자신의 강점을 연결하는 전략적 사고를 기르게 된다. 이 과정은 단순한 서류 제출을 넘어, 향후 경력 설계와 성장에도 긍정적인 영향을 미친다(한국고용정보원, 2020).

이처럼 입사지원서는 지원자의 역량과 잠재력을 드러내고, 직무와 조직에 대한 준비 정도를 보여주는 핵심 문서로서 구직 과정에서 매우 중요한 목적과 기능을 수행한다(김정숙 외, 2019). 따라서 입사지원서를 작성할 때는 단순한 형식적 작성에 그치지 않고, 자신을 효과적으로 표현하고 설득하는 전략적 글쓰기의 관점으로 접근해야 한다(윤성희, 2018).

3) 입사지원서 중요성

입사지원서는 취업을 준비하는 지원자가 구직 과정에서 작성하는 가장 기본적이면서도 핵심적인 공식 문서이다. 이 문서는 단순히 구직 의사를 표현하는 데 그치지 않고, 지원자가 자신의 역량, 가치관, 성장 가능성, 직무 이해도를 종합적으로 드러내어 채용 담당자에게 첫인상과 잠재력을 평가받는 자료로서 매우 중요한 의미를 지닌다(고용노동부, 2021). 그러므로 입사지원서가 중요하다. 입사지원서가 중요한 이유를 구체적으로 설명하면 다음과 같다.

첫째, 채용 과정의 출발점이자 첫 관문으로서 중요하다. 입사지원서는 채용 과정에서 평가자가 지원자를 처음으로 만나게 되는 자료로, 면접 기회가 주어지기 전 지원자를 평가하는 일차 관문 역할을 한다. 서류 전형 단계에서 입사지원서의 완성도는 면접 기회 획득 여부를 결정짓는 핵심 요소가 된다. 따라서 입사지원서는 단순히 제출하는 서류가 아니라, 지원자가 자신의 역량과 직무 적합성을 전략적으로 설계하고 드러내는 첫 번째 설득 도구로 기능한다(한국고용정보원, 2020).

둘째, 지원자의 첫인상을 형성하는 중요한 수단이다. 입사지원서는 평가자에게 지원자의 첫인상을 형성하게 하는 자료로, 이 문서의 구성, 표현 방식, 문법과 맞춤법, 내용의 논리성은 모두 지원자의 태도, 성실성, 준비성, 의사소통 능력을 간접적으로 드러낸다(김정숙 외, 2019). 즉, 입사지원서는 단순히 정보 전달의 도구를 넘어 지원자의 인성적 요소와 직무 준비 태도를 평가하는 기준으로 활용된다. 이 때문에 입사지원서의 품질은 지원자에 대한 긍정적 또는 부정적 첫인상을 좌우할 수 있다(윤성희, 2018).

셋째, 직무 적합성과 성장 가능성을 평가하는 기초 자료이다. 입사지원서는 지원자가 해당 직무와 조직에 적합한 사람인지를 일차적으로 평가하기 위한 기초 자료로 채용 담당자는 입사지원서를 통해 지원자가 직무에 필요한 역량과 경험을 충분히 보유하고 있는지, 조직의 가치와 문화에 잘 적응할 수 있는지, 성장 가능성을 가졌는지를 분석한다(고용노동부, 2021). 이때 지원자가 제공한 경험과 성과의 구체성, 직무 연계성은 매우 중요한 평가 기준이 된다(한국고용정보원, 2020).

넷째, 면접 질문과 심층 평가의 기반 자료로 활용된다. 입사지원서는 채용 담당자가 면접 질문을 구성할 때 중요한 기반 자료로 문서에 기재된 경력, 경험, 자기소개서 내용은 면접 질문의 출발점이 되며, 평가자는 지원자의 답변과 입사지원서 내용의 일관성, 진정성, 구체성을 면접에서 확인한다(윤성희, 2018). 따라서 입사지원서 작성 시 허위 기재나 과장된 표현은 면접에서 불리하게 작용할 수 있으며, 사실과 경험에 기반한 정직하고 구체적인 작성이 반드시 요구된다(고용노동부, 2021).

다섯째, 지원자의 자기 분석과 성장 설계 과정이다. 입사지원서는 단순히 기업에 제출하는 문서를 작성하는 과정이 아니라, 지원자 스스로 자신의 강점과 약점을 분석하고, 이를 직무 요구사항과 연결하여 전략적으로 자기 역량을 설계하는 자기계발 과정이기도 하다. 이 과정은 지원자가 자신의 경험과 역량을 직무에 맞게 재구성하며, 나아가 장기적인 경력설계와 직업적 성장을 계획하는 기회가 된다. 따라서 입사지원서 작성 과정 자체가 지원자의 자기 성찰과 직무 준비도 향상에 기여한다.

4) 입사지원서 종류

입사지원서는 지원하는 기업의 형태, 채용 방식, 제출 방법에 따라 다양한 형태로 구분될 수 있다. 입사지원서의 종류는 작성 방식과 요구되는 내용, 표현의 자유도에서 차이가 있으며, 지원자는 상황과 목적에 맞게 적절한 형태의 지원서를 준비해야 하는데(고용노동부, 2021; 한국고용정보원, 2020), 주요 입사지원서의 종류와 그 특징을 살펴보면 다음과 같다.

첫째, 자유 양식 입사지원서는 기업에서 별도의 정해진 지원서 양식을 제공하지 않을 때 지원자가 직접 형식을 설계하여 작성하는 지원서이다. 이 경우 지원자는 자신의 인적사항, 학력, 경력, 자격 사항, 자기소개서 등을 문서로 만들어 체계적이고 논리적으로 구성해야 한다.

자유 양식 입사지원서는 지원자의 문서 작성 능력, 논리적 구성력, 표현력까지 평가받을 수 있기 때문에 보다 세심한 기획과 구성이 필요하다(윤성희, 2018). 특히 중소기업, 스타트업, 외국계 기업, 공모전, 인턴십 등에서 자유 양식 지원서를 요구하는 경우가 많다.

둘째, 지정 양식 입사지원서는 지원하는 기업이나 기관이 채용 사이트 또는 자체 홈페이지를 통해 공식적으로 제공하는 입사지원서 양식에 따라 작성하는 형태이다. 이 양식은 기업의 인재상과 채용 기준에 맞게 질문 항목과 작성 구조가 세부적으로 설계되어 있다.

지정 양식 지원서는 대부분 대기업, 공기업, 공공기관, 금융권 등에서 사용되며, 지원자는 주어진 양식에 맞게 정해진 항목을 충실히 작성해야 한다(고용노동부, 2021). 이 경우, 질문 의도를 파악하고 항목별 요구사항에 맞게 경험과 역량을 구체적으로 서술하는 것이 중요하다.

셋째, 온라인 입사지원서는 채용 사이트(예: 잡코리아, 사람인), 기업 채용 포털, 공공기관 전자채용 시스템을 통해 웹 기반으로 작성·제출하는 지원서이다. 이 형태는 지원자의 정보가 데이터베이스화되며, 평가자가 전자 시스템을 통해 자료를 열람하고 평가하는 데 쉽다. 온라인 입사지원서는 시스템에 따라 글자 수 제한, 항목별 입력 필드, 자동 저장 기능 등이 있으므로, 지원자는 입력 규칙과 분량을 철저히 확인하고 작성해야 한다(한국고용정보원, 2020). 특히 인터넷 환경에서 작성하는 만큼 오타, 입력 누락, 시스템 오류에 주의하며, 작성 내용을 미리 별도 문서로 준비한 뒤 옮겨 적는 방식이 권장된다.

넷째, 이력서형 입사지원서는 경력과 학력 중심으로 간략히 작성되는 지원서로, 전통적인 이력서 형식과 유사하다. 주로 경력직 채용, 헤드헌팅, 포트폴리오 중심 채용, 프로젝트 베이스 채용에서 활용된다. 이력서형 입사지원서는 학력, 경력, 자격, 기술 능력 등의 사실 기반 정보를 간결하고 명료하게 나열하며, 자기소개서나 에세이형 서술은 포함되지 않거나 간략히 첨부된다. 이 경우 지원자는 핵심 이력과 직무 연관성을 강조하여 경력 중심으로 내용을 구성해야 한다(윤성희, 2018).

다섯째, 포트폴리오형 입사지원서는 디자이너, 엔지니어, 기획자, 연구원, 개발자 등 성과물이나 산출물을 중심으로 평가받는 직무에서 주로 사용되는 형태이다. 이 경우 입사지원서는 간략한 기본 사항과 자기소개를 담은 문서와 함께, 본인이 직접 수행한 프로젝트, 산출물, 논문, 디자인 샘플 등을 별도의 포트폴리오 형식으로 첨부하여 제출한다. 이 지원서는 결과 중심, 실적 중심 평가가 이루어지기 때문에, 포트폴리오의 완성도와 기획력, 디자인, 논리적 설명이 매우 중요한 평가 요소가 된다.

이처럼 입사지원자는 다섯 유형의 입사지원서를 각 형태의 특성과 목적을 이해하고, 지원 직무와 기관에 맞게 전략적으로 입사지원서를 준비해야 한다. 입사지원서의 종류와 요구사항을 파악하고 그것에 맞게 내용을 구성하는 것은 취업 성공을 위한 중요한 첫걸음이다.

2. 포트폴리오

1) 포트폴리오 개념과 중요성

(1) 포트폴리오 개념

포트폴리오는 구직자, 학생, 전문가 등이 자신의 지식, 기술, 경험, 성과를 구체적이고 체계적으로 보여주기 위해 작성하는 성과 중심 자료집 또는 직무 수행 능력을 입증하는 문서이다(고용노동부, 2021; 김정숙 외, 2019). 단순히 이력서나 자기소개서처럼 경력과 자격을 나열하는 것을 넘어, 지원자가 실제로 수행한 프로젝트, 과제, 산출물, 결과물을 시각적이고 구체적으로 제시함으로써 직무 수행 역량과 전문성을 증명하는 도구로 활용되며(윤성희, 2018), 특히 창의적 결과물과 실적이 중요한 분야에서 그 가치를 인정받으며, 디자인, 영상, IT 개발, 건축, 연구개발, 기획, 교육 등의 분야에서 자기 역량과 성과를 직접 보여주는 자료로서 필수적으로 요구된다(한국고용정보원, 2020). 포트폴리오는 단순한 자료 모음이 아니라, 지원자가 자신의 역량과 경험을 목표 직무와 연관시켜 전략적으로 설계하고 구성한 결과물이라는 점에서 의미가 있다(김정숙 외, 2019). 다음은 포트폴리오의 의미를 본질적 의미와 목적적 측면에서 살펴보면, 본질적 의미 포트폴리오는 구직자나 학습자가 자신의 직무 수행 과정과 결과를 증명하는 살아있는 기록이자, 단순 이력 기술을 넘어 자신의 문제 해결 능력, 창의적 사고, 기획력, 실행력을 종합적으로 보여주는 문서이다(윤성희, 2018). 이는 곧 채용 담당자나 평가자가 지원자의 잠재력과 직무 적합성, 성장 가능성을 직접 검증할 수 있는 구체적 자료가 되며, 지원자가 스스로 자기 경력과 성과를 분석하고 전략적으로 정리한 결과물로 볼 수 있다(고용노동부, 2021).

또한 포트폴리오는 단순 제출용 자료에 그치지 않고, 작성과 준비 과정 자체가 지원자에게 자기 분석과 성장 기획의 기회를 제공한다. 포트폴리오를 작성하며 지원자는 자신의 경험과 성과를 되짚어보고, 이를 목표 직무와 연계하며, 부족한 부분과 강화할 점을 스스로 점검할 수 있다. 목적적 측면에서 포트폴리오는 다음과 같은 목적을 실현하기 위해 작성되는 문서이다.

첫째, 직무 수행 능력을 증명하는 것으로 지원자가 직무와 관련된 실질적 경험과 산출물을 통해 자신이 해당 업무를 수행할 능력이 있음을 평가자에게 보여준다.

둘째, 경쟁력 있는 자기 표현이다. 이력서와 자기소개서만으로는 드러나기 어려운 창의성, 문제 해결 능력, 기획력, 완성도를 시각 자료와 구체적 사례로 보여줌으로써 자신의 차별성을 강조한다.

셋째, 직무 적합성 평가 자료 제공이다. 포트폴리오에 담긴 프로젝트와 성과는 채용 담당자가 지원자의 직무 연관 경험과 실질적 기여도를 평가하는 기초 자료가 된다.

넷째, 면접 및 심층 평가의 기반 자료이다. 포트폴리오는 면접에서 평가자가 질문을 구성하고 심층 평가를 진행할 때 핵심 참고 자료로 활용된다.

(2) 포트폴리오 목적

포트폴리오는 단순히 지원자의 산출물을 나열하는 문서가 아니라, 지원자가 자신이 보유한 역량과 직무 적합성을 구체적이고 시각적인 자료를 통해 증명하고, 평가자에게 자신의 경쟁력을 효과적으로 전달하기 위해 작성하는 성과 중심 자료이다. 포트폴리오는 다음과 같은 주요 목적을 가지고 있으며, 이러한 목적들은 채용 과정에서 지원자의 강점을 드러내고 평가자가 공정하고 객관적으로 지원자를 검토하는 데 핵심적 역할을 한다. 포트폴리오의 목적은 다음과 같다.

첫째, 지원자의 실질적인 직무 수행 역량을 구체적으로 입증하는 것이다. 이력서나 자기소개서는 주로 글로 작성되기 때문에 지원자의 기획력, 창의적 사고, 문제 해결 능력, 기술적 능력 등을 설명하는 데 한계가 있다. 반면, 포트폴리오는 지원자가 실제 수행한 프로젝트와 그 결과물을 시각적이고 구체적인 자료로 제시함으로써, 평가자에게 지원자의 역량이 단순 주장이나 나열이 아닌, 실질적이고 증명할 수 있는 수준임을 보여주는 도구가 된다(고용노동부, 2021). 예를 들면, 디자인 직무 지원자는 자신이 기획하고 제작한 디자인 시안과 완성본을 통해 창의성과 미적 감각을, IT 개발 직무 지원자는 직접 작성한 프로그램 코드나 시스템 아키텍처 설계도를 통해 기술적 역량과 문제 해결 과정을 직접 보여줄 수 있다.

둘째, 지원자의 직무 적합성을 검증하는 것이다. 포트폴리오는 단순히 산출물을 모아둔 자료집이 아니라, 지원자가 수행한 프로젝트와 성과물이 지원하는 직무의 요구사항과 얼마나 부합하는지를 평가자가 객관적으로 판단할 수 있게 하는 기초 자료이다(한국고용정보원, 2020). 평가자는 포트폴리오를 통해 지원자가 실제 직무를 수행할 준비가 되어 있는지, 직무와 관련된 기술과 경험을 충분히 보유하고 있는지를 확인한다. 특히 포트폴리오에 포함된 프로젝트의 주제, 기획 배경, 수행 과정, 결과가 지원 직무의 핵심 역량과 얼마나 연결되는지는 직무 적합성을 평가하는 중요한 기준이 된다. 따라서 포트폴리오는 단순 산출물의 나열이 아니라, 직무 분석에 기반하여 선별되고 기획된 자료집이어야 하며, 이를 통해 지원자는 자신의 직무 이해도와 준비도를 자연스럽게 드러낼 수 있다.

셋째, 지원자의 경력과 성과를 차별화하는 것이다. 이력서나 자기소개서는 많은 지원자가 유사한 학력과 경력을 나열하기 때문에, 채용 담당자가 개별 지원자의 실질적 역량과 차이를 파악하는 데 한계가 있을 수 있다. 그러나 포트폴리오는 그 내용과 품질, 구성 방식, 시각적 완성도 등을 통해 지원자 간 경쟁력을 드러내는 강력한 수단이 된다(윤성희, 2018). 포트폴리오에 담긴 프로젝트의 독창성, 기획력, 문제 해결 방식, 결과물의 완성도는 지원자의 개성과 직무 역량을 평가자에게 설득력 있게 보여주며, 다른 지원자와의 명확한 차별화를 가능하게 한다. 특히 창의적 접근, 새로운 아이디어의 적용, 독자적 기획 사례 등은 포트폴리오를 통해 더욱 효과적으로 평가자에게 전달된다.

넷째, 면접 및 심층 평가의 기반 자료가 된다. 포트폴리오는 면접 질문과 심층 평가의 기반 자료로 활용되며, 평가자는 이를 통해 지원자의 답변과 자료의 일치 여부, 진정성, 구체성을 확인한다(김정숙 외, 2019).

결국 포트폴리오는 지원자가 자신만의 경쟁력을 강조하고, 다른 지원자들 사이에서 돋보일 수 있는 차별화된 자기 표현 수단이 된다.

(3) 포트폴리오 중요성

포트폴리오는 단순히 개인의 작업물이나 성과를 모아두는 자료집을 넘어, 지원자가 자신의 직무 수행 역량, 문제 해결 능력, 기획력, 창의성을 구체적이고 시각적인 방식으로 증명하는 핵심 문서이다(고용노동부, 2021). 이는 이력서나 자기소개서처럼 글로만 작성된 자료가 표현하지 못하는 지원자의 실질적인 능력과 성과를 직접 보여주는 역할을 한다는 점에서 매우 중요하다(윤성희, 2018).

첫째, 포트폴리오는 직무 수행 역량을 실질적으로 입증하는 도구로서 중요하다. 이력서와 자기소개서에는 지원자의 경험과 역량이 간접적으로 언급되지만, 포트폴리오는 프로젝트 산출물과 결과물을 통해 지원자의 능력이 단순한 주장이나 서술이 아니라 실제로 수행되고 성취된 것임을 객관적으로 보여주는 자료가 된다(고용노동부, 2021; 윤성희, 2018). 평가자는 포트폴리오에 담긴 산출물을 통해 지원자의 실무 능력과 직무 이해도를 직접 확인할 수 있다(한국고용정보원, 2020).

둘째, 포트폴리오는 직무 적합성과 준비도를 평가하는 핵심 자료로 기능한다. 채용 담당자는 포트폴리오에 포함된 프로젝트의 내용과 완성도를 통해 지원자가 해당 직무의 특성과 요구되는 역량을 충분히 이해하고 준비해 왔는지를 판단한다(김정숙 외, 2019). 따라서 포트폴리오는 지원자의 직무 이해도와 직무 연관 경험을 구체적이고 설득력 있게 드러내는 자료로서 평가 과정에서 중요한 의미를 지닌다(고용노동부, 2021).

셋째, 포트폴리오는 지원자의 경쟁력을 높이고 차별성을 강조하는 수단으로서 중요하다. 많은 지원자가 유사한 학력과 경력을 가지고 채용 과정에 참여하는 상황에서, 포트폴리오의 내용과 품질, 구성 방식은 평가자에게 지원자가 다른 지원자와 무엇이 다른지를 명확하게 보여준다(윤성희, 2018). 특히 창의적 기획력, 문제 해결 과정, 산출물의 독창성과 완성도는 포트폴리오를 통해 가장 효과적으로 전달되며, 이는 지원자가 경쟁력을 강화하는 데 중요한 역할을 한다(김정숙 외, 2019).

넷째, 포트폴리오는 면접과 심층 평가 과정에서 기반 자료로 활용되는 점에서도 중요하다. 채용 담당자는 포트폴리오에 기재된 내용과 산출물을 토대로 면접 질문을 준비하고, 지원자의 답변과 포트폴리오의 내용이 일관되고 진정성 있는지 검증한다(고용노동부, 2021). 따라서 포트폴리오는 단순 제출용 문서를 넘어, 면접의 질과 방향에도 직접적인 영향을 미친다.

다섯째, 포트폴리오는 지원자 스스로 자신의 경험과 성과를 점검하고 성장 방향을 설계하는 자기 분석과 개발의 기회를 제공한다. 포트폴리오를 준비하고 작성하는 과정은 지원자가 자신의 경험을 직무 관점에서 다시 해석하고, 부족한 점과 강점을 점검하며, 앞으로의 경력 개발 계획을 수립하는 데 도움이 된다(한국고용정보원, 2020). 이처럼 포트폴리오는 취업 준비뿐 아니라 자기 성장과 평생 경력 관리의 도구로서도 큰 의미가 있다(김정숙 외, 2019).

2) 포트폴리오 구성요소

포트폴리오는 개인의 학업, 경력, 능력, 성과를 체계적으로 정리하여 자신의 역량을 효과적으로 보여주는 자료집으로, 다음과 같은 주요 구성요소를 포함하는 것이 일반적이다(고용노동부, 2021; 한국고용정보원, 2020).

첫째, 표지(Cover)이다. 포트폴리오의 표지는 독자가 첫 번째로 접하는 부분으로, 전체 포트폴리오의 인상을 좌우하는 중요한 요소이다. 표지에는 포트폴리오의 제목, 작성자의 이름, 소속(예: 대학교, 학과), 작성일자, 제출처(교수명, 기관명 등)와 같은 기본 정보가 포함되며, 디자인은 단순하고 깔끔하며, 전문성을 드러낼 수 있도록 구성하는 것이 바람직하다(김정숙 외, 2019).

둘째, 자기소개 및 작성 목적(Introduction & Purpose)으로, 자기소개 부분에서는 작성자의 학력, 전공, 관심 분야, 성격적 강점 등을 간략히 기술하며, 포트폴리오를 작성한 목적과 목표를 명확히 밝히는 것이 중요하다. 예를 들면, 특정 직무를 목표로 한 준비 과정, 학습 성과의 기록, 향후 진로 계획 등을 설명하여 포트폴리오의 방향성을 제시한다.

셋째, 학업 및 경력 요약(Academic Background & Career Summary)이다. 이 부분에서는 작성자의 학력, 이수한 주요 과목, 학업 성취도, 자격증, 수상 경력 등을 정리하며, 아르바이트, 인턴십, 동아리 활동, 대외활동 등 경력 관련 내용을 포함하여 학업 이외의 경험을 폭넓게 보여준다. 표나 연표 형식으로 정리하면 이해하기 쉽다.

넷째, 주요 프로젝트 및 산출물(Projects & Outcomes)이다. 포트폴리오의 핵심을 이루는 부분으로, 작성자가 수행한 주요 과제, 연구, 팀 프로젝트, 발표, 실습 결과물 등을 포함한다. 사례별로 프로젝트명, 기간, 목표, 역할, 수행 과정, 성과를 구체적으로 기술하고, 가능하다면 이미지, 그래프, 도표, 스크린샷 등의 시각 자료를 첨부하여 내용을 보완하며, 이를 통해 작성자의 문제 해결 능력과 기여도를 효과적으로 드러낼 수 있다.

다섯째, 보유 역량 및 기술(Skills & Competencies)이다. 작성자가 보유한 전문 지식과 기술, 도구 사용 능력, IT 기술, 언어 능력, 소프트 스킬(예: 의사소통, 협업, 창의적 사고)을 체계적으로 정리하며, 필요시, 역량 수준을 점수화하거나 그래프, 도식으로 표현하면 한눈에 보기 좋다.

여섯째, 평가 및 피드백(Evaluation & Feedback)이다. 교수, 지도자, 상사, 동료 등으로부터 받은 추천서, 평가서, 피드백을 포함한다. 이는 외부의 평가를 통해 작성자의 역량과 성과를 객관적으로 입증할 수 있는 자료가 되고, 수료증, 자격증, 인증서의 사본이나 사진을 첨부하는 것도 좋은 방법이다.

일곱째, 자기 성찰 및 향후 계획(Reflection & Future Plans)이다. 포트폴리오를 작성하며 느낀 점과 자신의 성장 과정에 대한 성찰을 기록하며, 앞으로의 학업 및 경력 목표, 보완해야 할 역량, 구체적인 성장 계획 등을 작성하여 미래 지향적인 자세를 보여준다.

여덟째, 부록(Appendix)으로 본문에 담기 어려운 추가 자료를 포함하는 부분이다. 예를 들면, 전체 과제 목록, 작품 링크, QR 코드, 참고문헌, 상세 데이터 등이 이에 해당하며, 부록은 필요한 경우에만 포함하되, 본문을 보완하는 용도로 활용된다.

3) 포트폴리오 종류

포트폴리오는 작성 목적, 활용 분야, 구성 방식에 따라 여러 형태로 구분되며, 각 유형은 특정 상황과 요구에 적합하도록 설계된다(고용노동부, 2021). 대표적인 포트폴리오의 종류는 다음과 같다.

(1) 학습 포트폴리오

학습 포트폴리오(Learning Portfolio)는 학습자가 자신의 학습 경험을 체계적으로 정리하고, 학습 과정을 되돌아보며 자기 주도적 학습 태도를 강화하기 위해 작성하는 자료집이다. 이는 단순한 결과물의 나열을 넘어 학습 과정의 성장과 변화를 기록하며, 자기 성찰과 발전을 촉진하는 데 목적이 있으며(한국고용정보원, 2020), 교수자에게는 학습자의 이해 수준과 문제 해결 과정, 태도 변화를 파악할 수 있는 평가 자료로 활용되며, 학습자는 이를 통해 학습 목표 달성 여부, 학습 전략의 적절성, 강점과 약점을 분석하고 개선할 수 있다.

학습 포트폴리오는 여러 요소로 구성되는데, 먼저 표지에는 포트폴리오 제목, 작성자 이름, 소속, 작성 일자 등이 포함된다. 학습 목표 및 계획 부분에서는 수업이나 과제를 통해 달성하고자 하는 목표와 이를 위한 계획을 서술하고, 과제 및 수행 활동 기록에는 과제 결과물, 실험 보고서, 토론 요약, 프로젝트 진행 과정, 발표 자료 등 학습 활동의 증거 자료를 포함하여 학습자의 노력을 구체적으로 보여준다. 또한 학습 일지와 성찰 노트에는 학습 과정 중 느낀 점, 어려웠던 점, 극복 방법, 새롭게 깨달은 점 등을 기술하며, 자기 평가와 교수자 및 동료의 피드백을 반영하고, 평가 결과와 피드백 기록에는 지도교수나 멘토, 동료로부터 받은 평가 내용과 첨삭 자료, 개선 사항 등을 첨부하여 학습의 질을 높인다. 마지막으로 향후 학습 계획 부분에서는 학습 과정에서 발견한 개선점과 다음 단계 학습 목표, 추가 역량 개발 계획을 제시한다. 이러한 학습 포트폴리오는 몇 가지 특징을 지니고 있다.

첫째, 결과보다는 학습 과정과 그 안에서의 고민과 시도, 변화의 과정을 중시하는 과정 중심 자료이다.

둘째, 학습자가 스스로 목표를 설정하고 학습 과정을 점검하며 주도적으로 학습을 조율하도록 돕는 자기 주도성 강화 도구이다.

셋째, 교수자와 동료의 피드백을 수용하고 이를 학습 과정에 반영하는 피드백 기반 학습 자료로 활용된다.

넷째, 학습자의 필요와 목표에 따라 구성과 강조점이 달라지는 맞춤형 자료집이라는 점에서 의미가 있다.

학습 포트폴리오는 다양한 분야와 상황에서 활용될 수 있다. 예를 들어, 글쓰기, 디자인, 실험 수업 등 교과목 학습 과정 평가 자료로 사용되며, 현장실습이나 인턴십의 결과 보고 자료, 교직과정이나 교육실습의 보고서 자료로도 활용된다. 또한 자기 주도 학습의 성찰 보고서, 장학금 신청, 학업 우수상, 공모전 제출 자료로도 유용하게 사용되며, 이처럼 학습 포트폴리오는 학습자의 성장 기록이자 미래 발전의 밑거름이 되는 중요한 학습 도구이다.

(2) 평가 포트폴리오

평가 포트폴리오(Assessment Portfolio)는 학습자의 지식, 기술, 태도와 같은 다양한 학습 성과를 체계적으로 기록하고, 이를 바탕으로 학습자의 성취 수준을 평가하기 위해 작성되는 자료집이다(고용노동부, 2021; 윤성희, 2018). 이 포트폴리오는 학습 과정에서 이룬 결과물을 수집하고, 그에 대한 교수자나 평가자의 평가 및 첨삭 내용을 포함하여 학습자의 성장과 발전 정도를 객관적으로 증명하는 데 목적이 있으며, 주로 학교, 대학, 직업 교육, 직무 훈련과 같은 공식적 교육 현장에서 성취 기준이나 루브릭에 기반한 평가 자료로 활용되며, 학습자의 성과를 정량적 · 정성적으로 확인하는 데 중요한 도구가 된다(한국고용정보원, 2020).

평가 포트폴리오의 구성요소는 다음과 같다. 우선 표지에는 포트폴리오 제목, 작성자 이름, 소속, 작성 일자, 제출처(예: 담당 교수, 평가 기관) 등의 정보를 기재하고, 이어서 학습 목표 및 평가 기준을 명시하여 포트폴리오의 평가 목적과 방향을 분명히 한다. 핵심 내용에는 수업 과제, 프로젝트 결과물, 실습 기록, 시험 성적, 보고서 등 학습자가 수행한 주요 학습 활동과 성과물이 포함되며, 이 과정에서 각 결과물에는 수행 배경, 목표, 작성 과정, 결과, 자신의 평가를 함께 기술하며, 교수자나 동료로부터 받은 평가 의견과 첨삭 내용도 첨부된다. 이를 통해 학습자는 자신이 어느 부분에서 강점을 보였고, 어떤 부분을 보완해야 하는지 구체적으로 확인할 수 있다. 평가 포트폴리오는 몇 가지 중요한 특징을 지니고 있다(김정숙 외, 2019).

첫째, 기준 중심의 체계적 자료로, 학습자의 성취를 객관적이고 공정하게 평가하기 위해 사전에 설정된 평가 기준이나 루브릭에 따라 자료가 정리된다.

둘째, 성과 증빙 자료의 역할을 하며, 학습자가 실제로 수행한 과제나 프로젝트 결과물을 통해 역량을 증명한다.

셋째, 피드백과 개선 지향적 자료로, 단순한 평가 결과 기록에 그치지 않고, 그 과정에서 수집된 평가와 피드백을 통해 학습자의 발전 방향을 제시하고 자기 개선을 촉진한다.

넷째, 목적성 있는 자료집으로, 학업 성취 평가뿐 아니라 자격 증명, 진로 지도, 장학금 심사, 입시나 취업 준비 자료로도 활용될 수 있다.

평가 포트폴리오는 다양한 분야에서 활용된다. 예를 들어, 대학교에서는 수업의 학기 말 평가 자료, 캡스톤 디자인 프로젝트의 성과 보고서, 실험 · 실습 결과 평가 자료로 활용되며, 직업 교육 현장에서는 자격 시험 준비 자료, 직무 훈련 성취 평가 자료로도 널리 사용된다. 나아가 학업 우수상 심사, 교내외 공모전, 장학금 신청 등에서도 학습자 또는 지원자의 성과를 입증하는 자료로 제출되기도 한다(고용노동부, 2021).

이처럼 평가 포트폴리오는 학습자의 성취를 공정하게 평가하고, 학습자 자신의 성장과 발전을 확인하며, 교육적·사회적 목적을 달성하는 데 있어 중요한 역할을 하는 도구라 할 수 있다(윤성희, 2018).

(3) 취업/진로 포트폴리오

취업 또는 진로 포트폴리오(Career/Employment Portfolio)는 구직자나 진로 탐색 단계에 있는 학습자가 자신의 학업, 경력, 기술, 성과, 그리고 역량을 종합적으로 정리하여 고용주, 면접관, 지도교수, 심사자 등에게 자신의 경쟁력을 효과적으로 보여주기 위해 작성하는 자료집이다(김정숙 외, 2019). 이 포트폴리오는 이력서, 자기소개서와 같은 문서보다 더 구체적이고 실질적인 증거 자료를 담아, 작성자의 역량과 잠재력을 시각적이고 직관적으로 전달하는 것을 목적으로 한다. 특히 전문직, 기술직, 창의적 직종에서 매우 중요하며, 점점 더 많은 직무 분야에서 필수적인 준비 자료로 활용되고 있다.

취업/진로 포트폴리오의 주요 구성요소는 다음과 같다. 표지에는 포트폴리오 제목, 작성자 이름, 소속, 연락처, 작성 일자 등을 기재한다. 이어 자기소개 및 경력 요약 부분에서는 작성자의 학력, 경력, 관심 분야, 직무 목표, 강점 등을 간략히 기술한다. 핵심 내용에는 이력서, 자기소개서, 추천서와 같은 공식 문서와 함께, 작성자가 수행한 주요 프로젝트 사례, 과제 결과물, 산출물(예: 보고서, 디자인 시안, 연구 논문, 개발 코드) 등이 포함된다. 각 프로젝트나 결과물에는 프로젝트명, 수행 기간, 본인의 역할, 사용 기술, 성과를 구체적으로 설명하여 작성자의 기여도를 명확히 드러낸다. 또한 자격증, 수료증, 공인 시험 성적, 수상 내역 등 역량을 입증할 수 있는 공식 자료와 인증서를 첨부한다(한국고용정보원, 2020). 다음 취업/진로 포트폴리오의 특징은 다음과 같다(윤성희, 2018).

첫째, 경쟁력 강화 자료로, 면접관이나 고용주가 작성자의 실질적 역량을 한눈에 이해할 수 있도록 돕는다.

둘째, 구체적 성과 중심으로, 이력서나 자기소개서에서 설명하기 어려운 실제 결과물과 성과를 시각적이고 체계적으로 정리한다.

셋째, 직무 맞춤형 자료집으로, 지원하는 직무나 업종에 따라 포트폴리오의 구성과 강조점을 달리하여 작성된다. 예를 들면, 디자인, 건축, 영상 분야에서는 작업물 이미지와 시안을 강조하고, 연구직이나 개발직에서는 프로젝트 보고서, 코드 표본, 실험 결과를 중점적으로 제시한다.

넷째, 자기 홍보 도구로, 구직자나 진로 탐색자가 자신의 강점과 잠재력을 설득력 있게 전달할 수 있는 도구가 된다.

이처럼 취업/진로 포트폴리오는 다양한 상황에서 활용된다. 대표적으로 취업 면접, 인턴십 지원, 연구실 또는 대학원 진학 면접, 장학금 심사, 공모전, 창업 발표, 프리랜서 계약 시 제출 자료로 사용되며, 최근에는 디지털 포트폴리오 형태로 웹사이트, PDF 파일, 포트폴리오 플랫폼(예: Behance, Notion, Github)을 활용하여 온라인으로 공유하는 경우가 많다. 이를 통해 작성자는 접근성과 전달력을 높이고, 자신의 역량을 보다 널리 알릴 수 있고, 취업/진로 포트폴리오는 구직자나 진로 탐색자가 자신의 학업과 경력을 효과적으로 정리하고, 이를 통해 기회를 창출하며, 미래 성장을 설계하는 데 매우 중요한 역할을 하는 자료가 된다.

(4) 전시 포트폴리오

전시 포트폴리오(Showcase Portfolio)는 작성자가 수행한 다양한 작업물과 성과물 중에서 대표적이고 우수한 결과물만을 선별하여 체계적으로 정리한 자료집으로, 자신의 역량과 창의성을 돋보이게 하고 대외적이고 효과적으로 홍보하기 위해 작성된다(고용노동부, 2021; 김정숙 외, 2019). 이 포트폴리오는 특정 직무나 업계에서 요구하는 표준을 충족하거나, 자신의 독창성과 전문성을 강조하기 위한 목적으로 활용되며, 특히 예술, 디자인, 건축, 사진, 영상, 공연 예술, 콘텐츠 기획 등 창의적·시각적 작업을 필요로 하는 분야에서 중요하게 사용된다(윤성희, 2018).

다음 전시 포트폴리오의 구성요소를 살펴보면, 먼저 표지에는 포트폴리오 제목, 작성자 이름, 소속, 연락처, 작성 일자, 제출 또는 발표 목적 등을 기재하며, 자기소개 및 전시 의도 부분에서는 작성자의 학력, 전공, 창작 철학, 디자인 혹은 작품에 담긴 주제 의식과 목표 등을 간략히 설명한다. 핵심 내용에는 가장 대표적이고 완성도가 높은 작업물, 프로젝트 사례, 디자인 시안, 작품 이미지, 영상 캡처, 모델링 자료, 전시회 또는 공모전 출품작 등이 포함되며, 각 작업물에 대해서는 제목, 제작 기간, 사용 기법, 재료, 창작 의도, 과정, 결과에 대한 설명을 상세히 기록한다. 또한 필요한 경우 작업 과정의 스케치, 콘셉트 기획안, 시안, 제작 노트 등도 함께 첨부하여 창작의 전 과정을 이해할 수 있도록 한다. 전시 포트폴리오의 주요 특징은 다음과 같다.

첫째, 선택과 집중을 통해 작성자의 가장 뛰어난 성과물을 선별하여 제시한다.

둘째, 시각적 완성도를 중요시하며, 포트폴리오 자체가 하나의 디자인 작품처럼 깔끔하고 일관된 레이아웃과 스타일로 제작된다.

셋째, 개인 브랜드 강화 도구로 활용되며, 작성자의 개성, 창의성, 독창적 관점, 문제 해결 능력을 드러내는 데 중점을 둔다.

넷째, 대외 홍보 자료의 역할을 하여, 공모전, 전시회, 심사, 면접, 클라이언트 제안, 프리랜서 영업 등 다양한 공식 자리에서 자신의 작품과 역량을 홍보하는 데 활용된다.

전시 포트폴리오는 주로 예술 및 창작 관련 분야에서 다양한 용도로 사용되며, 예를 들면, 졸업 작품 전시회 자료, 디자인·건축 작품 공모전 제출 자료, 갤러리 전시회 기획서, 창작 콘텐츠 제안서, 취업용 디자인 포트폴리오, 클라이언트용 제안 자료, 프리랜서 작업물 홍보 자료 등으로 활용된다. 최근에는 디지털 전시 포트폴리오로 제작하여 PDF, 웹사이트, 디지털 북, 포트폴리오 플랫폼(예: Behance, ArtStation)을 통해 온라인으로 공유하는 경우가 많으며, 이를 통해 접근성과 시각적 전달력을 높이는 경향이 있다.

이처럼 전시 포트폴리오는 작성자의 대표적 성과와 창의적 역량을 한눈에 보여줄 수 있는 효과적인 자료로, 작성자의 브랜드를 강화하고 새로운 기회를 창출하는 중요한 도구로 활용된다.

(5) 디지털/온라인 포트폴리오

디지털 또는 온라인 포트폴리오(Digital/Online Portfolio)는 작성자의 학습, 경력, 역량, 성과물을 전자 문서나 웹 기반 플랫폼을 통해 제작·관리·공유하는 포트폴리오 유형으로, 종이 문서 기반의 전통적 포트폴리오보다 접근성과 전달력을 크게 강화한 형태이다. 이 포트폴리오는 다양한 멀티미디어 자료(이미지, 영상, 음성, 애니메이션, 인터랙티브 자료 등)를 포함할 수 있으며, 작성자가 언제 어디서든 손쉽게 자료를 수정·업데이트하거나 공유할 수 있다는 점에서 현대 사회에서 특히 주목받고 있다.

디지털/온라인 포트폴리오의 주요 구성 요소는 일반 포트폴리오와 유사하나, 디지털 매체의 특성을 적극 반영한 점이 특징입니다. 표지에는 포트폴리오의 제목, 작성자 이름, 소속, 연락처, 링크 또는 QR 코드 등이 포함되며, 시각적으로 깔끔하고 직관적인 디자인을 적용하는 것이 중요하다. 자기소개 및 경력 요약 부분에는 작성자의 학력, 경력, 주요 성과, 강점, 목표를 간략히 기술하며, 멀티미디어 자료(자기소개 영상, 음성 녹음 등)를 삽입할 수도 있다. 핵심 내용에는 과제 결과물, 연구 논문, 디자인 시안, 영상 작품, 코드 샘플, 프로젝트 보고서, 산출물 이미지, 클라이언트 결과물 등을 포함하고, 각 자료에 설명과 함께 링크, 동영상, PDF 파일, 슬라이드 등을 연동하여 생동감 있게 제공한다. 또한 평가서, 추천서, 자격증, 수료증 등의 인증 자료를 이미지 파일이나 PDF 형태로 첨부하거나 링크화하여 손쉽게 확인할 수 있도록 한다. 디지털/온라인 포트폴리오의 주요 특징은 다음과 같다.

첫째, 접근성과 활용성이 높다는 점으로, URL, QR 코드, 클라우드 공유를 통해 장소와 시간에 구애받지 않고 자료를 열람할 수 있다.

둘째, 멀티미디어 자료 연동이 쉬워 정적 자료뿐 아니라 영상, 애니메이션, 인터랙티브 기능을 포함할 수 있어 시각적·청각적 전달력이 뛰어나다.

셋째, 지속적 업데이트와 관리할 수 있어 작성자가 새로운 성과물을 추가하거나 기존 자료를 손쉽게 보완·수정할 수 있다.

넷째, 개인 브랜드 강화 도구로, 맞춤형 웹사이트나 플랫폼을 활용해 작성자의 독창성과 전문성을 효과적으로 드러낼 수 있다. 디지털/온라인 포트폴리오는 다양한 플랫폼과 형태로 제작되며, 대표적으로 개인 홈페이지, 블로그, 노션(Notion), 비핸스(Behance), 아트스테이션(ArtStation), 깃허브(GitHub), 링크드인(LinkedIn), Google 사이트, 윅스(Wix), 워드프레스(WordPress) 등 다양한 플랫폼이 활용된다. 이 포트폴리오는 취업 면접, 프리랜서 영업, 클라이언트 제안, 공모전 제출, 대학원 진학, 작품 전시 등 다양한 상황에서 폭넓게 사용된다.

이처럼 디지털/온라인 포트폴리오는 현대 사회에서 필수적인 자기표현 도구이자, 작성자의 성과를 가장 효과적이고 설득력 있게 전달할 수 있는 강력한 자료로 자리 잡고 있다.

(6) 혼합형 포트폴리오

혼합형 포트폴리오(Hybrid Portfolio)는 학습, 평가, 진로, 전시 등 다양한 포트폴리오 유형의 특징을 통합하여 작성자의 목적과 필요에 맞게 유연하게 구성한 자료집이다. 단일 목적에만 국한되지 않고, 학습 과정과 결과, 평가 자료, 주요 성과물, 진로 준비용 자료를 동시에 포함하여 여러 기능을 수행할 수 있도록 설계된 포트폴리오 형태이다. 특히 학습자 개인의 역량, 경험, 상황에 따라 맞춤형으로 작성되기 때문에 실무, 학습, 취업, 진로 탐색, 전시 등 다양한 목적으로 활용된다. 혼합형 포트폴리오는 다음과 같은 구성요소를 포함한다. 표지에는 포트폴리오의 제목, 작성자 이름, 소속, 작성 일자, 제출 목적(예: 학기 과제 제출, 진로 준비, 평가용) 등을 기재하고, 자기소개 및 작성 목적 부분에서는 작성자의 학력, 경력, 강점, 포트폴리오 작성 배경과 목표를 기술한다. 본문에는 학습 과정 기록, 과제 결과물, 실험·실습 보고서, 자기 성찰 노트, 평가 자료(교수자 피드백, 루브릭 평가표), 주요 프로젝트 사례, 진로 준비용 자료(이력서, 자기소개서, 추천서, 자격증, 수료증) 등이 통합적으로 포함된다. 또한 대표 작품이나 성과물을 전시용으로 편집하거나, 디지털 자료를 링크하거나 QR 코드화하여 디지털 포트폴리오의 기능도 함께 수행할 수 있다. 혼합형 포트폴리오의 주요 특징은 다음과 같다.

첫째, 목적과 용도에 따라 유연하게 구성되며, 학습, 평가, 취업, 전시 등 다양한 기능을 하나의 포트폴리오로 결합할 수 있다.

둘째, 다기능 자료집으로, 작성자의 학습 과정과 성과, 진로역량, 창의성을 종합적으로 보여줄 수 있다.

셋째, 개인 맞춤형 포트폴리오로, 작성자의 상황과 목표에 맞게 내용과 형식을 자유롭게 조정하며, 필요에 따라 디지털 자료와 인쇄 자료를 혼합해 활용한다.

넷째, 지속적 관리와 확장 가능성이 높아, 작성자가 새로운 성과를 추가하거나 기존 자료를 갱신하며 장기적으로 발전시킬 수 있다.

혼합형 포트폴리오는 다음과 같은 상황에서 주로 활용된다. 예를 들면, 학기 및 종합 학습 결과물 제출, 졸업 포트폴리오, 캡스톤 디자인 성과 보고, 교직 이수 포트폴리오, 취업 면접 준비 자료, 공모전 및 작품 전시 자료, 창업 발표 자료 등 다양한 공식 자리에서 폭넓게 사용된다. 특히 최근에는 오프라인 자료와 디지털 자료를 결합한 하이브리드 포트폴리오 형태로 제작하여, PDF, 클라우드, 웹사이트, QR 코드, 프린트 자료를 병행하는 경우가 많다

이처럼 혼합형 포트폴리오는 학습자의 다양한 역량과 성과를 종합적이고 입체적으로 보여주는 효과적인 도구이며, 다목적 활용을 위한 최적화된 포트폴리오

유형이라 할 수 있다.

(7) 성인학습자를 위한 포트폴리오

성인학습자를 위한 진로 포트폴리오는 생애 중·후반의 경력 전환, 재취업, 자기계발을 준비하는 성인이 자신의 진로를 체계적으로 설계하고 준비하기 위한 문서이다. 이는 단순한 직무 이력 정리에 그치지 않고, 삶의 경험과 경력, 가치관을 기반으로 미래를 설계하는 도구로 자기이해, 경력 탐색, 목표 설정, 실행 계획, 역량 증빙 등으로 구성되어 있으며, 각 개인의 삶의 맥락에 맞춘 맞춤형 자료로 활용된다. 다음은 일반적인 학생 대상의 포트폴리오와는 다른 성인학습자를 위한 고유한 특징에 대해 살펴보면 다음과 같다.

첫째, 경험 기반의 진로 설계가 중심이 된다. 성인학습자는 이미 다양한 직업 경험과 삶의 사건을 겪은 존재이므로, 진로 포트폴리오에는 과거의 경력, 경력 전환의 계기, 실패와 성공의 경험 등이 중요한 자원으로 활용이 되고, 이는 학생의 잠재력을 중심으로 한 일반 포트폴리오와는 다른 지점이다.

둘째, 실용성과 현실성이 강조된다. 성인들은 가족, 생계, 건강, 재정 등 복합적인 삶의 조건 속에서 진로를 계획해야 하므로, 포트폴리오 역시 이상적인 진로보다는 실제로 '실현할 수 있는 경로'를 중심으로 구성되어야 하며, 이에 따라 포트폴리오 안에는 자격 취득 계획, 취업 시장 분석, 경력 재설계 전략 등 구체적인 실행 내용이 포함되는 경우가 많다.

셋째, 자기주도적이고 성찰 중심의 기록이다. 성인학습자는 학습 동기와 진로 전환의 필요를 스스로 인식하고 접근하는 경우가 많으므로, 포트폴리오에는 자신의 변화 동기, 내면적 각성, 가치관의 변화 등이 문서화 이를 통해 단순한 경력 정리를 넘어서 자기 성장의 과정을 기록하게 된다.

넷째, 생애설계와 진로설계가 통합된 구조이다. 성인에게 진로란 단지 직업만을 의미하는 것이 아니라 삶의 전반과 연결되는 문제이므로, 진로 포트폴리오에는 일, 학습, 가족, 건강, 재무 등의 영역이 통합적으로 고려되어야 하며, 이를 통해 삶의 균형을 유지하면서도 미래를 주도적으로 설계하는 데 도움이 된다.

다섯째, 개인 맞춤형 설계가 가능하다. 성인의 진로 포트폴리오는 정형화된 틀보다는, 개인의 경험과 필요에 따라 구성요소를 조정할 수 있다. 예를 들어, 경력단절 여성의 경우 돌봄 경험과 사회복귀 계획이 중심이 될 수 있으며, 중장년층은 퇴직 후 제2의 진로 또는 자원봉사 경로가 주요 항목이 될 수 있다.

이처럼, 개인이 자신의 진로를 주체적으로 탐색하고, 그 결과를 체계적으로 정리하여 하나의 통합된 진로 설계 자료로 구성한 상태를 말한다. 이는 단순히 항목을 채우는 데 그치지 않고, 진로에 대한 자기이해, 구체적인 목표 설정, 실행계획, 경험의 기록, 그리고 지속적인 성찰이 모두 반영된 '완성도 높은 진로설계'로 이어져야 한다.

진로 포트폴리오가 완성되었다고 할 수 있으려면 다음과 같은 요소가 충실히 포함되어야 한다.

첫째, 자기이해의 심화이다. 성격, 흥미, 가치관, 역량에 대한 정확한 분석이 이루어졌으며, 그것이 진로 선택의 근거로 논리적으로 연결되어 있어야 한다.

둘째, 진로탐색의 구체성이 요구된다. 관심 직업 또는 분야에 대한 조사와 분석이 현실적이고 실질적이어야 하며, 나의 조건에 맞는 선택지로 좁혀졌는지가 중요하다.

셋째, 실행할 수 있는 목표와 계획 수립이 되어 있어야 한다. 단기 · 중기 · 장기 계획이 명확하게 설정되고, 이를 달성하기 위한 활동 계획(학습, 자격증, 현장경험 등)이 구체적으로 제시되어야 한다.

넷째, 학습과 활동 경험의 정리 및 증빙이 포함되어야 하며, 이를 통해 자신의 진로역량이 실제로 성장했음을 보여줄 수 있어야 한다.

다섯째, 가장 중요한 요소는 진로 여정에 대한 성찰과 성장의 기록이다. 진로탐색 과정에서의 고민, 변화, 실패와 도전, 깨달음 등을 포함한 내면적 기록은 진로 포트폴리오의 깊이를 더해준다. 이러한 성찰은 자기주도성과 진로탄력성을 강화해, 향후의 경력 변화에도 능동적으로 대응할 수 있도록 도와준다.

결론적으로, 진로 포트폴리오의 완성이란 단지 문서를 모두 채웠다는 형식적 완료가 아니라, 개인이 자신의 진로를 주도적으로 설계하고, 그 과정을 깊이 있게 구성하고 해석해 낸 상태를 의미한다. 이를 통해 개인은 자신의 진로 방향을 명확히 하고, 실현할 수 있는 계획을 실행할 준비를 갖추게 된다.

디지털 역량과 경력관리

15

Chapter

1. 디지털 리터러시와 경력설계
2. 경력개발과 전환 관리
3. 평생경력설계

1. 디지털 리터러시와 경력설계

1) 디지털 전환 시대에 요구되는 직무 역량

현대 사회의 고용 환경은 디지털 기술의 급격한 발전과 함께 근본적인 전환기를 맞이하고 있다. 산업 간 경계가 모호해지고, 정보의 흐름이 가속화되면서 직무 수행에 요구되는 역량의 수준과 성격 또한 전례 없이 변화하고 있다. 과거에는 워드프로세서 사용, 인터넷 검색, 이메일 관리 등과 같은 기초적 디지털 활용 능력만으로도 업무를 처리할 수 있었다.

하지만 현재는 고도화된 디지털 역량이 기본 소양으로 간주되고 있으며, 이는 곧 직무 수행 능력과 직결된다. 예를 들어, 기업들은 AI 기반 자동화 툴, CRM(고객관계관리) 시스템, ERP(전사적 자원관리) 소프트웨어를 통합적으로 활용하며, 데이터 분석 역량을 통해 실시간 의사결정을 지원하는 것이 일반적이다. 업무 효율성과 협업 능력을 동시에 향상시키기 위해, 성인 학습자는 Google Workspace, Microsoft Teams, Notion, Canva, ChatGPT, Slack 등 다양한 디지털 툴의 기능과 활용법을 숙지하고 실무에 적용할 수 있어야 한다.

뿐만 아니라, 정보 보안, 디지털 윤리, 데이터 프라이버시 등의 개념도 직무 수행 시 고려해야 할 요소로 중요해지고 있으며, 이는 디지털 시대의 종합적 직무 윤리 역량으로 확장되고 있다.

> **사례:** 한 중견 제조기업 A사의 인사팀은 기존의 문서 중심 채용 시스템에서 벗어나, Notion을 기반으로 한 디지털 인재풀 관리 시스템을 도입하였다. 이를 통해 입사지원서 수합, 이력서 검토, 면접 일정 조율, 평가 기록 등 전 과정을 하나의 플랫폼에서 통합 관리할 수 있게 되었고, 채용 리드타임은 약 30% 단축되었으며, 정보 누락이나 중복 평가 등의 오류도 크게 줄었다. 특히 각 부

서 팀장들이 직접 후보자 정보를 실시간 확인하고 피드백을 남길 수 있어 협업 효율이 향상되었으며, 우수 인재를 장기적으로 관리할 수 있는 체계도 마련되었다. 이처럼 디지털 도구의 활용은 단순한 작업 효율을 넘어서 조직의 인재 관리 전반을 혁신하는 계기가 되고 있다.

2) 온라인 플랫폼을 활용한 진로 탐색과 평생학습

디지털 환경의 확산은 진로 탐색 및 경력 개발 방식에도 중대한 전환을 가져왔다. 전통적인 오프라인 기반의 진로 정보 탐색은 점차 온라인 플랫폼 중심으로 대체되고 있으며, 공공기관과 민간기업이 운영하는 다양한 온라인 시스템이 성인 학습자들에게 진로 설계의 실질적 도구로 기능하고 있다.

예를 들어, 워크넷(WorkNet), HRD-Net, 커리어넷(CareerNet)은 직업 정보, 자격 요건, 훈련 과정, 고용 통계 등의 데이터를 통합적으로 제공하며, HRD-Net은 직업훈련 과정 신청, 훈련 이력 관리, 직업능력개발계좌제 연계 등 경력 개발을 위한 실질적인 지원 기능을 수행한다.

한편 K-MOOC, 에듀윌, 패스트캠퍼스, Udemy, LinkedIn Learning 등 민간의 온라인 학습 플랫폼은 시간과 공간의 제약을 극복한 비동기 학습 환경을 제공함으로써, 성인 학습자의 직무 적응력 제고, 새로운 분야로의 이직 준비, 경력 복귀 등을 위한 효과적인 평생학습 기반을 마련하고 있다.

3) 디지털 이력서 활용법

고용 시장의 디지털화는 채용 양식에도 변화를 가져왔으며, 이에 따라 디지털 이력서의 중요성이 점점 더 부각되고 있다. 디지털 이력서는 PDF 또는 웹 기반 형식으로 작성되어 다양한 플랫폼을 통해 손쉽게 공유할 수 있으며, 지원자의 경력, 역량, 성과 등을 시각적·논리적으로 구성하여 전달력을 높일 수 있는 장점이 있다.

성인 학습자는 Canva, Adobe Express, Notion 등의 디지털 도구를 활용하여 이력서를 시각화하고, 직무 연관성을 고려한 맞춤형 포맷으로 전문성을 강조할 필요가 있다. 또한 이력서는 고정된 문서가 아니라 변화하는 채용 트렌드에 따라 지속적으로 업데이트되어야 하며, 이를 통해 구직 경쟁력을 유지·강화할 수 있다.

2. 경력개발과 전환 관리

1) 경력 전환(Career Transition)의 이해

현대인의 경력 경로는 과거처럼 직선형 구조를 따르지 않으며, 오히려 다양한 생애 사건과 산업 변화에 따라 유연하고 반복적인 전환 과정을 거치는 특징을 지닌다. 고용 불안정, 산업 구조 재편, 출산·육아, 건강 문제, 이혼, 은퇴 등은 경력에 중대한 영향을 미치며, 이에 따라 기존 경력을 재해석하고 새로운 직무 정체성을 구축하는 경력 전환이 필요해진다.

경력 전환은 단절이나 실패가 아닌 새로운 경로를 설계하는'재구성'의 기회로 접근해야 하며, 이를 위해 성인 학습자는 자신의 가치관, 흥미, 성격, 기술 등의 자기이해와 산업 트렌드, 고용시장 변화 등 환경 분석을 기반으로, 경력 점검, 진로 탐색, 역량 격차 분석, 전략 수립 및 실행 계획을 단계적으로 수행해야 한다.

2) 중생애주기별 대상에 따른 경력관리 전략

성인의 경력관리 전략은 생애 단계와 개인적 배경에 따라 상이하게 구성되어야 하며, 각 집단에 특화된 전략이 요구된다.

중장년층(40~60대)은 기존의 경력을 바탕으로 한 전문성 유지와 동시에, 제2의 직업 또는 포트폴리오형 경력으로의 확장이 중요한 과제이다. 강의, 컨설팅, 창업 등의 방향으로 경력의 다각화를 모색해야 하며, 이는 경제적 안정성과 사회적 역할을 동시에 만족시키는 전략이 될 수 있다.

경력단절여성은 출산과 육아로 인한 공백을 극복하기 위해 직무 연계성 높은 교육, 자격증 취득, 실무 중심의 훈련을 통해 실질적인 역량을 재구성해야 한다. 또한 유연 근무제나 재택 가능 직무에의 접근 전략을 병행함으로써 경력 복귀의 실현 가능성을 높일 수 있다.

은퇴자 및 시니어층은 경제적 수익보다는 자아실현과 사회적 기여를 중심으로 제3영역 경력을 고려할 수 있으며, 지역사회 활동, 사회적 기업 참여, 은퇴 후 창업 등의 방식으로 새로운 경력 의미를 부여할 수 있다. 이는 은퇴 이후 삶의 질 향상과 사회적 통합을 위한 중요한 경력 전환 사례라 할 수 있다.

3. 평생경력설계

1) 평생경력설계의 의의와 필요성

오늘날의 고용 환경은 산업의 디지털화, 기술의 융합, 직무의 유연화로 대표되는 불확실성과 복잡성이 지배하는 시대다. 이러한 시대적 전환 속에서 개인은 단순히 '취업'을 넘어, 일과 삶의 균형, 자아실현, 사회적 참여 등을 포괄하는 장기적 경력 비전을 수립할 필요가 있다. 이것이 바로 평생경력설계(Career Lifelong Planning)의 핵심 개념이다.

전통적인 경력 개발은 보통 초기 진로 선택과 취업 이후의 승진 또는 이직을 중심으로 한 비교적 선형적 과정에 국한되었으나, 현대 사회에서는 경력의 흐름이 비선형적이며 반복적인 특성을 지닌다. 이직, 육아, 질병, 은퇴 등과 같은 다양한 경력 단절 요인과 재교육, 창업, 글로벌 경험 등의 기회 요인을 유연하게 수용하고, 변화에 능동적으로 적응하는 자기 주도적 경력 설계 역량이 요구된다.

또한 평생경력설계는 단순한 '직무 유지를 위한 도구'에 그치지 않고, 개인의 정체성 강화, 자기 효능감 증진, 삶의 질 향상이라는 심리사회적 기능을 포함한다. 따라서 성인은 경력을 단절되지 않는 생애 흐름으로 바라보며, 생애주기별로 목표를 조정하고 역량을 재구성하는 '경력의 재정의' 능력을 함양해야 한다.

유네스코와 OECD도 21세기형 인재상으로 '평생경력학습자(lifelong career learner)'를 강조하며, 전통적 직업 중심 교육에서 생애경력역량(Lifelong Career Competency)으로의 전환을 권고하고 있다. 이는 글로벌 인재의 기준이 '지속적 경력 자기설계 능력'임을 시사한다.

2) 자기이해와 환경 분석 기반의 목표 설정

성공적인 경력 설계는 먼저 자기이해(Self-Understanding)에서 출발한다. 이는 단순히 자신이 '무엇을 잘하는가'를 파악하는 수준을 넘어, 자신의 가치관, 성격 특성, 라이프스타일, 사회적 조건, 의사결정 스타일 등을 심층적으로 탐색하는 것이다. 이를 위해 MBTI, STRONG, DISC, Enneagram, VIA 성격 강점 검사 등의 심리진단 도구가 활용될 수 있으며, 코칭이나 멘토링 프로그램을 통한 피드백도 자기이해에 효과적이다.

동시에, 경력 목표는 개인적 성향뿐 아니라 환경 분석(Environmental Scanning)을 수반해야 한다. 이는 현재의 산업 구조 변화, 기술 동향, 노동시장 수요, 근로조건의 변화(유연근무제, 플랫폼 노동 등) 등을 종합적으로 고려하는 전략적 분석을 말한다.

성인 학습자는 이 두 가지 축을 바탕으로 현실적이고 유연한 목표 체계를 구성해야 하며, 목표는 다음과 같이 단계화할 수 있다.

- **단기 목표**(1~2년): 디지털 도구 숙련, 자격증 취득, 전문 강의 수강, 실무 중심 교육 참여 등 구체적이고 측정 가능한 성취 지향
- **중기 목표**(3~5년): 이직 준비, 팀장 승진, 프로젝트 리딩, 직무 전환, 업계 내 영향력 확보 등 구조적 경력 변동
- **장기 목표**(5년 이상): 창업, 직업적 정체성 확립, 조직 밖 활동(멘토링, 저술 등), 은퇴 후 제3영역 설계 등 생애 경력의 확장적 완성

> **사례**: 한 40대 직장인은 자기이해 분석을 통해 자신의 강점이 '소통과 창의성'임을 확인하고, 마케팅 분야에서 UX 기획으로의 이직을 목표로 설정하였다. 이를 위해 단기적으로는 UX 디자인 관련 자격증을 취득하고, 중기적으로는 스타트업에서 실무 경험을 쌓는 계획을 세웠다. 장기적으로는 이를 바탕으로 콘텐츠 기반 창업을 추진하는 전략을 수립하며 체계적인 경력 전환을 준비하고 있다.

3) 실행 계획 수립과 지속적 모니터링

경력 설계는 목표 설정만으로 완성되지 않는다. 핵심은 목표 달성을 위한 실행 계획을 어떻게 체계적으로 수립하고, 그것을 지속적으로 관리·점검할 수 있는가에 달려 있다. 이 과정은 다음 세 가지 하위 단계로 구성된다.

(1) 일정 기반 실행계획 수립

목표를 단순히 설정하는 것만으로는 실질적인 성과를 기대하기 어렵다. 경력 설계에서 중요한 것은 목표를 어떻게 실행 가능한 계획으로 전환하느냐이며, 이를 위해서는 구체적인 일정표와 실천 단계를 명확히 구성하는 것이 필요하다.

이러한 계획 수립에는 일반적으로 SMART 원칙이 효과적으로 활용된다. SMART란 각각 Specific(구체성), Measurable(측정 가능성), Achievable(달성 가능성), Relevant(적합성), Time-bound(시간 제한)의 다섯 가지 요소로 구성된 목표 설정 프레임워크로, 추상적인 목표를 실현 가능한 실행 계획으로 전환하는 데 도움을 준다.

예를 들어, 단순히 "UX 디자인을 배우겠다"는 포괄적 목표는 실행 계획 수립에 어려움을 줄 수 있지만, 이를 SMART 원칙에 따라 구체화하면 다음과 같이 명확한 실천 목표가 된다: "3개월 이내에 FastCampus의 UX 디자인 온라인 과정을 수강 완료하고, 해당 과정에서 배운 내용을 바탕으로 개인 포트폴리오 프로젝트를 최소 3건 완성한다." 이와 같은 실행 계획은 학습 범위, 기간, 결과물을 구체적으로 제시하기 때문에 진척 상황을 확인하기 쉽고, 실제 행동으로 이어질 가능성도 높아진다.

또한 SMART 기반 계획은 성과 달성 이후 피드백과 자기 평가에도 용이하며, 이후 목표를 재설정하거나 방향을 수정할 때도 유용한 기준점을 제공한다. 특히 성인 학습자처럼 시간과 자원이 제한된 상황에서는, 목표의 우선순위를 명확히 하고 불필요한 시행착오를 줄일 수 있는 전략적 접근법으로서 SMART 원칙의 활용이 더욱 중요하다.

(2) 디지털 도구를 활용한 시각화 및 추적

성인이 경력 목표를 달성하기 위해서는 단순한 계획 수립을 넘어, 그 과정을 체계적으로 관리하고 추적할 수 있는 도구의 활용이 필수적이다. 특히 디지털 도구는 경력 설계 및 학습 진행 상황을 시각화하고 구체화하는 데 효과적인 수단이 된다.

예를 들어, Notion, Trello, Google Calendar, Jira와 같은 도구는 일정 관리, 프로젝트 흐름, 할 일 목록 등을 체계적으로 정리하고 관리할 수 있도록 돕는다. 이들은 사용자가 자신의 학습 목표나 경력 개발 계획을 구체적인 일정과 작업 단위로 나누어 시각적으로 구성하게 함으로써, 진행 상황을 한눈에 파악하고 필요한 경우 계획을 유연하게 조정할 수 있는 기능을 제공한다. 특히 Notion은 맞춤형 페이지를 생성해 포트폴리오를 구축하거나 학습 콘텐츠를 아카이빙하는 데 적합하며, Jira는 개발자나 팀 기반 업무에서 복잡한 프로젝트 흐름을 체계적으로 관리하는 데 유리하다.

더불어, 개인 포트폴리오 웹사이트를 구축함으로써 자신의 경력과 성과를 정리하고 외부와 공유할 수 있는 플랫폼을 마련할 수 있으며, 이는 자기 표현의 도구이자 전문성을 시각적으로 보여주는 강력한 수단이 된다. 이와 함께, 디지털 캡슐 앱인 Journey, Grid Diary 등은 일기 형식으로 자신의 감정, 성찰, 성장 과정을 기록하고 회고할 수 있는 환경을 제공하여, 장기적인 관점에서 자기 성장을 추적하는 데 효과적이다.

또한 습관 형성 및 동기 부여 측면에서는 Goal Tracker, Habitica와 같은 앱이 유용하게 활용된다. 이들 앱은 사용자가 설정한 목표나 행동 계획을 게임처럼 미션 완료 방식으로 관리할 수 있도록 설계되어 있어, 자기 주도적 동기를 강화하고 지속적인 실행을 유도한다. 특히 Habitica는 행동 실천을 RPG 게임처럼 구성하여, 사용자가 일상적인 목표 달성을 재미있고 지속 가능하게 만들 수 있도록 돕는다.

이처럼 다양한 디지털 도구들은 단순한 기록의 기능을 넘어, 경력 개발의 전 과정을 계획-실행-점검-조정이라는 사이클로 순환하게 하는 촉매 역할을 하며, 성인의 자율적이고 전략적인 경력 설계를 보다 실현 가능하고 지속 가능하게 만들어 준다.

(3) 데이터 기반 모니터링과 피드백

최근 경력 개발 과정에서 인공지능 기반의 디지털 도구 활용은 점점 더 중요해지고 있으며, 특히 이력서 작성, 경력 피드백, 역량 분석 등 각 단계에서 다양한 AI 서비스가 실질적인 도움을 제공하고 있다.

먼저, AI 이력서 분석 도구로는 Rezi, Resume Worded, Jobscan 등이 대표적

이다. 이들 플랫폼은 사용자가 작성한 이력서를 ATS(Applicant Tracking System, 자동화 채용 시스템) 기준으로 분석하여, 문서 내 키워드 누락, 표현 방식, 가독성, 포맷 오류 등을 진단해주고 수정 방향을 제시한다. 이를 통해 이력서가 실제 채용 시스템에서 더욱 효과적으로 검색되고 평가될 수 있도록 최적화할 수 있다.

다음으로, 커리어 코칭 챗봇은 ChatGPT 기반 커리어 상담 기능을 비롯해 ResumeCoach, CoachHub 등의 플랫폼에서 제공되며, 사용자의 경력 이력, 관심 분야, 직무 경험 데이터를 기반으로 맞춤형 피드백을 제공한다. 이들 챗봇은 면접 대비 조언, 경력 단절 극복 전략, 커버레터 작성 팁 등 실질적이고 개인화된 커리어 상담을 통해 자기 주도적인 경력 설계를 돕는다.

또한, 역량 매칭 플랫폼의 활용도 확산되고 있다. LinkedIn Skill Assessments, Glints, 잡코리아 AI 매칭 시스템 등은 구직자가 보유한 기술과 경험을 분석하고, 지원하려는 직무가 요구하는 역량과의 차이를 시각적으로 제시함으로써 학습 방향성과 보완 전략을 구체화할 수 있도록 지원한다. 이러한 플랫폼은 경력의 현주소를 진단하고 직무 적합성을 높이기 위한 계획 수립에 유용한 도구로 활용된다.

이처럼 다양한 AI 기반의 커리어 도구들은 성인의 평생경력설계 과정에서 경쟁력 있는 자기 표현, 정밀한 목표 수립, 실행 전략 정교화를 실현하는 데 핵심적 역할을 하고 있다.

REFERENCE 참고문헌

강순희, 박준석, 서정하. (2019). NCS 구성 및 수준체계에 관한 연구. 울산: 한국산업인력공단.

강위영, 나운환, 박경순, 류정진, 정명현, 김동주, 정승원, 강윤주. (2009). 직업재활개론. 서울: 나눔의집.

고려대학교 행동과학연구소. (2001). 직업선호도검사의 S형(흥미검사) 도구. 노동연구원.

고용노동부. (2021). 채용 서류 작성 가이드라인. 세종: 고용노동부.

곽내영. (2007). 곽내영 교육학(하). 서울: 도서출판 들풀.

광주평생교육진흥원. (2019). 빌드업! 2019 민주시민활동가 역량강화 워크숍 자료집. 광주: 광주평생교육진흥원.

구승신, 나상운, 나직균, 임정분, 유성욱, 김태식. (2016). 자원봉사론(개정판). 파주: 정민사.

구자억, 김누리, 김성완, 김은정, 김정래, 김창환, 김한나, 김희규, 박영진, 안수진, 이지나. (2020). 대학생을 위한 창업교육. 서울: 동문사.

권두승, 최운실. (2016). 평생교육경영론(2판). 파주: 교육과학사.

김경진, 금진호, 김유진, 서순해, 임영수. (2020). NCS 직업기초 UP 자기개발능력. 파주: 양성원.

김경희(2009). 사회복지행정론. 서울: 청목출판사.

김광렬, 권문선, 권재혁, 김문현, 김정권, 김정배, 김태동, 박광하, 배재근, 송재준, 신택수, 연익준, 이장훈, 임봉수, 차규석, 홍상표. (2013). 인간과 환경. 파주: 동화기술.

김균진. (2007). 자연에 속한 자연의 일부로서의 인간. 조직신학논총, 19, 11-50.

김기홍. (2017). 전략적 협상: 한국과 한국인의 협상을 위한 조언. 파주: 법문사.

김동광. (1998). 생물세계의 패턴으로서의 생명: 프리초프 카프라 생명의 그물. 동아시아 문화와 사상, 1, 273-282.

김동규, 이은수, 김말주, 안혜경, 손다혜. (2019). 4차 산업혁명 시대 내 직업 찾기. 음성: 한국고용정보원.

김동일. (2019). 한국교회의 사회활동과 교회평생교육 고찰: 호남지역 교회 중심으로. 예술인문사회융합멀티미디어논문지, 9(11), 67-79.

김동일. (2021). 평생교육경영론. 서울: 동문사.

김동일, 박경숙, 이미나, 김병남. (2021). 평생교육론. 파주: 교육과학사.

김동일, 이미나, 신재한, 김형수, 김영춘, 김병남, 박은영, 임운나. (2020). 청소년지도사, 청소년 상담사, 평생교육사를 위한 청소년교육론. 파주: 교육과학사.

김미자. (2018). 평생교육경영론. 고양: 공동체.

김병태, 김문홍, 김동조, 조준희. (2014). 쉽게 배우고 바로 적용하는 경영학원론. 대전: 대경.

김봉환, 강은희, 강혜영, 공윤정, 김영빈, 김희수, 선혜연, 손은령, 송재홍, 유현실, 이제경, 임은미, 황매향. (2018). 진로상담. 서울: 학지사.

김선일. (2010). 생태적 사고를 통한 복음 전도의 이해. 복음과 선교, 12, 125-152.

김승욱. (2021). 언택트 트랜스포메이션을 위한 경영학 길잡이. 서울: 박영사.

김승호. (2019). 수업이란 무엇인가. 서울: 학지사.

김용현, 성낙돈, 윤여각, 이상오, 정기수, 강무섭, 송병국, 양병찬, 김진한, 김노마, 이정희, 심의보, 하광호, 정찬남. (2018). 평생교육경영론(2판). 파주: 양서원.

김은영, 이규은. (2014). 인간관계론. 서울: 동문사.

김정숙, 박영희. (2019). 취업 준비생을 위한 실전 자기소개서 작성법. 서울: HRD출판사.

김종두. (2019). NCS 직업기초능력 의사소통능력. 파주: 양서원.

김주환. (2014). 회복탄력성: 시련을 행운으로 바꾸는 유쾌한 비밀. 고양: 위즈덤하우스.

김진실. (2020). 국가의 미래, 직무 역량에서 찾는다: 학벌주의 폐단과 직무·역량 사회의 의미. 울산: 한국산업인력공단.

김진철, 김진극, 유승동, 문승일. (2015). 경영학의 이해(개정2판). 서울: 형설출판사.

김창걸. (1994). 교육행정학신론: 교육행정 및 교육경영. 서울: 형설출판사.

김창민, 강희양, 김동원, 이난, 이흔정, 정필영, 최혜란. (2011). 대학생과 리더십. 서울: 홍릉과학.

김창엽. (2014). 평생교육실무론. 서울: 동문사.

김향선. (2021). 삶과 철학. 서울: 동문사.

김효석, 김경한. (1993). 비즈니스 프로세스 리엔지니어링: 성공전략과 구체적 추진 방법론. 서울: 한국능률협회.

나운환, 박경순, 이창희, 강윤주, 신현욱. (2019). 직무개발과 배치. 파주: 정민사.

남정걸. (2008). 평생교육경영학(개정판). 파주: 교육과학사.

노영순. (2014). 문화·관광분야 기업의 사회적 책임(CSR) 확산을 위한 기초연구. 서울: 한국문화관광연구원.

단국대학교 경영학원론 출판위원회. (2005). 21세기의 경영학 원론. 서울: 양서각.

도영태, 김순희. (2005). 직장예절. 서울: 영진미디어.

미래창조과학부 미래준비위원회, KISTEP, KAIST. (2017). 10년 후 대한민국 미래 일자리의 길을 찾다: 미래전략 보고서. 서울: 진한엠앤비.

민혜영, 유은석, 임경령. (2018). 의사소통능력. 고양: 지식공동체.

박동수. (1995). 뉴턴의 기계론적 절대주의 세계관. 과학과 기술, 28(10), 14-15.

박동열. (2006). 대학생의 직업기초능력 유형 진단 도구 개발과 타당화 연구. 농업교육과 인적자원개발, 38(2), 225-245.

박동열, 정향진, 임경범, 김기용, 민상기, 문세연. (2012). 성공적인 직업생활(Ⅰ): 성공적인 직장생활. 세종: 한국직업능력개발원.

박동홍. (2011). 지방교육행정조직 변천에 관한 연구: 교육과학기술부의 조직 변천이 서울특별시교육청의 조직 변천에 미친 영향을 중심으로. 한국교원대학교 교육정책전문대학원 석사학위논문.

박선영, 김지영, 오효정, 오은경. (2014). 진로상담과 직업. 파주: 정민사.

박영태. (2003). 식물성의 사유: 식물성을 화두로 삼은 우리 미술 읽기. 서울: 마음산책.

박윤희. (2012). 커리어코칭 입문. 서울: 시그마북스.

박이문. (1997). 문명의 미래와 생태학적 세계관. 서울: 당대.

박일순. (2017). 자기계발과 인성함양: 나의 길을 찾아가는 나침반. 서울: 한올출판사.

박정호, 강병욱. (2015). EBS 매경 TEST: 핵심이론서. 서울: 와우패스.

박철우, 정동열, 오준식. (2020). NCS 직업 기초능력 최신화 방안. 울산: 한국산업인력공단.

박필배. (2013). 윤리학과 인간의 직업적 삶. 서울: 도서출판 중원문화.

서보준, 서명환, 김우호, 이진열, 박희숙. (2018). 평생교육경영론. 고양: 공동체.

서성무, 이지우. (2005). 경영학의 이해. 서울: 형설출판사.

서울특별시교육청. (2020). 고등학교 직업윤리. 서울: 성림출판.

서정화, 구관서, 임창희. (2010). 대학인적자원관리: 이론과 실제. 서울: 학지사.

성기선, 유성상, 이해주. (2015). 교육사회학. 서울: 한국방송통신대학교출판문화원.

송계전. (1996). 혁신기업의 세 가지 습관. 주간경제 347호. 서울: LG경제연구원.

송명규. (1996). 환경 철학의 전개 2: 근본 생태론 1. 지역사회개발연구, 21(1), 119-147.

송병순, 이영호. (1999). 평생교육의 이론과 실제. 서울: 원미사.

송병순, 이영호. (1999). 현대사회와 교육. 서울: 문음사.

송성숙, 전명기, 김경은, 조계형. (2017). 청소년교육론. 파주: 양서원.

송준석. (2018). 인간과 교육의 탐구. 파주: 정민사.

신영복. (2014). 강의: 나의 동양고전 독법. 파주: 돌베개.

신유근. (2011). 경영학원론: 시스템적 접근(제3판). 서울: 다산출판사.

신응섭, 이재윤, 남기덕, 문양호, 김용수, 고재원. (2004). 리더십의 이론과 실제. 서울: 학지사.

안병환, 가영희, 성낙돈, 임성우. (2008). 교육행정 및 교육경영. 고양: 공동체.

연성진, 홍영호. (2008). 법질서 확립을 위한 국민의식조사 연구. 서울: 한국형사정책연구원.
오성환, 김금수. (2005). 직장예절: 글로벌 시대의 비즈니스 경쟁력. 서울: 형설출판사.
오정수, 류진석. (2016). 지역사회복지론(5판). 서울: 학지사.
오정희. (2020). NCS 기반 직업기초능력 향상을 위한 직업윤리. 서울: 동문사.
오혁진. (2021). 평생교육경영론(2판). 서울: 학지사.
우영효. (2016). 쉽게 풀어 쓴 인성교육과 직업윤리. 서울: 동문사.
윌리엄 장. (2009). 사람들의 머리와 가슴에 확 꽂히는 말. 서울: 새로운 제안.
유영만, 강수민, 김소현, 김정이, 설동준, 이은택, 임상훈, 임애련, 조현경, 최수진. (2018). 지식생태학: 생태학, 죽은 지식을 깨우다. 서울: 박영사.
유재욱, 이근철, 신정훈. (2014). 현대사회와 지속가능경영. 서울: 박영사.
유필화, 황규대, 강금식, 정홍주, 장시영. (2008). 디지털 시대의 경영학. 서울: 박영사.
육윤복. (2005). 현대사회와 경영학. 서울: 경영과회계.
윤성희. (2018). 채용 담당자가 말하는 이력서와 자기소개서 작성 전략. 서울: 커리어개발연구소.
윤종훈, 송인암, 박계홍, 정지복. (2015). 경영학원론(제2판). 파주: 학현사.
윤치영. (2013). 마음을 움직이는 따뜻한 대화법: 따뜻한 말로 마음을 움직이는 공감 대화. 고양: 시그널북스
윤혜승. (2000). 볼런티어 활동의 정신: 특성과 그 방향. 서울: 학문사.
은예린, 박형근, 김명숙. (2019). 자기계발을 위한 소통과 이미지컨설턴트. 서울: 동문사.
이건창. (2006). 현대경영의 이해(3판). 서울: 무역경영사.
이규은. (2020). 자기계발과 직업(제3판). 서울: 동문사.
이규은, 이영선. (2014). 직업기초능력의 이해와 개발. 서울: 동문사.
이기주. (2017). 말의 품격. 서울: 황소북스.
이길헌. (2016). 평생교육기관 경영의 성과극대화를 위한 평생교육경영론. 고양: 아이템풀한교원.
이도원. (2002). 부분과 전체: 생태학에서 부분과 전체. 과학사상, 40, 58-73.
이명선, 송창백, 이인철. (2019). 인성과 자기계발. 서울: 동문사.
이병순, 김효정, 오효근, 박미혜, 민승화, 김화진, 강정희. (2014). 자원봉사실천가가 풀어쓴 자원봉사론. 고양: 공동체.
이병진. (2011). 새로운 교육패러다임 교육리더십. 서울: 학지사.
이복희, 김윤아, 김종표. (2018). 청소년지도자와 평생교육사를 위한 청소년교육론. 서울: 학지사.
이양교. (2002). 평생교육 정책론: 교육선진국의 정책행정과 평생교육의 실태비교. 서울: 학문사.
이영대, 정기범. (2018). 국가직무능력표준(NCS)을 기반으로 한 평생직업교육 방향 연구. 취업진로연구, 8(2), 97-115.

이영숙. (2015). 여성 성품리더십. 서울: 두란노.
이영희, 이복희, 이현길, 조정융, 김인기, 김종표. (2010). 자기주도형 인성과 경력개발: 교수매뉴얼. 서울: 한국전문대학교협의회.
이원우, 서도원, 이덕로. (2002). 경영학원론. 서울: 박영사.
이정숙. (2015). 성공하는 직장인은 대화법이 다르다. 서울: 더난출판사.
이정아, 김은하. (2020). 성공적인 사회생활을 위한 취창업 준비 실무. 고양: 어가.
이정희. (2008). SWOP/AHP 분석기법을 이용한 부산항만공사의 발전방안 수립에 관한 연구. 한국해양대학교 대학원 석사학위논문.
이종수, 윤영진, 강인재, 곽채기, 채원호, 이재원, 하정봉. (2012). 새 행정학. 서울: 대영문화사.
이주희, 박희현, 박은민. (2020). 대학생을 위한 인성함양II. 고양: 공동체.
이주희, 박희현, 박은민. (2021). 대학생을 위한 인성함양I. 고양: 공동체.
이진규. (2001). 전략적·윤리적 인사관리. 서울: 박영사.
이찬교, 김재웅. (2005). 교육행정. 서울: 한국방송통신대학교출판부.
이태연, 이인수, 정기수, 최명구. (2009). 인간관계의 이해. 서울: 신정.
이필상, 이만우, 정순진. (2002). 경영학원론. 서울: 법문사.
이향란. (2015). 평생교육경영론. 고양: 공동체.
이현주. (2018). 관계의 99%는 소통이다: 사람을 움직이는 소통의 힘. 서울: 메이트북스.
임종헌, 유경훈, 김병찬. (2017). 4차 산업혁명사회에서 교육의 방향과 교원의 역량에 관한 탐색적 연구. 한국교육, 44(2), 5-32.
임창희. (2006). 경영학원론. 서울: 학현사.
임창희. (2010). 신 인적자원관리. 서울: 명경사.
임형택, 권재환, 김경열, 김경태, 김민, 박병훈, 박찬원, 박희석, 오상봉, 오선아, 윤은종, 이두휴, 이용교, 정민, 천정웅. (2013). 청소년교육론: 희망세대와 함께 하기. 고양: 공동체.
장진영. (2020). 직업기초능력 향상을 위한 프로젝트 기반 수업 연구. 광주여자대학교 교육대학원 석사학위논문.
장희신. (2012). 한국인의 정치과 전통적 가치의 갈등양상 및 해소방식에 관한 연구. 서울대학교 대학원 박사학위논문.
정범모. (2004). 한국의 내일을 묻는다: 국력·국격·교육. 서울: 나남.
정보현. (2021). 4차산업혁명시대 스마트 직업과 경력개발. 서울: 동문사.
정선영. (2014). 대학생을 위한 신로탐색과 경력개발: 프로그램 워크북. 고양: 공동체.
정용교. (2017). 세계시민교육: 국민을 넘어 세계시민으로. 파주: 교육과학사.
정찬기오, 문승한, 이광우, 김훈희, 양은진, 서동기, 정다운. (2015). 교육학개론. 고양: 공동체.

정철수. (2015). 경찰행정의 고객지향성에 미치는 영향요인에 관한 연구. 서울시립대학교 대학원 박사학위논문.
정환진. (1997). 국립대학 행정조직의 운영 및 기능분석. 동국대학교 교육대학원 석사학위논문.
조경덕, 장성화. (2012). 대인관계와 커뮤니케이션. 서울: 동문사.
조관일. (2014). N형인간: 스펙 위의 스펙, 인성이 답이다!. 서울: 현문미디어.
조동성. (2010). 21세기를 위한 경영학. 서울: 서울경제경영.
조성진. (2015). 진로설계와 코칭리더십. 파주: 정민사.
조신영, 박현찬. (2007). 경청: 마음을 얻는 지혜. 서울: 위즈덤하우스.
조혜영, 김회엽, 엄재춘, 정두배, 홍지명, 서동기, 권경애, 조영옥, 정일영, 전상준, 신봉호, 진로직업컨설팅연구소. (2019). 진로와 직업 워크북. 파주: 정민사.
주석진. (2017). 직업상담사 2급 기본서 직업상담과 직업정보(2판). 고양: 공동체.
주정우. (2018). 중국시장에서 샤오미의 성공적인 마케팅 전략에 관한 연구. 우석대학교 대학원 석사학위논문.
지호준. (2000). 21세기 경영학. 서울: 법문사.
차경수, 최충옥, 이미나. (1995). 교육사회학의 이해. 서울: 양서원.
차대운. (2002). 신체계 경영조직행동. 대구: 대명.
차성호. (2000). 인적자원관리 테마여행: 21세기 인사·HRD·조직관리의 55가지 에세이식 해법. 서울: 새로운 제안.
차윤정. (2004). 숲의 생활사: 투쟁하고 공존하는 우리 숲의 사계. 서울: 웅진닷컴.
천호림. (2014). 상처받지 않고 관계가 행복해지는 대화의 비밀. 서울: 맛있는책.
최애경, 송연숙. (2018). NCS 직업기초능력 의사소통능력: 새내기 직장인의 이럴 때는 이렇게!. 고양: 공동체.
최은수, 배석영. (2017). 평생교육경영론(개정판). 파주: 양서원.
최정조. (2001). 도덕과 교육에 있어서 정의적 학습 강화에 의한 근면성의 내면화 연구. 부산교육대학교 교육대학원 석사학위논문.
최화숙. (2018). 대학생활설계. 서울: 동문사.
하정연, 오정희. (2020). NCS 기반 직업기초능력(자기개발능력) 향상을 위한 인성과 진로. 서울: 동문사.
하혜수, 이달곤. (2019). 협상의 미학: 상생 협상의 이론과 적용. 서울: 박영사.
한국고용정보원. (2020). 청년층 취업 준비와 서류 평가 가이드. 음성: 한국고용정보원.
한국교육개발원. (2011). 한국교육 미래 비전. 서울: 학지사.
한국노동연구원. (2000). 21세기형 인적자원관리: 뉴 패러다임과 실천과제. 서울: 명경사.

한국산업인력공단. (2013). 국가직무능력표준 개발 매뉴얼. 서울: 한국산업인력공단.

한국산업인력공단. (2018). 생태계 종합평가: 교수자용. 울산: 한국산업인력공단.

한국산업인력공단. (2020). 국가의 미래, 직무 역량에서 찾는다. 울산: 한국산업인력공단.

한국산업인력공단. (2021). 2021년 국가직무능력표준(NCS) 개발·개선매뉴얼. 세종: 고용노동부.

한국산업인력공단. (2021). NCS 직업기초능력 가이드북 대인관계능력. 울산: 한국산업인력공단.

한국산업인력공단. (2021). NCS 직업기초능력 가이드북 문제해결능력. 울산: 한국산업인력공단.

한국산업인력공단. (2021). NCS 직업기초능력 가이드북 의사소통능력. 울산: 한국산업인력공단.

한국산업인력공단. (2021). NCS 직업기초능력 가이드북 자기개발능력. 울산: 한국산업인력공단.

한국산업인력공단. (2021). NCS 직업기초능력 가이드북 자원관리능력. 울산: 한국산업인력공단.

한국산업인력공단. (2021). NCS 직업기초능력 가이드북 조직이해능력. 울산: 한국산업인력공단.

한국산업인력공단. (2021). NCS 직업기초능력 가이드북 직업윤리. 울산: 한국산업인력공단.

한병철. (2012). 피로사회. 서울: 문학과지성사.

한상근, 박천수, 장주희, 박화춘, 박태준, 한국직업능력개발원. (2018). 한국인의 직업의식 및 직업윤리. 세종: 한국직업능력개발원.

한우섭, 김미자, 신승원, 연지연, 진규동, 신재홍, 송민열, 김대식, 최용범, 최은수. (2019). 평생교육론(2판). 서울: 학지사.

한준상. (2013). 배움학의 Conviviality. 배움의 향연. 고양: 공동체.

한준상. (2014). 生의 癒. 서울: 학지사.

한진희. (2012). 호텔 조리종사자의 리더십유형 연구와 교환관계가 조직유효성에 미치는 영향. 경기대학교 대학원 석사학위논문.

행정안전부. (2021). 2020 행정업무운영 편람. 세종: 행정안전부.

홍지명, 신봉호, 전상준, 조혜영, 김회엽, 서동기, 조창영. (2018). 인간과 교육. 파주: 정민사.

長新太. (1989). 世界のあいさつ. 東京: 福音館書店. 김창원 역. (2015). 세계의 인사법. 서울: 진선아이(진선출판사).

Blake, R. R., & Mouton, J. S. (1964). *The Managerial Grid.* Houston, Gulf

Bramwell, Anna. (1989). *Ecology in the 20th century: A history.* London, New Haven. Yale University Press.

Burnie, David. (2002). *Get a grip on ecology.* 이한음 역. 생태학을 잡아라. 서울: 궁리

Capra, Fritjof. (1996). *The web of life: A new scientific understanding of living systems.* New York: Anchor Books. 김용정 외 역(1998). 생명의 그물: 생물 시스템에 대한 새로운 과학적 이해. 서울: 범양사출판부.

Capra, Fritjof. (2002). *The hidden connection: A science for sustainable living.* New York: Anchor Books. 강주현 역(2003). 나와 세상을 바꾸는 새로운 힘의 패러다임: 히든 커넥션. 서울: 휘슬러.

Clemens, J. & Mayer, Douglas, F. (2005). *The Classic touch: Lessons in leadership from Homer to Hemingway.* 김민홍 역. 고전에서 배우는 리더십. 서울: 매일경제신문사.

Coombs, P. H., & Ahmed, M. (1973). *New Paths to Learning for Rural Children and Youth.* International Council for Educational Development.

Coombs, Philip Hall. (1968). *The World Educational Crisis: A Systems Analysis.* New York: Oxford University Press.

Downs, Anthony. (1985). *An economic theory of democracy.* Boston: Addison Wesley.

Drucker, P. F. (1996). *Managing in a time of great change.* 이재규 역. 미래의 결단. 서울: 한국경제신문사.

Egan, Gerard. (2002). *The skilled helper: A problem-management and opportunity-development approach to helping.* (7th ed.). Pacific Grove, Calif.: Brooks/Cole Pub.

Elçi, E. (2024). The relationship between digital literacy levels and lifelong learning tendencies of future teachers. *South African Journal of Education*, 44(4), 1-13. , 1-13. https://doi.org/10.15700/saje.v44n4a2356

Faure, Edgar. Herrera, Felipe. Kaddoura, Abdul-Razzak. Lopes, Henri. Petrovsky, Arthur V. Rahnema, Majid & Ward, Frederick Champion. (1972). *Learning to be: The world of education today and tomorrow.* Unesco.

Fayol, H. (1949). *General and industrial management (C. Storrs, Tran.).* London: Sir lssac Pitman & Sons.

Foster, W. (1986). *Paradigms and Promises.* New York: Promenthus Book.

Grant, Adam M. (2013). *Give and take: A revolutionary approach to success.* 윤태준 역. 기브앤테이크. 서울: 생각연구소.

Guilford, J. P. (1959). The three faces of intellect. *American Psychologist, 14,* 469-479.

Harackiewicz, J. M., Barron, K. E., Pintrich, P. R., Elliot, A. J., & Thrash, T. M. (2002). Revision of achievement goal theory: Necessary and illuminating. *Journal of Educational Psychology, 94,* 638-645.

Harari, Yuval N. (2015). *Sapiens: A brief history of humankind.* 조현욱 역. 사피엔스: 유인원에서 사이보그까지, 인간 역사의 대담하고 위대한 질문. 파주: 김영사.

Harari, Yuval N. (2020). *Homo deus: A brief history of tomorrow.* 김명주 역. 호모 데우스: 미래

의 역사. 파주: 김영사.

Harvey M. (1993). *Get the Job You Want, Keep the Job You Love in Today's Frenzied Job Market.* Harper Business.

Herr, E. L., & Cramer, S. H. (1996). *Career guidance and counseling through the lifespan: Systemic approaches.* New York: HarperCollins.

Holland, J. L. (1997). *Making vacational choices: A theory of vacational personalities and work environment (3rd ed.).* Odessa, FL: Psychological Assessment Resources.

Hoy, Wayne K., & Miskel, Cecil G. (1996). *Educational administration: theory, research, and practice(5th ed.).* New York: McGraw-Hill, Inc.

Jimoyiannis, A., & Gravani, M. N. (2010). Digital literacy in a lifelong learning programme for adults: Educators' experiences and perceptions on teaching practices. *International Journal of Digital Literacy and Digital Competence, 1*(1), 40-60. https://doi.org/10.4018/jdldc.2010010104

Karrass, Chester Louis. (2007). *The negotiating game.* 김정수 역. 협상게임. 포춘 500대 기업의 협상교과서. 파주: 21세기북스.

Ludeman, K., & Erlandson, E. (2007). *Alpha male syndrome.* Boston, Mass.: Harvard Business School Press.

McDaniels, C. (1989). *The changing workplace.* San Francisco: Jossey-Bass.

Mednick, Sarnoff. A. (1962). *The associative basis of the creative process.* American Psychological Association [etc.]. *Psychological Review, 69*(3), 220-232.

Nonaka Ikujiro., & Toyama Ryoko. (2003). The knowledge-creating theory revisited: knowledge creation as a synthesizing process. *Knowledge Management Research & Practice, 1*(1), 2-10.

Nonake, Ikujiro., & Takeuchi, Hirotaka. (1995). *The Knowledge-creating company: How Japanese companies create the dynamics of innovation.* New York: Oxford University Press.

Northouse, P. G. (2022). *Leadership: Theory and practice (9th ed).* Thousand Oaks, CA: SAGE.

OECD. (2021). *21st-century readers: Developing literacy skills in a digital world.* OECD Publishing. https://doi.org/10.1787/a83d84cb-en

Osborn, Alexander Faickney. (1953). *Applied imagination: principles and procedures of creative thinking.* New York: Scribner.

Parsons, F. (1909). *Choosing a Vocation.* Boston: Houghton Mifflin.

Richard Sennett. (2013). *Together*. 김병화 역. 투게더. 서울: 현암사.

Robbins, S. P. (2005). *Organizational behavior (11th ed.)*. Upper Saddle River, NJ: Pearson Prentice Hall.

Rost, J. C. (1993). *Leadership for the twenty-first century*. Santa Barbara, CA: Greenwood Publishing Group.

Sears, S. (1982). A definition of career guidance terms: A national Vocational Guidance Association perspective. *The Career Development Quarterly, 31*(2), 137-143.

Sharp, L. A. (2017). Enhancing digital literacy and learning among adults with blogs. *EPALE - Electronic Platform for Adult Learning in Europe.* Retrieved from https://epale.ec.europa.eu/en/blog/enhancing-digital-literacy-and-learning-among-adults-blogs

Simonton, Dean Keith. (1999). *Greatness: Who makes history and why?.* New York: Guilford.

Super, D. E. (1980). A Life-Span, Life-Space Approach to Career Development. *Journal of Vocational Behavior, 16,* 282-298.

Toffler, Alvin. (1994). *The third wave.* 이규행 역. 제3물결. 서울: 한국경제신문사.

Toffler, Alvin. (1995). *The politics of the third wave.* 이규행 역. 앨빈 토플러 제3물결의 정치. 서울: 한국경제신문사.

Torrance, E. P. (1977). *Creativity in the classroom.* Washington, DC.: National Esucation Association.

Trecker, H. B. (1977). *Social work administration: principles and practices*. New York: Association Press.

Tsolaki, V., & Stathopoulou, A. (2023). Digital technologies in lifelong learning. *Global Journal of Engineering and Technology Advances, 16*(2), 47-56. https://doi.org/10.30574/gjeta.2023.16.2.0044

Whitaker, P. (1997). *Primary School And The Future.* Buckingham: Open University Press.

Yukl, G. A. (2020). *Leadership in Organizations* (*9th ed.*). Harlow: Pearson.

NM법의 전개. (2023). https://blog.naver.com/nanancs/221951311576.

고용노동부 워크넷. (2023). https://work.go.kr.

국가직무능력표준 NCS. (2023). https://www.ncs.go.kr/
김영한. (2015.10.28.). 헤드라인제주. 준법정신과 청렴. https://headlinejeju.co.kr.
매일경제 경제용어사전. (2023). 호모나랜스(Homonarrans). https://dic.mk.co.kr.
머니투데이. (2014.03.18.). 직장인, '능력자'보다 '성실맨' 동료가 좋아요.
https://news.mt.co.kr/mtview.php?no=2014031811245378933
수상한 고객들. (2023). https://movie.daum.net/moviedb/contents?movieId=61724#.
시네틱스의 전개. (2023). https://blog.naver.com/nanancs/221948694504.
어린이 · 청소년고용노동부. (2021). 직업세상맛보기. https://moel.go.kr.
울지마 톤즈 2. (2023). https://movie.daum.net/moviedb/contents?movieId=136584#.
울지마 톤즈. (2023). https://movie.daum.net/moviedb/contents?movieId=58808#.
위키백과사전. (2025). 경영. https://ko.wikipedia.org.
자격기본법. (2023). https://www.law.go.kr/
조지 버나드 쇼의 묘비. (2023). https://blog.daum.net/md114/8935503
중앙일보. (2018.01.03). "2030년 대학 절반이 사라진다"…한국 대학 몰락 피하려면.
https://www.joongang.co.kr/article/22293003#home.
중앙일보. (2018.12.13.). [윤석만의 인간혁명] 로봇 팔부터 인공두뇌까지…진화의 끝은 사이보그?. https://www.joongang.co.kr/article/23204745.
크레존. (2023). https://crezone.net.
파이낸셜 뉴스. (2019.10.30.). '워라밸' 중요한 2030 직장인 42% "직급 · 승진 신경 안 쓴다".
https://www.fnnews.com/news/201910301040227787.
한겨레. (2020.08.01). 아무도 가르쳐주지 않았던 '회사어' 공부 열풍.
https://www.hani.co.kr/arti/society/society_general/956053.html

AUTHORS 저자소개

김동일

광주대학교 교육학박사

광신대학교 사회복지학석사

광신대학교 초빙교수

조원환

중부대학교 경영학박사

고려대학교 교육학석사

세한대학교 석좌교수

송곡대학교 SGAE글로컬대학 본부장

박현진

중부대학교 교육학박사

총신대학교 교육학석사

세한대학교 전임교수

추 양

광신대학교 교육학박사

호남신학대학교 상담학석사

광신대학교 사회복지학석사

세한대학교 겸임교수

100세 시대의 평생진로설계

성인진로교육

초판 1쇄 인쇄 / 2025년 9월 5일
초판 1쇄 발행 / 2025년 9월 10일

•

공저자 / 김동일 · 조원환
박현진 · 추 양
발행인 / 이 중 수
발행처 / **동 문 사**

•

서울특별시 서대문구 홍제원 1길 12
(홍제동 137-8)
Tel: 02)736-3718(대), 736-3710, 3720

Fax: 02)736-3719
등록번호: 1974.04.27. 제9-17호
가격: 25,000원

•

ISBN: 979-11-6328-696-7 (93370)
E-mail: dong736@naver.com
www.dongmunsa.com